财政部"十三五"规划教材
高等学校经济管理类课程"十三五"系列教材

财务管理

苑泽明 李海英 ◎主编

Financial
Management

中国财经出版传媒集团
经济科学出版社
Economic Science Press

图书在版编目（CIP）数据

财务管理 / 苑泽明，李海英主编. —北京：经济科学出版社，2019.12

财政部"十三五"规划教材　高等学校经济管理类课程"十三五"系列教材

ISBN 978-7-5218-1153-7

Ⅰ.①财⋯　Ⅱ.①苑⋯　Ⅲ.①财务管理-高等学校-教材　Ⅳ.①F275

中国版本图书馆 CIP 数据核字（2019）第 287570 号

责任编辑：齐伟娜　赵　蕾　初少磊
责任校对：王肖楠
责任印制：李　鹏

财务管理

苑泽明　李海英　主编

经济科学出版社出版、发行　新华书店经销
社址：北京市海淀区阜成路甲 28 号　邮编：100142
总编部电话：010-88191217　发行部电话：010-88191540
网址：www.esp.com.cn
电子邮箱：esp@esp.com.cn
天猫网店：经济科学出版社旗舰店
网址：http://jjkxcbs.tmall.com
北京季蜂印刷有限公司印装
787×1092　16 开　22.5 印张　420000 字
2020 年 1 月第 1 版　2020 年 1 月第 1 次印刷
ISBN 978-7-5218-1153-7　定价：62.00 元
（图书出现印装问题，本社负责调换。电话：010-88191510）
（版权所有　侵权必究　打击盗版　举报热线：010-88191661
QQ：2242791300　营销中心电话：010-88191537
电子邮箱：dbts@esp.com.cn）

前 言

财务管理是一门非常有趣，且极具挑战的学科。企业的财务决策往往涉及企业巨额资金、诸多金融工具以及企业利益相关者，决策的结果往往给企业造成重大影响。同时，企业的财务决策并无固定的模式，其面临的市场环境瞬息万变，金融工具层出不穷，不同情形下的财务决策实践可能大相径庭。尽管如此，拥有清晰的财务管理理论框架、决策方法和基本的思维逻辑，可能使复杂的财务决策问题变得更容易解决。本书试图在纷繁芜杂、变幻莫测的企业内外部环境中，聚焦最本质的价值创造与提升，清晰地展现现代企业财务管理的基本逻辑和决策技术方法，并将最新的科学决策技术和最先进的管理理念融入基本框架中。本书分为五篇，分别是财务管理基础、财务估价与长期投资、营运资金管理、筹资决策与股利政策、特殊领域的财务管理。

相比于同类财务管理教材，本书在编写上力求体现以下特色：

第一，目标明确。随着科学技术和管理理念的发展和变革，财务管理的内容日趋丰富，稍有不慎可能被繁杂的外在现象所迷惑，难以抓住问题的本质。本书牢牢抓住价值增值这一基本目标，紧紧围绕价值创造这一主线，构造财务决策的一般框架，使阅读者可以清晰地把握财务决策的基本目标和预期结果。

第二，逻辑清晰。首先，介绍财务管理的目标和决策环境，提出财务决策的基本分析框架；其次，按照财务估价和投资决策、营运资金管理、筹资决策和股利决策以及特殊业务决策的逻辑框架，循序渐进地介绍具体财务决策的工具方法和一般程序。

第三，兼容并举。财务管理是一门应用性很强的学科。财务决策既涉及复杂的数学模型和计算公式，也需要决策者的财务敏感性和直觉判断。本书在基本分析框架下展开对传统的、程序化和制度化方法的一般分析，同时通过穿插案例等方式，强调实务工作中直觉和经验判断的重要性，在保证科学性的基础上，强调决策的实用性。

第四，可读性强。作为教材，本书关注语言的通俗易懂和内容的妙趣横生，力求使读者能够轻松愉快地理解枯燥的财务理论和变幻莫测的企业内外部环境。本书在具体财务决策环节的撰写中采用模块化撰写方式,各个模块相对独立,自成体系,读者可以根据实际情况和喜好选用不同的模块与顺序学习。

本书由天津财经大学苑泽明教授任第一主编,负责提出全书的编写思路和要求,设计总体框架,对全书进行总纂并最终定稿。天津财经大学的李海英副教授为第二主编,参与大纲的讨论、制定和修改,以及书稿的修改等具体事务。本书各章节的具体分工如下:第一篇由天津财经大学苑泽明教授编写;第二篇由天津财经大学黄宏斌副教授编写;第三篇由天津财经大学顾群副教授编写;第四篇由天津财经大学李海英副教授编写;第五篇由天津财经大学王成秋副教授编写。此外,天津财经大学硕士研究生张永贝、严苗苗和高巧玉分别参与撰写了第一篇和第四篇各章节的引例、例题和复习思考题工作。本书既可作为高等院校会计学、财务管理、企业管理、市场营销、财政学、税务等经济管理专业本科教材,以及会计、审计、资产评估专业硕士入学考试的参考教材,也可作为非会计类研究生或财务管理实务工作者的参考读物。

需要指出的是,财务管理是一个极具应用性的领域,外部科学技术的发展和内部企业制度的变革都会对财务管理实践产生巨大的影响,从而教材的编写也是一个不断完善的过程。因此,尽管我们努力把握财务管理的核心要义,并试图将最新的技术方法和管理理念融入其中,但是由于编者的水平所限,难免存在一些理解不到位、疏漏甚至错误之处,敬请读者不吝批评指正。

苑泽明
2019 年 9 月

目录

第一篇　财务管理基础　/　1

第一章　财务管理概述 ··· 3
- 第一节　财务管理的概念与内容　/　3
- 第二节　企业组织形式与特征　/　7
- 第三节　财务经理与工作职责　/　9
- 第四节　财务管理的目标　/　10
- 第五节　代理冲突与治理对策　/　16
- 本章小结　/　20
- 复习与思考　/　21

第二章　财务报表分析 ··· 26
- 第一节　财务报表分析概述　/　26
- 第二节　财务比率分析　/　36
- 第三节　企业发展能力分析　/　55
- 第四节　现金流量分析　/　57
- 第五节　综合分析：杜邦分析法　/　61
- 本章小结　/　63
- 复习与思考　/　63

第三章　财务管理价值观念 ·· 70
- 第一节　货币时间价值　/　70

第二节 风险与报酬 / 82

本章小结 / 86

复习与思考 / 86

第二篇 财务估价与长期投资 / 91

第四章 证券估值与投资决策 ············· 93
第一节 证券投资概述 / 94

第二节 债券的估价及投资决策 / 96

第三节 优先股的估价及投资决策 / 106

第四节 普通股的估价及投资决策 / 108

第五节 有价证券的组合投资 / 114

本章小结 / 120

复习与思考 / 120

第五章 项目估值与投资决策 ············· 127
第一节 固定资产投资概述 / 128

第二节 必要报酬率 / 130

第三节 现金净流量 / 131

第四节 投资项目评价方法 / 134

第五节 项目投资决策方法的运用 / 145

第六节 项目投资的风险分析 / 150

本章小结 / 160

复习与思考 / 160

第三篇 营运资金管理 / 167

第六章 营运资金管理策略 ············· 169
第一节 营运资金管理 / 170

第二节 营运资金持有政策 / 172

第三节 营运资金筹集政策 / 173

本章小结 / 175

复习与思考 / 176

第七章　流动资产管理 ······ 178

第一节　流动资产的特征与分类 / 180

第二节　现金管理 / 182

第三节　应收账款管理 / 191

第四节　存货管理 / 197

本章小结 / 207

复习与思考 / 207

第四篇　筹资决策与股利政策 / 211

第八章　筹资管理概述 ······ 213

第一节　筹资决策概述 / 213

第二节　公司实务中常用的筹资渠道 / 218

本章小结 / 242

复习与思考 / 242

第九章　资本成本与资本结构 ······ 247

第一节　资本成本的概述 / 247

第二节　资本成本率测算 / 249

第三节　资本结构决策标准及股东财富最大化 / 257

第四节　资本结构理论 / 265

第五节　杠杆利益与风险的测量 / 269

本章小结 / 273

复习与思考 / 274

第十章　股利分配 ······ 280

第一节　股利分配决策与股东财富最大化 / 281

第二节　股利理论 / 282

第三节　公司实务中的股利发放和股利政策 / 287

本章小结 / 293

复习与思考 / 293

第五篇　特殊领域与股利政策 / 301

第十一章　并购与重组 / 303

第一节　概述 / 304

第二节　并购估价 / 306

第三节　并购的支付方式 / 309

第四节　并购融资 / 310

第五节　并购运作 / 312

第六节　公司重组 / 314

本章小结 / 317

复习与思考 / 318

第十二章　财务危机与预警 / 320

第一节　公司解散 / 321

第二节　企业清算 / 321

第三节　破产预警管理 / 325

本章小结 / 328

复习与思考 / 328

第十三章　国际财务管理 / 330

第一节　概述 / 331

第二节　外汇风险管理 / 334

第三节　国际企业筹资管理 / 337

第四节　国际企业投资管理 / 340

第五节　国际企业资金管理 / 343

本章小结 / 347

复习与思考 / 348

第一篇

财务管理基础

第一章

财务管理概述

【学习目标】

1. 了解企业和公司的组织形式。
2. 了解财务管理的对象。
3. 熟悉财务管理的内容。
4. 掌握财务管理的目标、代理冲突及解决对策。
5. 全面了解财务管理的基本理论。

【引导案例】

当你决定创办一家服装公司,你需要选择厂址、购买或租用厂房,雇佣采购和销售经理、招募一批生产工人、购买原材料并组织生产等。用财务管理的语言解释就是你需要解决以下几个问题:(1)公司需要在设备、厂房、原材料、产成品、员工方面进行投资,甚至要制订公司的中长期投资计划;(2)如何筹措投资在这些资产上的现金;(3)当公司销售产品时就获得现金,并且成为公司创造利润的基础,应如何分配公司的利润?

➡ 第一节 财务管理的概念与内容

一、财务管理的概念

在市场经济条件下,企业的生产经营过程就是商品的生产和交换过程,由于商品具有使用价值和价值的双重属性,企业的再生产过程一方面表现为使用价值的生产和交换过程,另一方面也表现为价值的形成和实现过程。从使用价值的运动过程来观察,企业生产经营开始时，首先必须通过一定的渠道和方式筹措一定数量的货币资本，垫支在流动资产和固定资产等资产形态上，然后在生产经营过程中，劳动者利用劳动工具（设备）对劳动对象（原材料）进行加工，使资产由原材料形态转化为在产品形态，再将在产品加工成符合市场需要的产成品，标志着生产过程的结束。企业创造使用价值的目的是为了获取由使用价值承担的商品的剩余价值（利润），因此，就必须将生产过程创造的使用价值通过流通领域交换出去，从而使产成品转化为应收账款（债权性资产）或现金资产。当企业资产由应收账款转化为现金资产后，资产又再度回到货币资本形态，实物资产完成了一个循环周转过程。企业的资产将沿着"垫支—收回—再垫支—再收回"的循环往复地运动；企业的生产经营过程不仅表现为使用价值的运动过程，同时也表现为价值的运动过程，以货币表现的商品的价值和价值运动过程称为资金或资金运动，上述实物资产的循环过程也表现为"货币资金—生产资金—成品资金—增值的货币资金"的运动过程，对企业的资金及其运动过程进行预测、决策、预算、实施与控制统称为财务管理。财务管理是从价值管理的角度，运用财务管理方法，对企业生产经营过程进行规划与控制，其目的是实现企业价值的创造与增长。

二、财务管理的内容

企业的财务活动表现为企业再生产过程中循环往复的资金运动，企业资金运动从经济内容上观察，可以划分为筹资活动、投资活动和股利分配活动等环节，因此，企业财务管理的基本内容包括企业筹资决策、投资决策、股利分配决策等。

1. 投资决策

投资是企业为了获取经济资源的增值而将其货币投放于各种资产形态上的经济行为。依据投资的形式可将投资划分为有形资产投资、无形资产投资与金融资产投资。有形资产投资是对企业生产经营中实际使用的实物资产进行的投资，如购置生产线、更新设备、兼并企业进行生产经营规模的扩充、对新的投资项目进行的投资、由于企业生产经营规模的扩充对流动资产进行的投资等；无形资产投资是对生产经营过程中需要的没有实物形态但有一定载体形式存在的无形资产进行的研发投资，如研发专用技术、产品配方、外观设计、商标设计、开发计算机软件、商业模式（如特许经营）等资产进行的研发与投资；金融资产投资是对股票、债券等金融性资产所进行的投资。由于最近数十年间，经济金融化是现代经济发展的趋势，所以，同原始经济中企业主要进行实物投资形式不同，在现代经济中，有很大一部分投资都是属于金融资产投资。

投资决策首先要考虑的问题是如何合理确定企业资产的结构，即企业资产负债表的左方所显示的现金、应收账款、存货、固定资产等构成比例以及各投资项目的构成比例。企业经营的获利能力及由此相伴的风险程度是由企业的投资结构所构成的，投资于不同行业，决定了企业的获利能力与风险程度。例如，投资于未来具有广阔前景的高科技行业可能比投资于成熟行业如食品业能够获取更多的收益，但同时也必须承担更大的风险。再如，固定资产等长期资产占较高构成比例的企业可能会获取较高的收益，但同时也必须承担流动资产比例较低所导致的企业资产转化为现金的能力弱、企业支付能力差、到期不能还债的高财务风险。企业投资结构应该是能够创造最大经济价值的资产结构，要么在即定风险下带来最大收益，要么是在即定收益水平下承担最小的风险。收益与风险的均衡，是进行投资决策所必须遵循的一项原则。

投资项目财务可行性的评价是投资决策的主要内容。由于企业拥有的经济资源具有稀缺性，有效投资就成为企业投资决策首先应解决的问题。财务管理的任务是通过对投资项目的财务可行性的评价，为企业投资决策提供方法上的支持，以最大程度上保证投资决策的科学性。确定一个投资项目财务可行性的重要标准是看该投资项目是否拥有正的净现值，只有投资项目能够带来正的净现值，才能够增加企业的经济价值，才具备财务上的可行性。所谓净现值（net present value，NPV），是指一个投资项目的未来所产生的现金净收益的现值与投资现值的差额。拥有正的净现值，说明投资项目未来获得的收益在满足投资者要求的基本报酬后，还有剩余收益，从而能够增加企业的市场经济价值，未来获利能力越强的企业其价值越大。关于投资项目净现值的计算及决策，应关注在项目投资和有价证券投资、企业兼并投资中的应用，具体内容将在后面的投资决策和企业购并相关部分进行学习。

2. 筹资决策

投资决策一经作出，财务人员必须为满足投资对于资金的需要而进行筹资决策。筹资是为了满足企业对于资金的需要而筹措和集中资金的经济行为。筹资决策表现为对企业资金需要量的确定、对筹资方式的选择、对企业资本结构（权益资本与长期负债比例）的规划等方面。

筹资决策的核心问题是确定企业的资本结构。资本结构是指长期负债与权益资本二者之间的比例关系。由于资本来源中的短期负债属于企业财务管理的日常营运资本的管理范畴，对企业不形成长期影响，所以资本结构不含短期债务资本。资本结构中的长期债务资本以及权益资本均属企业的长期资本，在未来一定时期其比例关系相对稳定，对企业未来的发展具有重要的、长期的、战略意义的影响。因此，资本结构决策对于企业意义重大。

资本结构决策的首要问题是确定企业资产负债率的高低，即在企业资本总额中安排多高比例的负债。负债对于企业具有杠杆作用,当预期资产报酬率超过债务的利率时,增加债务的使用比例,由于使用债务会使企业获得剩余收益,同时相对使用了较少的权益资本,因此会提高股东的净资产收益率或每股收益;反之,当预期资产报酬率低于债务的利息率时,使用债务资本会降低净资产收益率或每股收益。这种负债对于净资产收益率或每股收益的作用称为财务杠杆,对于使用负债导致的净资产收益率或每股收益的波动现象或使用负债所增加的企业破产的概率称为财务风险。负债除具有当企业预期资产报酬率超过债务利率时能够提高净资产收益率或每股收益的正向财务杠杆作用外,债务的利息还可以抵减所得税;债权人由于承担的风险低于股东承担的风险,所要求的投资报酬率(亦称债务资本成本)低于股东要求的报酬率(亦称权益资本成本)。但是,提高债务比率会加大企业财务风险,导致企业出现到期不能还债的财务危机,严重者甚至导致企业破产。因此,在确定资本结构时,理财人员不仅要对负债的预期效用进行估计,同时也必须考虑多种因素,来确定企业合理的资本结构,以提高企业价值。

确定企业的股权结构也是资本结构决策的重要问题。在股权结构中,由于剩余收益归属于企业产权的所有者,从而形成产权所有者巨大的激励源,因此,不同的股权结构产生的企业生产经营效率是不同的。实证研究表明,由大股东绝对控股的企业经营效率高于股权控制分散的企业,产权具有明确归属性的企业的经营效率高于产权模糊的企业。因此,在资本结构决策中,理财人员应努力促使企业建立一个良好的股权结构,提高企业生产经营效率,增加企业价值。

筹资方式的选择是筹资决策的一个重要问题。不同筹资方式的特点不同,对企业的影响就不一样。企业在筹集资本时,通常会面临多种筹资方式以供选择,例如,企业是采取发行股票筹集资本还是采用发行债券筹集资本?是采取短期筹资方式还是长期筹资方式?是发行固定利率债券还是发行浮动利率债券?是发行普通股筹资还是发行优先股筹资?是发行普通债券还是发行可转换债券筹资?不同的筹资方式会导致企业的财务风险程度、资本成本水平、公司控制权的分散程度等多方面的不同。因此,财务人员必须在清楚每一种筹资方式特点的基础上,结合企业自身的特点作出合理抉择,以使企业获得成本代价最低的资本来源。

3. 股利分配决策

股利分配决策是确定企业当年实现的税后净利在股东股利和企业留存收益之间的分配比例,即制定企业的股利政策。由于留存收益是企业的筹资渠道,因此,股利分配决策实质上是筹资决策的延伸。股利分配决策通常涉及下列问题:采取怎样的股利分配政策才是企业的最佳选择?企业应采取怎样的股利分配形式,是派发股票股利还是现金股利、负债股利或财产股利？企业能否进行股票分割或股票回购？企业应对股东分配现金股利的比例有多大？对于这些问题的回答，理财人员应根据企业的实际情况，以增加企业价值为出发点，作出合理的选择。

上述财务活动及管理内容如图1-1所示。

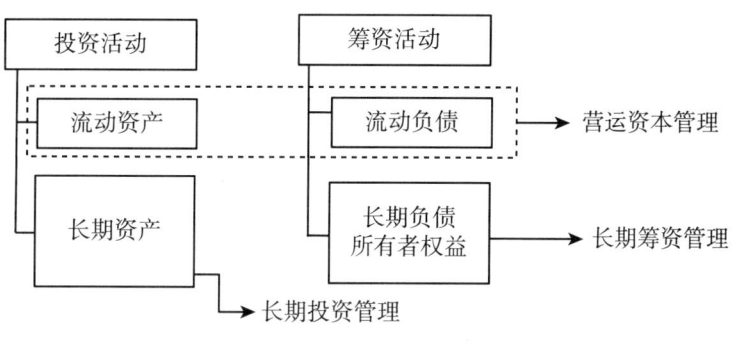

图1-1 财务活动及内容

第二节 企业组织形式与特征

企业组织有三种基本形式：独资企业、合伙企业和公司制企业。因为公司是企业组织的主导形式，整个社会的大部分商业活动要由公司制企业来执行，所以本书的内容侧重于公司财务管理，但所讨论的财务管理的一般原理也适用于独资与合伙企业。

一、独资企业

独资企业是由一个人或一个投资者所拥有的企业。例如，你想创办一家企业，只要申请了营业执照，有确定的经营业务范围就可以了。独资企业组建的手续较为简单，一般规模较小，很多小型企业如零售店、服务行业以及律师、医生、会计师等大多采取这种形式。

在独资企业中，企业主拥有企业的全部资产并对企业的债务承担无限责任，也就是说，虽然在会计上独资企业作为一个会计主体与个人事务是分离的，但是在法律上独资企业业主对于企业的财产拥有所有权，同时要以个人财产承担企业债务偿还的无限责任，企业业主所拥有的企业属于个人财产，与个人事务并不分离。

独资企业的优点是注册成立费用低，业主直接拥有、控制和经营企业，可以避免公司制企业中由于所有权与经营权的分离而发生的监督与激励费用，经营较少受到政府的管制，比较灵活。此外，独资企业免缴企业所得税，但必须缴纳个人所得税。

独资企业的缺点包括：独资人要承担企业债务偿还的无限责任，承担的风险较大；独资企业规模较小，虽然由于独资人承担无限责任具有较高的财务信誉，但个人信用能力的有限性决定其难以大量筹措资金，因此独资企业只适合于小型企业；当企业业务规模扩大，需要筹集巨额资金时，应将独资企业改组为有限责任公司，一方面分散出资者承担的风险，另一方面筹措适合企业规模扩充所需要的资金；独资企业的寿命周期有限，随创办人的死亡而消失。

二、合伙制企业

合伙企业是由两名或两名以上的业主，按照共同投资、共同经营、共担责任、共享收益的原则建立的合伙制企业。

合伙企业分为两类：普通合伙制企业和有限合伙制企业。在普通合伙制企业中，所有合伙人均承担无限责任，合伙人通常按其出资比例分享利润或分担亏损，合伙企业不缴纳企业所得税，但须交纳合伙人个人所得税，如果一个无限合伙人退伙或死亡，那么该合伙企业必须解散。有限合伙制企业是在无限合伙人之外可有一个或多个有限合伙人。无限合伙人按无限责任经营合伙企业，有限合伙人按出资分享合伙企业的收益或分担亏损，但所承担的责任限于其出资额。此外，允许有限合伙人通过转让其份额而退伙。

合伙企业的优缺点与独资企业的优缺点相类似，这里不在赘述。

三、公司制

公司制在诸多企业组织形式中最为重要。公司制企业是指按照法律规定，由法定人数以上的投资者（或股东）出资建立、自主经营、自负盈亏、具有法人资格的经济组织。公司制企业有有限责任公司和股份有限公司两种形式。

公司是一个独立的法人。在法律上，公司是独立的法律实体，具有法人资格，可以享有和自然人相同的权利，但它没有投票权。公司可以拥有资产、承担负债、交纳公司所得税、签订合同等。当企业采用公司制的组织形式时，所有权主体和经营权主体发生分离，所有者只参与和作出有关所有者权益或资本权益变动的理财决策，而日常的生产经营活动和理财活动由经营者进行决策。

1. 公司制组织形式的优点

（1）有限责任。股东对公司的责任限于其投入的份额。在公司制下，公司的债权人对公司的财产拥有索偿权，但对股东个人的财产并无索偿权，公司股东仅以个人出资额度为限，承担公司的破产风险。

（2）寿命长久。公司的法人地位不受某些股东死亡或转让股份的影响，其生产经营的寿命有更好的法律保障。

（3）所有权可以转让。股东转让股份是在公司外部进行的，不影响公司正常的经营活动。股份上市公司的股票，具有较好的流动性，投资者在需要时随时可以将股票转化为现金。

（4）易于筹集资本。因为公司寿命的永久性，以及股东个人承担的有限责任导致的财产损失风险的有限性，公司权益资本规模较大导致的举债能力的增强等原因，使得公司更容易积聚资本。

2. 公司制组织形式的缺点

（1）纳税负担沉重。公司作为法人需交纳公司所得税，公司股东个人分得的红利和资本利得收益要交纳个人所得税，实质上是双重课税。

（2）政府管制较为严格。企业组建必须要符合政府法律的规定，筹集资本要符合法律规定的条件、上市公司的信息必须按照政府的有关规定定期公开披露等。

（3）公司的代理成本较高。公司制企业大多属于经营权与所有权相分离的企业，某些情况下，管理者可能为获取自身的利益而牺牲股东的利益，股东为促使经营者与股东的目标相一致，会发生监督和激励成本等。

公司制企业与独资及合伙制企业的比较如表1-1所示。

表1-1　　　　　　　公司制企业与独资及合伙制企业的比较

项目	公司制	独资及合伙制
投资人承担责任	有限责任	无限责任
企业寿命	寿命长久，可以永续	会因投资人死亡、撤资而解散
纳税负担	双重纳税，负担较重	只交纳个人所得税，不交纳公司所得税
筹资及企业规模	可以有多种筹资方式支持企业发展，规模较大	筹资方式单一，企业规模较小

第三节　财务经理与工作职责

在公司制的企业里，所有权主体与经营权主体是分开的，总经理（总裁）受董事会委托经营管理公司的日常业务，重大决策要报董事会批准，公司股东不参与日常的经营管理活动。

在大型公司或跨国企业中，各职能部门的分工比较专业化。一般地，公司高管会设置财务副总经理或首席财务官，主要负责制定公司的财务战略规划，并协调下属的财务部门和会计部门的工作。会计部门主要负责处理会计信息，如财务会计、成本会计、税务会计以及会计信息的输出与报告；财务部门主要负责财务管理工作，如日常的现金收支计划、信贷与信用管理、财务计划的制订和资本预算管理、筹资与投资决策计划等。大型公司的组织结构如图1-2所示。

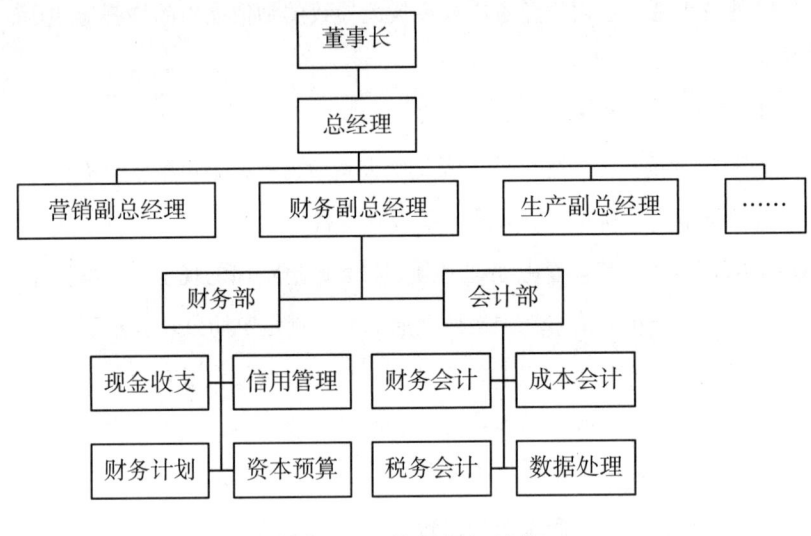

图1-2 公司组织结构

第四节 财务管理的目标

财务管理目标（financial objectives）是指通过企业财务筹资与投资活动管理所要达到的根本目的。理财目标是现代财务管理的理论体系及理财实践活动的逻辑起点，决定着财务管理各种决策的选择，是企业各种理财决策的标准，科学的理财目标有助于企业日常管理活动的规范化，有助于科学理财观念的树立，有助于提高企业的理财效率并支持企业的可持续发展能力。

在我国，传统的计划经济体制下，企业理财的目标可以被定义为产值最大化或产量最大化，这种理财目标随着计划经济体制的解体而自然消失。改革开放初期，以让权放利、调动企业的生产经营积极性为出发点，在企业生产经营管理体制上，曾先后实行过企业基金、利润留成、生产经营承包责任制等管理制度，企业的目标导向是利润最大化。在我国步入社会主义市场经济的时代，企业生产经营机制发生了很大的变化，如何确定企业的理财目标，仍是一个值得探讨的问题。

在西方发达国家，公司的理财目标经历了利润最大化、每股盈余最大化、股东财富最大化、企业价值最大化等主要阶段。目前，理论界和实务界通常采用的理财目标是股东财富最大化与企业价值最大化。本书将公司的财务管理目标界定为企业价值最大化，并将企业财务管理工作看作以创造、增加企业价值为目的的价值管理活动。

1. 利润最大化

利润最大化是传统厂商理论的基本假设。单一目标函数的建立是解决厂商目标问题的基本思路，利润最大化便是这类函数中最为常见的一种。在厂商目标理论已经发生了巨大变化的今天，在为数不少的微观经济分析模型中，利润最大化仍为不可替代的假设之一。

在厂商理论中，产量决策极其关键。一般认为，管理当局在制定各种决策尤其是产量决策时，均假设企业为利润最大化企业。所谓利润最大化企业，是指投入量及产出量的选择皆以获得最大限度经济利润，即总营业收入与总经济成本的差额为唯一目标，这一假设在经济学文献中具有很长的历史。

利润最大化与边际主义有着密切联系，具体而言，如果厂商追求的是严格意义上的利润最大化，那么必须遵循边际原则进行决策。按照边际原则，在企业实现边际成本与边际收益相等的产销量时，企业能够达到利润最大化。在利润最大化理论出现以后，受厂商经济理论的影响，利润最大化也被认为是企业理财的目标，主要原因包括：

（1）企业是以营利为目的的经济实体，利润最大化作为企业的理财目标符合企业的经济本质；

（2）在自由竞争的资本市场中，资本的使用权最终属于获利最多的企业；

（3）利润代表了企业新创造的物质财富，只有每个企业都实现了利润最大化，才能达到整个社会财富的最大化，从而带来社会的进步与发展；

（4）利润最大化有利于企业提高竞争能力，静态下的边际成本与边际收益相等时，被认为是企业竞争能力的提高和效率提高的标志。

但是，利润最大化也存在着难以克服的种种弊端：

（1）利润最大化是以静态状况下的边际收益等于边际成本为前提条件的，短期内的利润最大化会造成企业的短期行为，进而损害企业的长远价值。我国在企业经济体制改革过程中，曾经先后实行过利润留成、企业基金、生产经营承包责任制等多种对国有企业的管理制度，可以说这些制度的导向都是利润最大化。例如，企业生产经营承包责任制的原则为：包死（利润）基数、确保上缴、超收多留、欠收自补。明确引导企业取得短期利润最大化，造成了企业普遍的短期行为。在这种管理制度下，资源可能被掠夺性地使用，使得企业生产经营能力受损，一些涉及企业长远发展的措施往往被忽视，如新产品的试制与开发、产品结构的调整、人才的培训等。更有甚者，当利润指标难以完成时，在行政利益及个人利益的诱导下，承包企业往往弄虚作假，通过低估成本、高估收入、虚增资产、虚拟资产等手段来粉饰企业的会计报表，制造虚假利润，导致企业多上缴所得税，多对职工发放奖金，承包者也多得个人好处，使大量现金流出企业，形成了事实上的国家投入企业资本金的流失，也削弱了企业再生产的能力，其结果是很多国有企业在利润最大化的目标导向下悄然消失。

（2）利润最大化的目标导向不符合现代企业战略管理的要求。现代企业战略管理需要对企业进行长远的、全局性的规划，其着眼点在于保证企业的长远良性发展。在战略管理下，一些企业成本对于短期利润的最大化是没有必要的，但是对于企业长远的发展则是必需的，如人才培训成本、研究开发成本、市场营销成本等。

（3）短期利润最大化不能作为企业增强竞争能力的手段。现代企业的竞争能力应该建立在战略优势的基础上，这种竞争能力存在于对未来的战略规划之中，从长远来看，只有实现未来价值的增加，企业才能生存下去。

（4）从财务估价的角度，利润最大化忽略了货币的时间价值及风险因素。在不考虑货币时间价值的情况下，理财决策是不科学的决策，也有可能造成决策的失误。盲目追求利润最大化就有可能忽略风险，结果可能会给企业带来意外的损失。

（5）利润最大化要受到会计政策选择等人为因素的影响。

2. 每股盈余（所有者权益报酬率）最大化

每股盈余是税后净利与发行在外的普通股股数之比。所有者权益报酬率指税后净利与所有者权益的比率，两个指标衡量的均为投资者投入的资本所实现的增值。

同利润最大化目标比较，每股盈余考虑了所获利润同所投入资本之间的比例关系，可以剔除企业资本规模的影响，便于不同企业之间或同一企业不同时期的效率比较。在企业股东投入资本一定的情况下，每股盈余的高低主要取决于税后净利的高低，从这点意义上观察，每股盈余最大化实际上是利润最大化的翻版。

与利润最大化一样，每股盈余最大化的理财目标，同样没有考虑货币的时间价值，没有考虑风险因素。以每股盈余最大化作为企业理财目标，也没有考虑股利政策对股票市价的影响。如果公司的唯一目标是每股盈余最大化，则公司将永不支付股利，因为公司可以把收益留在公司内部,并把它们投资于任何回报率为正,但回报微小的项目。这样,公司可以保证每股盈余持续增长。股利支付的数额会影响股票的价值,这就说明每股盈余最大化还不是一个令人满意的目标。每股盈余最大化实际上是假设股票市价是每股盈余的函数,当每股盈余越大时,股票的市价就越高,这与现实严重背离。现实中,股票的市价是投资者根据与股票相关的各项信息对股票的价值所做的综合评价,这些信息包括:企业现在及其未来的每股收益、企业未来的发展潜力、企业所承担的风险、企业的股利政策、企业所处的外部环境变化等。因此,每股盈余最大化并不一定能导致股票市价的最大化。

3. 股东财富最大化

股东财富最大化是指企业应以达到股票的市场价值最高为目标。该观点认为,企业是由股东投资所组建的,股东是企业的法定所有者,股票的市价代表了股东的财富,企业财务决策的优劣均会反映在股票的市价上。因此,以股东财富最大化作为企业的理财目标,体现了股东对于企业剩余所有权的要求,反映了理财的效率,追求股东财富最大化符合股东创办企业的目的,也有利于企业社会责任的履行。

在财务管理决策中,股票的市价是投资者根据企业未来的现金流量对股票所做的价值估量,反映了货币的时间价值;股票的市价与投资风险成反比,投资者所冒风险越高、投资收益越不稳定,预期要求的报酬率就越高,股票的价值就越低,反映了投资的风险价值。

但是,按照现代经济学理论,股东财富最大化不能成为理想的企业财务目标。主要因为该目标有以下缺陷:

首先,股东财富最大化目标忽略了企业利益相关者(stakeholders)的利益。我们研究企业的财务目标,应该以企业的性质为前提。传统的企业理论认为企业是由股东以其所拥有的资产投资创立,因为企业为股东所有并为股东所控制,企业的目标应从属于股东创办企业的动机,即追求股东财富的最大化,进而决定了企业的财务目标是实现股东财富最大化,而忽略了经营者、员工、供应商、客户及债权人等相关利益者的经济利益。契约经济学的创始人科斯(1937)认为,企业的显著特征就是作为价格机制的替代物,通过契约,生产要素为获得一定的报酬同意在一定限度内服从企业家的指挥。在契约经济学中,企业并不是一个单纯由股东创立的组织,而是一个替代了市场价格机制的特别的市场契约。市场契约是多个所有权之间为让渡各自产权而彼此做出的保证兑现的承诺,它不属于任何单方的所有权。企业所有权是当契约不完全时,没有在契约中详细规定的那部分权利,即企业的剩余索取权和剩余控制权。效率最大化要求企业剩余索取权的安排和控制权的安排应该对应,也就是说,企业的所有权应该与契约参与各方所承担的风险相一致,在企业组织形式的早期,股东是风险的主要承担者,因此也拥有企业的剩余索取权。但是,随着分工的日益细化,人力资本的专用性不断增强,经营风险不断增大,风险的承担者由单一的股东变成了股东、经营者、债权人、职工。费方域(1998)研究认为,企业不再被视为属于股东的实物资产的集合体,而成为一种具有治理所在企业的财富创造活动中做了专用投资的主体的相互关系功能的法律框架。这里的主体,是包括股东在内的所有的利益相关者。从某种意义上说,他们谁都做出了专用化的或合作专用化的投资,他们谁都可以分享企业利润的相应份额,他们谁都承担着一定的投资风险,也就都掌握一定的实际控制权。因此,将企业视为股东所有物会损害其他投资者,影响他们的投资积极性。

在企业的资本结构中,债权人提供的是企业的临时性资本,承担企业的财务风险;股东提供的是企业的永久性资本,承担企业的经营风险;劳动者提供的是知识及技能资本,承担企业破产失业的风险;各种资本的组合构成了企业生产经营的基础,各种资本的所有者依照其资本投入方式的不同承担企业的风险,参与企业的利益分配。企业实质上是在各方利益均衡的状况下运营的,企业如果不能实现各方利益的均衡,就不能充分发挥各方参与企业生产经营的积极性,不能建立一个充满活力的生产经营机制。伤害了债权人的利益,不履行债务契约,债权人就会拒绝合作,当企业财务状况不佳时,甚至会强制企业破产;忽视员工的利益,就会导致企业生产经营目标的难以完成;损伤经理人员的利益,就难以保证经理人员会有效履行与股东之间的契约。因此,企业收益的分配权也就是企业的剩余索取权应该由利益相关者持有。

在21世纪的今天,知识资本已经成为与实体资本同等重要的生产要素和经济资源,经济的长期、持续和快速发展更多地依赖于取之不尽、用之不竭的人才智力资源。企业这一市场契约关系的参与各方的地位和作用已发生重大变化,把实体资本所有者看作公司唯一的股东,以其财富最大化作为企业唯一的财务目标,其局限性是显而易见的。

其次,在企业契约中的其他各方利益相关者收益固定的前提下,以股东财富最大化为财务目标,并不能保证实现社会财富的最大化。如果企业以股东财富最大化作为唯一的追求目标,将会导致企业种种损伤社会财富的行为,例如,削减员工的工资以增加股东的财富;恶意兼并其他企业以降低员工成本或逃避缴税;将借入的资金投放于风险更高的项目转嫁投资风险;大量举债转嫁通货膨胀的风险;为达到股东财富的最大而减少社会责任的履行;为实现股票价值的最大增值而粉饰企业向社会披露的信息等。这说明,股东财富最大化与社会财富的最大化是相互矛盾的。

最后，以股东财富最大化为财务目标，也有可能引起企业行为的短期化。因为企业的一些战略性投资，如人力资本投资、无形资产投资、高科技研发投资在几年甚至十几年内可能都难以见效，短期内不会让股价上涨，可能使股东对这些投资失去兴趣，结果造成企业丧失长期竞争能力和可持续发展力。

4. 企业价值最大化

企业价值是指企业的未来现金净流量按照企业要求的必要报酬率计算的总现值，也是企业的市场价值，它取决于未来企业所创造的现金净流量、企业要求的必要报酬率和企业存续时间等因素。在理论上等于企业股票的价值与债券的价值，即金融化的资产价值，以企业价值最大化作为企业的理财目标，是现代企业发展的必然要求。它具有与相关利益者利益的一致性、保证企业战略发展的长期性、考虑风险及货币时间价值估价的风险性及时间性等特征。

首先，我们观察以企业价值最大化作为企业目标对于企业相关利益主体的影响。在私有制企业阶段，企业的投资者、受益者及管理者通常为一个人，在经营过程中所涉及的资源分配问题较为简单，不会产生较明显的冲突和对抗，企业的命运大都掌握在业主手中。但在大型的股份公司出现之后，资源分配过程中便出现了不容忽视的冲突和对抗，从而对企业经营方式乃至法律形式均产生了重大影响。例如，按照詹森和梅克林的研究，只要管理当局持有的公司普通股份不足100%，股东即所有者与管理当局之间的利益冲突（即代理问题）便不可避免。不仅如此，由于现代公司对负债资金的大量运用，直接影响到企业经营的稳定和股东所承受的风险程度，因而，股东与债权人之间的利益冲突也日益引起人们的关注。这些冲突如不予以科学地处理，无疑会妨碍企业的健康发展乃至生存。换言之，在现代股份公司情况下，人们对企业效率的考虑必须顾及资源配置受益对象的广泛性，妥善地权衡和处理所有者与管理者、所有者与债权人之间的利害关系，以促进企业的发展。只能满足部分受益对象利益的企业效率将无法得到人们的承认和实施。以企业价值最大化作为企业的理财目标，避免了以股东财富最大化为目标的一个重大缺陷——单纯追求股东的利益而忽略企业其他利益群体的存在。在企业价值最大化目标导向下，企业的各项理财行为是在实现各利益主体利益相均衡的过程中进行的，企业只有妥善处理企业与各个方面的财务关系，才能有效提高企业的效率，增加企业价值。企业价值最大化不否认股东财富的最大化，但同时也注重债券价值的最大化和员工利益的最大化。

其次，企业价值最大化体现了企业战略管理的要求。长期性是现代企业效率应当具备的另一个基本特征，也是战略管理的重要产生原因及内容。实行现代企业制度的企业，由于所有者的大量分散化及其股权的可转让性，使得股份公司的可持续生存在法律上和经济上成为可能。企业的持续生存与发展，既是对投资者利益的最好保护，也是整个社会保持稳定和繁荣的重要经济基础。企业效率的评价必须考虑到长期性这一特征。利润最大化作为企业效率具体体现的一个重大缺陷便是它不能包容企业持续存在这一目标要素。管理者或者所有者出于某些临时的局部的考虑，会追求当期利润或最近几期利润的最大化，其代价往往是伤及企业的长远发展。也就是说，企业价值最大化具有引导企业长期发展的功能。事实上，在环境经常改变的今天，企业只有面向未来规划企业的生产经营活动，将企业纳入战略管理的轨道，企业才能在激烈的竞争中求得生存与发展。从这个意义上看，企业价值最大化无疑提供了一个最佳的目标导向。

最后，企业价值最大化考虑了货币的时间价值与风险因素。理论上，企业价值为企业未来现金净流量按照投资者要求的报酬率计算的现值，企业价值的高低与企业过去的获利水平无关，而是取决于三个因素，即未来现金净流量、投资者要求的报酬率和时间。在这种目标导向下，企业价值是企业未来现金净流量的一个函数，未来现金创造得越早，早期现金净流量创造得越大，企业价值就越大。该目标要求企业注重未来现金净流量的创造，采取必要的措施，最大限度地增加公司长远的现金净流量，从而使企业能够克服利润最大化下所产生的短期行为；投资者要求的报酬率受到风险因素的影响，风险越大，所要求的报酬率就越高；报酬率越高，企业价值就越低。依据现代经济理论，对于能够规避的风险，企业应尽量予以分散，对于无法规避的风险，应要求得到与承担风险相对应的收益水平。处于企业中的各个利益主体分别承担了企业不同的风险，理所当然地按照承担风险的程度对各自的报酬予以估量，无论是股东、经理人员还是债权人，在评价企业效率时，风险便成为一个关键的因素。

按照企业价值最大化的理财目标，由于企业价值是按照必要报酬率计算的企业未来现金净流量的现值，因此，在投资决策中努力增加企业未来的现金净流量，在筹资中努力降低资本成本（企业要求的必要报酬率），控制风险就成为理财工作的具体目标。

第五节 代理冲突与治理对策

企业的理财目标是企业价值最大化，但是，由于公司制企业包括股东、经营者、债权人、员工等各利益主体，他们具有各自独立的经济利益目标，利益目标的冲突使得企业不会自行沿着企业价值最大化的轨道运行。如何解决他们之间的利益冲突，成为当代经济学的前沿问题，即代理经济学。

代理理论（agency theory）是由著名经济学家迈克尔·詹森和威廉·梅克林于1976年提出的。代理理论阐明了企业存在的两种主要代理关系，即债权人与股东之间的利益冲突、股东与管理者之间的利益冲突及治理对策。

按照迈克尔·詹森的定义，代理关系是一种契约，在这种契约下，委托人聘用代理人代表他们来履行某些服务，包括把若干决策权托付给代理人。当某人（委托方）雇佣另一个人（代理方）代表他的利益时，代理关系就产生了。代理关系是随着社会化大生产的发展而产生的。广泛的社会分工和企业内部分工，使经济主体之间产生了广泛的代理关系。契约关系是企业的本质。"企业不是一个个体，它是一个法律构造，它可以作为一个复杂过程的聚焦点，在这个过程中个人相互抵触的诸多目标会被一个契约关系的框架带入均衡。"① 在公司制企业中，由于所有权和经营权的分离，产生了股东与管理者之间的代理关系，资金借贷关系的存在，又使得股东与债权人之间表现为一种代理关系。代理关系的存在是基于各经济主体追求合作所产生的大于各自单干而获得的报酬（即分工效益），以及各经济主体合作所产生的经济规模的扩大所带来的边际效用的增加超过其边际规模扩大成本的报酬（即规模效益）而产生的。在契约关系存在的情况下，由于代理人是一个独立的经济人，具有独立的目标函数，其目标函数是借助于委托人所给的条件，最大限度地满足自己的利益；同时，由于委托人和代理人之间存在的信息不对称，委托人无法准确观察代理人的行动，必然要产生代理成本。

代理成本（agency cost）是指制定、管理和实施契约过程中所发生的全部费用，或者为解决代理问题而发生的成本。詹森和梅克林将代理成本划分为三部分。（1）委托人的监督费用，是指为使代理人达到委托人的要求而用于管理代理人行为的费用，包括激励与监督费用。（2）代理人的保证支出，是指代理人保证不采取损害委托人利益的行为的费用，以及如果采取了某种损害委托人利益的行动，代理人将赔偿委托人的费用。（3）剩余损失，是指委托人因代理人代行决策权而产生的一种利益损失。如雇佣某人帮你卖车，并承诺事成之后支付固定的酬金，代理方的动机是把车卖出去，但不一定卖到最高的价格，因此它是一种在契约最优但又不能被完全执行时的一种机会成本。下面主要讨论三种主要代理关系、代理问题以及治理对策。

1. 股东与经营者

（1）代理冲突。股东与经营者的代理冲突是因为股东与经营者目标的不一致性。股

---

① 陈郁：《所有权、控制权与激励——代理经济学文选》，上海三联书店、上海人民出版社1998年版，第3页。

东的目标是实现股东财富的最大化，而经营者的目标则是现金报酬和在职消费的非现金利益最大化。非现金利益表现为经营者的职务消费，如增加闲暇时间、装修豪华办公室、公款旅游等。经营者消费的非现金利益牺牲的是企业价值。

股东与经营者之间的代理冲突产生的前提条件是所有权与经营权的分离。假设企业所有者同时也是管理者，其拥有100%的股权，所有者与经营者同为一体，目标具有一致性，不会出现经营者为追求个人私利最大化而损害股东利益的行为。

在委托代理关系中，代理人为自身利益，在不构成法律或行政责任的前提下，采取伤害委托人利益行为的可能性称为道德风险。在内部股东持股的比例低于100%时，道德风险就会产生，内部所有者——经营者就会产生消费非金钱利益的动机，而且随着其持股比例的降低，消费非现金利益的动机越强烈，道德风险就越大。

(2) 治理对策。在实践中，促使代理人和委托人的目标保持一致的有效措施是委托人对代理人的激励与约束。

第一，可以通过审计、建立控制系统、预算限制等监督机制进行治理。如果股东付出这些监督成本而迫使管理者减少对企业价值的损害，管理者将与外部股东缔结一份限制其在非金钱利益方面消费的契约，使内部所有者——管理者放弃一部分非金钱利益的消费，这将增加公司的价值。这种监督的费用实际上是由全体股东来负担的，因为监督费用减少了股东的财富。

管理者向外部股东保证限制自己的行为活动而支出的一定费用称为约束成本或保证成本。约束成本往往采取契约保证的形式，如由注册会计师审计财务账目、明确约束管理者的行为和对管理者的决策权进行限制。这些成本实际上要由企业来负担，因为它既限制了管理者改变自身状况而侵害股东利益的能力，同时也限制了管理者抓住某些盈利机会而发挥企业全部优势的能力。

第二，建立使管理者利益与外部股东利益趋于一致的激励性制度，如年薪制度和股票期权制度。对管理者制定与其为企业创造价值相匹配的年薪制度，是激励管理者为委托人利益目标而努力工作的措施。为了防止管理者为争取高薪而频繁跳槽的短期行为，股票期权激励制度应运而生。激励成本也会导致股东财富和企业价值的减少，当激励机制产生的收益大于激励成本时，这一机制才可能产生效果。

第三，市场接管。因为有控制人和经理人市场的存在，如果管理者不能恪守职责、努力工作，就会导致因并购、外部接管等使管理者被替换或失去工作机会，这样可以部分纠正管理者与股东的目标偏差。

2. 股东与债权人

（1）代理冲突。当债权人借出资金给企业后，便与股东形成了一种委托代理关系。股东与债权人的代理冲突也是由于双方的利益目标不一致导致的，债权人追求的是保证资金安全性的前提下，实现资金的利息收益，股东期望利用债权人的资金为股东或企业获取最大的收益，达到"借鸡生蛋"的目的。

詹森和梅克林认为债券的代理成本包括：一是由于债券对企业投资决策的影响而导致的机会财富损失（即剩余损失）；二是由债券持有人和所有者——管理者（即企业）承担的监督与约束支出；三是破产和重组成本。之所以在存在债券代理成本的情况下企业要使用债务资本，詹森和梅克林认为有三条理由：一是利息具有抵税收益；二是如果企业存在潜在的、有利可图的投资机会而所有者本身缺乏资金的话，为了获取边际财富收益大于边际代理成本的好处，所有者将不惜承担代理成本进行投资；三是负债能够提高管理者及其所在组织的效率，这是因为管理者在债务还本付息的硬性约束下，不得不使企业更加有效地工作。

在实践中，股东损害债权人利益的方式主要有两种：

第一种方式是风险转嫁。如果企业采取高比例负债的资本结构，所有者和管理者将具有强烈的动机去从事那些成功机会甚微但一旦成功就获利颇丰的投资活动；而如果失败，债权人将承担大部分损失。在这种情况下，由于所有者和管理者以低风险的投资机会的名义举债借入资本而将借入资本再投资于高风险的投资项目，就会伤害债权人的利益，从而实现财富从债权人向所有者和管理者的转移。

第二种方式是不征得原债权人的同意而举借新债，从而造成企业债务偿还能力的降低，导致旧债市场价值的降低。

（2）治理对策。对于公司所有者和管理者使用债权人的资金投资于高风险项目、转嫁风险或弃债逃债等转移债权人财富的行为，债权人的治理对策就是通过在债务契约或合同中增加各项限制性条款，包括限制筹资、限制资金使用、限制生产、限制股利支付、限制投资等，以限制公司股东和管理者对债权人利益的侵害，导致债券价值降低的管理行为。此外，债权人还可以通过提高资金的利率、降低债券的支付价格或取消后续的资金支持等方式来应对债务人的各种违约行为。

所有与这类限制条款有关的成本就是代理成本中的监督成本。要求所有者和管理者提供债权保护程度的信息等由企业负担的成本就是代理成本中的保证成本。此外，在企业发生破产时所发生的破产成本也是代理成本的构成内容。

代理成本的承担者是企业，代理成本与企业价值是此消彼长的。在企业资本结构中,权益性资本所占比重越大,股权的代理成本就越大,债务代理成本就越低,反之亦然。当企业代理成本的总和能够达到最低时,企业的价值最大。

3. 股东与社会责任

(1) 代理冲突。股东财富与企业价值最大化的目标在很多方面与社会目标是一致的。实现企业价值最大化的理财目标,要求企业必须以履行社会责任为前提。例如,企业为了增加价值、股东为了创造财富的同时,为社会创造了就业机会,就必须采取有效的竞争手段,如通过降低成本实现低价战略,通过创新实现差异化战略,从而为社会提供低价优质的产品,以更好满足消费者的需要;增加股东财富和企业价值,就必须要降低员工与股东之间的矛盾冲突,使员工的待遇与作出的贡献相匹配。

但是,股东与企业目标与社会目标也有矛盾的一面。企业履行社会责任,会导致企业在一定时期内的经营成本的增加,减少企业当期的盈利,削弱企业的竞争能力。例如,履行政府环境保护的要求会发生环保投资,增加员工的培训也会增加企业的成本。因此,从股东和企业的角度观察,上述成本的增加减少了股东应享有的剩余收益,导致企业价值下降。为了降低成本,股东和管理者可能会生产假冒伪劣产品欺骗消费者,可能为了盈利而牺牲环境为代价,进而逃避社会责任的履行。

(2) 治理对策。为促使企业履行社会责任,缓解股东、企业与社会责任目标的冲突,应该通过法律、行政、道德与舆论监督等方式进行治理。政府应加强立法和严格执法的力度,以法律形式保护社会公众的利益,调节股东、企业与社会公众利益的矛盾;各个行政管理部门应该通过制度、政策的监督与引导,促使企业履行社会责任并接受政府的行政监督;社会要加强宣传,惩恶扬善,促使企业遵守商业道德规范;媒体、社会公众和消费者也是企业监督者,通过各种媒介和社会舆论加强对企业社会责任的监督。

应当指出,尽管企业履行社会责任会耗费企业一定的资源,在短时期内会增加企业经营成本,但企业社会责任的履行为企业的可持续发展奠定了良好的基础,企业承担社会责任就是为企业未来的长远发展承担责任。从这点上看,企业履行社会责任与股东和企业价值最大化的理财目标是一致的。

本章小结

1. 财务管理的概念、内容。即:以货币表现的商品的价值和价值运动过程称为资金或资金运动,对企业的资金及其运动过程进行预测、决策、预算、实施与控制统称为财务管理;财务管理的内容从企业资金运动和财务活动的顺序看包括筹资管理、投资管理和利润分配的管理。

2. 企业组织形式及其特征。企业组织形式包括独资企业、合伙制企业和公司制企业三种，其中，独资与合伙制企业具有投资者承担无限责任、筹资和企业规模较小以及寿命较短的特征；公司制企业具有投资者承担有限责任、双重纳税、筹资规模大、企业可以永续存在等特征。

3. 财务管理的目标。公司财务管理的主要目标包括利润最大化、每股收益或投资者收益最大化、股东财富最大化和企业价值最大化。

4. 代理冲突与治理对策。

本章重要术语

财务管理　　独资企业　　合伙制企业　　公司制企业　　财务管理目标
代理理论　　代理成本　　代理冲突

延伸阅读

1. 斯蒂芬·A. 罗斯等著、吴世农等译：《公司理财》（原书第9版），机械工业出版社2012年版。

2. 刘淑莲主编：《公司理财》，北京大学出版社2011年版。

复习与思考

一、单选题

1. 与个人独资企业和合伙企业相比，下列不属于公司制企业优点的是（　　）。

A. 无限存续　　　　　　　　B. 容易转让所有权

C. 组建成本低　　　　　　　D. 有限债务责任

2. 在股东投资资本不变的情况下，下列各项中能够体现股东财富最大化这一财务管理目标的是（　　）。

A. 利润最大化　　　　　　　B. 每股收益最大化

C. 股价最大化　　　　　　　D. 公司价值最大化

3. 下列有关利润最大化的说法中，不正确的是（　　）。

A. 没有考虑利润的取得时间

B. 没有考虑所获利润和所投入资本额的关系

C. 考虑了获取利润和所承担风险的关系

D. 许多财务经理人员都把提高利润作为公司的短期目标

4. 下列项目中不属于财务管理内容的是（　　）。

A. 筹集资金　　　　　　　　B. 投资管理

C. 股利分配　　　　　　　　D. 资源战略管理

5. 关于企业价值最大化，下列说法中不正确的是（　　）。

A. 企业价值最大化等同于股东财富最大化

B. 企业价值最大化考虑了资金的时间价值和风险价值

C. 可以避免经营行为短期化

D. 不能避免经营行为短期化

二、多选题

1. 下列各项财务管理的基本目标中，可以反映利润的取得时间的有（　　）。

A. 利润最大化　　　　　　　B. 每股收益最大化

C. 股东财富最大化　　　　　D. 公司价值最大化

2. 下列关于股东财富最大化的相关说法中，正确的有（　　）。

A. 股东权益的市场增加值是企业为股东创造的价值

B. 假设股东投资资本不变，企业价值最大化与增加股东财富有同等意义

C. 股东财富可以用股东权益的市场价值来衡量

D. 假设股东投资资本不变，股价最大化与增加股东财富具有相同的意义

3. 股东为了自身利益通过经营者伤害债权人利益的常用方式有（　　）。

A. 不经债权人同意增发股票

B. 不经债权人同意投资于比债权人预期风险更高的新项目

C. 不征得债权人的同意而发行新债

D. 不征得债权人的同意提高公司员工的福利待遇

三、简答题

1. 财务管理的内容有几部分？

2. 财务管理的目标有哪些？

四、讨论题

案例一：

成立于1987年的国美电器2003年在香港开业，2004年在香港成功上市。2008年11月，黄光裕因非法经营和内幕交易被捕入狱，总裁陈晓接任董事会主席，2009年1月黄光裕正式辞职，国美从黄光裕的家族权威治理转入以陈晓为核心的职业经理人治理时代，陈晓取得对国美电器的实际控制权。

2009年6月，国美电器引入贝恩投资，同时宣布融资不少于32.36亿港元。同年7月，

陈晓进行大规模的股权激励，该股权激励方案总计涉及 3.83 亿股股份，总金额近 7.3 亿港元。陈晓与另外 10 位公司董事及附属公司董事共获授购股权 1.255 亿股，其中陈晓获 2 200 万股权。此项股权激励政策引起创始人黄光裕的不满，认为其为陈晓窃取国美电器控制权的举措，并且陈晓就任董事会主席不久就将黄光裕时代"数量至上、快速扩张"的战略调整为"质量优先，提高单店盈利能力"，并关停部分盈利状态不好的门店。此举被狱中的黄光裕视为一种公然背叛。因而在 2010 年 5 月 11 日的在国美股东周年大会上，大股东黄光裕连投五项否决票，导致委任贝恩投资董事总经理竺稼等为非执行董事的议案未能通过。黄光裕与董事会的矛盾公开化，双方彻底决裂。2010 年 8 月 6 日，国美电器将大股东黄光裕告上香港高等法院，要求大股东就 2008 年回购股份时违反公司董事信托责任与信任行为作出赔偿。2010 年 9 月 28 日晚，国美电器在香港公布了当天特别股东大会的投票结果：民意呼声颇高的公司创始人黄光裕关于重组董事局的动议均被否决，而国美董事会主席陈晓将继续留任，同时，董事会原有的 20% 股份增发授权被撤销。2011 年 3 月 9 日，国美任命原大中电器创办人张大中为国美董事会主席及非执行董事，而现任董事会主席陈晓以私人理由辞去了 2 董事会主席及执行董事职务。国美电器控制权之争就此落幕。

（资料来源：《张大中接任董事局主席 国美控制权之争画上句号》，半岛网－半岛都市报，2011 年 3 月 10 日）

案例二：

原告山东滨州黄河新华印刷有限公司诉称：2001 年 6 月 13 日，被告王东、王琳共同出资设立山东三辰文化传播有限公司（以下简称"三辰公司"）注册资本 1 000 万元，其中王东出资 700 万元，王琳出资 300 万元，王东为法定代表人。因三辰公司拖欠贷款，原告向济南市中区人民法院提起诉讼。

2010 年 4 月 27 日，滨州市滨城区人民法院依法裁定受理原告破产一案。破产清算期间，管理人到山东省工商行政管理局查阅三辰公司企业登记档案，得知该公司已于 2005 年 9 月 15 日被吊销营业执照，公司早已停业，但公司上千万资产去向不明。

经审理查明，根据三辰公司 2003 年度工商年检报告所附的资产负债表显示，截至 2003 年 12 月 31 日，该公司资产总额 9 844 401.54 元，所有者权益为 9 926 762.99 元，但该公司被吊销营业执照后，三名被告均未说明以上财产的下落。

原告认为，山东三辰文化传播有限公司被吊销营业执照后，被告王东、王琳作为出资人，被告张汉岗作为公司实际控制人，应当及时对公司进行清算。但三名被告滥用公司法人独立地位，不对公司进行清算，逃避清偿债务，损害了债权人利益，应当对公司债务承担连带责任。股诉至法院，请求判令三名被告连带赔偿原告的损失 746 174.45 元，并承担本案的诉讼费用。

（资料来源：《原告暨被告张俊与被告暨原告湖北新华印务有限公司、被告湖北省新华印刷产业园有限公司劳动争议纠纷一审民事判决书》，中国裁判文书网，2016年3月20日）

案例三：

2010年2月，福耀玻璃董事长曹德旺曾宣布将曹氏家族70%的股票（价值约43亿元人民币）捐赠给慈善基金会，但同年3月5日福耀玻璃发出正式公告却显示捐赠比例缩水为60%（价值约38亿元）。紧接着财报发布，福耀玻璃的散户股东开始抱怨：这位大慈善家有钱捐赠，为什么分红的时候变成了铁公鸡？

无独有偶，有报道称，万科公司在2008年追加赈灾捐赠1亿元之后，遭到某小股东起诉，声称此举侵犯公司利益。2007年新上任的商城集团董事长金万平开始在不同场合强调上市公司的责任，并通过一系列降低租金、减免空调费、改善公共设施并向慈善机构捐款等举动来实践上市公司的社会责任。然而，面临上半年收入增长的阻滞，大笔的社会责任支出迎来了众多流通股股东的不满。在审议公司与义务慈善总会捐款议案时，有近20%的参会股东投了反对票。

（资料来源：《曹德旺将成中国最慷慨富豪 捐股市值达43亿元》，载于《成都商报》2009年2月17日）

根据案例一、案例二和案例三，讨论分析以下问题：

（1）大股东黄光裕与管理层陈晓关于国美的控制权之争反映了什么问题，应如何解决？

（2）山东滨州黄河新华印刷有限公司诉王东、王琳等股东损害公司债权人利益责任纠纷案反映了什么问题，应如何解决？

（3）股东利益和企业社会责任之间是否真的水火不容？如何正确认识股东权益与社会责任？

五、网络练习

通过互联网查找公司存在的委托代理问题的案例资料进行调查分析，采用案例分析、理论分析、市场调查等方法写出一篇题为"某公司委托代理问题及治理对策"的小论文。

复习与思考参考答案

一、单选题

1. C　　2. C　　3. C　　4. D　　5. D

二、多选题

1. CD　　2. ACD　　3. BC

三、简答题

（略）

四、讨论题

（略）

参考文献

［1］张忠寿：《现代企业财务管理》（第三版），立信会计出版社 2013 年版。

［2］切奥尔·S. 尤恩：《国际财务管理》（原书第 8 版），机械工业出版社 2018 年版。

［3］马忠编：《公司财务管理》，机械工业出版社 2015 年版。

［4］徐春立：《企业资本结构战略规划》，中国时代经济出版社 2010 年版。

［5］肖万编：《公司财务管理》（第三版），中国人民大学出版社 2018 年版。

［6］詹姆斯·C. 范霍恩：《现代企业财务管理》（第十一版），经济科学出版社 2002 年版。

［7］陈郁：《所有权、控制权与激励——代理经济学文选》，上海三联书店、上海人民出版社 1998 年版。

第二章

财务报表分析

【学习目标】

1. 了解财务报表分析的意义。
2. 掌握财务比率分析、横向对比分析和纵向趋势分析。
3. 重点掌握运用比率分析方法对公司的偿债能力、资产营运能力、盈利能力和发展能力进行分析。
4. 熟悉并了解综合分析方法。

【引导案例】

2019年1月,汇源果汁公告称,公司近期收到债券持有人发出的赎回通知,要求公司于2019年1月24日或之前按可换股债券本金额的120%赎回12亿港元全部可换股债券。

非常遗憾,汇源果汁违约了。这家中国果汁业龙头企业,并未在约定期限内向债券持有人支付赎回金或到期赎回金。更可怕的是,违约的10亿港元可转债只是汇源果汁负债总额的冰山一角。该公司未经审计的2017年半年报显示,截至2017年6月30日,汇源果汁的负债总额为115.18亿元,负债率高达82.5%。这样高的负债水平对公司的财务状况与盈利会产生怎样的影响?

(资料来源:《动荡的汇源果汁:高管辞职、债务违约、复牌无望》,中国经济网,2019年2月13日)

第一节 财务报表分析概述

一、财务报表分析的意义

财务报表分析是利用企业提供的财务报告等相关资料,采用财务分析方法,对企业的财务状况、经营成果、发展能力及现金流量进行分析与评价，为企业报表使用者的经济预测或决策提供依据的一项财务管理活动。通过财务分析，可以总结出企业过去的经营业绩和现在的财务状况，从而预测其未来的发展趋势，为企业进一步的财务及经营决策提供有用的信息。因此，对企业进行财务报表分析具有重要意义。

1. 财务报表分析是企业管理循环的重要环节

企业管理循环包括预测、决策、预算、控制、考核与分析等环节，而财务分析是贯穿于每一环节的基础工作。预测需要有财务分析所得出的结论及有用信息作为依据，否则就不能保证其客观性；决策同样需要以财务分析的结果为基础，否则就无法正确甄选出最适合于企业的方案，毫无根据的决策会给企业带来不利影响；预算本身就是在对企业目前经营及财务状况进行分析的前提下对未来的计划；考核也需要通过对实际与预算的比较分析来完成。因此，财务分析是企业管理工作中不可或缺的一环，对加强企业财务管理工作有重要作用。

2. 财务报表分析是企业财务管理的重要手段

通过对企业财务报表所披露的数据信息进行分析，可以评价企业的偿债能力、营运能力、盈利能力、未来发展潜力等，判断企业一定时期的财务状况及经营成果，揭示企业财务及经营活动中存在的问题，从而使管理者能够有针对性地改进工作，提升经济效益。

3. 财务报表分析为相关使用者提供决策依据

财务报表的使用者分为内部和外部两类。财务报表分析不仅可以帮助管理者进行内部的管理决策，还可以帮助外部的投资者决定是否投资、债权人决定是否提供贷款、供应商决定是否继续合作、政府部门判断企业经营是否合法，以及外部审计机构判断财务信息的真实性、合法性、完整性等提供有价值的决策依据。

4. 财务报表分析可用以考核企业经营业绩

通过财务分析，将企业不同时期的财务指标、实际完成与预算指标、本企业与同行业的指标进行对比分析，可以考察企业各项指标的完成情况，考核企业实现的经营业绩，构建经营绩效评价指标体系，协调各职能管理部门的关系，实现财务管理目标。

二、财务报表分析的目的

财务报表分析的基本目的是总结过去的经济活动，评价现在的经营和财务业绩，预测未来的发展趋势及发展潜力。由于企业财务报表信息的使用者不同，他们各自所关心和考察的重点不同，对于企业财务报表进行分析的具体目的也不完全相同。

1. 经营管理者的目的

企业的经营管理者受投资者委托，实现财务管理目标。他们必须全面了解企业的财务状况、经营成果、现金流及未来的发展，才能发现管理存在的问题，为企业的经营进行科学决策。因此，动态、及时、全面、系统地进行财务分析是管理者科学决策的重要依据。

2. 投资人（股东）的目的

企业的投资人是企业剩余收益的所有者，无论在持续经营或破产清算的条件下，他们参与公司利益的分配都是在债权人和优先股股东之后，而收益分配与企业的经营成果密不可分。因此，他们基于投资决策进行财务分析的目的侧重于企业的盈利能力、发展前景与投资风险状况。

3. 债权人的目的

企业债权人是公司发行债券融资和银行借款融资的投资者，是企业债务资金的提供方。债权人关心的是企业是否能够按时还本付息，借贷给企业的资金是否有违约的风险。短期债务资金的提供方关心的是企业当期的财务状况、资产的流动性及周转情况；长期债务资本的提供者关心的是企业的资本结构和盈利状况。因此，债权人财务分析的目的是考察企业的短期与长期偿债能力。

4. 供应商的目的

供应商向企业提供的是商品和劳务，同时也提供了短期的商业信用。供应商关心的是企业是否有能力按期支付货款，是否有发生违约的可能性，通过财务分析了解企业的现金流、资本结构、还款条件以及发展潜力，以决定是否为企业提供商业信用，以及确定给企业提供多少商业信用额度，甚至是否与其长期合作等。

5. 审计师的目的

注册会计师对企业财务报表的审计目的是对财务报表的编制是否符合会计准则要求、是否有重大错误和不规范的会计处理发表审计意见。财务报表分析是审计师获取审计证据时运用的一种具体审计程序，是审计师通过分析财务数据之间的内在联系，对财务信息的真实、完整性进行的评价，通过财务分析可以找出企业会计信息披露的异常之处，从而确定审计工作关注的重点，提高审计效率与审计质量，发表审计意见，规避审计风险。

6. 政府部门的目的

政府许多部门都需要企业的会计信息，如财政部门、税务部门、统计部门及证监会等。政府部门要通过财务报表数据分析了解企业是否遵纪守法、照章纳税、数据翔实、盈余操纵及其他与政府部门职能相关的有用信息，为加强监管和制定相关政策提供决策依据。

三、财务报表分析的内容

根据财务报表分析的一般目的和具体目的，可以将财务分析的内容概括为以下四项：

1. 评价企业的偿债能力

企业偿债能力是指企业偿还到期债务的能力，是企业能否保证长期持续生存的基本保障。通过财务报表分析，可以通过流动性、资产营运、资本结构以及盈利保障等方面反映企业的短期与长期偿债能力，从而评价其财务状况及经营风险，为债权人、股东、管理者等利益相关者提供有用财务信息。

2. 评价企业的营运能力

企业营运能力是反映企业的资产利用和管理水平的能力，是企业利用拥有的资产获取收益的能力，它是企业未来经济效益增长的源泉。通过财务报表分析，可以反映企业对各项流动资产、固定资产以及总资产的利用效率、管理水平、资金周转状况等，了解企业资产的保值增值情况，为评价企业的资产管理水平提供了依据。

3. 评价企业的获利能力

企业获利能力反映的是从营销、投资、运营管理等各个方面获取收益的能力，是企业的经营管理者、投资人和债权人都十分关心的问题。较强的获利能力可以提升管理者的经营业绩，使企业具有较强竞争优势和可持续发展能力，投资人能够获得较高的剩余收益，债权人可以降低贷款本息收回的风险。获取利润本身就是企业的主要的经营目标之一，因此对于企业获利能力的财务分析十分重要。

4. 评价企业的成长能力

企业的成长能力和未来的发展趋势也是企业的经营管理者、投资人和债权人都很关心的问题，这与他们的长远利益密切相关。通过财务分析，对企业成长能力以及未来经营前景和发展趋势进行科学预测，为管理者、股东、债权人等利益相关者决策提供重要依据，避免决策失误造成的重大经济损失。

四、财务报表分析的方法

企业进行财务分析需要运用一定的方法，财务分析的方法主要有比较分析法、比率分析法、因素分析法、趋势分析法和综合分析法等。

1. 比较分析法

比较分析法也叫对比分析法，是通过对同一企业、相同指标、在不同时期或者同一时期、相同指标、在不同企业之间的比较，揭示出其差异和问题，找出解决问题的对策。比较分析法是财务分析最基本的方法之一，有了比较才能找出差距和变动方向。在采用比较分析法进行财务分析时，应该注意财务指标之间的可比性，它们在核算内容、范围、时间、计价基础、计量单位、计算方法、计算口径等方面应保持一致，否则就会得出带有误导性的结论。比较分析法的具体形式主要有以下三种：

首先，将本期实际指标与计划或预算指标相对比，以评价企业计划或预算的执行情况与结果。

其次，将本期实际指标与前一期或前几期的历史指标相对比（纵向比较），以揭示有关指标的发展变动情况，以此预测企业的未来发展趋势。

最后，将本企业的实际指标与同类企业的相同指标，如与行业平均水平、先进企业水平或企业竞争对手的指标相对比（横向比较），以确定本企业在行业竞争中所处的位置与水平。

下面举例说明比较分析法的应用。

【例 2-1】某企业 2017 年与 2018 年的损益表及比较分析如表 2-1 所示。

表 2-1　　　　　2017 年与 2018 年利润表绝对额比较分析　　　　单位：万元

项目	2017 年	2018 年	增减 金额	增减 百分比
一、营业收入	1 360	1 510	150	9.93
减：营业成本	460	581	121	20.83
税金及附加	168	172	4	2.33
销售费用	90	94	4	4.26
管理费用	115	148	33	22.30
财务费用	86	99	13	13.13
加：投资收益	18	15	-3	-20.00
二、营业利润	441	416	-25	-6.01
加：营业外收入	41	50	9	18.00
减：营业外支出	17	27	10	37.04
三、利润总额	483	454	-29	-6.39

通过表 2-1 的分析可以看出，该企业 2018 年的营业收入比 2017 年增加了 9.93%，但利润总额却减少了 6.39%，原因是包括营业成本增加了 20.83%，税金及附加增加了 2.33%，它们增加的幅度超过了营业收入增加的幅度；企业的销售费用、管理费用、财务费用分别增加了 4.26%、22.30%、13.13%，其中管理费用和财务费用增加比较大，企业投资收益减少了 20.00%，导致企业的营业利润也较上期下降了 6.01%；企业的营业外收入虽增长了 18.00%，但营业外支出却有了更大幅度的增长，达到了 37.04%，而且在绝对额上，营业外支出也超过了营业外收入 1 万元（10-9=1），这也导致企业利润总额的下降。

对于该企业，主要任务就是查明营业成本、管理费用、财务费用、营业外支出增加的原因，进而采取措施控制成本、减少费用，尤其是营业成本，其绝对额较大，必须严加控制。另外，也要查明企业投资收益减少的原因，进而改变投资策略，扩大投资收益，为企业利润总额的增加做出贡献。

【例 2-2】损益表构成百分比的比较分析。仍用〖例 1-1〗中的损益表来说明比较法分析法的应用。

表 2-2　　　　　　2017 年与 2018 年损益表构成比较分析　　　　　　单位：万元

项目	2017 年	2018 年	构成百分比	
			2017 年	2018 年
一、营业收入	1 360	1 510	100.00	100.00
减：营业成本	460	581	33.82	38.48
税金及附加	168	172	12.35	11.39
销售费用	90	94	6.62	6.23
管理费用	115	148	8.46	9.80
财务费用	86	99	6.32	6.56
加：投资收益	18	15	1.32	0.99
二、营业利润	441	416	32.43	27.55
加：营业外收入	41	50	3.01	3.31
减：营业外支出	17	27	1.25	1.79
三、利润总额	483	454	35.51	30.07

表 2-2 中将营业收入作为总体，即 100%，构成百分比栏内的数值是损益表中各项目占营业收入的比重。从表中可看出，该企业利润总额占营业收入的百分比由 2017 年

的 35.51% 下降到 2018 年的 30.07%，减少了 5.44 个百分点。原因是：企业营业成本的比重上升了 4.66 个百分点（38.48% - 33.82% = 4.66%），税金及附加的比重下降了 0.96 个百分点（11.39% - 12.35% = -0.96%），变化较小；销售费用的比重也有所降低（6.23% - 6.62% = -0.39%），但管理费用和财务费用的比重都呈上升趋势，前者增加了 1.34 个百分点（9.80% - 8.46% = 1.34%），后者增加了 0.24 个百分点（6.56% - 6.32% = 0.24%），投资收益的比重降低了 0.33 个百分点（0.99% - 1.32% = -0.33%），导致营业利润的比重降低 4.88 个百分点（27.55% - 32.43% = -4.88%）；虽然企业营业外收入的比重有所增加（3.31% - 3.01% = 0.30%），但也抵不过营业外支出比重上升对利润的影响（1.79% - 1.25% = 0.54%），这导致利润总额的进一步下降。

因此，该企业应主要分析其营业成本较大幅度上升的原因，采取必要措施控制此项成本，还要查明管理费用、财务费用、营业外支出增加的原因，尽量缩减企业的费用支出，提高企业的经济效益。投资收益是为企业增加利润的一个重要项目，对于投资收益的降低，也应加以注意，查明原因，以改善对外投资，提高企业利润。

2. 比率分析法

比率分析法是通过计算同一时期财务报表中的两个相关数据的比值，反映会计要素之间的内在联系进行财务分析的方法。在财务报表分析中，比率分析法是最重要的分析方法，应用十分广泛。比率指标是相对数，与绝对数指标相比它消除了规模大小的影响，使不同比较对象具有可比性。在采用比率分析法进行财务分析时应该注意：计算财务比率的对比指标之间应具有相关性，存在一定的内在联系；对比指标必须在计算时间、范围等方面口径一致。比率分析法的常用形式主要有以下三种：

（1）相关比率分析。它是根据经济活动客观存在的相互依存、相互联系的关系，将两个相互关联但性质不同的指标加以对比并计算比率，反映企业经营及财务状况的分析方法。相关比率指标可用以考察有联系的业务是否相协调，以保证企业的正常运作。例如，我们可以计算流动资产对流动负债的比率，即流动比率，借此判断企业的短期偿债能力。

（2）构成比率分析。构成比率分析又称比重分析。它是通过计算某项经济指标的各个组成部分与整体的比率，反映总体的构成情况及部分与总体关系的分析方法。将本企业的构成比率与行业平均数和历史数据进行对比，可以考察总体中各个组成部分的安排是否合理，其结构变化是否正常，并据此进一步协调各项财务活动。例如，我们可以将企业资产总额作为共同比，计算各资产项目在资产总额中所占比重，并将其与行业平均数和历史数据进行对比，以评价本企业资产的构成是否合理。

(3) 效率比率分析。它是通过计算某项经济活动的投入与产出的比率，考察企业经营效率的分析方法。效率比率指标可以体现企业的经济效益。例如，我们可以将净利润与销售成本、销售收入及资产进行对比，计算出成本利润率、销售净利率及资产净利率，这些效率比率指标可以从不同方面反映企业获利能力的大小。

3. 因素分析法

因素分析法也称连环替代法，是对某一综合性财务指标的各个影响因素进行计算分析，从数量上确定各因素对该指标变动影响程度的财务分析方法。企业的运营活动是一个整体，每一个经济指标都受若干因素的影响，如产品的销售成本就是由产品销售数量与单位产品实际成本两个因素构成的，它是两者的乘积。从数量上确定各因素对指标的影响程度，可以帮助管理者判断哪些因素是导致指标变化的主要因素，从而抓住主要问题，有针对性地改善管理；还有利于分清经济责任，更加客观地评价企业各部门的财务管理工作。

下面举例说明因素分析法的操作步骤。

【例2-3】某企业生产甲产品2018年11月消耗原材料的预算成本是1 200元，实际成本是1 479元。原材料成本总额是产品产量、单位产品原材料消耗量和原材料单价三个因素的乘积。要求确定各因素变动对原材料成本总额的影响程度。有关资料见表2-3。

表2-3　　　　　　　　　甲产品原材料成本影响因素

项目	单位	预算	实际
产品产量	件	400	425
单位产品原材料消耗量	千克/件	6	5.8
原材料单价	元/千克	0.5	0.6
原材料成本总额	元	1 200	1 479

(1) 列出财务指标的因素分解式，并确定分析对象。

因素分解式：原材料成本总额 = 产品产量 × 单位产品原材料消耗量 × 原材料单价。

分析对象：原材料的实际成本总额与预算成本总额相差279元（1 479 - 1 200 = 279）。

(2) 进行连环顺序替代，计算出每次替代后的结果。

原材料的预算成本总额：400 × 6 × 0.5 = 1 200（元）　　　　　　　①

替代第一因素产品产量：425 × 6 × 0.5 = 1 275（元）　　　　　　　②

替代第二因素单位产品原材料消耗量：425 × 5.8 × 0.5 = 1 232.5（元）　③

替代第三因素原材料单价：425 × 5.8 × 0.6 = 1 479（元）　　　　④

（3）确定各因素对原材料成本指标的影响程度。

产量增加对原材料成本指标的影响：② − ① = 1 275 − 1 200 = 75（元）

原材料节约原材料成本指标的影响：③ − ② = 1 232.5 − 1 275 = −42.5（元）

原材料单价提高原材料成本指标的影响：④ − ③ = 1 479 − 1 232.5 = 246.5（元）

（4）验证分析结果是否正确。

75 − 42.5 + 246.5 = 279（元）

采用因素分析法时应注意以下三点：

第一，在对各因素进行连环替代时，必须根据各因素对指标影响的内在联系选择一定的替代顺序，依次替代，数量指标因素一般应靠前排列。

第二，在计算每一个因素变动对指标的影响时，必须以前面的因素被替代后的指标值为比较基础，采用连环比较的方法确定每一个因素变动对指标的影响程度。

第三，在测定某一因素对指标的影响时，假定其他因素不发生变动，只有该因素发生变动。

4. 趋势分析法

趋势分析法是将企业连续数期财务报表中的相同项目进行连续对比，分析企业财务状况及经营成果变动情况和发展趋势的一种分析方法。

在实践中，常用的趋势比率有定基发展趋势与环比发展趋势两种。定基发展趋势是以历史上某一年为基期，将之后连续各年的数据与基期的数据进行对比，反映动态发展变动趋势的方法；环比发展趋势是将每期的数据与上一期的数据进行连环对比，反映动态发展变动趋势的方法。两种趋势比率的计算模型如下：

$$定基发展趋势 = \frac{报告期指标数值}{某一固定基期的指标数值} \times 100\% \quad (2.1)$$

$$环比发展趋势 = \frac{报告期指标数值}{上一期指标数值} \times 100\% \quad (2.2)$$

【例 2 − 4】 某企业 2013 ~ 2018 年的销售收入情况如表 2 − 4 所示。

表 2 − 4　　　　2013 ~ 2018 年企业销售收入发展趋势分析

项目	2013 年	2014 年	2015 年	2016 年	2017 年	2018 年
销售收入（万元）	2 450	2 490	2 560	2 780	2 860	2 930
定基发展速度（%）	—	101.6	104.5	113.5	116.7	119.6
环比发展速度（%）	—	101.6	102.8	108.6	102.9	102.4

通过表 2-4 中的计算可知，与 2013 年基期比较，该企业销售收入定基发展速度是逐年增长的，而环比发展速度在 2013～2016 年逐年增长，在 2017 年与 2018 年则有所下降。

五、财务报表分析的局限性

财务报表分析在企业经营管理中起着非常重要的作用，但在强调其有用性的同时，也应该认识到财务分析存在的局限性。

1. 财务报表本身的局限性

财务分析是以企业财务报表中的数据为基础进行的，所以财务报表本身所具有的局限性会影响到财务分析结果的可靠性。

财务报表的编制要遵守会计假设和相关准则的规范，通常不能完全反映企业真实情况。其局限性主要表现在：（1）资产价值以历史成本表现，反映不出其变现价值；（2）假设报告货币的币值不变，没有考虑物价调整和通货膨胀因素，这就降低了不同会计期间财务报表的可比性；（3）稳健原则的应用可能导致少计收益和资产、多计费用和损失，与企业实际经营情况不符。

2. 不同的会计政策影响可比性

不同的企业对同一会计事项的处理可以选用不同的会计政策。例如，企业计提折旧可以采用直线法、年数总和法、双倍余额递减法等，选择不同的折旧方法就会得到不同的折旧额。此外，存货计价方法、对外投资收益的确认方法、所得税费用的确认方法等都可由企业在规定范围内自由选择。对于选择不同会计政策的若干企业，其财务报表的有关项目之间缺乏可比性，从而影响到相关财务分析指标之间的可比性。

3. 比较基础影响财务分析的结论

在进行比较分析时，必须要选择合理的参照标准作为比较基础，如预算数据、本企业的历史数据或行业数据，以客观评价企业的实际财务状况及经营成果，但比较基础本身存在的问题会影响财务分析结果的可靠性。

实际与预算的比较分析以预算数据作为比较基础。实际和预算之间存在差异可能并不是因为预算的执行不力，而是因为预算本身存在问题，这样就会得出错误的分析结论。

纵向比较以本企业历史数据作为比较基础。历史数据是在过去的经营环境下产生的，并不一定是最合理的。有可能本期利润较历史有所提高，而企业的管理实际并未发生改善。单纯将企业本期实际数据与历史数据相对比，而不考虑经营环境的变化，有时难以得到正确的结论。

横向比较以行业数据作为比较基础。这里的行业数据可以是行业平均数、代表企业平均数、竞争对手数据。行业平均只具有一定的指导作用，并不一定是最合理的，代表企业的平均数通常比行业平均更适合作行业标准。随着市场竞争日益激烈，企业更加注重与竞争对手的数据相对比。选择不同的行业标准也许会得出不同的结论，很难选择一个最为合理的标准，只能是相对合理的，从而得出相对合理的结论。对于实行多种经营的企业，如何选择行业标准就更加困难。

总之，无论选择哪一种比较基础都不能进行简单绝对的判断，而要结合企业现实情况及内外部经营环境理解财务分析的结论。

4. 定量分析的局限性

财务分析一般为定量分析，而企业的经济活动是相当复杂的，量化信息并不能反映企业的全部经营情况及财务状况。一些非量化信息，如企业的产品质量、市场竞争力、经营环境等，并不能通过财务分析反映出来，然而这些信息又往往十分重要，与企业现在的实力和未来的潜力密切相关。因此，财务分析的结论应与其他相关资料结合，共同作为管理者决策的依据。

5. 财务报表的真实性影响财务分析的可靠性

财务分析假定报表数据是真实可信的，实际上并不是所有的财务报表都是真实的。财务报表可通过审计验证其真实性，但即使经过审计的报表，也要注意注册会计师的信誉及其发表的审计意见等问题。否则，虚假的报表数据会导致财务分析的结论具有误导性，与企业实际相脱离。

➡ 第二节 财务比率分析

比率分析是利用财务报表数据计算有不同意义的比率，据以分析企业的财务状况和经营成果的分析方法。按照分析内容分类，财务比率主要分为四类：偿债能力比率、营运能力比率、盈利能力比率和发展能力比率。

一、财务比率分析的基础

1. 资产负债表

资产负债表是反映企业某一特定日期财务状况的静态财务报表。它以"资产＝负债＋所有者权益"这一会计等式为依据，按照一定分类标准和顺序，反映企业在某一特定日期资产、负债及所有者权益的基本构成状况。

资产负债表的左方反映的是资产构成情况，按照资产的流动性由快到慢；上方反映的是流动资产现状；下方反映的是非流动资产现状，如长期股权投资、固定资产、无形资产等；右方反映的是负债及所有者权益的构成情况，即企业投资的各项资产使用的资金来源，包括来源于债权人的流动负债和非流动负债，来源于股东的所有者权益。

通过资产负债表可以分析企业的资产结构、资金结构、资产流动性、资产营运能力、偿债能力，为管理者、股东、债权人提供决策依据等。

为了便于说明，本节所有财务比率的计算均利用宏达公司的会计资料。宏达公司的资产负债表如表2-5所示。

表2-5　　　　　　　　　　　资产负债表

编制单位：宏达公司　　　　　　2018年12月31日　　　　　　单位：万元

资产	期初余额	期末余额	负债及所有者权益	期初余额	期末余额
流动资产：			流动负债：		
货币资金	27 156	29 711	短期借款	40 000	30 600
交易性金融资产	4 000	5 399	应付票据	7 511	13 376
应收票据	3 373	5 563	应付账款	29 108	27 588
应收账款	33 788	32 386	预收账款	4 836	480
坏账准备	1 571	1 876	应付职工薪酬	1 299	1 133
应收账款净额	32 217	30 510	应交税费	246	559
预付账款	5 844	344	应付股利	9 170	9 170
其他应收款	4 514	4 157	其他应付款	5 837	4 128
存货	35 914	23 625	一年内到期的非流动负债	200	0
持有待售资产	0	0	其他流动负债	2 918	2 743
一年内到期的非流动资产	0	0	流动负债合计	101 125	89 777
其他流动资产	282	33	非流动负债：		
流动资产合计	113 300	99 342	长期借款	200	600
非流动资产：			长期应付款	21	35
长期股权投资	49 492	44 268	其他非流动负债	0	0
固定资产	52 780	50 286	非流动负债合计	221	635
在建工程	7 651	16 216	负债合计	101 346	90 412

续表

资产	期初余额	期末余额	负债及所有者权益	期初余额	期末余额
固定资产清理	0	0	所有者权益：		
无形资产	1 920	1 628	股本	45 849	45 849
长期待摊费用	0	0	资本公积	38 176	38 176
递延所得税资产	604	300	盈余公积	14 551	15 831
其他非流动资产	0	0	未分配利润	25 825	21 772
非流动资产合计	112 447	112 698	所有者权益合计	124 401	121 628
资产总计	225 747	212 040	负债和所有者权益总计	225 747	212 040

2. 利润表

利润表也叫损益表，反映企业一定时期生产经营成果的动态报表。利润表以"利润＝收入－成本"这一会计等式为依据，按照利润构成的重要性与实现的顺序，从上至下编制而成。

利润表中的收入有营业收入、公允价值变动收益、净敞口套期收益、投资收益、资产处置收益及营业外收入；成本有营业成本、销售费用、管理费用、研发费用、财务费用、税金及附加、资产减值损失、信用减值损失及营业外支出。企业利润的构成按照利润实现的来源渠道不同分为：来自营业活动创造的利润、来自投资活动实现的利润和来自营业外活动产生的利润。通过利润表分析可以反映企业的利润构成、成本构成、经营活动的盈利能力、纳税情况等。

宏达公司的利润表如表2－6所示。

表2－6　　　　　　　　　　　利润表

编制单位：宏达公司　　　　　　2018年度　　　　　　　　单位：万元

项　目	上期金额	本期金额
一、营业收入	207 144	153 967
减：营业成本	194 469	147 760
税金及附加	252	163
销售费用	16 327	10 309
管理费用	14 448	15 952
财务费用	2 779	2 086
加：投资收益	26 682	28 956
二、营业利润	5 551	6 653
加：营业外收入	6 640	3 298
减：营业外支出	5 083	3 550

续表

项　　目	上期金额	本期金额
三、利润总额	7 108	6 401
减：所得税费用	0	4
四、净利润	7 108	6 397
（一）持续经营净利润	7 108	6 397
（二）终止经营净利润		
五、其他综合收益的税后净额		
六、综合收益总额	7 108	6 397
七、每股收益		

3. 现金流量表

现金流量表是反映企业一定时期现金和现金等价物流入、流出情况的动态财务报表，是依据现金收付制原则，按照产生现金流量的财务活动来源及其重要性自上而下编制而成。

企业的现金流量包括经营活动产生的现金流量、投资活动产生的现金流量和筹资活动产生的现金流量。经营活动产生的现金流量主要包括销售商品、提供劳务收到的现金，收到的税费返还，购买商品、接受劳务支付的现金，支付给职工以及为职工支付的现金，支付的各项税费等；投资活动产生的现金流量主要包括收回投资、取得投资收益、处置各项长期资产收到的现金，构建各项长期资产、增加投资以及其他与投资有关支付的现金；筹资活动产生的现金包括吸收投资、取得借款及其他筹资活动收到的现金，偿还债务、分配股利、利润或偿付利息支付的现金等。

宏达公司的现金流量表如表 2-7、表 2-8 所示。

表 2-7　　　　　　　　　　　　现金流量表

编制单位：宏达公司　　　　　　　2018 年度　　　　　　　　单位：万元

项　　目	本期发生额
一、经营活动产生的现金流量	
销售商品、提供劳务收到的现金	175 272
收到的税费返还	527
收到其他与经营活动有关的现金	4 385
经营活动现金流入小计	180 184

续表

项　　目	本期发生额
购买商品、接受劳务支付的现金	158 454
支付给职工以及为职工支付的现金	7 691
支付的各项税费	3 121
支付其他与经营活动有关的现金	12 559
经营活动现金流出小计	181 825
经营活动产生的现金流量净额	－1 641
二、投资活动产生的现金流量	
收回投资收到的现金	16 832
取得投资收益收到的现金	30 147
处置固定资产、无形资产和其他长期资产收回的现金净额等长期资产而收到的现金净额	44
收到其他与投资活动有关的现金	1 083
投资活动现金流入小计	48 106
购建固定资产、无形资产和其他长期资产支付的现金	11 357
投资支付的现金	7 279
支付其他与投资活动有关的现金	8 922
投资活动现金流出小计	27 558
投资活动产生的现金流量净额	20 548
三、筹资活动产生的现金流量	
吸收投资收到的现金	6 760
取得借款收到的现金	57 600
筹资活动现金流入小计	64 360
偿还债务支付的现金	69 296
分配股利、利润或偿付利息支付的现金	11 387
支付其他与筹资活动有关的现金	0
筹资活动现金流出小计	80 683
筹资活动产生的现金流量净额	－16 323
四、汇率变动对现金及现金等价物的影响	－39
五、现金及现金等价物净增加额	2 545
六、期末现金及现金等价物余额	2 545

表 2－8　　　　　　　　现金流量表补充资料（部分）

编制单位：宏达公司　　　　　　2018 年度　　　　　　　　单位：万元

将净利润调整为经营现金流量：	金额	说明
净利润	6 397	
加：资产减值准备	7 583	非付现费用为 10 054 万元
固定资产折旧、油气资产折耗、生产性生物资产折旧	2 471	
无形资产摊销	0	
处置固定资产、无形资产和其他长期资产的损失（减：收益）	10	非经营利润为 26 690 万元
固定资产报废损失	0	
财务费用	2 086	
投资损失（减：收益）	-28 786	
递延税款贷项（减：借项）	0	净营运资本减少 8 598 万元
存货的减少（减：增加）	13 572	
经营性应收项目的减少（减：增加）	-9 627	
经营性应付项目的增加（减：减少）	4 653	
其他	0	
经营活动产生的现金流量净额	-1 641	

二、偿债能力分析

偿债能力是指企业以资产偿还各种到期债务的能力。偿债能力对于一个企业的生存和发展十分重要，它是企业的所有者、债权人以及其他利益相关者都很关心的问题。企业负债按偿还期限的长短可分为短期负债（流动负债）和长期负债（非流动负债）。一般情况下，需要在一年以内或一年以上的一个营业周期内偿还的债务称为短期负债；偿还期限在一年以上或超过一年的一个营业周期以上的称为长期负债。因此，企业偿债能力分析包括短期偿债能力分析和长期偿债能力分析。

1. 短期偿债能力分析

短期偿债能力也称变现能力，是指企业产生现金偿还短期负债的能力。反映企业短期偿债能力的财务比率主要有流动比率和速动比率。

（1）流动比率。流动比率是企业流动资产对流动负债的比率，表明企业在某一时点每一元流动负债有多少流动资产作为偿还的保证。其计算公式为：

$$流动比率 = \frac{流动资产}{流动负债} \tag{2.3}$$

流动比率是衡量企业资产流动性的基本指标，反映了企业偿还短期债务的能力。企业能否偿还流动负债，取决于有多少流动负债和可用于变现偿债的流动资产。一般而言，这二者之间的比率，即流动比率越高，企业偿还短期债务的能力越强。

西方财务界一般认为，生产企业合理的流动比率最低为2。这是因为，对于一般性的生产企业来说，存货金额约占流动资产总额的一半，而存货又是流动资产中变现能力最差的一项，因而偿还短期债务主要依靠其他流动性较强的资产，这部分资产至少要等于流动负债，才能对企业偿还短期债务有所保障，所以流动资产总额最低应为流动负债的2倍。此标准还未在理论上证明其合理性，不能作统一标准，但具有参考价值。

在利用流动比率进行财务分析时，应注意以下四个问题：

第一，不同行业对流动比率的要求各有不同，不能一概而论。企业的流动比率要与其所在行业的平均流动比率以及该企业历史的流动比率相比较，才能较为客观地评价这一比率的高低。

第二，流动比率并非越高越好。流动比率过高，表明企业有过多的资金滞留于流动资产上，而流动性强的资产往往获利能力较低，这就使企业资源无法得到充分利用，资产运营效率低，获利能力不佳。

第三，流动比率容易被粉饰。流动比率是一个时点数，企业可以在该时点的前后人为地制造某项业务，从而左右本企业流动比率的高低。例如，企业可以在期末结账前开出支票偿付购货欠款，并做还债处理，在报告日后再将支票作废，就可以提高报告日的流动比率，造成虚假的表象。

第四，流动比率在计算时，假设企业的流动资产是在周转期限内能够正常变现的，但事实上一些企业的存货、应收账款等主要流动资产项目不能正常变现，这时就应将此类项目从流动资产中剔除。存货、应收账款的周转速度及营业周期是影响企业流动比率的主要因素，在计算流动比率前，应对它们首先进行计算与分析。

根据表2-5，可以计算出宏达公司2018年12月31日的流动比率如下：

$$流动比率 = \frac{99\,342}{89\,777} = 1.11$$

宏达公司的流动比率为1.11，这一比率过小，说明企业没有足够的流动资产来保障流动负债的偿还，其短期偿债能力明显不足。在这种情况下，企业无法偿还到期债务的可能性加大，财务风险随之升高。

（2）速动比率。速动比率是企业速动资产对流动负债的比率，也称酸性测试比率，它是比流动比率更进一步的短期偿债能力评价指标。其计算公式为：

$$速动比率 = \frac{速动资产}{流动负债} = \frac{流动资产 - 存货}{流动负债} \quad (2.4)$$

速动资产在流动资产中变现能力较强，主要包括货币资金、短期投资、应收票据、应收账款（净额）等项目。存货在流动资产中变现速度最慢，而且可能有部分存货损失报废还没作会计处理，或者有部分存货已作为抵押品抵押出去，另外还存在历史成本与合理市价相差悬殊的问题，所以不将其列入速动资产。将速动资产与流动负债相比所得到的速动比率，将更加真实地反映企业的短期偿债能力。

一般认为，合理的速动比率是不低于1，否则被认为短期偿债能力偏低。但这只是一般看法，不能一概而论。在利用流动比率进行财务分析时，应注意以下四个问题：

第一，与流动比率相同，速动比率也在行业之间存在差异。以现销为主的行业，如商业零售业，其应收账款较少，速动比率也就低于制造业，但其日常营业得到的货币可以应付企业的需要，一般速动比率在50%左右就表明企业的短期偿债能力比较好。

第二，速动比率并非越高越好。过高的速动比率意味着企业资产利用效率低下。

第三，速动比率也可能被人为修饰。企业可以在期末采用大量赊销或推迟进货等方式减少存货增加应收账款，使速动比率达到一个合理水平。

第四，应注意速动资产中应收账款的周转速度。应收账款的变现能力是影响速动比率可信性的重要因素。报表上的应收账款净额不一定都能变现，实际坏账可能超过计提数，另外季节性变化会使应收账款不能反映平均水平，所以在计算速动比率之前应首先分析应收账款的变现情况。

根据表2-5，可以计算出宏达公司2018年12月31日的速动比率：

$$速动比率 = \frac{99\,342 - 23\,625}{89\,777} = 0.84$$

宏达公司的速动比率仅为0.84，说明其短期偿债能力较弱。

2. 长期偿债能力分析

长期偿债能力是指企业偿还长期债务的能力。长期偿债能力分析是从资本结构和盈利分析两个方面进行。通过分析企业的资本结构是否合理，负债融资的程度如何，以及偿还债务本金及利息的保障程度，反映企业长期偿债能力的财务比率主要有资产负债率、产权比率、有形净值债务率、已获利息倍数、固定费用保障比率、长期债务与营运资金比率等。

（1）资产负债率。资产负债率是企业负债总额对资产总额的比率，也称负债比率。

其计算公式为：

$$资产负债率 = \frac{负债总额}{资产总额} \times 100\% \qquad (2.5)$$

式（2.5）中的负债总额既包括长期负债，也包括短期负债。一般地，企业短期负债是长期存在的，可以看作企业长期性资本来源的一部分。

资产负债率反映了企业的全部资产中有多大比重是由负债筹资得来的（即企业的资本结构状况），以及企业在清算时对债权人利益的保障程度。另外，借助该指标还可以了解企业利用债务杠杆的程度。

一般认为，资产负债率越高，企业负债经营的程度越高，财务风险越大，长期偿债能力越弱；资产负债率越低，企业负债经营的程度越低，财务风险越小，长期偿债能力越强。国际上，资产负债率比较保守的经验性标准是不高于50%，但一般公认60%较好，60%~70%是负债的警戒线。

在利用资产负债率进行分析时，应注意以下两个问题：

第一，对于不同状况的企业要给予不同的判断，不能一概而论。对于账面资产的市场价值远高于历史成本或资产收益能力很强的企业，即使其资产负债率较高，也不说明其长期偿债能力弱。未来的资产收益才是企业还本付息的最终源泉，如果企业的盈利能力较强，能很好地利用财务杠杆，让其充分发挥正向作用，资产负债率高也是无须担心的事情。对于那些账面资产中有很多不良资产或资产收益能力较差的企业，资产负债率即使较低，也不能说明其长期偿债能力强。当企业的资本利润率大于借款利息率时，高负债经营程度可以提高企业价值，增加股东财富，从而提高企业的长期偿债能力；如果企业的资本利润率小于借款利息率，高负债经营程度只能加大财务风险，加速企业破产。

第二，不同的利益相关主体对资产负债率的理解不同。企业债权人关心的是所贷款项能否按期收回本息，而资产负债率越高，股东提供的资本对负债的保证程度越低，企业的风险则更多的由债权人承担，这是对其不利的。因此，债权人期望资产负债率低一些。股东关心的是借款利率是否超过企业的资本利润率。当借款利率低于企业的资本利润率时，企业负债经营的结果是，财务杠杆发挥正向作用，股东财富增加；当借款利率超过企业的资本利润率时，企业负债经营的结果是，财务杠杆发挥负向作用，股东要承担债务的多余利息。因此，情况为前者时，股东期望资产负债率高一些；若为后者，则越低越好。对于经营者来说，资产负债率高意味着其对于企业的未来充满信心，在企业盈利能力较强且持续发展的情况下，敢于充分利用负债的杠杆作用，提高企业价值；资产负债率低则意味着其对企业的未来信心不足，经营太过保守。因此，企业应比较负债经营带来的风险和收益，权衡利弊，选择一个合理的资本结构。

根据表2-5，可以计算出宏达公司2018年12月31日的资产负债率：

$$资产负债率 = \frac{89\,777 + 635}{212\,040} \times 100\% = 42.64\%$$

按照一般标准，宏达公司的资产负债率没有超过50%，说明其负债经营的程度不高，财务风险相对较小，有较好的长期偿债能力。

（2）产权比率。产权比率是企业负债总额与股东权益总额的比率，也称负债与股权比率。它也是从资本结构的角度衡量企业长期偿债能力的指标。其计算公式为：

$$产权比率 = \frac{负债总额}{股东权益} \times 100\% \tag{2.6}$$

产权比率反映了股东提供的资本对债权人投入资本的保障程度，即企业清算时对债权人利益的保障程度。因为真正用于偿还长期债务的是企业的净资产，所以产权比率是比资产负债率更进一步衡量企业长期偿债能力的指标。该指标同时反映了债务资本与股东权益的相对关系，即企业的资本结构是否稳定。

一般认为，产权比率越低，企业的资本结构越稳定，财务风险越小，长期偿债能力就越强。资产负债率以不超过50%为佳，则产权比率应该不超过100%。但是，与资产负债率相同，在利用产权比率进行财务状况分析时，也要根据企业的具体情况，如资产运营效率、盈利能力、借款成本等给予恰当的判断，不能一概而论。

根据表2-5，可以计算出宏达公司2018年12月31日的产权比率：

$$产权比率 = \frac{89\,777 + 635}{121\,628} \times 100\% = 74.33\%$$

按照一般标准，宏达公司的产权比率小于100%，说明股东权益对债务资本的保障程度较高，长期偿债能力较充裕。

（3）有形净值债务率。有形净值债务率是企业负债总额与有形净资产的比率，它比产权比率更加保守、谨慎。其计算公式为：

$$有形净值债务率 = \frac{负债总额}{股东权益 - 无形资产净值} \times 100\% \tag{2.7}$$

公式分子中的股东权益减去无形资产净值得到的是有形净资产，即企业股东所有的有形资产的净值。仅将有形净值作为企业债务偿还的保障，是因为无形资产（包括商誉、商标、专利权及非专利技术等）不一定能用来偿债，将其从股东权益中剔除，则更为谨慎。有形净值债务率实际上是产权比率的延伸，进一步反映了债务资本受到股东权益保障的程度,对它的分析与产权比率基本相同。

根据表2-5,可以计算出宏达公司2018年12月31日的有形净值债务率:

$$\text{有形净值债务率} = \frac{89\ 777 + 635}{121\ 628 - 1\ 628} \times 100\% = 75.34\%$$

宏达公司的有形净值债务率为75.34%,说明股东所拥有的有形净资产对债务资本的保障程度较高,长期偿债能力较充裕。

(4)已获利息倍数。已获利息倍数是企业息税前利润与利息费用的比率,反映了企业获利对借款利息的保证程度。其计算公式为:

$$\text{已获利息倍数} = \frac{\text{息税前利润}}{\text{利息费用}} \tag{2.8}$$

公式中的息税前利润是指损益表中未扣除利息费用和所得税的利润,即企业当年利润总额与利息费用之和,或税后利润与所得税及利息费用之和;利息费用是指企业在一个期间内所发生的所有利息费用,包括收益化利息费用和资本化利息费用。

已获利息倍数反映了企业的息税前利润是利息费用的多少倍。一般说来,这一指标越高,企业收益对债务的保证程度越高,偿付借款利息的能力就越强。该指标值至少应为1,才能说明企业负债经营的效果是乐观的,说明企业具有较好的盈利能力来保证其借款利息的偿还。因此,该指标是企业进行资本结构决策的重要依据。已获利息倍数高于同行业水平的企业,其资产的收益性与流动性都足以保证债务利息的偿还,可以选择高于行业均值的负债水平。

企业的已获利息倍数是高还是低,要与行业平均值相对比,还要与其自身的历史数据相对比,才能给予合理的评价。从稳健角度出发,在与自身历史进行纵向比较时,最好同时与连续多期的数据相对比,观察其发展趋势,并且选择该指标最低的年度数据作为参考标准。因为历史最低指标反映了企业在经营情况最差时,对债务利息偿还的最低保证程度,即企业的最低偿债能力。

根据表2-5,并假设宏达公司的财务费用全部为利息费用,可以计算出该公司2018年12月31日的已获利息倍数:

$$\text{已获利息倍数} = \frac{6\ 401 + 2\ 086}{2\ 086} = 4.07$$

宏达公司的已获利息倍数为4.07,说明其偿还债务利息的能力很充足。

(5)固定费用保障比率。固定费用保障比率是反映企业对固定费用保证程度的指标。其计算公式为:

$$\text{固定费用保障比率} = \frac{\text{息税前利润} + \text{折旧}}{\text{利息费用} + \text{租金} + \dfrac{\text{偿债基金}}{1 - \text{所得税税率}}} \tag{2.9}$$

如公式中的分母所示，企业的固定费用包括利息费用、租金和偿债基金。与已获利息倍数相比，固定费用保障比率将企业租赁资产和提取偿债基金的情况也纳入了分析范围。在该指标中，之所以要将偿债基金除以（1－所得税税率），是因为偿债基金是税后支付，在此要将其还原为税前支付。

与已获利息倍数相同，该指标越高，企业按期偿债的能力越强，财务风险越小。

（6）长期债务与营运资金比率。长期债务与营运资金比率是企业的长期债务与营运资金的比率，反映企业营运资金对债务偿还的保证程度。其计算公式为：

$$\text{长期债务与营运资金比率} = \frac{\text{长期负债}}{\text{流动资产} - \text{流动负债}} \tag{2.10}$$

公式中的流动资产减流动负债即为企业的营运资金。一般情况下，企业的长期债务不应超过营运资金，即长期债务与营运资金比率应维持在不超过1的水平上。因为企业的长期债务由于需要按期付息会不断地转化为流动负债，而流动负债又需用流动资产来偿还，保证长期负债不超过营运资金，以上的转化就不会使企业的流动资产小于流动负债，造成债务偿还的困难。

根据表2－5，可以计算出宏达公司2018年12月31日的长期债务与营运资金比率：

$$\text{长期债务与营运资金比率} = \frac{635}{99\ 342 - 89\ 777} = 0.07$$

宏达公司的长期债务与营运资金比率为0.07，远小于1，说明其财务风险很小，偿债能力充足。

3. 影响企业偿债能力的其他因素

在分析企业的偿债能力时，除了根据会计报表计算以上各个比率之外，还要考虑其他一些影响企业偿债能力的因素，主要有以下五点：

（1）租赁活动。企业需要某项资产又无力购买时，可以租赁的方式取得该资产。租赁分为融资租赁与经营租赁两种形式。融资租赁是指企业从租赁公司租入设备，按期支付租金，一般情况下，在支付完最后一笔租金后，该设备的所有权归承租企业所有。融资租赁实际上相当于分期付款购买设备，因此，在该租赁形式下，租入设备的管理及入账方式与企业固定资产相同，其租赁费用则作为长期应付款处理，在分析企业的长期偿债能力时，要把这一因素包括进来。经营租赁所形成的租赁费用也要求企业按期偿还，必然会影响企业的偿债能力，所以在进行偿债能力分析时，也要考虑这一因素的影响。

(2) 担保责任。担保人在债务人（被担保人）不履行偿债义务时，必须按照合同约定，代替债务人向债权人偿还债务或承担责任。如果某一企业为其他企业担保，并发生了被担保人不履行债务的情况，该企业就需要替被担保人偿债，这必将削弱企业未来的偿债能力。在进行偿债能力分析时，应根据相关资料对担保责任给企业带来的潜在负债加以了解。

(3) 或有负债。或有负债是指可能会发生的，但是目前还无法肯定是否发生的负债。企业的或有负债主要有应收票据贴现、未决诉讼、未决索赔等。或有负债发生与否取决于它所依存的条件的未来发展情况，一旦条件成就，或有负债就会变为现实的负债，会削弱企业未来的偿债能力。因此，在进行企业偿债能力分析时，必须给予或有负债足够的重视，考虑它的潜在影响。

(4) 可动用的银行贷款指标。可动用的银行贷款指标是指银行已批准，但企业还未办理贷款手续的银行贷款限额。企业可随时动用这部分限额，增加现金，提高支付能力。因此，在进行偿债能力分析时，应把这一提高企业偿债能力的因素考虑进来。

(5) 偿债声誉。如果企业在偿债方面一贯声誉良好，当它发生偿债困难时，就可以迅速通过发行债券或股票等办法解决资金短缺问题，提高企业的偿债能力。因此，在进行偿债能力分析时，也应对企业的偿债声誉进行了解。

三、资产管理效率分析

资产管理效率是指企业对资产进行管理的效率，又称营运效率，主要体现在企业资产的周转速度上。反映企业资产管理效率的指标主要有存货周转率、应收账款周转率、营业周期、流动资产周转率、固定资产周转率和总资产周转率等。

1. 存货周转率

存货周转率是销售成本与平均存货的比率，用时间表示的存货周转率是存货周转天数，二者都是衡量存货周转速度的指标，用于反映企业存货的流动性。计算公式为：

$$存货周转率 = \frac{销售成本}{平均存货} \tag{2.11}$$

$$存货周转天数 = \frac{360}{存货周转率} = \frac{360}{\frac{销售成本}{平均存货}} = \frac{平均存货 \times 360}{销售成本} \tag{2.12}$$

公式中的销售成本来自损益表，平均存货是资产负债表中期初存货成本与期末存货成本的平均数，对于季节性销售的企业，平均存货可以对 1 年 12 个月的月末存货加以平均得到。

存货的周转是指企业从购买材料到售出成品的不断循环。存货周转率反映了企业取得存货、投入生产、销售存货等各环节的管理效率。一般来说，存货周转速度越快，存货的占用水平就越低，流动性越强，则企业资产的利用效率就越高，变现能力越强。在企业的流动资产中，存货往往占有很大比重，因此存货的周转速度将直接影响企业的流动比率，影响企业的短期偿债能力，应给予足够的重视。

在对存货周转率进行分析时，应着眼于存货的构成及重要构成项目的周转速度对存货周转率的影响。首先，应计算原材料、在产品、产成品等项目在存货中所占的比重，将其与历史数据相对比，观察各个项目比重的变化情况，再将其与行业平均水平对比，从而评价各个比重的合理性。通过这一分析，就可以找出哪种存货项目的占用水平高于行业平均水平，哪个管理环节还需加以改善，从而引导企业采取有针对性的改进措施，尽可能减少存货占用资金，提高资金使用效率。然后，还要计算重点存货项目的周转速度，进一步对各个管理环节（供应、生产、销售）的效率进行评价，需要计算的主要有原材料周转率、在产品周转率和产成品周转率。计算公式为：

$$原材料周转率 = \frac{耗用原材料成本}{平均原材料存货} \tag{2.13}$$

$$在产品周转率 = \frac{制造成本}{平均在产品存货} \tag{2.14}$$

$$产成品周转率 = \frac{销售成本}{平均产成品存货} \tag{2.15}$$

根据表2-5和表2-6，可以计算出宏达公司2018年的存货周转率与存货周转天数：

$$存货周转率 = \frac{147\,760}{\frac{35\,914 + 23\,625}{2}} = 4.96（次）$$

$$存货周转天数 = \frac{360}{4.96} = 72.58（天）$$

宏达公司所在行业的平均存货周转率为8次，但其自身的存货周转率为4.96次，远低于行业平均水平，说明其存货周转速度过慢，占用资金较多，公司应改善存货管理，提高资产的运营效率。

2. 应收账款周转率

应收账款周转率是企业销售收入净额与平均应收账款的比率，即年度内应收账款从取得到收回现金的平均次数。用时间表示的应收账款周转率是应收账款周转天数，即应收账款从取得到收回现金所需的平均时间间隔。二者都是衡量应收账款周转速度的指

标,反映了企业应收账款的管理效率。计算公式为:

$$应收账款周转率 = \frac{销售收入}{平均应收账款} \qquad (2.16)$$

$$应收账款周转天数 = \frac{360}{应收账款周转率} = \frac{平均应收账款 \times 360}{销售收入} \qquad (2.17)$$

公式中的销售收入净额来自损益表,是指扣除了销售退回、折扣和折让后的销售收入;平均应收账款来自资产负债表,是指未扣除坏账准备的应收账款金额,可用期初与期末应收账款余额的平均数表示。

一般来说,应收账款周转率越高,周转天数越少,企业应收账款的回收速度就越快,变现力越强,偿债能力越强。反之,如果企业应收账款周转速度慢,则说明企业的应收账款管理出现了问题,应收账款占用资金过多,资金利用效率低,支付能力差。

在计算应收账款周转率时,要注意以下两个因素的影响:

第一,对于现销收入比例很大的企业,运用上述公式计算出来的应收账款周转率会夸大企业的应收账款周转速度,不能反映企业真实的管理效率。此时应将公式中的销售收入替代为赊销收入,然后再进行计算。

第二,对于大量使用分期付款结算方式销售的、季节性经营的,以及在年末发生销售大幅增加的企业,其应收账款周转率指标的可靠性也会受到影响。此时应改变平均应收账款的计算方法,即将期初期末余额之和除以2改为年度月末余额之和除以12,这样才能得出较为真实的应收账款平均占用额,从而得出贴近企业实际的应收账款周转率。

在分析应收账款周转率时,应将企业本期指标值与其历史数据及行业平均水平进行对比,才能合理评价该企业应收账款周转速度的快慢,从而进一步找出应收账款管理中存在的问题。

根据表2-5和表2-6,可以计算出宏达公司2018年的应收账款周转率与应收账款周转天数:

$$应收账款周转率 = \frac{153\ 967}{\frac{33\ 788 + 32\ 386}{2}} = 4.65(次)$$

$$应收账款周转天数 = \frac{360}{4.65} = 77.42(天)$$

宏达公司所在行业的平均应收账款周转率为9次,但其自身的应收账款周转率为4.65次,远低于行业平均水平。说明其应收账款周转速度过慢,有过多资金滞留在应收账款上,资金利用效率及应收账款管理效率比较低。

3. 流动资产周转率

流动资产周转率是企业销售收入净额与平均流动资产的比率，反映企业流动资产的周转速度。其计算公式为：

$$流动资产周转率 = \frac{销售收入净额}{平均流动资产} \tag{2.18}$$

公式中的平均流动资产是资产负债表中期初流动资产和期末流动资产的平均数。

一般来说，流动资产周转率越高，表明企业的流动资产周转速度越快。流动资产周转速度快，实际上相对节约了流动资产，相当于流动资产投入的相对扩大，可增强企业的盈利能力；流动资产周转速度慢，就需要补充流动资产参加周转，造成资金的浪费，削弱企业的盈利能力。

根据表2-5和表2-6，可以计算出宏达公司2018年的流动资产周转率：

$$流动资产周转率 = 153\,967 \div \frac{113\,300 + 99\,342}{2} = 1.45 \text{（次）}$$

4. 固定资产周转率

固定资产周转率是企业销售收入净额与平均固定资产的比率，反映企业固定资产的周转速度。其计算公式为：

$$固定资产周转率 = \frac{销售收入净额}{平均固定资产} \tag{2.19}$$

公式中的平均固定资产是资产负债表中期初固定资产净值与期末固定资产净值的平均数。

一般来说，固定资产周转率越高，说明企业固定资产的周转速度越快，利用效率越高，创造收入的能力越强。分析该指标时，应注意折旧方法的变更对企业固定资产周转率的影响，并应结合企业固定资产的重置、更新和废弃等因素进行较为全面的分析。

根据表2-5和表2-6，可以计算出宏达公司2018年的固定资产周转率：

$$固定资产周转率 = 153\,967 \div \frac{52\,780 + 50\,286}{2} = 2.99 \text{（次）}$$

宏达公司所在行业的平均固定资产周转率为3次，而宏达公司的固定资产周转率为2.99次，说明其固定资产周转速度及利用效率基本达到了同行业平均水平。

5. 总资产周转率

总资产周转率是企业销售收入净额与平均总资产的比率，反映企业全部资产的周转速度。其计算公式为：

$$总资产周转率 = \frac{销售收入净额}{平均总资产} \tag{2.20}$$

公式中的平均总资产是资产负债表中期初资产总额与期末资产总额的平均数。

一般来说，总资产周转率越高，说明企业全部资产的周转速度越快，利用效率越高，为企业创收的能力越强，但在分析时，还应结合企业实际及同行业平均水平来进行评价。

根据表2-5和表2-6，可以计算出宏达公司2018年的总资产周转率：

$$总资产周转率 = 153\ 967 \div \frac{225\ 747 + 212\ 040}{2} = 0.7（次）$$

宏达公司所在行业的平均总资产周转率为1.6次，而宏达公司的总资产周转率仅为0.7次，说明其总资产的周转速度较慢，利用效率较差，远低于行业平均水平。

四、企业盈利能力分析

盈利能力是指企业获取利润的能力，它综合体现了企业的经营效率和财务管理水平。盈利是企业的重要经营目标，盈利状况关系到股东的收益、债务的偿还，因此盈利能力是企业的股东、债权人及经营者都非常关心的问题。盈利能力分析主要集中在企业的收入、成本、费用和利润等各要素的增减变化及它们之间的关系。反映企业盈利能力的指标主要有销售净利率、资产净利率、净资产收益率等。

1. 销售净利率

销售净利率是企业净利润与销售收入的比率，反映每1元销售收入所带来的净利润。其计算公式为：

$$销售净利率 = \frac{净利润}{销售收入} \times 100\% \tag{2.21}$$

企业的销售净利率越高，说明其销售收入的收益水平越高。从公式中可以看出，净利润与销售净利率成正比，销售收入与销售净利率成反比，因此，若要提高销售利润率，不仅要扩大销售收入，更重要的是要获得更多的净利润，才能真正提高收益水平。影响销售收入中净利润大小的主要因素是成本费用水平，在分析时，可以进一步计算销售成本率、销售期间费用率等指标，找出企业销售净利率变动的原因，从而促进企业有针对性地改善经营管理，有效控制成本，提高盈利水平。

根据表2-6，可以计算出宏达公司2018年的销售净利率：

$$销售净利率 = \frac{6\ 397}{153\ 967} \times 100\% = 4.15\%$$

宏达公司所在行业的平均销售净利率为6%，而其自身的销售净利率为4.15%，低于行业平均水平。公司应找出原因，改善经营管理，减少成本，提高净利水平。

2. 资产净利率

资产净利率是企业净利润与平均总资产的比率，反映企业利用其全部资产获取净利润的能力。其计算公式为：

$$资产净利率 = \frac{净利润}{平均总资产} \times 100\% = \frac{净利润}{销售收入} \times \frac{销售收入}{平均总资产} \times 100\%$$

$$= 销售净利率 \times 总资产周转率 \times 100\% \tag{2.22}$$

式（2.22）中的平均总资产是资产负债表中期初资产总额与期末资产总额的平均数。

资产净利率是反映企业资产利用综合效果的指标，资产净利率越大，说明企业的资产利用效率越高，盈利能力越强，否则相反。在分析时，应将该指标值与企业的历史数据、计划、行业平均水平、行业先进水平进行比较，才能正确评价企业利用资产获利的能力如何，并可进一步找出差距，加以改进。

资产净利率是反映企业盈利能力的综合性指标。它的影响因素包括销售净利率和总资产周转率。在分析资产净利率的形成及变动时，应从这两个方面入手，结合销售净利率的影响因素（如成本费用、利息等）与总资产周转率的影响因素（如存货、应收账款周转情况等）进行分析。

根据表2-5和表2-6，可以计算出宏达公司2018年的资产净利率：

$$资产净利率 = 6\,397 \div \frac{225\,747 + 212\,040}{2} \times 100\% = 2.92\%$$

宏达公司所在行业的资产净利率为9.6%，而宏达公司的资产净利率为2.92%，远低于行业平均水平，这是由于其销售利润率与总资产周转率均低于行业平均水平，宏达公司应积极查找原因，改善经营管理，努力提高经济效益。

3. 净资产收益率

净资产收益率是企业净利润与平均净资产的比率，也称净值报酬率或股东权益报酬率，反映股东投入企业的自有资本获取净利润的能力如何。其计算公式为：

$$净资产收益率 = \frac{净利润}{平均净资产} \times 100\% \tag{2.23}$$

式（2.23）中的平均净资产是资产负债表中期初股东权益总额与期末股东权益总额的平均数，同时也可以使用期末股东权益总额来计算。

净资产收益率反映了股东权益的投资报酬率，即股东投入资本的经营增值程度，它是衡量企业盈利能力的重要指标。该指标具有很强的综合性，影响因素很多，具体分析方法可参见本章第五节的"杜邦分析法"。

根据表2-5和表2-6，可以计算出宏达公司2018年的净资产收益率：

$$净资产收益率 = 6\ 397 \div \frac{124\ 401 + 121\ 628}{2} \times 100\% = 5.2\%$$

宏达公司所在行业的净资产收益率19.2%，而宏达公司的净资产收益率为5.2%，远低于行业平均水平。这是由于该公司的资产净利率较低，负债经营的程度也比较低，导致公司用较多的自有资金获取较少的收益。

4. 每股利润

每股利润也叫每股收益或每股盈余，是指普通股股东每股所获得的账面净利润。每股利润等于净利润扣除优先股股利后的余额除以发行在外的普通股股数。计算公式为：

$$每股利润 = \frac{净利润 - 优先股股利}{发行在外的普通股股数} \tag{2.24}$$

每股利润反映公司创造的利润给股东带来的盈利能力的大小。根据表2-5和表2-6，公司发行普通股45 849万股，没有优先股，可以计算出宏达公司2018年的每股利润：

$$每股利润 = \frac{6\ 397}{45\ 849} = 0.14（元/股）$$

5. 股利支付率

股利支付率也叫股利发放率，是普通股每股股利与每股利润的比率，反映公司每股实现的净利润中有多少用于发放现金股利。其计算公式为：

$$股利支付率 = \frac{每股股利}{每股利润} \times 100\% \tag{2.25}$$

根据表2-5和表2-6，2018年支付股利9 170万元，发行在外普通股45 849万股，每股支付股利0.2元，可以计算出宏达公司的股利支付率：

$$股利支付率 = \frac{0.2}{0.14} \times 100\% = 142\%$$

通过财务报表分析可知，该公司分配的股利除使用本年度实现的利润，还使用上一年度未分配的利润进行分配。

6. 市盈率

市盈率是反映公司股票市场价值与盈利能力关系之间的财务比率，它是投资者进行股票投资决策的重要参考指标，是对公司股票进行估值的工具。市盈率的计算公式为：

$$市盈率 = \frac{每股股价}{每股利润} \tag{2.26}$$

一般来说，业绩优良、成长性好的公司市盈率较高，营利性和成长性较差的公司市盈率较低。但是需要注意的是，市盈率过高的公司其股票的投资风险较高。假定2018

年末，宏达公司的股票市场价格为每股 2.16 元，则股票市盈率为：

$$市盈率 = \frac{2.16}{0.14} = 15.43$$

第三节 企业发展能力分析

发展能力是指企业生产经营过程中表现出来的成长性，企业价值很大程度上取决于未来的盈利能力，而不仅是企业过去或者当前所取得收益的情况。发展能力是企业盈利能力、营运能力和偿债能力的综合体现。对企业发展能力的分析与评价，有助于加强政府宏观调控、改善企业经营管理、提高企业竞争力。反映企业发展能力的指标主要有销售增长率、资产增长率、净资产增长率、可持续增长率等。

1. 销售增长率

销售增长率是指企业本年销售收入增长额与上年销售收入的比率，反映企业销售收入的增减变化情况，是衡量企业经营状况和市场占有能力，预测企业经营业务拓展趋势的重要标志。其计算公式为：

$$销售增长率 = \frac{本年销售额 - 上年销售额}{上年销售额} \times 100\% \tag{2.27}$$

若企业的销售增长率大于零，表示企业本年的销售收入有所增长，指标值越高，表明企业销售收入增长速度越快，企业市场前景越好；反之，若企业的销售增长率小于零，则说明企业产品可能存在滞销的情况，市场份额萎缩。对企业销售增长能力进行分析时，应结合企业最近几年的销售水平、企业市场占有情况、行业未来发展及其他影响企业发展的潜在因素进行前瞻性预测，或结合企业前三年的销售收入增长率作出趋势性分析判断。

根据表 2-6，可以计算出宏达公司 2018 年的销售增长率为：

$$销售增长率 = \frac{153\,967 - 207\,144}{207\,144} \times 100\% = -25.67\%$$

宏达公司的销售增长率为 -25.67%，小于零，说明企业可能存在产品销路不畅、市场竞争力下降、市场份额萎缩等情况。公司应找出原因，改善经营管理，扩大市场份额，提高企业销售能力。

2. 资产增长率

资产增长率是企业本期资产增长额与上期资产总额的比率，用以衡量企业本期资产规模的增长情况，评价企业经营规模总量上的扩张程度。其计算公式为：

$$\text{资产增长率} = \frac{\text{期末总资产} - \text{期初总资产}}{\text{期初总资产}} \times 100\% \qquad (2.28)$$

资产增长率是从资产总量扩张方面衡量企业的发展能力,表明企业规模增长水平对企业发展的影响。该指标越高,表明企业在一个经营周期内资产经营规模扩张的速度越快。但企业在扩大资产规模的同时应注意资产扩张质与量的关系,以及企业后续发展能力,避免盲目扩张。

根据表 2-5,可以计算出宏达公司 2018 年的资产增长率:

$$\text{资产增长率} = \frac{212\,040 - 225\,747}{225\,747} \times 100\% = -6.07\%$$

宏达公司的资产增长率为 -6.07%,小于零,说明宏达公司的总资产规模在缩减,发展能力在下降,宏达公司应积极查找原因,改善经营管理,在一定程度上扩大生产经营规模。

3. 净资产增长率

净资产增长率是企业本期净资产增加额与上期净资产总额的比率。反映了企业资本规模的扩张速度,是衡量企业总量规模变动和成长状况的重要指标。其计算公式为:

$$\text{净资产增长率} = \frac{\text{期末净资产} - \text{期初净资产}}{\text{期初净资产}} \times 100\% \qquad (2.29)$$

净资产增长率是代表企业发展能力的一个指标,反映企业资产保值增值的情况。净资产收益率越高,表明企业的生命力越强,资产增值保值的能力越强。

根据表 2-5,可以计算出宏达公司 2018 年的净资产增长率:

$$\text{净资产增长率} = \frac{121\,628 - 124\,401}{124\,401} \times 100\% = -2.23\%$$

宏达公司的净资产增长率为 -2.23%,小于零,表明宏达公司资产增值保值能力不强,这可能是由于该公司本年盈利能力下降,净利润较去年有所下降,进而导致企业留存收益下降,净资产下降。

4. 可持续增长率

可持续增长率是指不发行新股、不改变经营效率(不改变销售净利率和资产周转率)与财务政策(不改变权益乘数和利润留存率)时,其销售所能达到的增长率。可持续增长率的假设条件包括:(1)公司营业净利率将维持当前水平,并且可以涵盖新增债务增加的利息;(2)公司总资产周转率将维持当前水平;(3)公司目前的资本结构是目标资本结构,并且打算继续维持下去;(4)公司目前的利润留存率是目标利润留存率,并且打算继续维持下去;(5)不愿意或者不打算增发新股(包括股份回购)。上述假设条件成立情况下的销售增长率就是可持续增长率,企业的这种增长状态,称为可持续增长或平衡增长。在这种状态下,其资产、负债和股东权益同比增长。其计算公式为:

$$可持续增长率 = \frac{销售净利率 \times 总资产周转率 \times 利润留存率 \times 权益乘数}{1 - 销售净利率 \times 总资产周转率 \times 利润留存率 \times 权益乘数} \quad (2.30)$$

第四节 现金流量分析

资产的内在价值是其未来现金流量的现值——这是近代理财学的一个重要结论。企业的利益相关者越来越关心企业现金流量方面的信息。自1987年美国财务会计准则委员会率先要求企业对外编制现金流量表之后,各个国家纷纷效仿。现金流量分析是在现金流量表出现后逐渐发展起来的,它以现金流量表数据为基础,同时结合资产负债表、损益表等财务报表数据,通过计算各种现金流量比率,达到分析企业财务状况及经营绩效的目的。现金流量分析可分为流动性分析、财务弹性分析、效率性分析和收益质量分析。

一、流动性分析

流动性是指将资产转化为现金的能力。现金流量是真正能用于偿还债务的资产项目,现金流量与负债相比得出的比率,比根据资产负债表计算出的流动比率更能准确地反映企业资产的流动性和企业的支付能力。

1. 现金到期债务比

现金到期债务比反映企业经营现金净流量对到期债务的保障程度。其计算公式为:

$$现金到期债务比 = \frac{经营现金净流量}{本期到期债务} \quad (2.31)$$

式(2.31)中的本期到期债务是指本期应付票据和本期到期的长期债务,因为这两者通常不可展期,需按期偿还。现金到期债务比越高,企业偿还到期债务的能力越充裕,否则反之。

根据表2-5和表2-7,可计算出宏达公司2018年的现金到期债务比:

$$现金到期债务比 = \frac{-1\,641}{13\,376} = -0.1227$$

宏达公司现金到期债务比为负值,说明该公司经营活动的现金净流量无法偿还到期债务,只能利用投资活动得到的现金净流量和举借新债来偿还。

2. 现金流动负债比

现金流动负债比反映企业经营现金净流量对流动负债的保障程度。其计算公式为:

$$现金流动负债比 = \frac{经营现金净流量}{流动负债} \tag{2.32}$$

现金流动负债比越高,企业偿还流动负债的能力越强,否则反之。

根据表2-5和表2-7,可计算出宏达公司2018年的现金流动负债比:

$$现金流动负债比 = \frac{-1\ 641}{89\ 777} = -0.0183$$

宏达公司现金流动负债比为负值,说明该公司经营现金净流量对流动负债无任何保障。

3. 现金债务总额比

现金债务总额比反映企业经营现金净流量对债务总额的保障程度。其计算公式为:

$$现金债务总额比 = \frac{经营现金净流量}{债务总额} \tag{2.33}$$

现金债务总额比越高,企业承担债务的能力越强,否则反之。

根据表2-5和表2-7,可计算出宏达公司2018年的现金债务总额比:

$$现金债务总额比 = \frac{-1\ 641}{89\ 777 + 635} = -0.0182$$

宏达公司的现金债务总额比为负值,说明公司创造的经营现金净流量没有为其偿还债务提供任何资金,此时公司发生财务危机的可能性相当大。

二、财务弹性分析

财务弹性是指企业适应其环境的变化和把握投资机会的能力。对财务弹性进行评价,需要将企业经营现金净流量与其支付需要相对比,现金净流量超过需要,其适应性就强,财务弹性就大些。支付需要可以是投资需求或承诺支付等。

1. 现金股利保障倍数

现金股利保障倍数反映企业经营现金净流量对现金股利的保障程度。其计算公式为:

$$现金股利保障倍数 = \frac{每股经营现金净流量}{每股现金股利} \tag{2.34}$$

现金股利保障倍数越大,企业支付现金股利的能力越强,否则反之。

根据表 2-7，假定宏达公司 2018 年的每股现金股利为 0.08 元，可计算出该公司 2018 年的现金股利保障倍数：

$$现金股利保障倍数 = \frac{-1\,641/45\,849}{0.08} = \frac{-0.0358}{0.08} = -0.4475$$

宏达公司现金股利保障倍数为负值，说明公司的经营现金净流量无法为派发现金股利提供现金来源，只能依靠投资活动得到的现金净流量及借款派发股利。

2. 现金满足投资比率

现金满足投资比率是指一定时期经营现金净流量与该期投资需求的比率。其计算公式为：

$$现金满足投资比率 = \frac{经营现金净流量}{资本支出 + 存货增加 + 现金股利之} \qquad (2.35)$$

现金满足投资比率越高，说明企业的资金自给率越高。该指标达到 1 时，说明企业可以用经营活动获取的现金满足扩充需要；小于 1 时，说明企业经营活动得到的现金无法满足扩充需要，需依靠外部融资补充资金。

根据表 2-7，并且宏达公司资本支出为 11 357 万元，存货未增加，现金股利为 3 667.92 万元（0.08×45 849），则该公司 2018 年的现金满足投资比率为：

$$现金满足投资比率 = \frac{-1\,641}{11\,357 + 0 + 3\,667.92} = -0.1092$$

宏达公司的现金满足投资比率为负值，说明公司的经营现金净流量无法满足其投资需求，财务弹性很差，在有很好的投资机会时，可能因为资金缺乏而放弃，给公司造成损失。

三、效率性分析

效率性是指企业投入资源获取现金的能力，可通过经营现金净流量与投入资源的比值来体现。投入资源可以是销售收入、普通股股数和总资产等。

1. 销售现金比率

销售现金比率反映企业每 1 元销售收入所获得的现金净流量，该指标越大越好。其计算公式为：

$$销售现金比率 = \frac{经营现金净流量}{销售收入} \qquad (2.36)$$

根据表 2-6 和表 2-7，可计算出宏达公司 2018 年的销售现金比率：

$$销售现金比率 = \frac{-1\,641}{153\,967} = -0.0107$$

宏达公司的销售现金比率为负值，说明该公司的销售收入并没有给企业带来现金净流量，其经营活动获得现金的能力较差。

2. 每股营业现金净流量

每股营业现金净流量是企业普通股每股获得的经营现金净流量，反映企业以经营活动所得净现金分派股利的最大能力，股利超过此限就要依靠借款支付。其计算公式为：

$$每股营业现金净流量 = \frac{经营现金净流量}{普通股股数} \qquad (2.37)$$

根据表 2-5 和表 2-7，可计算出宏达公司 2018 年的每股营业现金净流量：

$$每股营业现金净流量 = \frac{-1\ 641}{45\ 849} = -0.035\ 8$$

宏达公司的每股营业现金净流量为负值，说明该公司的经营现金净流量无法为分派股利提供任何资金来源。

3. 全部资产现金回收率

全部资产现金回收率是企业经营现金净流量与总资产的比率，反映企业利用资产获得现金的能力。其计算公式为：

$$全部资产现金回收率 = \frac{经营现金净流量}{资产总额} \qquad (2.38)$$

根据表 2-5 和表 2-7，可计算出宏达公司 2018 年的全部资产现金回收率：

$$全部资产现金回收率 = \frac{-1\ 641}{212\ 040} = -0.007\ 7$$

宏达公司的全部资产现金回收率为负值，说明该公司投入资产获得现金的效率很差。

四、收益质量分析

收益质量是指报告收益与企业实际经营业绩之间的相关程度。报告收益能够如实反映企业业绩，则说明收益质量好，否则说明收益质量差。衡量企业收益质量的主要指标是现金营运指数，其计算公式为：

$$\begin{aligned}现金营运指数 &= \frac{经营现金净流量}{经营活动的现金收益} \\ &= \frac{经营现金净流量}{经营活动净收益 + 非付现费用}\end{aligned} \qquad (2.39)$$

现金营运指数若小于 1，说明企业经营活动获得的现金收益有部分被用作营运资金，没有形成现金净流量，收益质量不佳；同时说明营运资金增加，企业为了获得相同的收益占用了更多的营运资金,营运效率不佳。

根据表 2-7 和表 2-8,可计算出宏达公司 2018 年的现金营运指数:

经营活动净收益 = 净收益 - 非经营净收益 = 6 397 - 26 690 = -20 293(元)

$$现金营运指数 = \frac{-1\,641}{-20\,293 + 10\,054} = \frac{-1\,641}{-10\,239} = 0.1603$$

宏达公司的经营现金净流量为负数,经营活动获得的现金收益也为负数,说明该公司经营活动获得现金收益的能力很差,收益质量也很差。

第五节 综合分析:杜邦分析法

杜邦分析法是由美国杜邦跨国化学公司的经理首创的一种综合财务分析方法,也称杜邦系统。它是利用多种财务比率的内在联系,建立起一个完整连贯的财务比率体系,借以评价企业财务及经营状况的综合分析方法。杜邦财务分析体系的建立过程如下所示:

$$\begin{aligned}
净资产收益率 &= \frac{净利润}{股东权益} \\
&= \frac{净利润}{总资产} \times \frac{总资产}{股东权益} \\
&= 总资产净利率 \times 权益乘数 \\
&= \frac{净利润}{销售收入} \times \frac{销售收入}{总资产} \times 权益乘数 \\
&= 销售额利率 \times 总资产周转率 \times 权益乘数
\end{aligned} \quad (2.40)$$

从最后公式可以看出,净资产收益率的决定因素有三个,即销售净利率、总资产周转率和权益乘数。通过这种分解我们可以进一步分析净资产收益率这一综合指标升降变化的原因。其中,销售净利率反映销售收入带来净利润的能力,其影响因素是销售收入和成本费用,具体分析可参见企业盈利能力分析中的相关内容;总资产周转率反映企业运用资产创造销售收入的能力,其影响因素是总资产内部各项目的构成情况,以及各构成项目(如存货、应收账款等)各自周转速度的快慢,具体分析可参见企业资产管理效率分析中的相关内容;权益乘数体现企业的负债程度,即利用财务杠杆的程度,资产负债率越高,权益乘数越大,杠杆收益越多,但财务风险也随之加大。

宏达公司(财务报表数据参见本章第二节第一部分)2018 年的杜邦图如图 2-1 所示。

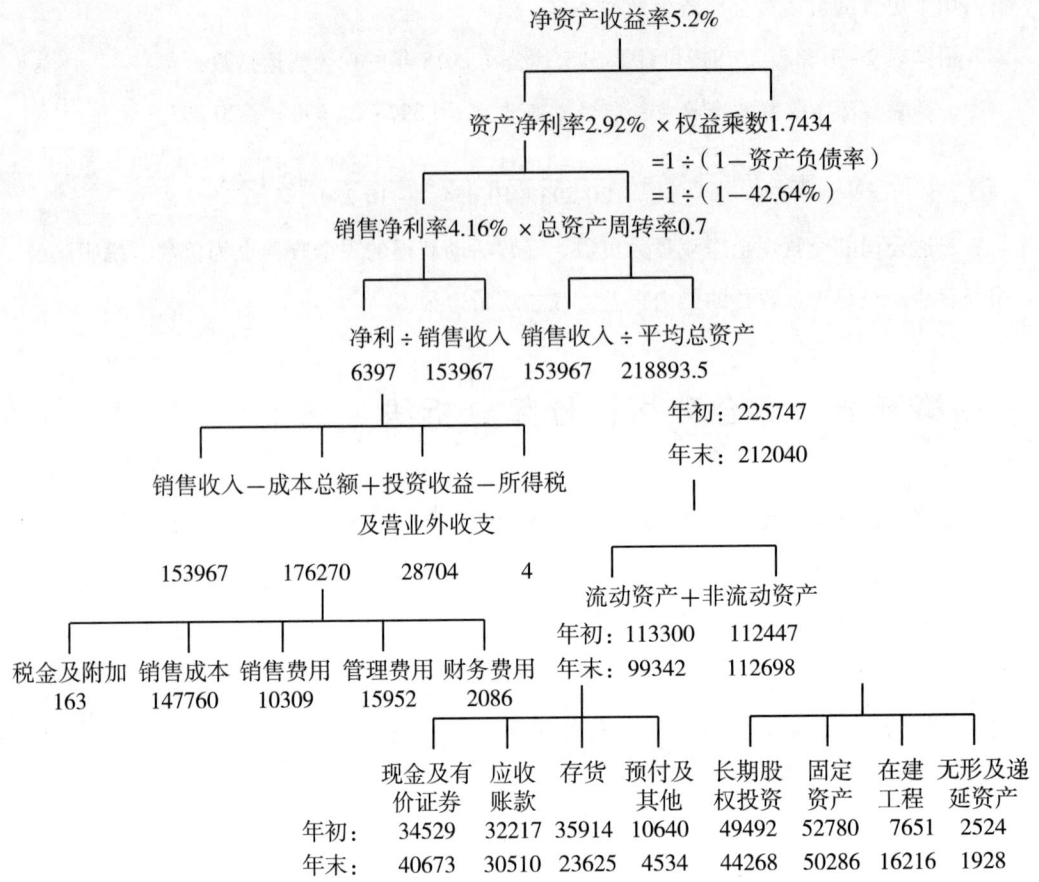

图 2-1　宏达公司杜邦财务分析

根据本章第四节提供的资料，我们可以将宏达公司的杜邦财务分析数据与行业平均数据进行比较分析：

$$资产收益率 = 销售净利率 \times 总资产周转率 \times 权益乘数$$

宏达公司：　　5.2% =　　4.16%　×　　0.7　　×　1.7434

行业平均：　　19.2% =　　6%　　×　　1.6　　×　2.01

通过以上分析可以看出，宏达公司的净资产收益率远低于行业平均水平，这是由于其销售净利率、总资产周转率与权益乘数均低于行业平均水平，尤其是总资产周转率还没达到行业平均值的一半，说明其经营业绩不佳，盈利能力较差。另外，其负债水平也低于行业平均水平，说明其经营比较保守，不善于利用财务杠杆。但是，该公司的首要任务应该是找到造成其盈利能力及资产管理效率不佳的原因，进而采取措施提高经济效益，至于是否提高负债水平，应该在此之后决定，因为这样才能对债务利息的偿还有所保证。

杜邦财务分析法注重的是财务指标之间的联系，只要熟悉和理解各种财务指标及它们之间的关联，我们就可以根据分析的目的，运用杜邦财务分析法对各种财务指标进行分解，而不仅限于净资产收益率。

本章小结

1. 财务报表分析概述，主要介绍财务报表分析的意义、作用、目的与方法等。
2. 财务比率分析，包括偿债能力比率、资产营运能力比率、盈利能力比率分析。
3. 发展能力分析，包括销售增长率、资产增长率、净资产增长率和可持续增长率分析。
4. 现金流量分析，包括流动性、财务弹性、效率性和收益质量分析。
5. 综合分析，介绍杜邦分析法。

本章重要术语

财务报表分析　　财务比率　　流动比率　　速动比率　　资产周转率
资产负债率　　利息保障倍数　　销售净利率　　资产净利率
净资产收益率　　可持续增长率　　财务弹性　　杜邦分析法

延伸阅读

1. 斯蒂芬·A. 罗斯等著，吴世农等译：《公司理财》（第9版），机械工业出版社2014年版。
2. 荆新、王化成等主编：《财务管理学》（第8版），中国人民大学出版社2018年版。

复习与思考

一、单选题

1. 某公司的流动资产由速动资产和存货组成，年末流动资产为100万元，年末流动比率为2，年末存货余额为40万元，则年末速动比率为（　　）。
   A. 2　　　　B. 1.2　　　　C. 1　　　　D. 0.8

2. 下列各项中会提高资产负债率的经济业务是（　　）。
   A. 资本公积金转增股本　　　　B. 可转换债券行权时
   C. 增发普通股股票赎回公司债券　　D. 取得银行借款

3. 甲公司2018年营业收入为3 180万元。年初应收账款净值为100万元，年末应收账款净值为300万元，年初坏账准备为50万元，年末坏账准备为80万元。则该公司的应收账款周转率为（　　）次。

    A. 15.9　　　　　B. 12.0　　　　　C. 10.6　　　　　D. 8.37

4. A 公司无优先股，2018 年每股收益为 6 元，每股发放股利 3 元，留存收益在过去一年中增加了 600 万元。年末每股账面价值为 30 元，负债总额为 4 000 万元，则该公司的资产负债率为（　　）。

    A. 30%　　　　　B. 33%　　　　　C. 40%　　　　　D. 44%

5. 甲公司 2018 年初流通在的外普通股为 9 000 万股，优先股 500 万股。2018 年 5 月 30 日增发普通股 4 500 万股。2018 年净利润 5 650 万元，每股优先股股息 2 元。2018 年末甲公司普通股每股市价 5 元，市盈率是（　　）。

    A. 10.29　　　　B. 11.95　　　　C. 12.50　　　　D. 14.52

二、多选题

1. 下列各项指标越高，反映长期偿债能力越强的有（　　）。

    A. 资产负债率　　　　　　　　B. 权益乘数

    C. 利息保障倍数　　　　　　　D. 现金流量与负债比率

2. 下列指标中，属于反映企业盈利能力的指标有（　　）。

    A. 净资产收益率　　　　　　　B. 销售净利率

    C. 总资产净利率　　　　　　　D. 总资产周转率

3. 下列业务中，不能提高企业短期偿债能力的有（　　）。

    A. 企业用银行存款购置一厂房

    B. 企业从商业银行取得 300 万元的长期贷款

    C. 企业用短期借款购置固定资产

    D. 企业向股东发放股票股利

4. 在其他条件不变的情况下，下列说法中不正确的有（　　）。

    A. 产权比率等于资产负债率的倒数　　B. 权益乘数与产权比率成反比

    C. 权益乘数 = 1 + 资产负债率　　　　D. 资产负债率大则权益乘数大

三、简答题

1. 什么是财务分析？财务分析的意义和目的是什么？
2. 财务分析有哪些方法？
3. 财务分析有哪些局限性？
4. 如何评价企业短期偿债能力，有哪些评价指标？如何计算？
5. 如何评价企业长期偿债能力，有哪些评价指标？如何计算？

6. 如何评价企业资产管理效率，有哪些评价指标？如何计算？

7. 如何评价企业的盈利能力，有哪些评价指标？如何计算？

8. 企业的现金流量分析包括哪些方面？分别有哪些评价指标？如何计算？

9. 综合财务分析有哪些方法？什么是杜邦分析法？如何利用杜邦分析法进行综合分析？

四、计算题

1. 某公司流动资产由速动资产和存货构成，年初存货为 145 万元，年初应收账款为 125 万元，年末流动比率为 3，年末速动比率为 1.5，存货周转率为 4 次，年末流动资产余额为 270 万元。一年按 360 天计算。

要求：

（1）计算该公司流动负债年末余额。

（2）计算该公司存货年末余额和年平均余额。

（3）计算该公司本年销货成本。

（4）假定本年主营业务收入为 960 万元，应收账款以外的其他速动资产忽略不计，计算该公司应收账款周转天数。

2. 某公司资产负债简表如下：

某公司资产负债表

2018 年 12 月 31 日　　　　　　　　　　　　　　　单位：元

资产	金额	负债及所有者权益	金额
货币资金	25 000	流动负债	
应收账款净额			
存货		非流动负债	
固定资产净额	294 000	所有者权益	240 000
资产总计		负债及所有者权益合计	

已知：该公司 2018 年产品销售成本为 315 000 元，存货周转次数为 4.5 次；年末流动比率为 1.5；产权比率为 0.8，期初存货等于期末存货。

要求：

（1）根据上述资料计算填列该公司 2018 年 12 月 31 日资产负债表简表。

（2）假定本年销售收入为 430 000 元，期初应收账款等于期末应收账款，计算该公司应收账款周转天数（全年按 360 天计算）。

3. 某企业2017年的有关财务资料为：年初资产为250万元，年末资产总额200万元，资产周转率为0.6次；2018年有关财务资料为：年末流动比率2，年末速动比率为1.2，存货周转率为5次。年末资产总额200万元，年末流动负债35万元，年末长期负债35万元，年初存货30万元。2018年销售净利率21%，资产周转率0.8次，该企业流动资产中只有货币资金、应收账款和存货。

要求：

（1）计算该企业2018年末流动资产总额、年末资产负债率和净资产收益率。

（2）计算该企业2018年的存货、销售成本和销售收入。

（3）运用差额分析法计算2018年与2017年相比，资产周转率与平均资产变动对销售收入的影响。

4. 某公司资料如下：

资料一：

某公司资产负债表

2018年12月31日 单位：万元

资产	年初	年末	负债及所有者权益	年初	年末
流动资产：			流动负债合计	450	300
货币资金	100	90	非流动负债合计	250	400
应收账款净额	120	180	负债合计	700	700
存货	230	360	所有者权益合计	700	700
流动资产合计	450	630			
固定资产合计	950	770			
资产合计	1 400	1 400	负债及所有者权益合计	1 400	1 400

资料二：该公司2017年度销售净利率为16%，总资产周转率为0.5次，权益乘数为2.2，净资产收益率为17.6%；2018年度销售收入为840万元，净利润总额为117.6万元。

要求：

（1）计算2018年末速动比率、资产负债率和权益乘数；

（2）计算2018年总资产周转率、销售净利率和净资产收益率；

（3）利用因素分析法分析销售净利率、总资产周转率和权益乘数变动对净资产收益率的影响。

5. 某公司 2018 年的销售额是 62 500 万元,比上年提高 28%,有关的财务比率如下表所示。

某公司财务比率情况

财务比率	2017 年同业平均	2017 年本公司	2018 年本公司
应收账款回收期(天)	35	36	36
存货周转率(次)	2.50	2.59	2.11
销售毛利率(%)	38.00	40.00	40.00
销售营业利润率(息税前)(%)	10.00	9.60	10.63
销售利息率(%)	3.73	2.40	3.82
销售净利率(%)	6.27	7.20	6.81
总资产周转率(次)	1.14	1.11	1.07
固定资产周转率(次)	1.40	2.02	1.82
资产负债率(%)	58.00	50.00	61.30
已获利息倍数	2.68	4.00	2.78

要求:

(1) 运用杜邦财务分析原理比较 2017 年公司与同业平均的净资产收益率,并说明其差异的原因;

(2) 运用杜邦财务分析原理比较公司 2018 年与 2017 年的净资产收益率,并说明其差异的原因。

五、讨论题

1. 为什么债权人认为资产负债率越低越好,而投资人认为应保持较高的资产负债率?

2. 企业的利益相关各方为何重视短期偿债能力?

六、网络练习

通过互联网查找上市公司最近 3 年的财务报告,阅读并分析公司的主要财务比率,通过纵向比较和横向比较,总结分析、发现问题并提出相应的改进措施。

复习与思考参考答案

一、单选题

1. B 2. D 3. B 4. C 5. C

二、多选题

1. CD   2. ABC   3. ACD   4. ABC

三、简答题

(略)

四、计算题

1. (1) 90   (2) 135；140   (3) 560   (4) 48.75

2. (1)

资产	金额	负债及所有者权益	金额
货币资金	25 000	流动负债	92 000
应收账款净额	43 000		
存货	70 000	非流动负债	100 000
固定资产净额	294 000	所有者权益	240 000
资产总计	432 000	负债及所有者权益合计	432 000

(2) 36

3. (1) 70；35%；25.87%   (2) 28；145；160

(3) 2017年营业收入：$0.6 \times 225 = 135$

总资产周转率对营业收入的影响：$0.8 \times 225 = 180$

平均资产对营业收入的影响：$0.8 \times 200 = 160$

4. (1) 0.9；50%；2   (2) 0.6；14%；16.8%

(3) 分析对象：$16.8\% - 17.6\% = -0.8\%$

① 上期数：$16\% \times 0.5 \times 2.2 = 17.6\%$

② 替代销售净利率：$14\% \times 0.5 \times 2.2 = 15.4\%$

③ 替代总资产周转率：$14\% \times 0.6 \times 2.2 = 18.4\%$

④ 替代权益乘数：$14\% \times 0.6 \times 2 = 16.8\%$

销售净利率变动对净资产收益率的影响② - ① = -2.2%

总资产周转率变动对净资产收益率的影响③ - ② = 3.08%

权益乘数变动对净资产收益率的影响④ - ③ = -1.68%

综合影响：$-2.2\% + 3.08\% - 1.68\% = -0.8\%$

5. (1) 2017年与同行业比较：本公司净资产收益率 = 15.98%；行业平均净资产收益率 = 17.02%。差异原因：销售净利率高于同行业平均水平是由于销售成本率、销售利息率低于行业平均水平；资产周转率略低于同业平均水平主要是由于应收账款回收较慢；权益乘数低于同业平均水平是由负债比率较低所致。

（2）2018年与2017年比较：2017年净资产收益率＝15.98%；2018年＝18.83%。

差异原因：销售净利率低于2017年，主要是销售利息率上升所致；资产周转率下降，主要是由于固定资产和存货周转率下降；权益乘数增加是由负债比率增加所致。

五、讨论题

（略）

六、网络练习

（略）

参考文献

［1］荆新、王化成、刘俊彦主编：《财务管理学》（第8版），中国人民大学出版社2018年版。

［2］刘淑莲主编：《财务管理》，东北财经大学出版社2017年版。

［3］理查德·A.布雷利等：《财务管理基础》（英文版第8版），中国人民大学出版社2015年版。

［4］斯蒂芬·A.罗斯：《公司理财》（原书第11版），机械工业出版社2017年版。

［5］徐春立、苑泽明主编：《财务管理》（第二版），经济科学出版社2009年版。

［6］栾庆伟、迟国泰主编：《财务管理》（第五版），大连理工大学出版社2011年版。

［7］张忠寿主编：《现代企业财务管理》（第三版），立信会计出版社2013年版。

［8］齐寅峰主编：《公司财务学》（第五版），经济科学出版社2017年版。

［9］中国注册会计师协会组织编写：《财务成本管理》，中国财政经济出版社2018年版。

［10］郭复初主编：《财务管理学》（第五版），高等教育出版社2019年版。

第三章

财务管理价值观念

【学习目标】

1. 掌握财务估价的基本原理。
2. 掌握货币时间价值的计算。
3. 掌握风险与报酬的基本关系。
4. 了解期权估价。

【引导案例】

拿破仑1797年3月在卢森堡第一国立小学演讲时说了这样一番话:"为了答谢贵校对我,尤其是对我夫人约瑟芬的盛情款待,我不仅今天呈上一束玫瑰花,并且在未来的日子里,只要我们法兰西存在一年,每年的今天我将亲自派人送给贵校一束价值相等的玫瑰花,作为法兰西与卢森堡友谊的象征。"

时过境迁,1984年底,卢森堡旧事重提,向法国提出违背"赠送玫瑰花"诺言案的索赔;要么从1797年起,用3路易作为一束玫瑰花的本金,以5厘复利(即利滚利)计息全部清偿这笔玫瑰案;要么法国政府在法国各大报刊上公开承认拿破仑是个言而无信的小人。起初,法国政府准备不惜重金赎回拿破仑的声誉,但却被电脑算出的数字惊呆了,原来3路易的许诺,本息竟高达1 375 596法郎。

(资料来源:[美]拿破伦·希尔,《人生的31种失败》,载于《读者》2000年第17期)

➡ 第一节 货币时间价值

一、货币时间价值的含义

企业财务估价是借助于货币时间价值的计算形式来进行的。所谓货币时间价值,是指在不考虑风险和通货膨胀的情况下，货币经过一定时间的投资与再投资所产生的增值，也称为资金的时间价值。货币的时间价值几乎渗透财务领域的每一个细节。

在经济学中，现在1元钱的价值不等于将来1元钱的价值，现在的1元钱比将来的1元钱更值钱，即拥有更高的经济价值。假如现在你拥有1元钱，你不是将其用于消费，而是将其用于投资，就可以产生货币的时间价值。假如你用它购买一年期10%的国债，一年后你获得的货币是1.1元，产生了增值0.1元，这就是货币的时间价值。在本例中，现在的1元钱不等于一年后的1元钱，而是等于一年后的1.1元，现在的1元钱比一年后的1元钱更值钱。货币的时间价值可以用绝对数来表示，也可以用相对数来表示。相对数的表现形式是增值额占投资额的百分比，即无风险和通货膨胀情况下的投资报酬率。

从量的规定性上看，货币的时间价值是没有风险和通货膨胀情况下的社会平均投资报酬率。没有风险，意味着不考虑投资损失的情况，没有通货膨胀，货币不会发生由于通货膨胀造成的贬值损失。之所以以社会平均投资报酬率作为货币时间价值的表示尺度，是因为市场竞争的缘故。在市场竞争中，各行业的投资的利润率趋于平均化，企业在投资中，所赚得的基本报酬也必须达到社会平均投资报酬率，否则就不如投资于其他项目或行业。无通货膨胀和风险情况下的社会平均投资报酬率就成为企业投资要求的基本报酬。

从表现形式上看，货币的时间价值表现为资金周转过程中的差额价值。假设我们把投资看作是一个周转着的永续过程的话，货币在投资中，不断沿着"垫支—收回—再垫支—再收回"的过程周而复始地运动，在无风险和通货膨胀的假设下，货币也不断地按几何级数发生增值，这种增值的状况等同于复利计息制度，即本金和利息都要计算利息的计算制度。所以，货币的时间价值是按复利计算制度加以计量的。但是，不能将货币的时间价值等同于利息。

二、货币时间价值计算中的几个概念

计算货币的时间价值，通常应用下列概念：

1. 必要报酬率

必要报酬率是指进行投资所必须赚得的最低报酬率。必要报酬率是投资的机会成本，通常对必要报酬率的估计是同等风险条件下其他备选方案的报酬率，如进行证券投资所必须要达到的相当于市场利率的等量报酬。

2. 期望报酬率

期望报酬率是一项投资方案估计所能够达到的报酬率。如果按照期望报酬率来计算投资项目未来现金净流量的现值与投资现值的差量（净现值），则该投资项目的净现值为零。当净现值为零时，预计投资能赚得与其风险水平相对应的报酬率，此时，必要报酬率等于期望报酬率。判断投资项目可行性的标准是：一个投资项目的期望报酬率必须要大于或等于其必要报酬率，此时，净现值等于或大于零。

3. 实际报酬率

实际报酬率是项目投资后实际赚得的报酬率。在完善的资本市场中，由于资本市场能够反映所有的信息，投资者进行投资时可以获得所需要的全部信息，此时，投资者的必要报酬率等于期望报酬率，投资者会按照期望报酬率对投资项目进行估价，所有投资项目的净现值皆为零。但是，在现实中，由于投资者是按照必要报酬率对投资项目进行估价的，又由于信息不对称的客观存在，一个投资项目的期望报酬率可能会大于、小于或等于必要的报酬率。由于风险的客观存在，使得实际的报酬率可能与期望报酬率之间产生较大的差异，这种差异的大小，反映了一个投资项目的风险的大小。

让我们用投资者面临的一个投资项目说明三者之间的关系。在投资前，投资者首先要根据其他风险等同的投资机会，确定要求的最低报酬率，这就是必要报酬率。其次，估计若进行投资所带来的未来现金净流量，进而估计若进行投资所预计达到的报酬率，这就是期望报酬率。若期望报酬率大于等于必要报酬率，说明投资项目的净现值大于或等于零，项目具有可行性；反之，则不可行。投资项目经过一定时间的运行后，投资者实际获得了报酬，即实际报酬率。实际报酬率会远高于或低于期望报酬率，这就是风险。实际报酬率与期望报酬率、必要报酬率之间没有必然联系。

在货币时间价值的计算上，利率因素实际上表示的是投资者要求的必要报酬率。

4. 终值

终值是现在的货币折合成未来某一时点的本金和利息的合计数，即现在投资的本金相当于未来某一时点的货币价值，包括在未来所收回的投资本金及投资的报酬。

5. 现值

现值是指未来某一时点的一定数额的货币折合为相当于现在的本金。现值与终值是货币在不同时点上的对称。如现在的货币是 10 000 元，投资于年报酬率为 10% 的投资机会，在一年后获得的本金和报酬合计数为 11 000 元，于是，我们说现在 10 000 元在一年后的终值为 11 000 元。反之，一年后的 11 000 元，在年报酬率为 10% 的投资机会下的现值是 10 000 元，现在的 10 000 元与一年后的 11 000 元，在价值上是等量的。

6. 现金流量

现金流量是一个项目的未来现金流出量和流入量的统称。现金净流量是现金流入量减去现金流出量的差量。资产的经济价值等于未来现金净流量的现值。

三、货币时间价值的计算

1. 单利的计算

单利是利息的一种计算制度。按照这种方法，只就初始投入的本金计算各年的利息，所生利息不加入本金重复计算利息。在借贷关系中，本金是指贷给别人以收取利息的原本金，利息则是指借款人付给贷款人超过本金部分的金额，在数量上等于本金乘以利率。

应该指出，单利不是货币时间价值的表现形式，不能以单利计量货币的时间价值。单利只适合于特定情况下的计算，如商业票据的贴现息的计算、单利计息条件下债券利息的计算等。

在单利计算中，通常使用以下概念及符号：本金，又称初始金额或现值，以 P 表示；利率，年利息与本金之比，以 i 表示；利息，以 I 表示；时间，通常以年为单位，以 n 表示；终值，本金与利息之和，以 S 表示。一年期的单利终值：$S_1 = P + Pi = P(1+i)$；两年期的单利终值：$S_2 = P + 2Pi = P(1+2i)$；n 年的单利终值：$S_n = P(1+ni)$。

因此，单利的终值计算公式为：

$$S = P(1+ni)$$

由单利的终值计算式，不难导出单利的现值计算式：

$$P = \frac{S}{1+ni} \tag{3.1}$$

【例 3-1】某企业 7 月向银行借入 1 年期 6% 单利到期的短期借款 500 000 元，年底到期本利和是多少？

$$S = 500\ 000 \times (1 + 6\% \times \frac{1}{2}) = 515\ 000（元）$$

【例 3-2】某企业收到一张面值为 1 200 元的带息票据，票面利率为 4%，出票日为 6 月 15 日，到期日为 8 月 14 日，持有期限为 60 天，企业因急需现金，于 6 月 27 日到银行办理贴现，银行规定的贴现率为 6%，该票据贴现期为 48 天。企业贴现实得款计算如下：

$$票据的到期值 = 1\,200 \times (1 + 4\% \times \frac{60}{360}) = 1\,208 \text{（元）}$$

$$贴现实得款 = 1\,208 \times (1 - 6\% \times \frac{48}{360}) = 1\,198.34 \text{（元）}$$

2. 复利的计算

复利是本金和利息都要计算利息的一种利息制度。在复利制下，一个重要的特征是上一年的本利和要作为下一年的本金计算利息。

（1）复利终值的计算。根据复利制的特点，兹将复利终值的表达式推导如下：

一年期复利终值 $S_1 = P + P \cdot i = P(1+i)$

两年期复利终值 $S_2 = P(1+i) + P(1+i) \cdot i = P(1+i)^2$

三年期复利终值 $S_3 = P(1+i)^2 + P(1+i)^2 \cdot i = P(1+i)^3$

第 n 年复利的终值为：$S = P(1+i)^n$

上述各式中，$(1+i)^n$ 为一元复利终值，也称复利终值系数，它表示一元钱的本金在特定利率和期数条件下到期的本利和，也就是一元本金相当于到期的本利和，一元现值与其复利终值在经济上是等值的。我们可以将一元复利终值简记作 $(S/P, i, n)$。为便于计算，可根据利率与期数，查"复利终值系数表"来确定一元复利终值。该表的作用不仅在于根据 i 和 n 查一元复利的终值，而且可以根据一元复利终值和 n 查找 i，或者根据一元复利终值和 i 查找 n。

【例3-3】某企业现从银行一次借入100万元。投资建一项目，该项目建设期5年，银行规定，复利计息，年利率10%，则至建设期满的本利和是多少？

$S = 100 \times (1 + 10\%)^5 = 100 \times 1.6105 = 161.05$（万元）

或：$S = 100 \times (S/P, 10\%, 5) = 100 \times 1.6105 = 161.05$（万元）

（2）复利现值的计算。由复利终值的计算式不难导出：

$$P = S \times \frac{1}{(1+i)^n} = S \times (1+i)^{-n} \tag{3.2}$$

式（3.2）中 $(1+i)^{-n}$ 为一元复利现值，其含义为一元的终值在特定的利率和期数条件下折合的本金，可简记作 $(P/S, i, n)$。为便于计算，可以根据利率和期数查一元复利的现值表查得，代入公式即可求解。

【例3-4】某项投资预计在6年后可获现金净流量1000万元，投资者要求的必要报酬率为12%，则该项目的价值是多少？该投资项目的价值等于其未来所创造的现金净流量相当于现在的多少钱？（即现值）

$P = S \times (1+i)^{-n} = S \times (P/S, 12\%, 6) = 1\,000 \times 0.5066 = 506.6$（万元）

【例3-5】依上例,若该投资项目需要现在一次投资600万元,其他条件不变,则能否进行该项目的投资?

净现值 = 506.6 - 600 = -93.4(万元)

由于净现值为负数,说明不能够增加企业价值,投资的期望报酬率低于必要报酬率,方案不可行。

【例3-6】面值为100万元、10%、10年期、单利计息、到期一次还本付息的债券,在投资者要求的必要报酬率(市场利率)为8%的情况下,最高买价不能超过多少?

到期的本利和 = 100 × (1 + 10% × 10) = 200(万元)

债券的价值 = 200 × (P/S, 8%, 10) = 200 × 0.4632 = 92.64(万元)

债券的最高买价不能超过92.64万元。

3. 年金的计算

年金是指在一定时期内一系列、等额收付的款项,通常记作 A。年金的特征是在一定的时期内,每次收付款的时间间隔相同,收付的金额相等。年金有多种形式,如保险费、直线法下计提的固定资产折旧、等额分期付款以及零存整取或整存零取储蓄等。

年金按其每次收付发生的时点不同,可分为普通年金、预付年金、递延年金和永续年金。

(1) 普通年金的计算。

第一,普通年金终值的计算。普通年金又称后付年金,是指于各期期末收付的年金。

普通年金的终值是指最后一期(第n期)期末的本利和,它是一定时期内各个时点收付款项复利终值之和。

普通年金终值计算式的推导如下:

【例3-7】设某企业于未来三年内每期期末从银行贷款100万元,用于某项目的投资,贷款的年复利率为10%,问至第三年末的本利和是多少?

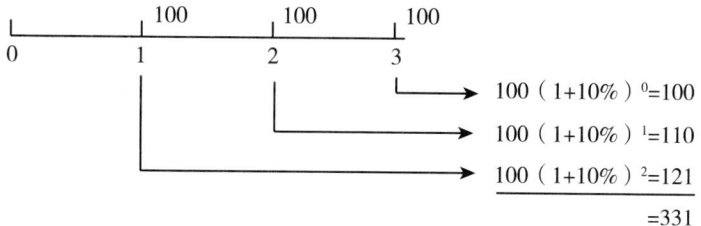

上述按照复利计算年金的方式,可表达为:$S = A \times \sum_{t=0}^{n-1} (1+i)^t$,式中:$A \times \sum_{t=0}^{n-1} (1+i)^t$ 为一元普通年金的终值,可化简为:$\frac{(1+i)^n - 1}{i}$,简记作 $(S/A, i, n)$,故普通年金的终值表达式为:

$$S = A \times \frac{(1+i)^n - 1}{i} = A \times (S/A, i, n) \tag{3.3}$$

式中一元年金终值，可根据利率与期数查一元年金终值表求得。

第二，偿债基金的计算。偿债基金是指为了使年金终值达到清偿到期债务或满足企业到期特定的财务需要而于每年年末等额存入银行或支付给信托投资机构的存款准备金。偿债基金的计算是根据年金的终值计算出的年金，其计算公式为：

$$A = S \times \frac{1}{(S/A, i, n)} = S \times \frac{i}{(1+i)^n - 1} \tag{3.4}$$

式中一元年金的倒数为一元偿债基金，表示为清偿到期债务一元钱，而应该在每年年末提取的存款准备金。

【例3-8】假设某企业有一笔4年后到期的债务1 000万元，为此设置偿债基金，年复利率为10%，为还清到期债务，每年年末应存入的金额是多少？

$$A = 1\ 000 \times \frac{1}{(S/A, 10\%, 4)} = 1\ 000 \times 0.2154 = 215.4（万元）$$

第三，普通年金现值的计算。普通年金现值是指为在每期期末取得相等金额的款项，现在（即第0年或第一年初）需要投入的金额，即各期期末的现金流量相当于现在的价值。

【例3-9】假设某企业借款投资于某项目，已知在未来三年内，每年年末等额还本付息100万元，贷款的年复利率为10%，借款的本金是多少？

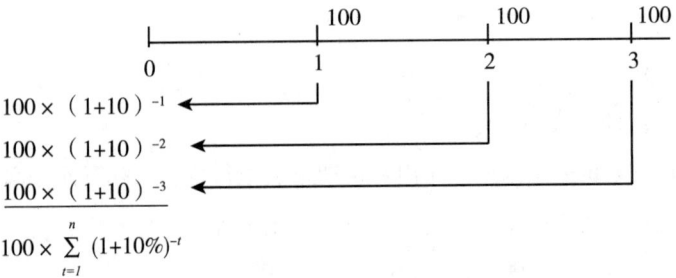

从本例年金现值的计算原理中，我们可以得到年金现值的计算公式：$P = A \times \sum\limits_{t=1}^{n} (1+i)^{-t}$。其中 $\sum\limits_{t=1}^{n} A \times (1+i)^{-t}$ 为一元年金的现值，可化简为：$\dfrac{1 - \dfrac{1}{(1+i)^n}}{i}$，记作 $(P/A, i, n)$，直可接查阅一元年金的现值表。〖例3-9〗中要求计算的年金现值可直接按照年金的现值计算式计算：

$$P = 100 \times (P/A, 10\%, 3) = 100 \times 2.4869 = 248.69（万元）$$

【例3-10】假设某企业打算进行一项投资，该项目预期使用10年，预计每年可获现金净流量 50 万元，进行此项投资的必要报酬率为 10%，则该项目的价值是多少？

$$P = 50 \times (P/A,10\%,10) = 50 \times 6.1446 = 307.23 \text{（万元）}$$

第四，年资本回收额的计算。年资本回收额是指收回现在的投资而应于未来每年年末等额回收的金额，即根据年金的现值计算的年金。根据年金现值的计算表达式，有：

$$A = P \cdot \frac{1}{P/A,i,n} = P \cdot \frac{i}{i-(1+i)^{-n}} \tag{3.5}$$

式中，一元年金现值的倒数称为一元资本回收额或资本回收系数，表示收回现在一元投资而应于未来每年年末回收的数额。

【例 3-11】某企业现在一次投资 1 000 万元，建一项目，必要报酬率为 12%，10 年期，则该项目每年至少应等额回收多少元才是基本合算的？

$$A = 1\,000 \times [1/(P/A,12\%,10)] = 1\,000 \times [1/5.6502] = 177 \text{（万元）}$$

（2）预付年金的计算。

预付年金是于每期期初付款的年金，又称即付年金。普通年金付款的时点是在年末，而预付年金付款的时点则是在期初，这是两种年金的区别。由于没有给出预付年金的终值和现值系数表，故计算预付年金的终值与现值需要将其转化为普通年金再加以计算，这是理解预付年金终值与现值计算的关键。

第一，预付年金终值的计算。预付年金的终值是其最后一期期末（n 期末）时的本利和。下面结合〖例 3-12〗观察计算预付年金终值的计算方法。

【例 3-12】某人于未来三年内，每年年初等额存入银行 100 元，年复利率为 10%，则期满的本利和是多少？

```
       100    100    100
        |_____|_____|_____
        0      1      2      3
```

可按两种方法计算预付年金的终值

① 按照 3 期普通年金、1 期复利计算其终值。

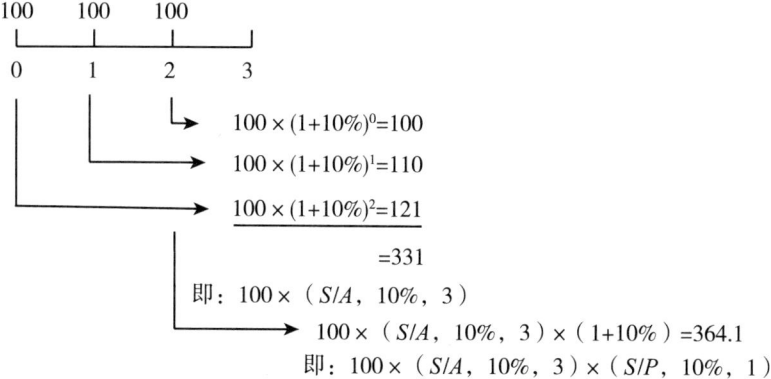

即：$S = A(S/A,i,n)(1+i)$ (3.6)

② 按照 $n+1$ 期普通年金计算其终值。假设第三年年末也存入银行 100 元，则：

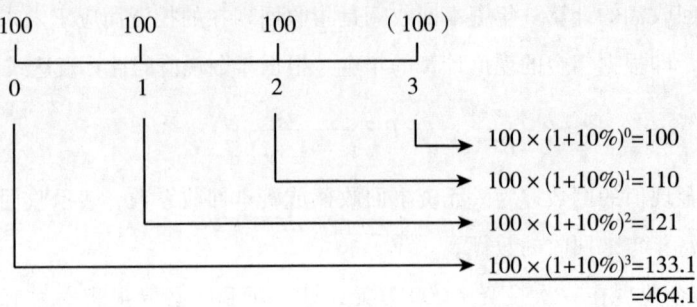

即：$S = A(S/A,i,n+1) - A = A[(S/A,i,n+1) - 1]$ (3.7)

第二，预付年金现值的计算。预付年金的现值是其第一期期初的现值。下面结合〖例 3-13〗观察其现值的计算方法。

【例 3-13】 某人于未来三年内，每期期初从银行取出 100 元，年复利率为 10%，则应该在第一年年初存入银行多少元？

① 按照 $n-1$ 期普通年金计算其现值。

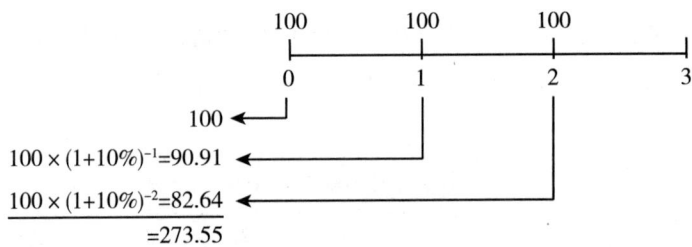

即：$P = A(P/A,i,n-1) + A = A[(P/A,i,n-1) + 1]$ (3.8)

② 按照 3 期普通年金、1 期复利计算其现值。

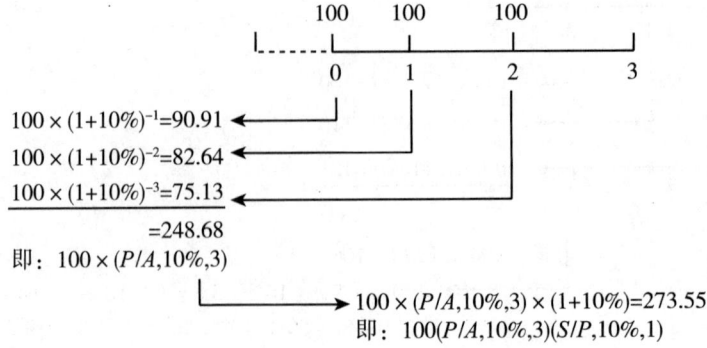

即：将第 1 期期初看作是普通年金的第 1 期期末，后续类推，按照 n 期普通年金计算其现值，比预付年金现值计算要求的时点多计算 1 期，再计算 1 期的复利终值逆运算回来。于是有：

$$P = A(P/A, i, n)(1 + i) \tag{3.9}$$

（3）递延年金现值的计算。

递延年金是指第一次支付发生在第二期或第二期以后的普通年金。凡支付期不是在第一期期末的普通年金均为递延年金。递延年金终值的计算与普通年金终值的计算等同，与递延的期数无关。递延年金的现值与递延期数相关，递延的期数越长，其现值越低，故需要采用一定方法计算的是递延年金的现值。下面结合〖例 3 – 14〗观察其现值的计算方法。

【例 3 – 14】假设某企业现购置一台设备，前三年不用付款，从第四年末起分 4 年等额还本付息 100 万，企业要求的必要报酬率为 10%，问付款的兑现值是多少？

```
0   1   2   3   4   5   6   7
                100 100 100 100
```

设递延期数为 m，付款期数为 n，其计算方法有两种：

① 按照 n 期普通年金和 m 期复利贴现。采用这种方法，将普通年金贴现到递延年金最后一期，然后按照 m 期复利贴现到第 1 期期初。公式为：

$$P = A(P/A, i, n)(P/S, i, m) \tag{3.10}$$

本例中，$P = 100(P/A, 10\%, 4)(P/S, 10\%, 3) = 238.16$（元）

② 按照 $n + m$ 期普通年金贴现，再减去 m 期普通年金的现值。采用这种方法，是假设 m 期内也发生了普通年金的支付，先计算出 $n + m$ 期普通年金的现值，然后再减去实际并未支付的 m 期年金的现值。计算表达式为：

$$\begin{aligned} P &= A(P/A, i, n+m) - A(P/A, i, m) \\ &= A[(P/A, i, n+m) - (P/A, i, m)] \end{aligned} \tag{3.11}$$

本例中，$P = 100[(P/A, 10\%, 7) - (P/A, 10\%, 3)] = 238.16$（元）

（4）永续年金现值的计算。

无限期等额支付的年金，称为永续年金，即期数趋向于无穷大的普通年金。由于永续年金没有终止的期限，也就没有终值。永续年金现值的计算，可由普通年金现值的计算公式导出：

$$P = A \cdot \frac{1 - \frac{1}{(1+i)^n}}{i} = A \cdot \frac{1 - \frac{1}{(1+i)^\infty}}{i} = A \cdot \frac{1}{i}$$

【例 3-15】 某企业欲建立永久性的奖励基金,希望于未来每年年末取出 100 000 元,奖励有贡献的员工,假设同有关机构签订的协议规定投资报酬率 10%,则现在应一次投资多少?

$P = 100\,000/10\% = 1\,000\,000$（元）

【例 3-16】 某企业的每股优先股面值为 100 元,票面利率为 10%,假设投资者要求的报酬率为 8%,则该优先股的价值是多少?

$P = (100 \times 10\%) \div 8\% = 125$（元）

4. 货币时间价值的特殊计算问题

(1) 利率的计算。复利的利率可根据其终值计算表达式导出:

$$i = (S/P)^{\frac{1}{n}} - 1 \tag{3.12}$$

也可采用插值法计算求得,插值法的运用参见根据普通年金现值计算利率的方法。永续年金的利率可根据其现值计算式导出:

$$i = A/P \tag{3.13}$$

普通年金的利率可采用插值法求解。具体计算步骤我们结合例题观察。

【例 3-17】 某公司第一年年初借款 20 000 元,每年年末还本付息均为 4 000 元,连续 9 年还清,问借款利率是多少?

根据题意,有:$20\,000 = 4\,000(P/A, i, 9)$

$(P/A, i, 9) = 20\,000/4\,000 = 5$

查 $n = 9$ 的普通年金现值系数表。在 $n = 9$ 一行上无法找到恰好为 5 的系数。但是,能够找到系数为 5 的两个临界值,即 $(P/A, 12\%, 9) = 5.3282$,$(P/A, 14\%, 9) = 4.9164$,说明要求解的利率介于 12% 与 14% 之间。则在两个临界值之间插入要求解的利率和其现值系数,利用利率与系数之间的线性比例关系假设求解。

12%	5.3282
i	5
14%	4.9164

设 $i - 12\% = x\%$,系数相差 $5 - 5.3282$,$14\% - 12\% = 2\%$,其系数相差 $4.9164 - 5.3282$。由于假设利率与系数之间存在着线性关系,于是有:

$$\frac{i\% - 12\%}{14\% - 12\%} = \frac{5 - 5.3282}{4.9164 - 5.3282}$$

$$\frac{x\%}{2\%} = \frac{-0.3282}{-0.4118}$$

$$x\% = 1.59\%$$

$$i\% = 12\% + 1.59\% = 13.59\%$$

设：低于求解利率的利率为 i_1，相对应的年金现值系数为 β_1，高于求解利率的利率为 i_2，相对应的年金现值系数为 β_2，要求解的利率相对应的年金现值系数为 α，则插值法的计算公式为：

$$i = i_1 + \frac{\beta_1 - \alpha}{\beta_2 - \beta_1} \cdot (i_2 - i_1) \qquad (3.14)$$

（2）期间的计算。期间的计算与利率的计算道理等同，可采用插值法求解。

【例 3-18】某企业购买一台设备，该设备的购买价格为 2 000 元，每年可增加现金净流量 500 元。若要求的投资报酬率为 10%，则该设备至少使用多少年才是划算的？

根据题意，有：$2\,000 = 500 \times (P/A, 10\%, n)$

$(P/A, 10\%, n) = 2\,000/500 = 4$

查普通年金现值系数表。查得系数为 4 的两个临界值分别为 $(P/A, 10\%, 5) = 3.7908$，$(P/A, 10\%, 6) = 4.3553$。则：

$$n = 5 + \frac{3.7908 - 4}{3.7908 - 4.3553} \times (6 - 5) = 5.4 \text{（年）}$$

（3）名义利率与实际利率的换算。上面在计算货币的时间价值时，我们假定利率均为年利率，每年复利一次。但实际上，复利的计息期间不一定是一年，有可能是季度、月份或日。例如，有的债券每半年计息一次；有的抵押贷款每月计息一次；银行之间拆借资金均为每天计息一次。当每年复利次数超过一次时，给出的年利率为名义利率，而每年复利一次时的利率为实际利率。

对于一年内多次复利的情况，可采取两种方法计算时间价值。

方法一：将名义利率调整为实际利率，n 用年数，然后按实际利率计算时间价值。调整公式为：

$$i = \left(1 + \frac{r}{m}\right)^m - 1 \qquad (3.15)$$

式中：i 为实际利率，r 为名义利率，m 为每年复利次数。

方法二：将名义利率 r 调整为每复利周期一次时的利率 r/m，复利期数为 n 年内总的复利次数 $n \times m$。

【例 3-19】某企业现在存入银行 10 000 元，在年利率为 10%，每半年复利计息一次的情况下，到第 10 年末的本利和是多少？

方法一：$i = (1 + 10\%/2)^2 - 1 = 10.25\%$

$S = 10\,000(1 + 10.25\%)^{10} = 26\,530$（元）

方法二：$S = 10\,000(S/P, 5\%, 20) = 26\,530$（元）

【例 3 – 20】 某企业欲购买面值为 10 000 元，10%，5 年期，每半年复利计息并支付利息一次的债券，市场利率（必要投资报酬率）为 12%，则该债券的价值是多少？

债券的价值等于其未来现金净流量的现值。故：

$$P = [(10\,000 \times 10\%) \div 2](P/A, 6\%, 10) + 10\,000(P/S, 6\%, 10)$$
$$= 500 \times 7.3601 + 10\,000 \times 0.5584$$
$$= 9\,264.05 \text{（元）}$$

第二节 风险与报酬

风险与报酬是贯穿于财务管理过程的、影响企业价值的基本因素。妥善处理风险与报酬之间的关系，是增加企业价值的需要，也是企业理财工作的重要内容之一。

一、风险及其衡量

1. 风险的概念

风险是指当采取某一行动时，在一定条件下和一定时期内可能发生的各种结果的变动程度。风险普遍存在于现实生活中，如企业进行投资，其实际获取的报酬率有多种可能，而且与期望报酬率可能会发生较大的差异。再如，企业进行举债融资，未来能否归还到期债务是不确定的，它取决于企业未来的经营状况和财务状况。

风险本身来自与某项行动相关的未来环境的不稳定性和人的认知能力的局限性。与某项行动相关的各项因素在未来是多变的，我们事前很难准确地加以预计，由此会导致未来的不稳定性，可能会出现多种结果。

风险是事件本身的不确定性，具有客观性。投资者进行投资时，不同的投资项目的风险程度是不同的。例如，购买国库券收益稳定且到期一定能够收回本息，风险较小，但是如果投资于股票，其收益的不确定性就高，一旦从事了该项投资，风险的大小也就无法改变，具有客观性。也就是说，特定投资的风险大小是客观的，你是否去冒风险以及冒多大风险，是可以选择的，是主观的。

风险的大小随时间延续而变化，是"一定时期内"的风险，即表现为采取某项行动期间内的风险。当采取的某项行动结束时，事件的不确定性在缩小，其结果也就完全肯定了。

在现实中对风险和不确定性不做区分，统称为风险。严格讲，风险和不确定性是有区别的。风险是采取某项行动之前，可以知道所有可能的后果，以及每种后果的概率。不确定性是采取某项行动前，可以知道所有可能的后果，但不知道每种后果的概率，或者不知道所有的后果。风险中各种结果出现的概率往往是不准确的，不确定性中每种结果也可以估计一个概率。因此，在实务上对风险和不确定性往往不做区分，统称为风险。总之，某一行动的结果具有多种可能而不肯定，就叫有风险；而某一行动的结果十分肯定，就叫无风险。

风险是可以控制的。采取行动之前，我们可以测算该行动可产生的风险程度，根据抗风险能力、心理承受能力等多种因素，选择风险程度适宜的行动方案；在行动进行中，我们可以通过对行动方案的不断调节和严格的制度保证，来控制行动的风险程度。例如，负债所带来的财务风险可以根据企业经营的实际情况，选择适应企业的负债程度控制财务风险，当企业举债程度确定后，还可以通过改善企业现金流转的措施，增强企业的支付特别是还债支付能力，控制企业的债务风险。再如，对于企业经营中管理方面的不确定性所导致的风险，我们可以通过企业控制流程、内部审计等进行控制。

风险可能给投资人带来超出预期的收益，也可能带来超出预期的损失。采取投资行动，为获取高收益就必须承担发生高损失的可能性。从财务角度来说，风险主要是指无法达到预期报酬的可能性。

2. 风险的类别

（1）从企业自身的角度，可将企业风险分为经营风险和财务风险。

第一，经营风险。经营风险是指由于企业生产经营的不确定性所造成的企业盈利的不确定性，也叫商业风险或投资风险。企业生产经营中，由于企业内部和外部的各项因素具有不确定性，会造成企业经营收益的波动。主要包括市场销售的波动、成本费用的波动、生产技术的不稳定、新产品研究开发的成败、外部环境如经济周期和国家宏观调控政策的变动等因素。总之，凡是导致企业经营收益发生变动的各项因素的不确定性，就是经营风险。

第二，财务风险。财务风险是企业由于负债融资导致的净资产收益率或每股收益的不确定性，也是企业到期不能还本付息的可能性。财务风险也称筹资风险。产生财务风险的根源在于由于举债融资后，预期实现的资产报酬率是否大于债务的利率的不确定性。当预期实现的资产报酬率大于债务的利率时，资产获取的收益补偿债务的利息后尚有剩余，能够增加归属于股东的剩余收益，又由于举债融资相对少使用了股东的资本，故此时净资产收益率或每股收益会提高；但是当资产报酬率不足以补偿债务的利率时，意味着股东资本部分的资产报酬要补偿一部分利息,净资产收益率或每股收益就会相应降低,这种债务可能提高也可能降低净资产收益率或每股收益的作用,称为财务杠杆,其不确定性称为财务风险。此外,举债融资加大了企业破产的概率,这也是财务风险。

(2) 从个别投资主体的角度,风险分为系统风险和非系统风险。

第一,系统风险是指那些对所有的公司产生影响的因素引起的风险。如战争、经济衰退、利率调整、通货膨胀等。这类风险涉及所有的投资对象,不能通过多元化投资来分散,是投资者进行投资所必须承担的风险,又称不可分散风险或市场风险。对于这类风险,投资者只能根据承担的风险程度要求相应的报酬。

第二,非系统风险是指发生在个别企业的特有事件造成投资者发生损失的可能性。如罢工、新产品开发失败、高举债造成的到期不能还债、诉讼失败等。从投资者的角度看,这类风险只是发生在个别公司的内部,可以通过多元化投资予以分散,即发生在个别公司的不利事件可以被其他公司的有利事件所抵消。例如,在证券投资上,同时购买若干种股票,比只购买一种股票的风险小。再如,在企业的经营中,在资源允许的前提下,同时经营不同的投资项目,比只经营一种投资项目的风险小。因此,分散化投资更安全。

3. 风险的衡量

风险的衡量,是指通过一定的方法计量特定项目或事件的风险程度。风险的衡量是通过使用概率和统计方法进行的。

(1) 概率及其分布。在现实生活中,某一事件在完全相同的条件下可能发生也可能不发生,可能出现这样的结果也可能出现那样的结果,这类事件称为随机事件。概率就是用百分数或小数值表示的随机事件发生可能性大小的数值。通常,把必然发生的事件的概率定为 1,把不可能发生的事件的概率定为 0,而一般随机事件的概率是介于 0 和 1 之间的一个数值。即:概率的数值大于等于 0,小于等于 1;并且所有事件的概率之和等于 1。概率越大,表示随机事件发生的可能性就越大。

随机变量和相对应的概率,按一定的规则进行排列称为概率分布。

【例 3-21】某企业拟投资于甲产品,预计收益情况和概率分布如下:

市场情况(随机事件)	年收益(随机变量)X_i	概率 P_i
繁荣	50	0.2
一般	20	0.5
较差	-10	0.3

概率分布有两种类型,如果对于随机变量和相对应的概率只取有限个数值,在坐标上表现为有限个点,这种分布为离散型分布(见图3-1)。如果对于所有的随机变量和相对应的概率都予以估计,并且在坐标上描述出来表现为曲线,则为连续型分布,如果曲线为对称的钟型,则为正态分布(见图3-2)。依照统计学的理论,不论总体分布是正态还是非正态,当选取的样本量很大时,其样本平均数都成正态分布。只有在概率分布符合正态分布的前提下,我们才可以计算其标准离差,衡量随机变量的离散程度即风险。

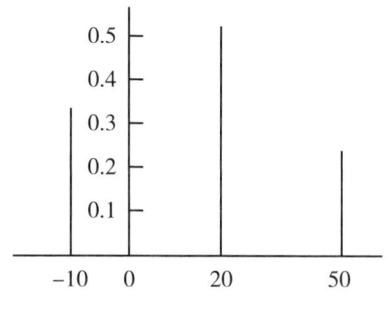

图3-1 离散型概率分布

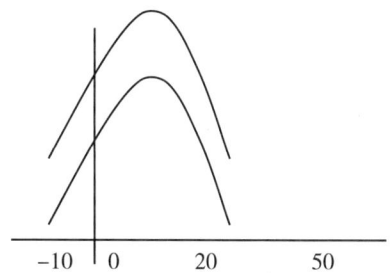

图3-2 连续型概率分布

(2)期望值。期望值是随机变量以概率为权数的加权平均数,反映随机变量的平均化,代表着投资者的合理预期。通常用符号 E 表示:$E = \sum_{i=1}^{n} x_i p_i$。

〖例3-21〗中:$E = 50 \times 0.2 + 20 \times 0.5 + (-10) \times 0.3 = 17$(万元)

(3)标准离差。标准离差是衡量随机变量脱离其期望值离散程度的指标。标准离差越大,说明随机变量脱离其期望值的幅度越大,项目的风险程度越高。当对两个项目的风险程度进行比较时,在两个项目的期望值相同的情况下,标准离差越大,风险就越大;反之,标准离差越小,风险就越小。标准离差的计算公式为:

$$\sigma = \sqrt{\sum_{i=1}^{n}(X_i - P_i)^2 \cdot P_i} \quad (3.16)$$

〖例3-21〗中:

$$\sigma = \sqrt{(50-17)^2 \times 0.2 + (20-17)^2 \times 0.5 + [(-10)-17]^2 \times 0.3} = 21$$

(4)变异系数。变异系数又称标准离差率,是标准离差与期望值之比,通常用符号 q 表示。变异系数是以相对数形式反映决策方案的风险程度。标准离差是绝对数,只适用于期望值相同的方案的比较,对于期望值不同的决策方案,只能通过比较变异系数来确定方案风险的大小。变异系数的计算公式为:$q = \dfrac{\sigma}{E}$。

【例 3 – 21】中 $q = 21/17 = 1.2353$

二、风险和报酬的关系

风险越大，要求的报酬率就越高，这就是风险与报酬的基本关系。如前所述，在自由竞争的市场上，不存在风险最低而报酬最高的投资机会，竞争的结果是高报酬必然要承担高风险，承担低风险获取的报酬也低。

投资者进行投资要求的报酬，是与其投资承担的风险程度相匹配的必要报酬率。

$$\text{投资者必要报酬率} = \text{无风险报酬率} + \text{风险报酬率} \tag{3.17}$$

无风险报酬率可以以国库券的利率来表示。风险报酬率是风险的函数，风险越大则要求的报酬率就越高。关于风险报酬率的计算请参见本书后续内容。

本章小结

本章学习的内容主要包括：第一，货币时间价值，主要介绍了货币时间价值的含义、计算所用到的报酬率、终值、现值等指标以及货币时间价值的计算，包括单利、复利以及四类年金的计算。第二，风险与报酬，包括风险的概念、分类、衡量以及风险与报酬的关系。

本章重要术语

财务估价   货币时间价值   必要报酬率   期望报酬率   实际报酬率
终值   现值   现金流量   现金净流量   复利   年金   普通年金
预付年金   递延年金   永续年金

延伸阅读

1. 理查德·A. 布雷利等：《财务管理基础》（英文版第 8 版），中国人民大学出版社 2015 年版。

2. 郭复初：《财务管理学》（第五版），高等教育出版社 2019 年版。

复习与思考

一、单选题

1. 某企业于年初存入银行 50 000 元，假定年利息率为 12%，每年复利两次。已知 $(F/P, 6\%, 5) = 1.3382$，$(F/P, 6\%, 10) = 1.7908$，$(F/P, 12\%, 5) = 1.7623$，$(F/P, 12\%,$

10) = 3.1058，则第 5 年年末的本利和为（　　）元。

A. 66 910   B. 88 115   C. 89 540   D. 155 290

2. 根据货币时间价值理论，在普通年金现值系数的基础上，期数减 1、系数加 1 的计算结果，应当等于（　　）

A. 递延年金现值系数   B. 后付年金现值系数
C. 预付年金现值系数   D. 永续年金现值系数

3. 王某购买了一台固定资产，约定需要从现在开始每年年末偿还 1 万元，需要偿还 n 年，利率为 i，则这台固定资产的现值是 $[1-(1+i)^{-n}]/i$ 万元，如果改为每年年初偿还，偿还期数不变，则这台固定资产的现值是（　　）万元。

A. $[1-(1+i)^{-n-1}]/i-1$ B. $[1-(1+i)^{-n-1}]/i+1$
C. $[1-(1+i)^{-n+1}]/i-1$ D. $[1-(1+i)^{-n+1}]/i+1$

4. 下列各项因素引起的风险属于非系统风险的是（　　）。

A. 失去重要的销售合同   B. 经济衰退
C. 通货膨胀   D. 战争

5. 证券市场组合的期望报酬率是 15%，甲投资人自有资金 150 万元，其中 90 万元进行证券投资，剩余的 60 万元按照无风险报酬率 6% 存入银行，甲投资人的期望报酬率是（　　）。

A. 10.2%   B. 10.5%   C. 11.4%   D. 12.2%

二、多选题

1. 下列各项中会影响市场利率的有（　　）。

A. 通货膨胀率   B. 违约风险
C. 流动性   D. 期限风险溢价

2. 下列关于现值系数和终值系数的说法中，错误的有（　　）。

A. 永续年金现值系数等于普通年金现值系数除以 i
B. 偿债基金系数和普通年金终值系数互为倒数
C. 年资本回收额和普通年金现值互为逆运算
D. 递延年金现值无法根据普通年金终值系数计算

3. 某企业向银行借入一笔款项，银行贷款的年利率为 8%，每年复利一次，银行规定前三年不用还本付息，但从第四年到第八年每年年初偿还本息 10 万元，下列计算该笔款项金额的公式正确的有（　　）。

A. $10 \times [(P/A,8\%,4)+1] \times (P/F,8\%,3)$

B. $10 \times [(P/A,8\%,6) - 1] \times (P/F,8\%,4)$

C. $10 \times (P/A,8\%,5) \times (P/F,8\%,2)$

D. $10 \times (P/A,8\%,5) \times (P/F,8\%,3)$

4. 下列说法中正确的有（   ）。

A. 在期望值相同的情况下，方差越大，风险越大

B. 在期望值相同的情况下，标准差越大，风险越大

C. 无论期望值是否相同，变异系数越大，风险越大

D. 在期望值相同的情况下，标准差越小，风险越大

三、计算题

1. 某企业发行了10%，10年期，单利计息，面值为1 000万元的债券。为此，需要建立偿债基金，假设委托信托投资公司进行投资的报酬率为8%，则每年年末需等额交付投资公司多少元？

2. 某企业现从银行借入100万元进行投资，年复利率10%，建设期5年，银行规定，建设期无须还本付息，但从经营期开始分10年于每年年末等额还本付息，则每年年末等额还本付息的金额是多少？

3. 某企业发行了面值为100万元，10%，10年期，每半年付息并复利计息的债券。若投资者要求的报酬率（市场利率）为12%，则该债券的价值是多少？（提示：债券的价值等于未来利息的现值与未来还本的现值）

4. 某人退休时有现金10万元，拟选择一项回报比较稳定的投资，希望每个季度能够收入2 000元补贴生活。那么该项投资的实际报酬率是多少？

四、思考题

1. 什么是财务估价，有何意义？

2. 财务估价的折现现金流量模型有哪些含义？

3. 进行货币时间价值的计算，需要运用哪些基本概念？其含义是什么？

4. 怎样进行货币时间价值的计算？

5. 什么是风险，有哪些基本属性？

6. 风险的种类有哪些，含义是什么？

7. 如何计量风险？

8. 风险与报酬的基本关系是怎样的？

五、网络练习

通过互联网查找货币时间价值有关理论及其对公司投融资的影响等资料，采用理论

分析、案例分析等方法写出一篇与货币时间价值有关的小论文。

复习与思考参考答案

一、单选题

1. C 2. C 3. D 4. A 5. C

二、多选题

1. ABCD 2. AD 3. AC 4. ABC

三、计算题

1. 138.05 万元

2. 26.21 万元

3. 88.53 万元

4. 8.24%

四、思考题

（略）

五、网络练习

（略）

参考文献

[1] 张忠寿：《现代企业财务管理》（第三版），立信会计出版社 2013 年版。

[2] 切奥尔·S. 尤恩：《国际财务管理》（原书第 8 版），机械工业出版社 2018 年版。

[3] 马忠编：《公司财务管理》，机械工业出版社 2015 年版。

[4] 肖万编：《公司财务管理》（第三版），中国人民大学出版社 2018 年版。

第二篇

财务估价与长期投资

第四章

证券估值与投资决策

【学习目标】

1. 掌握股票、债券投资的基本概念、特点及其比较。
2. 掌握股票、债券和证券投资组合的决策方法和决策标准。
3. 了解股票、债券投资的类别。
4. 掌握 β 系数的含义及资本资产定价模型。
5. 掌握证券投资组合对于分散风险的作用以及相应的计算。

【引导案例】

引导案例：伯克希尔·哈撒韦公司的投资策略

伯克希尔·哈撒韦公司（Berkshire Hathaway Inc.）是投资大师沃伦·巴菲特（Warren Buffet）属下的公司，巴菲特是有史以来最伟大的投资家。观其投资策略，平实而又简单：坚持价值分析、集中投资、长期持有。1987年，伯克希尔的持股总值首次超过20亿美元。令人吃惊的是巴菲特把20多亿美元的投资全部集中在三只股票上，即首都美国广播公司、GEICO、华盛顿邮报公司三家公司的股票。事实上，巴菲特的集中投资策略取得了巨大成功。

"不熟不做，不懂不买"是巴菲特重要的投资原则，他强调投资而一贯反对投机。巴菲特把自己投资的目标限定在自己熟悉的范围内，依靠企业的优异成长来获利。对于业务不熟悉的企业，他的投资十分谨慎。在科技网络股热潮时，巴菲特坚持自己的投资原则，承认自己无法了解这一产业，缺乏涉足这个领域的能力，与其涉入高风险的投资，不如稳扎稳打地投资自己所熟悉的领域。网络科技泡沫破灭后，很多投资者损失惨重，巴菲特管理的公司却仍然保持稳健的收益。

> **案例思考：**
>
> 巴菲特的投资案例处处体现着价值投资与理性投资的理念，以内在价值为基础，理智地进行选择和行动，才能获得长期稳定的回报。那么，如何确定股票等证券的内在价值呢？哪些因素决定了证券的内在价值呢？我们通过何种方法来判断投资的可行性呢？通过本章的学习，同学们即可以全面了解技术分析和基本分析的方法与技巧，掌握更多的证券投资策略。
>
> （资料来源：中南大学《行为金融学》精品课程教学案例，http://netclass.csu.edu.cn/JP-KC2010/xwjrx/a/jxal/2010/0315/184.html）

第一节　证券投资概述

一、证券投资概念

证券投资是企业或个人以获取投资收益或控股为目的将资金用于购买股票、债券等金融资产的投资行为。

证券投资和实物资产投资不同，实物资产投资是购买固定资产或流动资产等实物资产用于生产经营活动，属于直接投资；证券投资通过购买股票、债券等金融资产，将资金转移到企业然后再投入生产活动，属于间接投资。

二、证券投资目的

1. 调剂资金余缺——短期投资目的

企业的资金在企业生产经营运转活动中，有时出现资金短缺，有时出现资金的闲置，当出现资金闲置时，可以将闲置资金暂时投资于有价证券，当出现资金短缺时，可以将证券出售换回企业所需要的资金。因此，调剂资金余缺成为企业证券投资的目的之一。

2. 提高变现力——短期投资目的

保持企业资产的流动性是增强企业偿债能力的一条重要途径。流动性的强弱是衡量企业安全性的重要指标之一。在企业所拥有的各项资产中，除了现金资产以外，证券投资的流动性最强，通常把它视为企业的准现金资产，在企业债务到期或现金满足不了支付需要时，就需要卖掉证券换回企业所需要的资金。

3. 获取投资收益——长期投资目的

企业进行证券投资的另一个目的是获得投资收益。证券投资按照投资的时间长短可以分为长期投资、中期投资和短期投资。一般地，企业进行中长期投资的目的之一是为了按期取得投资分红，获取投资利益；企业进行短期投资的目的，除了调剂资金余缺以外，也是为了提高闲置资金的获利能力。

4. 降低投资风险——长期投资目的

企业在投资活动中，一方面是为了取得投资收益，另一方面也要回避风险。而风险与收益往往是共存的，收益高的投资，也伴随着高风险。而人们往往是厌恶风险的，那么在证券投资活动中取得目标收益的同时，使风险降到最低的对策就是进行证券组合投资。

5. 稳定供应商与客户关系——长期投资目的

企业在激烈的市场竞争中必须要与之有经济联系的单位搞好关系，其中，供应商与客户是很重要的资源。企业有稳定的原材料供应商是保证其生产经营持续进行的重要条件，稳定的客户是扩大市场销售量的重要保证条件，企业通过证券投资对供应商与客户投入一部分资金，以对其生产经营活动实施控制或维护其良好的合作关系。

6. 取得控制权——长期股权投资目的

如果证券投资的比例达到国家法律所规定的可以取得被投资企业控制权的股份，那么，投资方就可以取得被投资企业的控制权。这种通过证券投资取得控制权的方法比通过其他直接投资方式更便捷，相当于不用增加厂房或设备就扩大了企业的投资规模。

三、证券投资分类

证券投资的种类很多，按照不同的标准可以做不同的分类。

1. 按照证券投资的时间分类

按照证券投资的时间，可以分为短期证券投资和长期证券投资。

短期证券投资是指到期日不超过一年的投资，如短期融资券、银行承兑汇票投资等。长期证券投资是指投资期限超过一年的证券投资，如国债、公司债券投资等。一般而言，短期证券投资的风险小，变现能力强，但报酬率较低。长期证券投资的风险大，变现时间长，但报酬率较高。

2. 按照证券投资的对象分类

按照证券投资的对象，可以分为股票投资和债券投资。股票投资是体现投资人和被投资单位之间所有权关系的投资行为，这种投资往往投资方都拥有被投资方的管理和控制权。债券投资是体现投资人和被投资单位之间债权债务关系的投资行为。企业进行股票投资比债券投资的风险要大，因为，无论被投资企业是在持续经营条件下，还是在破产清算条件下，债券投资的索偿权均在股票投资之前。

3. 按照证券发行主体分类

按证券发行主体分为政府证券投资、金融证券投资和公司证券投资。政府证券是指中央政府或地方政府为筹措资金而发行的证券。金融证券是指由银行或其他金融机构为筹措资金而发行的证券。公司证券是企业为筹措资金而发行的有价证券。一般地，政府证券容易变现、投资风险小、收益低；公司证券风险大、收益高、不容易变现；金融证券的收益、风险和变现能力都居中。

4. 按投资证券的收益状况分类

按投资证券的收益状况分为固定收益证券和变动收益证券。固定收益证券是指在证券的票面上规定有固定收益率的证券，如优先股和债券等。变动收益证券是票面不规定固定的收益率，其投资收益是随企业经营状况而变动的证券，如股票投资等。固定收益证券投资风险较小，收益率较低；变动收益证券投资风险较大，收益率高。在通货膨胀期间，投资于变动收益证券是有利于投资者的投资决策。

四、证券估价一般模型

1. 证券内在价值的概念

所谓内在价值是考虑了所有影响价值的因素后决定的证券的应有价值，是按投资者的必要报酬率计算的未来现金流量的折现值，是投资者为获取一定的必要报酬率所能接受的最高价格。

2. 证券内在价值的计算公式

计算公式：
$$V = \sum_{t=1}^{n} \frac{NCF_t}{(1+k)^t} \tag{4.1}$$

其中，NCF_t 是持有证券期间每年的现金净流量；t 是证券从持有至到期的每个时间（$t = 1 \sim n$）；k 是贴现率，也是预期报酬率。

第二节 债券的估价及投资决策

一、债券投资概念

债券投资是指发行公司在全部偿付之前，须逐期向持有者支付固定利息的有价证券。

二、债券投资特点

债券与股票比较有以下特点：利息用税前的利润优先向债权人支付；每期支付的利息固定；到期归还本金；投资人没有投票权；不参与公司税后利润的分配。

三、债券计算相关术语

1. 面值

面值是指发行公司设定的债券的票面金额，是计算各期应付利息的基数，也是发行公司承诺到期归还的本金数额。债券的面值常常是 100 元、1 000 元不等，当债券到期时，发行公司要按面值归还给投资人。

2. 票面利率

票面利率是指发行者预计一年内向投资者支付的利息占票面金额的比率。例如，若一张面值 1 000 元的债券的息票率为 12%，则发行公司在债券到期前，每年均要向债券持有人支付 120 元的利息。

票面利率不等于实际利率。实际利率通常是指按复利计算的一年期的利率。债券的计息和付息方式有多种，可能使用单利或复利计息，利息支付可能半年一次、一年一次或到期日一次总付，这就使得票面利率不等于实际利率。

3. 到期日

债券的到期日是指偿还本金的日期。几乎所有的债券都规定一个到期日，到那时债券的发行者有义务向债券持有人支付相当于债券面值的款项。

4. 付息频率

付息频率是指债券支付利息的周期。付息频率有好多种，比较常见的方式有每季度付息、每半年付息、每年付息和到期还本付息。

四、债券的分类

1. 按发行主体分类

按发行主体不同，债券分为政府债券、金融债券和公司债券。

政府债券是指政府作为发行人的债券，它通常由财政部或地方政府发行，由政府担保，我国习惯上把政府债券称为国债。政府债券有短期的国库券、中期债券和长期债券。有的国家允许地方政府发行债券，也属于政府债券，目的是满足地方政府的需要或兴办地方公共事业。政府债券分为可转让债券和不可转让债券。

金融债券是经中央银行或其他政府金融管理部门批准，由银行或其他金融机构发行的债务凭证。凭证上通常标有发行机构的名称、利率、还款期、发行日期等。金融债券的期限一般是 1~5 年，利率略高于同期的定期存款利率，不能提前抽回本金。我国专业银行为了筹集某种专门用途的资金，曾发行金融债券。例如，中国建设银行发行为国家重点建设而筹集资金的金融债券，中国农业银行发行为乡镇企业提供特种贷款而筹措资金的金融债券。

公司债券是指公司为发展业务或补充资本，经股东大会或董事会审议决定，向社会募集资金的债券。

2. 按期限长短分类

按期限不同，债券分为短期债券、中期债券和长期债券。

短期债券指期限在 1 年以内的债券。有些在市场上流通的中长期债券，其到期日不足 1 年的，也视为短期债券。短期债券具有流动性强、风险低的优点，但是它的收益率也低。

中期债券是指一般期限在 1 年以上 10 年以下的债券。我国财政部发行的各种国债和银行发行的金融债券多属于中期债券。

长期债券一般是指期限在 10 年以上的债券，但各国政府对债券的期限划分标准不完全相同。长期债券的流动性差，持有人将其转化为现金比较困难。另外，其通货膨胀风险也比较大。因此，作为补偿，其利率比较高。

3. 按利率是否固定分类

按利率是否固定，债券分为固定利率债券和浮动利率债券。

固定利率债券具有固定的利息率和固定的偿还期，是传统的债券，也叫普通债券。这种债券在市场利率比较稳定的情况下较为流行，但在利率急剧变化时风险大。

浮动利率债券是根据市场利率定期调整的中长期债券。利率按标准利率（同业拆放利率或银行优惠利率）加一定利差确定，或者按固定利率加上保值补贴率确定。浮动利率债券可以减少投资人的利率风险。为防止市场利率过低时影响投资者的利益，这种债券一般规定有最低的利率。

4. 按是否记名分类

按是否记名，债券分为记名债券和无记名债券。

记名债券是指债券上记载债权人的姓名，转让时原持有人要背书，并经金融机构鉴证方能生效。通常记名债券可以挂失。

无记名债券不记载持有人的姓名，谁持有债券谁就是合法持有人。

5. 按是否上市流通分类

按是否上市流通，债券分为上市债券和非上市债券。

上市债券指经由政府管理部门批准，在证券交易所内买卖的债券，也叫挂牌债券。对投资者来说，上市债券经过严格审查，比较可靠，流动性好，并且便于了解债务人的有关经济信息。记名债券要办理手续才能过户，政府可以允许或禁止场外交易。

非上市债券不在证券交易所上市，只能在场外交易，流动性差。无记名的债券无法禁止场外交易。一般说来，不能转让的债券不具有流通性，持有人在蒙受损失时无能为力，作为补偿要给予较高的利率才能抵消其风险。

6. 按已发行时间分类

按已发行时间，债券分为新上市债券和已流通在外的债券。

新上市债券是指刚刚发行的债券，如发行不到两周的债券，其价格等于或非常接近于面值。已在市场上流通了一段时间的债券称为流通在外的债券，其价格会与面值有较大区别，并且不稳定。

五、债券估价及投资决策

对债券进行估价，就是确定债券的内在价值。从投资者角度看，债券内在价值就是投资者在债券有效期内，因持有债券所获得的未来现金流入量的贴现值或现值。因持有债券获得的现金流量包括两部分：一是在债券有效期内获得的固定数额的利息；二是在债券到期时按票面金额收回的本金。一般而言，用于现金流贴现的折现率（或贴现率）是由无风险利率和风险溢价组成的，可以按照投资者的预期报酬率来确定。

在实践中，根据发行债券的具体特点不同，主要包括永久性债券和有限到期日债券两种。有限到期日债券又根据其是否支付利息分成附息债券和非附息债券两种，附息债券又根据其支付利息的方式分成半年付息一次的债券、一年付息一次的债券和到期一次总付利息的债券。

债券投资决策方法包括两种：现值决策法和内部收益率决策法。

1. 现值决策法

现值决策法是计算债券内在价值，然后将债券的市场价格和债券的内在价值比较，做出最佳决策的方法。现值决策法的决策准则是：凡是债券的市场价格小于或等于债券的内在价值的，可以投资；债券的市场价格大于债券的内在价值的，则拒绝投资。下面结合具体的债券分析其决策方法。

（1）永久性债券。所谓永久性债券就是一种独特的没有到期日的债券。如英国统一公债，它最先是由英国在拿破仑战争后为偿债而发行的，按规定，英国政府必须无限期地向该种债券的持有人支付固定利息。这种债券虽然很少见，但它简单的形式有助于阐明债券定价的方法。永久债券的现值等于无限期的利息的资本化价值。如果一种债券需无限期地每年支付固定的利息，那么永久债券的现值就可以很简单地表示成永续年金的现值，即用每期的支付利息除以给定的贴现率。

$$V = \frac{I}{k} \tag{4.2}$$

【例 4-1】假定某投资者购买了一种永久债券，该债券每年向投资者支付 50 元利息，而且无限期支付，又假定投资者投资于这种债券的预期报酬率为 12%，则该证券的现值为：

$$V = \frac{50}{12\%} = 416.67 （元）$$

如果该债券的发行价格超过这一金额，则投资者就不愿意购买它了。

（2）附息债券。如果债券有到期日，那么在确定该债券现值时，不仅要考虑各期利息，而且要考虑到期收回的本金。如一种债券，它的利息是在每年年末支付的，而且是复利计息方式，则该债券的内在价值为：

$$V = \sum_{t=1}^{n} \frac{MV \times i}{(1+k)^t} + \frac{MV}{(1+k)^n} \tag{4.3}$$

其中：MV 是债券的到期价值，即债券的面值；i 是票面利率，用于计算债券每年利息；t 是债券到期的时间；k 是贴现率，也是预期报酬率。

【例 4-2】有一张票面价值为 1 000 元，每年年末支付一次利息，票面利率为 10%，9 年后到期的债券，若投资者的预期报酬率是 12%，计算其内在价值。

$$V = \frac{1\,000 \times 10\%}{(1+12)^1} + \frac{1\,000 \times 10\%}{(1+12\%)^2} + \cdots + \frac{1\,000 \times 10\%}{(1+12\%)^9} + \frac{1\,000}{(1+12\%)^9}$$

$$V = \sum_{t=1}^{9} \frac{1\,000 \times 10\%}{(1+12\%)^t} + \frac{1\,000}{(1+12\%)^9}$$

$$V = 100 \times (P/A, 12\%, 9) + 1\,000 \times (P/S, 12\%, 9)$$

查年金现值系数表，可得年利率为 12% 的 9 年期年金现值系数是 5.328；查复利现值系数表，可得年利率为 12% 的 9 年期复利现值系数是 0.361。因而，该债券的现值：

$$V = 100 \times 5.328 + 1\,000 \times 0.361$$

$$= 532.80 + 361$$

$$= 893.80 （元）$$

在这个现值中,利息的现值是 532.80 元,而到期本金的现值是 361 元(注意:这里所有的数字都是近似的,因为所有的现值表是近似到小数点后三位数的,债券真正的现值应是 893.44 元)。

若假使贴现率不是 12% 而是 8%,则债券的内在价值为:

$$V = \sum_{t=1}^{9} \frac{100}{(1+8\%)^t} + \frac{1\,000}{(1+8\%)^9}$$

$$= 100 \times (P/A, 8\%, 9) + 1\,000 \times (P/S, 8\%, 9)$$

$$= 100 \times 6.247 + 1\,000 \times 0.500$$

$$= 1\,124.70 \text{(元)}$$

计算结果表明:在贴现率为 8% 时,债券的现值超过了债券的票面面值,这是因为投资者的预期报酬率小于票面利率时,投资者愿意支付一笔溢价去购买该债券;在贴现率为 12% 时,投资者的预期报酬率大于票面利率,因此债券的现值小于其面值,债券只能以低于面值的价格出售,投资者才会愿意购买该债券。若投资者的预期报酬率等于票面利率,则债券的现值将等于其面值。

【例 4-3】 C 公司拟于 2003 年 2 月 1 日购买一张面额为 1 000 元的债券,其票面利率为 8%,每年 2 月 1 日计算并支付一次利息,并于 5 年后的 1 月 31 日到期。当时的市场利率为 10%,债券的市价是 920 元,应否购买该债券?

$$V = 80 \times (P/A, 10\%, 5) + 1\,000 \times (P/S, 10\%, 5)$$

$$= 80 \times 3.791 + 1\,000 \times 0.621$$

$$= 303.28 + 621$$

$$= 924.28 \text{(元)}$$

由于债券的价值大于市价,如不考虑风险问题,购买此债券是合算的。它可获得大于 10% 的收益。

再如,有的债券每年支付两次利息,而且是复利计息。为了计算每年付息两次的债券的价值,其公式应修正为:

$$V = \sum_{t=1}^{n} \frac{MV \times \frac{i}{2}}{\left(1+\frac{k}{2}\right)^{2t}} + \frac{MV}{\left(1+\frac{k}{2}\right)^{2n}}$$

$$V = \frac{I}{2} \times \left(P/A, \frac{k}{2}, 2n\right) + MV \times \left(P/S, \frac{k}{2}, 2n\right) \tag{4.4}$$

【例 4-4】 美国一家公司发行一种一年付息两次的债券,面值 1 000 美元,票面利率为 10%,期限为 12 年,预期报酬率为 14%。

该债券的现值为:

$$V = 50 \times (P/A, 7\%, 24) + 1\,000 \times (P/S, 7\%, 24)$$

$$= 50 \times 11.469 + 1\,000 \times 0.197$$

$$= 770.45（美元）$$

(3) 单利计息,到期一次还本付息。有的债券是单利计息,付息方式是到期连本带利一次总付,如我国发行的国债。该债券价值公式为:

$$V = \frac{MV \times (1 + i \times n)}{(1 + k)^n}$$

$$V = I \times (P/A, k, n) + MV \times (P/S, k, n) \tag{4.5}$$

【例 4-5】大方公司投资票面价值 1 000 元,年利息率 5%,期限 10 年的国债,投资者预期报酬率是 4%。

该债券的价值为:

$$V = \frac{1\,000 \times (1 + 5\% \times 10)}{(1 + 4\%)^{10}}$$

$$= 1\,013.35（元）$$

(4) 非附息债券。非附息债券又叫零息债券、贴现债券,是一种在发行债券时预先将利息扣除,以低于面值的价格出售,以后不支付利息的债券。

既然这种债券不向投资者支付利息,投资者为什么还会购买它呢?原因就在于该债券的购买者也同样有报酬。这一报酬包括两部分:一是自债券发行起其价值逐渐升高而带来的增值额;二是以低于面值的价格购买而在到期时以面值被赎回之间的差价。

零息债券的现值是投资者持有该债券至到期日收回本金的现值。零息债券的价值计算公式为:

$$V = \frac{MV}{(1 + k)^n} \tag{4.6}$$

【例 4-6】清远公司发行了面值为 1 000 元的 10 年期零息债券,在投资者的预期报酬率为 12% 时,该债券的内在价值是:

$$V = \frac{1\,000}{(1 + 12\%)^{10}}$$

$$= 1\,000 \times (P/S, 12\%, 10)$$

查复利现值系数表可得年利率为 12% 的 10 年期复利现值系数为 0.322。

$$V = 1\,000 \times 0.322 = 322（元）$$

因此，若投资者能以小于或等于 322 元的价格购买该债券，并在 10 年后以 1 000 元的价格被发行公司赎回，则该证券的初始投资将为投资者提供 12% 的年报酬率。

2. 内部收益率决策法

债券内部收益率又叫到期收益率，是指投资者购进债券后，一直持有该债券至到期日可获取的收益率。这个收益率是指按复利计算的收益率，它是能使未来现金流入量现值等于债券买入价格（现金流出量）的贴现率，或者是债券投资净现值（未来现金流入量现值减债券买入价格的差额）等于零的贴现率。

计算内部收益率的方法就是求解贴现率的过程，即：

$$\text{现金流入量现值} - \text{现金流出量} = 0$$
$$\text{现金流入量现值} = \text{现金流出量}$$

以每年末支付利息、复利计息、到期还本的债券为例，其计算公式为：

$$V = \sum_{t=1}^{n} \frac{MV \times i}{(1+k)^t} + \frac{MV}{(1+k)^n}$$
$$V = I \times (P/A, k, n) + MV \times (P/S, k, n) \tag{4.7}$$

其中：V 表示债券的价格；I 表示每年的利息；MV 表示债券面值；t，n 表示债券的年数；k 表示贴现率，内部收益率或到期收益率。

【例 4-7】东方公司 2000 年 1 月 1 日平价购买一张面值 1 000 元的债券，票面利率为 8%，每年年末支付一次利息，5 年后到期。该公司持有该债券至到期日，计算其收益率。

$$80 \times (P/A, k, 5) + 1\,000 \times (P/S, k, 5) - 1\,000 = 0$$

解该方程要用"测试法"。

设 $k = 8\%$ 时，试算：

$$80 \times (P/A, 8\%, 5) + 1\,000 \times (P/S, 8\%, 5) - 1\,000$$
$$NPV = 80 \times 3.993 + 1\,000 \times 0.681 - 1\,000$$
$$= 319.44 + 681 - 1\,000$$
$$= 0.44 \text{（元）}$$

可见，该债券的内部收益率近似等于 8%，即平价发行的每年付一次息的债券，其到期收益率等于票面利率。

如果债券的发行价格高于面值，则情况将发生变化。例如，买价是 1 105 元，则：

$$80 \times (P/A, k, 5) + 1\,000 \times (P/S, k, 5) - 1\,105 = 0$$

设 $k = 8\%$ 时，试算：

$$NPV = 80(P/A, 8\%, 5) + 1\,000(P/S, 8\%, 5) - 1\,105$$
$$= 80 \times 3.993 + 1\,000 \times 0.681 - 1\,105$$
$$= 319.44 + 681 - 1\,105$$
$$= -104.56 \text{（元）}$$

净现值小于零，可判断该债券内部收益率低于 8%，降低贴现率进一步试算。

再设 $k = 6\%$，试算：

$$NPV = 80 \times (P/A, 6\%, 5) + 1\,000 \times (P/S, 6\%, 5) - 1\,105$$
$$= 80 \times 4.212 + 1\,000 \times 0.747 - 1\,105$$
$$= 336.96 + 747 - 1\,105$$
$$= -21.04 \text{（元）}$$

由于净现值为负，还应进一步降低贴现率。

用 $k = 4\%$，试算：
$$NPV = 80 \times (P/A, 4\%, 5) + 1\,000 \times (P/S, 4\%, 5) - 1\,105$$
$$= 80 \times 4.452 + 1\,000 \times 0.822 - 1\,105$$
$$= 356.16 + 822 - 1\,105$$
$$= 73.16 \text{（元）}$$

由于净现值大于零，可以判断，收益率介于 4%～6%。用插补法计算近似值：

4%	k	6%
73.16	0	-21.04

$$\frac{k - 4\%}{6\% - 4\%} = \frac{73.16}{73.16 + 21.04}$$

$$k = 4\% + (6\% - 4\%) \times \frac{73.16}{73.16 + 21.04}$$

$$= 5.55\%$$

测试法比较麻烦，可用下面的简便算法求得近似结果：

$$k = \frac{I + (M - P) \div N}{(M + P) \div 2} \times 100\%$$

其中，I 表示每年的利息；M 表示到期归还的本金；P 表示买价；N 表示年数。

将上例代入：$k = \dfrac{80 + (1\,000 - 1\,105) \div 5}{(1\,000 + 1\,105) \div 2} = 5.6\%$

从〖例 4-7〗可以看出，如果买价不等于面值，则到期收益率和票面利率不同。如果该债券不是定期付息，而是到期时一次还本付息或用其他方式付息，那么即使平价发行，到期收益率也可能与票面利率不同。

【例 4-8】方圆公司 2000 年 1 月 1 日平价购买一张面额为 1 000 元的债券，其票面利率为 8%，按单利计息，5 年后到期，一次还本付息。该公司持有该债券至到期日，计算其到期收益率。

$$1\,000 \times (1 + 5 \times 8\%) \times (P/S, k, 5) - 1\,000 = 0$$
$$(P/S, k, 5) = 1\,000 \div 1\,400 = 0.714$$

查复利现值表，5 年期的现值系数等于 0.714 时，$k = 7\%$。

到期收益率是进行债券投资决策的标准，它可以反映债券投资的真实收益率。如果债券的到期收益率高于投资人要求的报酬率，则应买进该债券，否则就放弃。

六、流通中债券的估价及决策

流通债券是指已发行并在二级市场上流通的债券。它们不同于新发行债券，已经在市场上流通了一段时间,在估价时需要考虑现在至下一次利息支付的时间因素。

【例4-9】有一面值为1 000元的债券,票面利率为8%,每年4月30日支付一次利息,2011年5月1日发行,2016年4月30日到期。现在是2014年4月1日,假设投资的折现率为10%,问该债券的价值是多少?[①]

流通债券的特点是:(1)到期时间小于债券发行在外的时间;(2)估价的时点不在发行日,可以是任何时点,会产生"非整数计息期"问题。

流通债券的估价方法有两种:(1)以现在为折算时间点,历年现金流量按非整数计息期折现;(2)以最近一次付息时间(或最后一次付息时间)为折算时间点,计算历次现金流量现值,然后将其折算到现在时点。无论哪种方法,都需要用计算器计算非整数期的折现系数。

第一种计算方法:分别计算四笔现金流入的现值,然后求和。由于计息期数不是整数,而是1/12、13/12、25/12,需要用计算器计算现值因数。

第二种计算方法,先计算2014年5月1日的价值,然后将其折算为4月1日的价值。

2014年5月1日价值 = $80 \times 1.7355 + 80 + 1\,000 \times 0.8264 = 1\,045.24$(元)

2014年4月1日价值 = $1\,045.24/(1 + 10\%)^{1/12} = 1\,037$(元)

七、债券投资的风险

尽管债券的利率一般是固定的,债券投资仍然和其他投资一样是有风险的。债券投资的风险包括违约风险、利率风险、购买力风险、变现力风险和再投资风险。

1. 违约风险

违约风险是指发行公司无法按时向投资人支付债券利息和偿还本金的风险。财政部发行的国库券由于有政府做担保,所以没有违约风险。除中央政府以外的地方政府和公司发行的债券则或多或少地有违约风险。因此,信用评估机构要对中央政府以外的部门发行的债券进行评价,以反映其违约风险。必要时,投资人也可以对发行债券企业的偿债能力直接进行分析。

避免违约风险的方法是不买质量差的债券。

2. 利率风险

债券的利率风险是指由于利率变动而使投资者遭受损失的风险。由于债券价格会随利率变动,即使没有违约风险的国库券也会有利率风险。例如,2010年初,大方公司按面值购进国库券100万元,年利率14%,3年期,单利计息,到期时还本付息。2011年初,市场利率上升到24%,则这批国库券的价格将下降到约92.35万元,损失21.65万元。

国库券到期值 = $100 \times (1 + 3 \times 14\%) = 142$(万元)

[①] 财政部注册会计师考试委员会:《财务成本管理》,中国财政经济出版社2010年版。

一年后的现值 = 142 ÷ (1 + 24%)² = 92.35（万元）
2011 年初的本利 = 100 × (1 + 14%) = 114（万元）
损失 = 114 − 92.35 = 21.65（万元）

债券的到期时间越长，则利率风险越大，但长期债券的利率一般比短期债券高。减少利率风险的办法是分散债券的到期日。

3. 购买力风险

购买力风险是指由于通货膨胀而使货币购买力下降的风险。在通货膨胀期间，购买力风险对于投资者相当重要。一般说来，预期报酬率会上升的资产，其购买力风险会低于报酬率固定的资产。例如，房地产、普通股等投资受到的影响较小，而收益长期固定的债券受到的影响较大，前者更适合作为减少通货膨胀损失的避险工具。

4. 变现力风险

变现力风险是指在短期内无法以合理价格来卖掉资产的风险。也就是说，如果投资人遇到另一个更好的投资机会，他想出售现有资产以便再投资，但短期内找不到愿意出合理价格的买主，要把价格降得很低才能找到买主，或者要花很长时间才能找到买主，他不是丧失新的机会就是蒙受降价损失。例如，某人购买了一只冷门债券，当他想在短期内出售时，就只能折价。如果当初他买的是国库券，因为国库券有一个活跃的市场，所以可以在极短的时间里以合理的市价将其售出。

5. 再投资风险

购买短期债券而没有购买长期债券会有再投资风险。例如，长期债券的利率为14%，短期债券的利率为13%，为减少利率风险你买了短期债券。在短期债券到期收回现金时，如果利率降低到10%，你只能找到报酬率大约10%的投资机会，不如当初买长期债券，现在仍可获得14%的收益。

八、债券投资的优缺点

1. 优点

(1) 本金安全性高；(2) 收入比较稳定；(3) 大部分债券都具有较好的流动性。

2. 缺点

(1) 购买力风险比较大；(2) 没有经营管理权。

第三节 优先股的估价及投资决策

一、优先股的概念

优先股（preferred stock）是股东持有的一种（一般）有固定股利的股票，股利的支付要由董事会决定。

二、优先股的特点

优先股与普通股比较具有以下特点：第一，在企业持续经营条件下股利支付和剩余财产索偿权方面优先于普通股；第二，优先股股东不能参与企业重大事项的决策，但有关优先股的决策权除外；第三，优先股股东一般都能享受固定的股利。

优先股与债券比较有以下特点：第一，优先股没有到期日，投资者不能收回；第二，优先股股利的支付属于税后利润分配；第三，优先股对剩余财产索偿权在债券之后。

可见，与普通股相同的是，优先股代表其持有者对公司的部分所有权，而且没有到期日。与债券相同的是，优先股的股利以固定形式发放。由于优先股兼具普通股和债券两种特征，因此人们又将优先股称为混合性证券。实际上优先股并不面对个人投资者，通常是一些公司被优先股股利的低所得税税率所吸引。

三、优先股估价及投资决策

对优先股的估价实质上是确定优先股的内在价值。从投资者角度分析，它是投资者购买优先股所获得的未来现金流入量的贴现值。优先股由于没有到期日和固定支付股利的特性，使优先股定价的方法就很自然地等同于永久年金现值的计算方法，其计算公式为：

$$V_p = \frac{D_p}{k_p} \tag{4.8}$$

其中，D_p 代表每股优先股一年的固定股利；K_p 代表投资者要求的必要报酬率。

【例 4-10】吉祥公司发行在外的优先股的年股利率为 9%，面值为 1 000 元，投资者的预期报酬率为 14%，那么该优先股每股的价值为：

$$V_p = \frac{1\,000 \times 9\%}{14\%} = 642.86 \text{（元）}$$

如果，该优先股每股的市场价格为 650 元，那么该优先股值得投资吗？回答是不值得投资。因为假如以 650 元的价格买进，投资者就不能获得 14% 的预期报酬率，其实际报酬率为：

$$k_p = \frac{90}{650} = 13.8\%$$

所以该优先股每股的市场价格只有小于或等于 642.86 元时，才值得投资购买。

第四节 普通股的估价及投资决策

一、普通股的概念

股票是股份公司发给股东的所有权凭证,是股东借以取得股利的一种有价证券。

二、普通股的特征

普通股股票持有者即为该公司的股东,对该公司财产有要求权。普通股股东是公司的最终所有者,他们拥有公司的所有权,承担与所有权有关的最终风险。当然,他们以投资额为限承担责任。在公司清算时,普通股股东对清偿债权人与优先股股东之后的全部公司剩余财产享有索偿权。与优先股相同,普通股也没有到期日,但股东可以在二级市场上转让股票而使其投资具有流动性。

三、普通股估价与投资决策

从投资者的角度来看,股票只是一张有价证券,凭着这张凭证他可以分享股利,或者可以将其出售并期望售价高于买价,获得资本利得收益。通常,购买股票的人看重的是后者,而不是股利收益。企业进行股票投资的目的有两个:一是获得股利收入和资本利得收益;二是通过持有大量股票而达到控制企业的目的。为了对股票投资做好预测、决策,需要介绍以下有关概念:

第一,股票价值。股票价值亦称股票的内在价值或理论价值,是指其预期的未来现金流入量的现值。投资者购买股票可在预期的未来获得现金流入。股票的未来现金流入包括两部分:每期预期股利和出售时得到的价格收入。

第二,股票价格。股票本身是没有价值的,仅是一种凭证。它之所以有价格,可以买卖,是因为它能给持有人定期带来收益。一般来说,公司第一次发行股票时,要规定发行总额和每股金额,一旦股票发行后上市买卖,股票价格就与原来的面值分离。这时的价格主要由预期股利和当时的市场利率决定,即股利的资本化价值决定了股票价格。此外,股票价格还受整个经济环境变化和投资者心理等复杂因素的影响。股票的价格会随着经济形势和公司的经营状况而升降。

第三,股利。股利是股息和红利的总称,是公司从其税后利润中分配给股东的报酬，是公司对股东投资的一种回报。股利是股东所有权在分配上的体现，股份公司的分配问题主要是股利分配。

第四，股票的预期报酬率。计算股票价值使用的贴现率是预期的未来报酬率，而不是过去的实际报酬率。股票的预期报酬率包括两部分：预期股利收益率和预期资本利得收益率。

在进行股票投资决策时，主要包括股票价值决策法和内部报酬率决策法两种。

1. 股票价值决策法

在确定股票价值时，也是以未来的预计股利为基础估算的。因为现金股利是发行公司支付给股票持有人的全部报酬。由此可知，普通股定价的基础一定是股利。这里的股利应包括股票持有人的全部现金流量，所以也包括股票被购回时支付给持有人的款项。

在这里，很自然地引起我们思考的另一个问题，当公司发行股票而又不支付股利时，为什么它还会有正的价值，并且这个正的价值常常还是相当高的？答案就在于投资者预计未来该股票的卖价会高于买价。其他投资者的报酬是股利加上期末值，而这些投资者的报酬与此不同，他们仅依赖于期末值，而期末值是以该期末时点上市场的预期为基础的。投资者最终的预期是：发行公司最终会支付股利，不论是正常支付还是清算支付，自己最终会从公司获得股利形式的现金回报。在没有支付股利的期间，投资者则以能在随后的期间内卖出股票而自足。股票之所以能出售，是因为有股市提供服务。与此同时，发行公司则将收益重新投资。发行公司和投资者都希望增加股票未来的盈利能力和最终的股利。

股票价值决策就是通过计算股票内在价值，然后将其与股票市价进行比较决定是否投资的方法。其决策的基本标准是：若股票价格小于或等于股票内在价值，则该股票可以投资；若股票价格大于股票内在价值，则拒绝投资。

股利贴现模型（dividend discount models）是一个用于计算普通股每股内在价值的基本模型。该模型假设未来股利的增长模式是可预计的，还假设事先确定了贴现率。则未来股利的贴现模型是：

$$V = \frac{D_1}{(1+k)^1} + \frac{D_2}{(1+k)^2} + \frac{D_3}{(1+k)^3} + \cdots + \frac{D_n}{(1+k)^n}$$

$$V = \sum_{t=1}^{\infty} \frac{D_t}{(1+k)^t} \tag{4.9}$$

其中：D 代表股利；D_t 代表股东预期在第 t 年年末收到的股利；K 代表预期报酬率。

上述公式是股票评价的一般模式。它在实际应用时，面临的主要问题是如何预计未来每年的股利，以及如何确定贴现率。

股利的多少,取决于每股盈利和股利支付率两个因素。对其估计的方法是历史资料的统计分析,例如回归分析、时间序列的趋势分析等。股票评价的基本模型要求无限期地预计历年的股利(D_t),但实际上不可能做到。因此应用的模型都是各种简化办法,如每年股利相同或固定比率增长等。

贴现率的主要作用是把所有未来不同时间的现金流入折算为现在的价值。折算现值的比率应当是投资者所要求的收益率。那么,投资者要求的收益率应当是多少呢?一种方法是根据股票历史上长期的平均收益率来确定。有人计算过,美国普通股票在历史上长期的收益率为8%~9%。这种方法的缺点是:过去的情况未必符合将来的发展;历史上不同时期的收益率高低不同,不好判断哪一个更适用。另一种方法是参照债券的收益率,加上一定的风险报酬率来确定。还有一种更常见的方法是直接使用市场利率。因为投资者要求的收益率一般不低于市场利率,市场利率是投资于股票的机会成本,所以市场利率可以作为贴现率。股票价值的确定一直以来是个难点。下面介绍几种常见的股票估价模型。

(1) 股利不增长模型,与优先股估价模型一致。股利不增长是假定股利将永远保持在当前的水平上。如果股东永远持有股票,他只获得固定股利,这是一个永续的现金流入。这个现金流入的现值就是股票的价值,在这种情形下,其估价模型为:

$$V_p = \frac{D_p}{k_p} \quad (4.10)$$

其中,D_p 代表每期股利,K_p 代表投资者要求的必要报酬率。

【例4-11】某公司每年分配普通股股利2元,投资者要求的必要报酬率为16%,则:

$$V = \frac{2}{16\%} = 12.5 \text{(元)}$$

也就是说,该股票每年给投资者带来2元的收益,在市场利率为16%的条件下,它的价值是12.5元。当然,市场上的股价不一定就是12.5元,还要看投资人对风险的态度,可能高于或低于12.5元。

(2) 股利固定增长模型。公司的股利是经常波动的,但如果预计股利会以固定的增长率增长,那么基本的股票估价方法又是怎样的呢?假设股利的固定增长率为 g,则基本的股票估价公式变为:

$$V = \frac{D_0(1+g)^1}{(1+k)^1} + \frac{D_0(1+g)^2}{(1+k)^2} + \cdots + \frac{D_0(1+g)^\infty}{(1+k)^\infty}$$

其中,D_0 是目前的每股股利。所以,第 n 期期末的预计每股股利等于最近一期的每股股利乘以 $(1+g)^n$。这个公式看似改进不多,如果假定是 k 大于 g(这是一个很合理的假设,因为如果股利增长率 g 大于贴现率 k,那么股票的价值将是无穷大),并将上式两边

同乘以 $\frac{1+k}{1+g}$，则得出：

$$V\frac{1+k}{1+g} = D_0 + \frac{D_0(1+g)}{1+k} + \cdots + \frac{D_0(1+g)^{\infty-1}}{(1+k)^{\infty-1}}$$

现将后式减去前式得出：

$$V\frac{1+k}{1+g} - V = D_0 - \frac{D_0(1+g)^{\infty}}{(1+k)^{\infty}}$$

如果 $k > g$，则 $\frac{D_0(1+g)^{\infty}}{(1+k)^{\infty}}$ 趋近于零，则：

$$V\frac{(1+k)}{(1+g)} - V = D_0$$

$$V\left[\frac{(1+k)}{(1+g)} - 1\right] = D_0$$

$$V\left[\frac{(1+k)-(1+g)}{(1+g)}\right] = D_0$$

$$V(k-g) = D_0(1+g) = D_1$$

$$V = \frac{D_1}{k-g} \tag{4.11}$$

该方法是假设股利预计会永远以 g 的几何速度增长。对很多公司而言，该假设有些脱离现实。对于处在成熟期的公司而言，永久增长模型常常是合理的。

【例 4-12】假设宏顺公司在第一年年末股利是 4 元，并预期每股股利将以 6% 的年增长率永远增长下去，确定的贴现率是 14%。则宏顺公司股票的每股价值将是：

$$V = \frac{D_1}{k-g}$$

其中，D_1 代表第一期股利，K 代表投资者要求的必要报酬率，g 代表股利的固定增长率。

$$V = \frac{4}{14\% - 6\%} = 50（元）$$

（3）阶段性增长模型。该模型又分高速增长阶段和正常增长阶段。阶段性增长又称非固定成长股票。在现实生活中，有的公司股利是不固定的。例如，在一段时间里高速成长，在另一段时间里正常固定成长或固定不变。在这种情况下，就要分段计算，才能确定股票的价值。

【例 4-13】某投资人持有吉利公司的股票，他的投资最低报酬率为 15%。预计吉利公司未来 3 年股利将高速增长，成长率为 18%。在此以后转为正常增长，增长率为

10%。公司最近支付的股利是 2 元。计算该公司股票的内在价值。

首先,计算非正常增长期的股利现值。

表 4-2　　　　　　　　非正常增长期的股利现值计算

年份	股　利（D_t）	现值因数（15%）	现　值
1	$2 \times (1+18\%) = 2.36$	0.870	2.0532
2	$2.36 \times (1+18\%) = 2.78$	0.756	2.1017
3	$2.78 \times (1+18\%) = 3.28$	0.658	2.1582
合计	三　年　股　利　现　值		6.3131

其次,计算第三年年底的普通股内在价值。

$$V_3 = \frac{D_4}{k-g} = \frac{D_3(1+g)}{k-g} = \frac{3.28 \times (1+10\%)}{15\% - 10\%} = 72.16（元）$$

最后,计算股票目前的内在价值。

$$V_0 = 72.16 \times (P/S, 15\%, 3) + 6.3131$$
$$= 72.16 \times 0.658 + 6.3131$$
$$= 47.48 + 6.3131$$
$$= 53.79（元）$$

(4) 短期持有、准备未来出售的模型。如果投资者不打算永久地持有该股票,而在一段时间后出售,他的未来现金流入量是 n 次股利和出售时的股价。因此,其股票估价模型为:

$$V = \sum_{t=1}^{n} \frac{D_t}{(1+k)^t} + \frac{P_n}{(1+k)^n} \qquad (4.12)$$

其中,D_t 是股票持有期间的股利,P_n 是股票出售时的价格。

【例 4-14】大方公司预计未来 2 年的股利为 3 元,2 年后预计市场价格为 25 元,投资者预期报酬率为 12%,该股票的现值是多少?该股票目前的市价为 26 元,你认为值得投资吗?

$$V = \frac{3}{(1+12\%)^1} + \frac{3}{(1+12\%)^2} + \frac{25}{(1+12\%)^2}$$
$$= 3 \times (P/A, 12\%, 2) + 25 \times (P/S, 12\%, 2)$$
$$= 3 \times 1.6901 + 25 \times 0.7972$$
$$= 5.07 + 19.93$$
$$= 25（元）$$

计算结果表明,股票现值为 25 元,如果股票市价是 26 元,则不应该投资,因为如果以 26 元购进的话,投资者就不能获得 12% 的预期报酬率。

2. 内部报酬率决策法

股票内部报酬率又称股票投资收益率,是指投资者进行股票投资可获取的真实收益率。这个收益率是指按复利计算的收益率,它是能使未来现金流入量现值等于股票买入价格(现金流出量)的贴现率,或者是股票投资净现值(未来现金流入量现值减股票买入价格的差额)等于零的贴现率。计算内部收益率的方法就是求解贴现率的过程。

(1) 股利不增长模型。假设股利不增长,即股利固定不变的股票其收益率模型为:

$$k = \frac{D}{P_0} \tag{4.13}$$

因为股票市价 $P_0 = \frac{D}{k}$,所以收益率 $k = \frac{D}{P_0}$。

【例 4-15】 宏远公司发行的普通股,市价为 89.20 元,预期每年支付股利 12 元,该股票的报酬率是多少?

$$k = \frac{12}{89.20} = 13.45\%$$

(2) 股利固定增长模型。

$$k = \frac{D_1}{P_0} + g \tag{4.14}$$

因为普通股市价模型:$P_0 = \frac{D_1}{k-g}$,所以 k 就是普通股市场决定的收益率:$k = \frac{D_1}{P_0} + g$。

【例 4-16】 峥嵘公司普通股现行市价是 40 元/股,预计下一年度股利是 2.4 元,预期股利年增长率为 9%,那么该股票的市场收益率是多少?

$$k = \frac{2.4}{40} + 9\%$$
$$= 0.06 + 0.09$$
$$= 15\%$$

需要指出的是,上述讨论的预期股票价值和内部报酬率,往往和后来的实际发展有很大差别。因为我们使用的数据都是预计的,预计不可能十分准确,而且影响股市价格的某些因素,如未来的利率变化、整个股市兴衰等,在计算时都被忽略了。但是,并不能因此而否定预测和分析的必要性和有用性。我们是根据股票价值的差别来决策的,预测的误差影响绝对值,往往不影响其优先次序。被忽略的不可预见因素通常影响所有股票,而不是个别股票,对选择决策的正确性往往影响较小。

四、股票投资的优缺点

1. 优点

(1) 能获得比较高的报酬;(2) 能适当降低购买力风险;(3) 拥有一定的经营控制权。

2. 缺点

(1) 普通股对企业资产和盈利的求偿权均居于最后;(2) 普通股的价格受众多因素影响,很不稳定;(3) 普通股的收入不稳定。

第五节 有价证券的组合投资

普通股票投资的预期报酬率比较高,但投资风险也最大,对付风险的最普遍的方法是投资分散化,就是选择若干种证券加以搭配,建立证券组合。通过多种证券的报酬高低、风险大小的互相抵消,使证券组合在保持特定收益水平的条件下把总风险降到最低,或者在将风险限制在愿意承担的特定水平条件下尽可能使收益最大化。

一、证券组合投资的风险种类

证券组合投资的风险可以分为两种,即非系统性风险和系统性风险。

1. 非系统性风险

非系统性风险又称可分散风险或公司特有风险,是指来自公司的个别因素导致某个公司股票收益损失的可能性。如公司新产品试制失败、工人罢工等。这种风险可以通过证券持有的多样化来抵消。

当代证券组合理论认为,若干种股票组成的投资组合,其收益是这些股票收益的加权平均数,但是其风险不是这些股票风险的加权平均风险,故投资组合能降低风险。

2. 系统风险

系统风险又称市场风险、不可分散风险,是源于公司之外的因素,使所有公司都受其影响,导致整个股市平均报酬率的变动,如通货膨胀、经济衰退、战争、自然灾害等。面对这类风险,投资者无论购买哪种股票都无法避免,不能用多元化投资来分散,而只能靠更高的报酬率来补偿。投资者承担的市场风险越大,所要求的报酬率就越高。市场风险的大小是用 β 来衡量的。在整个股市变动时,个别股票的反应不一样。有的发生剧烈变动，有的只发生较小的变动。计量个别股票随市场移动趋势的指标 β，是反映个别股票相对于平均风险股票变动程度的指标。

二、非系统性风险管理

风险分散理论认为，若干种股票组成的风险组合，其收益是这些股票收益的加权平均数，但其风险不是这些股票风险的加权平均风险，故投资组合能降低风险。按风险的相关程度可以分为完全负相关的投资组合、完全正相关的投资组合、不完全相关的投资组合。

我们假设两种股票 A 和 B 进行组合投资，来说明为什么投资组合能降低风险。例如，东方公司共投资证券 100 万元，A 和 B 各占 50%。其组合方式有三种：完全负相关的投资组合、完全正相关的投资组合和不完全相关的投资组合。如果 A 和 B 是完全负相关，表示 A 和 B 的收益变化正好成相反方向，当 A 股票的收益上升时，B 股票的收益正好下降；反之则相反。其相关系数 $r=-1.0$，完全负相关的投资组合，风险可以被全部抵消（见表 4-3）。如果 A 和 B 是完全正相关，表示 A 和 B 的收益变化正好成相同方向变化，当 A 的收益上升时，B 的收益也上升；反之亦然。其相关系数 $r=1.0$，这种证券组合投资不能抵消任何风险（见表 4-4）。如果 A 和 B 是不完全相关，其相关系数 r 介于 0.5~0.7 之间，这种不完全相关的投资组合，能降低风险但不能被全部抵消。不过，如果证券种类较多，则能分散掉大部分风险，当股票种类足够多时，几乎能把所有的可分散风险分散掉。各种股票之间的相关程度可以通过复杂的计算确定，并在此基础上进一步找出最优的证券组合。实际上，各股之间不可能完全正相关，也不可能完全负相关，大部分股票之间的相关程度为 0.5~0.7，所以不同股票的投资组合可以降低风险，但又不能完全消除风险。

表 4-3　　　　　　　　A 和 B 是完全负相关的投资组合

年度	A 股票		B 股票		A+B 组合	
	报酬	报酬率（%）	报酬	报酬率（%）	报酬	报酬率（%）
2010	20	40	-5	-10	15	15
2011	-5	-10	20	40	15	15
2012	17.5	35	-2.5	-5	15	15
2013	-2.5	-5	17.5	35	15	15
2014	7.5	15	7.5	15	15	15
平均数	7.5	15	7.5	15	15	15
标准差		22.6		22.6		0

表4-4　　　　　　　　　A和B是完全正相关的投资组合

年度	A股票		B股票		A+B组合	
	报酬	报酬率（%）	报酬	报酬率（%）	报酬	报酬率（%）
2010	20	40	20	40	40	40
2011	-5	-10	-5	-10	-10	-10
2012	17.5	35	17.5	35	35	35
2013	-2.5	-5	-2.5	-5	-5	-5
2014	7.5	15	7.5	15	15	15
平均数	7.5	15	7.5	15	15	15
标准差		22.60		22.60		22.60

一般而言，股票的种类越多，风险越小。如果投资组合包括全部股票，则只承担市场风险，而不承担公司的特有风险。

三、系统风险管理

1. β 系数的定义

β 系数是反映个别股票相对于平均风险股票的变动程度的指标。它可以衡量出个别股票的市场风险，而不是公司的特有风险。若股票的 β 系数等于1，则它的风险与整个市场的平均风险相同。这就是说，市场收益率上涨1%，则该股票的收益率也上升1%。若股票的 β 系数为2，则它的风险程度是股票市场的平均风险的2倍。这就是说，市场收益率上涨1%，则该股票的收益率上升2%。若股票的 β 系数为0.5，则它的风险程度是股票市场的平均风险的一半。这就是说，市场收益率上涨1%，则该股票的收益率只上升0.5%。

2. β 系数的计算

β 系数可用直线回归方程求得：

$$Y = \alpha + \beta X + \varepsilon \tag{4.15}$$

其中：Y 是证券的收益率；X 是市场平均收益率；α 是与 Y 轴的交点；β 是回归线的斜率；ε 是随机因素产生的剩余收益。

根据 X 和 Y 的历史资料，可以求出 α 和 β 的数值。市场风险 β 系数还有多种计算方法，只不过计算过程十分复杂。在西方国家，一般 β 系数不需要投资者自己计算而是由投资服务机构定期计算并公布。

β 系数可以反映各种股票不同的市场风险程度,既然股票的特有风险可以通过投资组合分散,市场风险就成了投资人注意的焦点,因此 β 系数就成为股票投资决策的重要依据。

应当注意,β 系数不是某种股票的全部风险,而只是与市场有关的一部分风险,另一部分与市场无关、只是与企业本身的活动有关的风险——企业的特有风险可通过多元化投资分散掉,而 β 系数反映的市场风险是不能被互相抵消的。投资组合的市场风险即 β 系数是个别股票的 β 系数的加权平均数。它反映特定投资组合的风险,即该组合的报酬率相对于整个市场组合报酬率的变异程度。其公式为:

$$\beta_p = \sum_{j=1}^{n}(W_j \times \beta_j) \tag{4.16}$$

其中,β_p 是证券投资组合的市场风险程度,β_j 是某种股票的市场风险程度,W_j 是某种证券占全部投资的比重。

四、证券组合投资的步骤

投资者在进行证券组合投资的分析时,要根据投资目标选择投资对象,并在投资方案实施过程中进行过程控制,这就是投资决策的基本步骤。

1. 确定投资目标

一般地,证券投资的目标都是追求高报酬、低风险。具体说来,根据投资者的偏好不同,有三种不同的目标:

(1) 稳定收入。有的投资人的目标是为了取得稳定收入。稳定收入是指按时取得利息和股息收入,也包括资本增值收益。他们往往资金不足,要依靠投资收入支付必要的费用。他们把投资的当前收入看得比资本收益或资本回收更重要,追求当前收入的稳定性和可靠性。这种目标决定了他们要选择安全的投资对象,而不是有增长前景但当前收入不稳定的证券。按照这种目标,债券比股票的收入要稳定,资信好的大公司和公用事业类的股票股利支付也比较稳定,是其合适的投资对象。

(2) 资本增值。有的投资人的目标是追求资本增值。资本增值着眼于长期的资本增长,而不是当前的收入。他们不依靠投资的经常收入来维持当前的运营。因此,他们有两个选择:一个是不断积累投资所得进行再投资,使资本增加的价值越来越多;另一个是选择增长型的股票,通过股息和股价的不断增加而提高资本价值。前一种办法的风险相对小一些,后者则要冒较大风险,股价的涨落不定,要能在经济上和心理上承受股价的大幅度下跌。以资本增长为目标的投资人,必须对投资进行长期安排,追逐短期利益通常对长期增长不利。

（3）适中的收益。有些投资人的目标是上述两者的结合，那就要选择不同的投资对象分别做出安排。

2. 选择投资证券

投资者在明确投资目标以后，可以根据需要选择不同的投资对象，选择若干证券，构成证券投资组合，以实现预计目标。无论如何，保证投资的安全性是实现预计投资目标的前提。

首先，要了解每种证券的特点。为此，要对证券进行分类，主要包括按风险大小分类、按时间长短分类、按收入型和增长型分类。

其次，确定证券组合的风险水平，就是决定想要承担风险的大小。大致有三种类型：高风险组合、中等风险组合和低风险组合。高风险组合，要选择销路好、预期盈利超过平均收益的公司股票，如电力、制药、高科技公司等。中等风险组合，要选择一些债券和一些公用事业或成熟工业的股票，如汽车、化工、钢铁公司的股票。低风险组合，要选择政府债券和一些高质量的股票，收益不高但可靠。

最后，按分散化原则选定具体证券品种。分散化的方式包括种类分散化、到期日分散化、部门或行业分散化和公司分散化。种类分散化是债券和股票搭配；到期日分散化是债券的到期日在不同年份，以分散利率风险；部门或行业分散化是工业和金融、运输、旅游、公用事业搭配，是新兴工业和成熟工业搭配；公司分散化是在整个股市涨落时大起大落的股票和变化不大的股票搭配。具体选择是一项复杂的工作，要根据投资目标反复比较才能确定。一般说来，有 5~10 种证券就可以达到分散风险的目标，组合内的证券数量越多、风险越小，但同时预期的报酬也会比较低。

3. 控制和修正

证券市场是不断变化的，选定证券组合的收益和风险也会发生变化。因此，要对证券组合实施后的情况进行控制，审查是否达到了预定目标。审查的重要依据是投资证券组合是否达到市场平均收益水平。如果投资没有达到原定目标，或者投资组合的预期收益低于市场平均收益水平，或者投资人本身的财务状况变化而要修改投资目标，或者某种证券有了异常情况，就应考虑更换证券品种或搭配比例，改变原有组合。

五、证券组合投资决策

投资者进行证券组合投资与单项投资一样，都要求对承担的风险进行补偿，风险越大，要求的收益率越高。但是证券组合投资要求补偿的风险只是不可分散风险，而不要求对可分散风险进行补偿。因此，证券组合的风险收益是投资者因承担不可分散风险而要求的、超过时间价值的那部分额外收益。

证券组合投资的收益率可以用著名的资本资产定价模型（capital assets pricing model，CAPM）：

$$K_p = R_f + \beta_p(K_m - R_f) \tag{4.17}$$

其中，K_p 表示第 i 种股票的预期收益率，R_f 表示无风险收益率，K_m 表示平均风险股票的必要收益率。

资本资产定价模型即可以用于计算组合投资的预期收益率，又可以用来计算单个资产投资的预期收益率。

【例 4-17】顺达公司的股票 β 系数等于 1.5 倍，现行国库券的收益率等于 4%，所有证券投资的平均收益率是 10%，计算该股票的预期报酬率。

$K = 4\% + 1.5 \times (10\% - 4\%)$

$\quad = 4\% + 9\%$

$\quad = 13\%$

计算结果说明，股票预期报酬率的大小取决于无风险收益率和风险收益率的高低，而风险收益率的高低取决于股票的市场风险 β 系数和市场上所有股票的平均收益率与无风险收益率的差额。本例中，无风险收益率是 4%，风险收益率是 9%，预期收益率合计是 13%。

【例 4-18】某投资人持有共 100 万元的三种股票，该组合中甲股票 30 万元、乙股票 30 万元、丙股票 40 万元，三种股票的 β 系数分别为 1.5、1.3、1.2，如果投资人将甲股票出售，换回同等金额的债券丁，β 系数是 0.1，所有证券的平均收益率是 10%，国库券的收益率是 4%，要求计算前后两种证券组合投资的预期收益率。

首先，计算组合投资的综合 β 系数。

组合投资的综合 β 系数是个别证券的 β 系数的加权平均数：

$$\beta_p = \sum_{j=1}^{n} W_j \beta_j$$

$\beta_{(1)} = 30\% \times 1.5 + 30\% \times 1.3 + 40\% \times 1.2$

$\quad = 0.45 + 0.39 + 0.48$

$\quad = 1.32$

$\beta_{(2)} = 30\% \times 0.1 + 30\% \times 1.3 + 40\% \times 1.2$

$\quad = 0.03 + 0.39 + 0.48$

$\quad = 0.9$

可见，组合投资的债券的 β 系数比股票的 β 系数小，则重新组合的综合 β 系数降低，使组合的风险减少；反之，则风险增加。投资人可以据此选择自己能接受的风险水平。但是，降低风险的同时，报酬率也会降低。

其次，计算投资组合的预期报酬率。

$$k_{(1)} = 4\% + 1.32 \times (10\% - 4\%)$$
$$= 0.04 + 0.08$$
$$= 12\%$$
$$k_{(2)} = 4\% + 0.9 \times (10\% - 4\%)$$
$$= 0.04 + 0.05$$
$$= 9\%$$

投资收益率法的决策标准是：如果该组合的预期报酬率高于投资人要求的必要报酬率，则该组合方案可行，否则应进行调整。投资人可以优先选择低风险的组合投资方案，如甲、乙、丁投资组合，但只能得到9%的报酬率；投资人也可以优先选择高报酬的投资组合方案，如甲、乙、丙组合，可以得到12%的报酬率，但必须承担较大的风险。投资人确定风险水平后，通过选择证券种类，优化投资组合，在不提高风险的条件下使报酬率最高；或者在报酬率确定之后，优化证券组合，使风险降至最低。

本章小结

本章重点介绍了有价证券的估价及其风险、有价证券的投资决策，具体包括债券投资的收益评价及其投资的风险、股票价值的评估方法及其投资的风险分析，有价证券组合投资的收益与风险分析。

本章重要术语

证券投资　　优先股　　普通股　　债券　　内在价值　　票面价值　　票面利率
市场利率　　到期收益率　　必要报酬率　　证券投资组合　　系统风险
非系统风险　　贝塔系数　　资本资产定价模型

延伸阅读

李国强主编：《证券投资分析》，机械工业出版社2008年版。

复习与思考

一、单选题

1. 以下不属于企业长期股票投资目的的项目是（　　）。

A. 满足未来投资需要　　　　　　B. 控制被投资企业

C. 保持资产的流动性　　　　　　D. 降低自身经营风险

2. 企业可以通过（　　）控制一个企业。

A. 短期股票投资　　　　　　　　B. 长期股票投资

C. 短期债券投资　　　　　　　　D. 长期债券投资

3. 股票的投资收益不包括（　　）。

A. 股利收益　　　　　　　　　　B. 资本利得

C. 转让收益　　　　　　　　　　D. 利息收益

4. 进行投资组合的主要目的是（　　）。

A. 满足未来投资需要　　　　　　B. 分散特定风险

C. 最大限度获得投资收益　　　　D. 降低现金短缺的风险

5. 单个证券的风险（　　）。

A. 是指投入资金可完全收回的可能性大小

B. 是指证券的实际收益与预期收益之间偏差程度的大小

C. 只能根据被投资企业经营状况来定性判断

D. 难以测量

6. 某公司股票目前发放的股利为每股 2 元，股利按 10% 的比例固定递增，据此计算出的资本成本为 15%，则该股票目前的市价为（　　）元。

A. 44　　　　　B. 13　　　　　C. 30.45　　　　　D. 35.5

7. 当市场利率大于债券票面利率时，一般应采用的发行方式为（　　）。

A. 溢价发行　　　　　　　　　　B. 折价发行

C. 面值发行　　　　　　　　　　D. 按市价发行

8. 两种证券的相关系数为 0 时，（　　）。

A. 这两种证券收益变动的方向和幅度完全一致

B. 一种证券的收益相对于另外一种证券独立变动

C. 这两种证券收益变动幅度完全相同，方向相反

D. 增加相关系数为 0 的证券种类，不能降低投资风险

二、多选题

1. 投资人要求的最低报酬率可能是（　　）。

A. 投资人的机会成本

B. 参照债券的收益率加上一定的风险报酬率

C. 股票历史上长期的平均收益率

D. 市场利率

2. 与股票内在价值呈反方向变化的因素有（　　）。

A. 股利年增长率　　　　　　B. 年股利

C. 必要报酬率　　　　　　　D. β 系数

3. 尽管相对于股票，投资债券要安全许多，但进行投资前还是必须考虑可能面临的（　　）等风险。

A. 利率风险　　　　　　　　B. 购买力风险

C. 违约风险　　　　　　　　D. 再投资风险

4. 下列各项中，能够影响债券内在价值的因素有（　　）。

A. 债券价格　　　　　　　　B. 债券的计息方式（单利还是复利）

C. 当前的市场利率　　　　　D. 票面利率

5. 与股票投资相比，债券投资的风险较低，主要有以下原因（　　）。

A. 收益相对较高　　　　　　B. 债券利息稳定

C. 本金安全　　　　　　　　D. 债券价格的变动幅度较小

三、简答题

1. 证券的内在价值与证券的市场价值有区别吗？若有，是在什么情况下有区别。

2. 债券和优先股在定价的处理上有哪些相同点？

3. 如果给定相同的到期收益率变动，期限长的债券的价格变动比期限短的债券的价格变动大吗？为什么？

4. 一种 20 年期的债券的票面利率为 8%，另一种同期限的债券的票面利率为 15%，若这两种债券在其他方面没有区别，那么在利息率急剧上涨时，哪种债券的价格下跌得更多？为什么？

5. 为什么股利是普通股定价的基础？

6. 假定由于限制性条款规定，M 公司的控制股票被放置在一个永久托管处，不能获得现金和清算股利。每股收益持续增长，对于股东而言，公司的价值将如何变化？为什么？

四、计算题

1. 某公司是一家高速发展的公司，预计未来 3 年股利年增长率为 10%，之后固定股利年增长率为 5%，公司刚发放了上一年的普通股股利，每股 2 元，假设投资者要求的收益率为 15%。计算该普通股的价值。

2. 有一面值为1 000元的债券，票面利率为8%，每年支付一次利息，2008年5月1日发行，2013年5月1日到期。每年计息一次，投资的必要报酬率为10%，债券的市价为1 080元，问该债券是否值得投资。

3. 投资者拟投资购买A公司的股票。A公司上一年支付的股利是每股1元，根据有关信息，投资者估计A公司股利增长率可达10%。A公司股票的β系数为2，证券市场股票的平均收益率为15%，现行国库券利率为8%。

要求：

（1）计算该股票的预期收益率；

（2）计算该股票的内在价值。

4. 假定有一张票面利率为1 000元的公司债券，票面利率为10%，5年后到期。

要求：

（1）若市场利率是12%，计算债券的价值；

（2）如果市场利率为10%，计算债券的价值；

（3）如果市场利率为8%，计算债券的价值。

5. 某投资人2001年投资购买股票，现有A、B两家公司可供选择。从A、B公司2000年12月31日的有关会计报表及补充资料中获知，2000年A公司税后净利为800万元，发放的每股股利为5元，市盈率为5，A公司发行在外股数为100万股，每股面值10元；B公司2000年税后净利为400万元，发放的每股股利为2元，市盈率为5，对外发行股数为100万股，每股面值10元。预期A公司未来5年内股利恒定，在此以后转为正常增长，增长率为6%，预期B公司股利将持续增长，年增长率为4%。假定目前无风险收益率为8%。平均风险股票的必要收益率为12%，A公司股票的β系数为2，B公司股票的β系数为1.5。

要求：

（1）通过计算股票价值并与股票价格比较判断两公司股票是否应购买。

（2）若投资购买两种股票各100股，该投资组合的预期报酬率为多少？该投资组合的风险如何（综合β系数）？

6. 某证券市场现有A、B、C、D四种股票可供甲投资人选择，该投资人拟采取组合方式进行投资，有关资料如下：（1）我国现行国库券的收益率为14%；（2）市场平均风险股票的必要收益率为18%，已知A、B、C、D四种股票的β系数分别为2、1.6、1.2和0.9。

要求：

（1）假设A种股票是由W公司发行的，请按资本资产定价模型计算A股票的资本成本。

（2）假设 B 股票为固定成长股票，成长率为 6%，预期一年后的股利为 3 元，当时该股票的市价为 18 元，那么甲投资人是否购买该种股票。

（3）如果甲投资人以其持有的 100 万元资金按 5:3:2 的比例分别购买了 A、B、C 三种股票，计算此时投资组合报酬率和综合 β 系数。

（4）若甲投资人在保持投资比例不变的条件下，将其中的 C 种股票售出并买进同样金额的 D 种股票，此时投资组合报酬率和综合 β 系数会发生怎样的变化。

（5）请问甲投资人进行投资组合的目的是什么？如果他的投资组合中包含了全部四种股票，那么他所承担的市场风险是否能被全部抵消？如果甲投资人是一个敢于承担风险的投资者，那么他会选择上述组合中的那一种？

五、网络练习

证券投资有利于调节资金投向，提高资金使用效率，从而引导资源合理流动，实现资源的优化配置，同时有利于改善企业经营管理，提高企业经济效益和社会知名度，促进企业的行为合理化。请同学们通过网络平台查找相关企业的投资计划书，分析总结各个企业投资计划书的特点，并根据所学的知识和搜集的资料，制定一份个人的证券投资计划书。

复习与思考参考答案

一、单选题

1. C   2. B   3. D   4. B   5. B   6. A   7. B   8. B

二、多选题

1. ABCD   2. CD   3. ABCD   4. BCD   5. BCD

三、简答题

（略）

四、计算题

1. 前 3 年的股利现值 $= 2.2 \times (P/S,15\%,1) + 2.42 \times (P/S,15\%,2)$
$\qquad\qquad\qquad + 2.662 \times (P/S,15\%,3)$
$\qquad\qquad\quad = 2.2 \times 0.8696 + 2.42 \times 0.7561 + 2.662 \times 0.6575 = 5.493$（元）

3 年末股利的现值 $= 2.662(1+5\%)/(15\%-5\%) = 27.951$（元）

普通股价值 $V = 5.493 + 27.951 \times (P/S,15\%,3) = 5.493 + 27.951 \times 0.6575 = 23.871$（元）

2. 债券价值 $= 80 \times (P/A,10\%,5) + 1\,000 \times (P/S,10\%,5) = 80 \times 3.791 + 1\,000$
$\qquad\qquad \times 0.621 = 924.28$（元）

∵ 债券价值 < 市价　∴ 不值得投资

3. 预期收益率 = 8% + 2 × (15% - 8%) = 22%

股票的内在价值 = 1.1/(22% - 10%) = 9.17（元）

4. (1) $1\,000 \times 10\%/(1+12\%) + 1\,000 \times 10\%/(1+12\%)^2 + 1\,000 \times 10\%/(1+12\%)^3 + 1\,000 \times 10\%/(1+12\%)^4 + 1\,000 \times 10\%/(1+12\%)^5 + 1\,000/(1+12\%)^5 = 927.9045$（元）

(2) $1\,000 \times 10\%/(1+10\%) + 1\,000 \times 10\%/(1+10\%)^2 + 1\,000 \times 10\%/(1+10\%)^3 + 1\,000 \times 10\%/(1+10\%)^4 + 1\,000 \times 10\%/(1+10\%)^5 + 1\,000/(1+10\%)^5 = 1\,000$ 元（因为平息债券，票面利率与市场利率一样，所以债券市场价值就应该是它的票面价值了。）

(3) $1\,000 \times 10\%/(1+8\%) + 1\,000 \times 10\%/(1+8\%)^2 + 1\,000 \times 10\%/(1+8\%)^3 + 1\,000 \times 10\%/(1+8\%)^4 + 1\,000 \times 10\%/(1+8\%)^5 + 1\,000/(1+8\%)^5 = 1\,079.854$ 元

5. （1）利用资本资产定价模型：

$R_A = 8\% + 2 \times (12\% - 8\%) = 16\%$

$R_B = 8\% + 1.5 \times (12\% - 8\%) = 14\%$

A 的股票价值 = $5 \times (P/A, 16\%, 5) + 5.3/(16\% - 6\%) \times (P/S, 16\%, 5) = 41.61$（元）

B 的股票价值 = $2.08/(14\% - 4\%) = 20.8$（元）

计算 A 和 B 公司股票目前市价：

A 的每股盈余 = 8（元/股）

A 的每股市价 = 5 × 8 = 40（元）

B 的每股盈余 = 4（元/股）

B 的每股市价 = 5 × 4 = 20（元）

因为 A 和 B 公司的股票价值均高于其市价，因此应该购买。

（2）组合报酬率 = 8% + 1.83 × (12% - 8%) = 15.32%

综合 β 系数 = 2 × 2/3 + 1.5 × 1/3 = 1.83

注：题目中说投资购买两种股票各 100 股，求组合投资 β 系数的时候，这两种股票的权重应该一个为 2/3，一个为 1/3，两种股票的市价不同，那么买同样的股数，投资额不同，权重跟投资额有关。

6. （1）资本成本 = 14% + 2 × (18% - 14%) = 22%

（2）因为：$R_B = 14\% + 1.6 \times (18\% - 14\%) = 20.4\%$

所以：$V_B = \dfrac{3}{20.4\% - 6\%} = 20.83 > 18$

故应购买。

(3) 因为：$R_C = 14\% + 1.2 \times (18\% - 14\%) = 18.8\%$

所以：$R_{ABC} = 22\% \times 50\% + 20.4\% \times 30\% + 18.8\% \times 20\% = 20.88\%$

$\beta_{ABC} = 2 \times 50\% + 1.6 \times 30\% + 1.2 \times 20\% = 1.72$

(4) 因为：$R_D = 14\% + 0.9(18\% - 14\%) = 17.6\%$

所以：$R_{ABD} = 22\% \times 50\% + 20.4\% \times 30\% + 17.6\% \times 20\% = 20.64\%$

$\beta_{ABD} = 2 \times 50\% + 1.6 \times 30\% + 0.9 \times 20\% = 1.66$

(5) 目的是通过投资分散化，使投资者在满意的风险水平下使收益最大或者在满意的收益水平下使风险最小；不能，此时只能承担市场风险，不能承担特有公司特有风险；勇于承担风险，则选择收益率较高的 R_{ABC} 组合。

五、网络练习

（略）

参考文献

［1］徐春立、苑泽明：《财务管理》，经济科学出版社2009年版。

［2］中国注册会计师协会：《财务成本管理》，中国财政经济出版社2017年版。

［3］荆新、王化成、刘俊彦：《财务管理学》（第七版），中国人民大学出版社2015年版。

第五章

项目估值与投资决策

【学习目标】

1. 掌握现金流量和现金净流量的概念。
2. 了解固定资产投资决策的程序。
3. 掌握现金流入量的表现形式和现金流出量的表现形式等内容。
4. 重点掌握并熟练应用投资项目评价的一般方法。
5. 理解固定资产更新决策的平均年成本法。
6. 掌握所得税与折旧对投资的影响,特别注意折旧的抵税作用及考虑了所得税因素后,对现金流量的影响。
7. 理解投资项目的风险分析。

【引导案例】

王先生是某上市公司的财务顾问。该公司正在考虑购买一套新的生产线,估计初始投资为3 000万元,预期每年可生产500万元的息税前利润(按税法规定生产线应以5年期直线法折旧,净残值率为10%,会计政策与此相同),并已用净现值法评价方案可行。然而,董事会对该生产线能否使用5年争论激烈。董事长认为该生产线只能使用4年,总经理认为能使用5年,还有人说类似生产线使用6年也是常见的。假设所得税税率为33%,资本成本10%,无论何时报废净残值收入均为300万元。如果大家就是该上市公司的财务顾问,请大家就下列问题发表意见:第一,该项目可行的最短使用寿命是多少年(假设使用年限与净现值呈线性关系);第二,他们的争论是否有意义,是否会影响该生产线的购置决策,为什么?

在思考中,我们知道,净现值为零是项目基本可行的条件。最短经济使用周期应该是净现值为零的期间。而根据净现值法,可以算得净现值为零的使用期限介于3-4年,采用插值法求解净现值为零的使用年限为3.77年。因此,王先生认为他们的争论是没有意义的。因为,现金流入持续时间达到 3.77 年，即可实现必要报酬率，方案即为可行。

我们都知道，一家公司的固定资产投资决策可以说是这家公司的命脉，掌控着这家公司的全局，决定了这家公司未来的兴衰成败。那么如何精准地把握投资机会？如何精确地预计现金流量？如何有效地进行项目可行性分析？如何在管理层发表权威的资本预算意见与建议？本章将带领同学们理解固定资产投资的相关知识。

（案例来源：财政部注册会计师考试委员会，《财务成本管理》，中国财政经济出版社 1990 年版，编者有改编）

第一节 固定资产投资概述

一、固定资产投资的特点

固定资产，是指企业使用年限超过 1 年的房屋、建筑物、机器、机械、运输工具以及其他与生产、经营有关的设备、器具、工具等。不属于生产经营主要设备的物品，单位价值在 2 000 元以上，并且使用年限超过 2 年的，也应该作为固定资产。为了加强对固定资产的管理，需要对固定资产进行大致分类：如按照固定资产的经济用途，分为生产用固定资产、销售用固定资产、科研开发用固定资产和生活福利用固定资产；按照固定资产使用情况，可以分为使用中的固定资产、未使用的固定资产和不需用固定资产；按照固定资产所属关系，分为自有固定资产和融资租入固定资产等。

固定资产投资与流动资产投资相比较具有四个特点。

1. 投资金额较大，对企业发展影响深远

固定资产投资少则数千，多则上亿，需要占有企业大量资金。而且固定资产一经投入则不可轻易改变，因此固定资产投资决策是否科学合理，将对企业产生深远影响。

2. 投资期限长，变现能力差

固定资产投资的回收期限一般在几年或者十几年，其投资额需要在税法规定的折旧年限内分期收回。因此，固定资产投资决策对企业影响的时间较长。这就要求企业进行固定资产投资必须谨慎行事，认真进行可行性研究。

3. 固定资产投资次数少，比较稳定

固定资产投资在企业并非经常发生，尤其是大规模的固定资产投资，虽然投资频率低，但是由于每次投入的资金多，占用的时间长，影响程度大，因此对固定资产投资需要做专门的研究和评价。

4. 固定资产投资的价值形态与实物形态既相互统一又相互分离

固定资产投资完成投入生产使用后，随着对固定资产的耗费与磨损，固定资产的价值有一部分脱离其实物形态，通过折旧转化为货币准备金。在固定资产的有效使用年限内，以实物形态表现的固定资产价值逐渐减少，而以货币准备金形态存在的价值逐渐增加，直到固定资产报废，其价值才全部得到补偿，实物也得到更新。

二、固定资产投资的分类

1. 按固定资产投资作用划分

（1）战略性投资。战略性投资是指企业管理当局从企业发展战略角度做出的并对企业未来发展产生重大影响的固定资产投资，如调整企业生产经营方向或者企业对外扩张而进行的固定资产投资。

（2）战术性投资。战术性投资是指企业某职能管理部门、分厂、车间，根据固定资产使用情况及其需要，提出建议并上报经管理当局批准的固定资产投资，如固定资产更新投资。

2. 按固定资产投资的目的划分

（1）追加性固定资产投资。追加性固定资产投资是在原固定资产规模基础上，以企业发展、扩张为目的而增加新的固定资产投资。

（2）移向性固定资产投资。移向性固定资产投资是以转换企业生产经营方向为目的而增加的新的固定资产投资。

（3）更新性固定资产投资。更新性固定资产投资是对现有的即将报废的固定资产或提前报废的固定资产进行替换所进行的固定资产投资。

3. 按投资方案之间的关系划分

（1）独立性投资。独立性投资是在若干备选方案中，根据经济可行性评价标准，对所有可行的方案予以通过的固定资产投资。

（2）互斥性投资。互斥性投资是在若干备选方案中，根据经济可行性评价标准，选择一个最优方案而放弃其他次优方案的固定资产投资。

（3）互补性投资。互补性投资是在若干备选方案中，根据经济可行性评价标准，选择一个投资方案，需由其他投资方案做补充的固定资产投资。

三、固定资产决策程序

1. 投资方案的提出

固定资产投资方案需要由相关部门根据企业发展需要提出固定资产投资建议。一般地、战略性固定资产投资建议、追加性固定资产投资建议或移向性固定资产投资建议由企业高层管理机构或直接由总经理提出；战术性固定资产投资建议或更新性固定资产投资建议由职能管理部门或车间提出。

2. 投资方案的评价

对固定资产投资方案的评价是由生产、技术、市场、财务等各方面的专家组成的论证小组共同完成的，其评价内容包括技术可行性、市场销售前景预测、竞争状况、风险分析、资本预算、国民经济发展状况等。

3. 对投资方案进行选择

经过对固定资产投资项目的评价，由企业管理者做最后的决策。一般投资额较小的固定资产投资项目，由中层管理者做决策；投资额较大的固定资产投资项目，由总经理作出决策；投资额特别大的固定资产投资项目，由董事会乃至股东大会投票表决。其决策结果无非三种情况：接受该项目，可以进行投资；拒绝该项目，不能投资；返回给建议部门，对投资方案进行重新论证后再做处理。

4. 执行投资计划

经决策已经通过的固定资产投资项目，要积极筹措资金，实施该固定资产投资计划。

5. 对投资计划进行监控

在固定资产投资项目实施过程中，要对投资项目的工程进度、工程质量、资本预算实施控制，以便使固定资产投资方案依照预算按期保质完成，一旦发现偏差及时采取措施予以纠正。

6. 投资计划的修订

在固定资产投资方案实施过程中，要注意原来作出的决策是否合理、正确。一旦出现新的情况，要及时作出新的评价。如果情况发生重大变化，使实际情况与原来的投资计划发生极大偏差时，要对原来的投资计划进行修订。修订后的投资计划如果由原来的经济可行变成不可行时，要及时终止投资，以免给企业造成更大损失。

第二节　必要报酬率

必要报酬率是投资者期望的最低收益率。在固定资产投资决策分析方法中，贴现的净现值法和现值指数法以必要报酬率为贴现率，内部收益率法以必要报酬率为取舍率。确定适当的贴现率是固定资产投资决策分析中的重要问题。一般贴现率的确定有以下四种方法：

1. 资金成本率

资金成本率是企业在筹措资金和使用资金过程中所付出的代价,包括筹资费和使用费两部分。资金成本率是根据固定资产投资需要筹措的资金计算的加权平均资金成本率。

2. 机会成本率

机会成本率是固定资产投资占用的资金而丧失的用于其他投资机会的潜在收益。机会成本率是投资者要求的最低资金利润率,可以根据银行同期存款利率或国债利率确定。

3. 风险收益率

风险收益率是对含有风险的固定资产投资项目进行评价时使用的贴现率。含风险的贴现率由无风险收益率和风险溢价两部分构成。无风险收益率可以根据银行同期存款利率或国债利率确定,风险溢价可以根据固定资产投资项目的风险程度大小,确定适当的风险溢价比率。

4. 资本资产定价模型

资本资产定价模型也是确定含风险的固定资产投资项目贴现率的方法之一。含风险的贴现率由无风险收益率和风险溢价两部分构成。无风险收益率可以根据银行同期存款利率或国债利率确定,风险溢价可以根据该公司的投资风险与整个市场平均投资风险之间的倍数关系、β系数与市场平均的投资风险溢价来确定。β系数是由专业机构根据各公司的投资风险与市场平均投资风险之间的关系,以统计方法来计算的,市场平均的投资风险溢价是用市场平均投资收益率减去无风险收益率计算的。

预测资金成本率是比较困难的,所以限制了其使用范围。风险收益率和资本资产定价模型的确定,其关键是根据固定资产投资项目的风险程度确定风险系数,由于其数据的取得比较困难,使上述两种方法的使用受到限制。机会成本率可以根据银行同期存款利率或国债利率确定,比较容易解决。

第三节 现金净流量

估计固定资产投资引起的现金净流量是编制资本预算的最重要也是最困难的工作。项目可行性研究结果的准确性取决于现金净流量预测的准确性。

一、现金流量的概念

在投资决策中,现金流量是指一个项目引起的企业现金支出和现金收入增加的数量。这里的现金是广义的现金，它不仅包括货币资金，还包括由企业拥有的非货币性资产的变现价值。例如，固定资产投资需要使用现有的厂房、设备或材料，其相关的现金流量并非其账面价值，而是其预计的变现价值。固定资产投资的现金流量包括现金流出量、现金流入量和现金净流量。

1. 现金流出量

固定资产投资发生的现金流出量，是指该投资引起的企业现金支出的增加额。例如，企业购置生产设备时发生的现金流出量包括：（1）购买设备支出。指企业购买生产设备时发生的一次或分次支付的买价、运费、安装费、保险费等一切支出。（2）垫支的营运资金。企业由于购置生产设备提高了生产能力而增加了对流动资产的需求，这些应计入固定资产投资的相关现金流量中。只是在增加流动资产投资的资金来源中，有些是依靠企业的流动负债解决的，因此增加流动资产投资引起的现金流出量，应是流动资产减去流动负债后的营运资金。（3）购置无形资产。企业在购置生产设备时，随之一起购买与设备相关的专利、技术秘密等无形资产的支出。（4）其他相关支出，如员工培训费、市场调查费等。

2. 现金流入量

固定资产投资引起的现金流入量，是指该方案引起的企业现金收入的增加额。如购买生产设备时发生的现金流入量包括：（1）营业现金净流入。设备投资引起的营业现金净流入是指设备投入运营后增加的营业收入减去付现营业成本减去税金后的净额。（2）残值收入。生产设备中途出售或到期报废时的预计残值收入是由购置固定资产引起的现金流入量。（3）营运资金的回收。当投资项目的寿命期快要结束时，公司将存货售出，应收账款变为现金，应付账款也随之偿付，净营运资金也恢复到原有水平。通常，在投资决策分析中，假设当生产设备到期报废时会收回垫支的营运资金，将其当作投资的一项现金流入量。

3. 现金净流量

现金净流量是指一定期间现金流入量和现金流出量的差额。一定期间指在固定资产投资持续的有效年限内的每一年。当现金流入量大于现金流出量时，现金净流量为正数；当现金流入量小于现金流出量时，现金净流量为负数。

二、估算现金流量应注意的问题

1. 区分相关成本和非相关成本

在估计固定资产投资引起的现金净流量时，要注意区分相关成本和非相关成本。所谓相关成本是指与固定资产投资决策有关，在分析评价其财务可行性时必须考虑的成本，如差额成本、机会成本、未来成本、重置成本等都是相关成本。非相关成本是与固定资产投资决策无关的、在分析评价时不必考虑的成本，如历史成本、账面成本、沉没成本等。

2. 不要忽视机会成本

机会成本在投资决策中是非常重要的。所谓机会成本是在备选方案中选择一个最优方案，必须放弃其他投资方案，被放弃的方案所带来的潜在收益就是所选择方案的机会成本。例如，在固定资产更新改造的决策中有两个备选方案：购置新设备和继续使用旧设备。如果选择购置新设备，就需要处置旧的设备；如果选择继续使用旧设备，就必须放弃处置旧的设备所取得的变现收益。那么放弃处置旧的设备所取得的变现收益就是继续使用旧设备的机会成本。

3. 增量现金净流量

在确定固定资产投资方案的相关现金流量时，要注意只有增量现金流量才是固定资产投资方案的相关现金流量。所谓增量现金流量是指某个固定资产投资方案所引起的现金流入量和现金流出量的增加额。

4. 要考虑投资方案对公司其他部门的影响，对净营运资金的影响

当公司采纳一个新的投资项目后，可能对公司其他部门产生有利或不利影响。因此，公司在进行决策分析时，要考虑采用该投资方案对其他部门产生的影响。例如，某电器公司原来是生产电风扇的，现在准备投资新设备生产空调，预计新产品上市后对电风扇的销售收入将产生不利影响，在估计现金流量时不能仅计算生产空调所增加的销售收入，而要将生产空调所增加的销售收入扣除电风扇销售收入减少额来计算。

5. 筹资的利息或股利

用于固定资产投资的资金通过负债或发行股票取得。但在固定资产投资决策分析中，不将在资金使用过程中向债权人支付的利息或向股东支付的股利视为现金流出量。而在贴现决策方法中，将筹资的资金成本率作为贴现率或项目的取舍率。

三、估算方法

固定资产投资决策中的现金流量，一般可以分成三个阶段分别计算。

1. 初始现金流

初始现金流指投资开始时购建固定资产发生的现金流入量与流出量的统称。包括：（1）固定资产投资支出；（2）购建流动资产支出；（3）与固定资产投资有关的其他支出；（4）旧固定资产的残值收入；（5）税收节省额。

2. 经营现金流

经营现金净流是指固定资产项目投产后，在整个寿命期限内由于生产运营所发生的现金净流量。包括：（1）营业现金收入；（2）计提的折旧；（3）付现营业成本；（4）应缴纳的税金。

通常，营业现金净流量按照年度估算，分别根据不同情况按照以下公式计算：

不考虑所得税：

$$\text{净现金流量} = \text{销售收入} - \text{付现成本} \tag{5.1}$$

考虑所得税：

$$\begin{aligned}\text{净现金流量} &= (\text{销售收入} - \text{付现成本} - \text{折旧}) \times (1 - \text{税率}) + \text{折旧} \\ &= \text{税后收入} - \text{税后付现成本} + \text{折旧} \times \text{税率}\end{aligned} \tag{5.2}$$

3. 终结现金流

终结现金净流是指固定资产报废时发生的现金净流量。包括：（1）固定资产残值收入；（2）投入的流动资产回收；（3）残值净收入纳税或净损失抵税。

【例5-1】 A公司是一家钢铁企业，拟进入前景良好的汽车制造业。现找到一个投资项目，是利用B公司的技术生产汽车零件，并将零件出售给B公司。预计该项目需固定资产投资750万元，可以持续5年。财会部门估计每年的付现成本为760万元。固定资产折旧采用直线法，折旧年限5年，净残值为50万元。营销部门估计各年销售量均为40 000件，B公司可以接受250元/件的价格。生产部门估计需要250万元的净营运资本投资。假设所得税税率为40%。估计项目每年现金净流量。

年折旧额 = (750 - 50)/5 = 140（万元）

$NCF_0 = -750 - 250 = -1\,000$（万元）

$NCF_{1-4} = (4 \times 250 - 760 - 140) \times (1 - 40\%) + 140 = 200$（万元）

$NCF_5 = 200 + 250 + 50 = 500$（万元）

第四节 投资项目评价方法

当确定了固定资产投资决策所需要的相关现金流量和必要报酬率的信息后，就要考虑采用一定决策方法评价项目的经济可行性，以决定是否采纳一个方案。对固定资产项目经济可行性评价时使用的方法分为两类：一类是非贴现指标，包括投资回收期决策法和年均收益率决策法；另一类是贴现指标，包括净现值决策法、现值指数决策法和内部报酬率决策法。

一、非贴现法

非贴现法是不考虑货币时间价值因素的各种评价指标。

1. 投资回收期（payback period，PP）

（1）概念。投资回收期是指收回初始投资所需要的时间。该方法是从收回投资所需要的时间长短角度评价项目的经济可行性。

（2）计算。在计算固定资产投资项目的投资回收期时，根据其现金流量的特点，有以下两种计算方式：

① 当项目前若干年的净现金流量相等，且其合计数≥初始投资额时：

$$\text{不含建设期的投资回收期} = \frac{\text{初始投资额}}{\text{年均现金净流量}} \tag{5.3}$$

$$PP = \text{不含建设期的投资回收期} + \text{建设期} \tag{5.4}$$

② 当项目各年的净现金流量不等时，用累计净现金流量法：

$$\sum_{t=0}^{n} I_t = \sum_{t=0}^{n} O_t \tag{5.5}$$

【例 5-2】某投资项目各年现金净流量分布如表 5-1 所示。

表 5-1　　　　　某投资项目各年现金净流量分布

0	1	2	3	4	5	6
-50	-50	30	30	30	30	40

PP = 不含建设期的投资回收期 + 建设期 = 100 ÷ 30 + 1 = 3.33 + 1 = 4.33（年）

具体讲，如果现金流入量每年不等，或原始投资是分几年投入的，其计算公式为：

$$\text{投资回收期} = M + \frac{\text{第 } M \text{ 年的尚未收回额}}{\text{第}(M+1)\text{年的现金净流量}}$$

其中，设 M 是项目计算期内收回原始投资的前一年。

某投资项目各年现金净流量分布如表 5-2 所示。

表 5-2　　　　　某投资项目各年现金净流量分布

0	1	2	3	4	5	6
-50	-50	30	30	30	40	40

PP = 4 + 10 ÷ 40 = 4.25（年）

【例 5-3】某个投资项目，在建设起点进行固定资产投资 100 万元，建设期 1 年，建成投产时垫支营运资本20万元，投产后1~2年现金净流量为40万元，第3~4年每年现金净流量为80万元，则：

原始投资额=100+20=120（万元）

至项目第3年末收回投资80万元，尚有40万元未收回。第4年现金净流量为80万元，故投资回收期在第3~4年之间，则：

投资回收期=3+40÷80=3.5（年）

（3）决策标准。对相互独立的备选方案决策时：投资回收期≤期望投资回收期，可行；投资回收期＞期望投资回收期，不可行。

对相互排斥的备选方案决策时：在满足投资回收期≤期望投资回收期的备选方案中，选择投资回收期最短的备选方案。

（4）优缺点。优点：投资回收期法的概念容易理解，计算简单。缺点：首先，没有考虑资金的时间价值，只是将现金流量简单地相加，而没有考虑现金流量发生的时间；其次，没有考虑回收期满后的现金流量状况，因而不能充分说明问题。事实上，实际工作中的很多固定资产投资往往在早期的现金流入量小，而在中后期的现金流入量大，因此投资回收期法有可能选择了早期现金流入量大的方案而放弃了长期更加成功的投资方案。

2. 年均收益率（average rate of return，ARR）

（1）概念。年均收益率是投资项目在寿命期限内平均的年投资报酬率，也称平均投资报酬率。

（2）计算。

$$ARR = \frac{年均现金净流量}{初始投资额} \times 100\% \quad (5.6)$$

（3）决策标准。对相互独立的备选方案决策时：平均报酬率≥期望报酬率，可行；平均报酬率＜期望报酬率，不可行。

对相互排斥的备选方案决策时：在满足平均报酬率≥期望报酬率的方案中选择平均报酬率最大的方案。

（4）优缺点。优点：简明、易算、易懂。缺点：没有考虑资金的时间价值，第一年的现金流量与最后一年的现金流量被看作具有相同的价值，所以有时会作出错误的决策。

【例5-4】大华公司准备购入一设备扩充生产能力。现有甲、乙两个方案可供选择，甲方案需投资10 000元，使用寿命为5年，采用直线法计提折旧，5年后设备无残值。5年中每年的销售收入为6 000元,每年的付现成本为2 000元。乙方案需投资12 000元,采用直线法计提折旧,使用寿命为5年,5年后有残值收入2 000元。5年中每年的销售收入为8 000元,付现成本第一年为3 000元,以后随着设备陈旧,逐年增加修理费400元,另需垫支营运资金3 000元,假设所得税税率为40%。要求:(1)计算两个方案的现金流量;(2)计算两个方案的回收期;(3)计算两个方案的平均报酬率。

甲方案:年折旧额 = 10 000/5 = 2 000(元)

$$NCF_0 = -10\ 000\ (元)$$

$$NCF_{1\sim5} = (6\ 000 - 2\ 000 - 2\ 000) \times (1 - 40\%) + 2\ 000 = 3\ 200\ (元)$$

投资回收期 = 10 000/3 200 = 3.125(年)

投资报酬率 = 3 200/10 000 = 32%

乙方案:年折旧额 = (12 000 - 2 000)/5 = 2 000(元)

$$NCF_0 = -15\ 000\ 元$$

$$NCF_1 = (8\ 000 - 3\ 000 - 2\ 000) \times (1 - 40\%) + 2\ 000 = 3\ 800\ (元)$$

$$NCF_2 = (8\ 000 - 3\ 400 - 2\ 000) \times (1 - 40\%) + 2\ 000 = 3\ 560\ (元)$$

$$NCF_3 = (8\ 000 - 3\ 800 - 2\ 000) \times (1 - 40\%) + 2\ 000 = 3\ 320\ (元)$$

$$NCF_4 = (8\ 000 - 4\ 200 - 2\ 000) \times (1 - 40\%) + 2\ 000 = 3\ 080\ (元)$$

$$NCF_5 = (8\ 000 - 4\ 600 - 2\ 000) \times (1 - 40\%) + 2\ 000 + 2\ 000 + 3\ 000 = 7\ 840\ (元)$$

投资回收期 = 4 + 1 240/7 840 = 4.16(年)

投资报酬率 = [(3 800 + 3 560 + 3 320 + 3 080 + 7 840)/5]/15 000 = 28.8%

二、贴现法

贴现法是考虑了资金时间价值的决策方法,包括净现值法、现值指数法和内部报酬率法。

1. 净现值法(net present value,NPV)

(1)概念。投资项目投入使用后的净现金流量按资本成本或企业要求达到的报酬率折算为现值,减去初始投资以后的余额称为净现值。

(2)计算。

$$NPV = \sum_{t=1}^{n} \frac{NCF_t}{(1+i)^t} - NCF_0 \tag{5.7}$$

其中,NPV为净现值,NCF为各年现金净流量,i为折现率,n为投资有效期(预计使用年限)。

【例5-5】某投资项目资本成本为10%，现金净流量分布如表5-3所示。

表5-3　　　　　　　某投资项目各年现金净流量分布

0	1	2	3	4	5
-100	25	25	25	25	25

则：$NPV = 25 \times (P/A, 10\%, 5) - 100 = -5.225$（万元）

(3) 决策标准。在独立备选方案的采纳决策中，净现值为正者则采纳；净现值为负者则不采纳。在有多个备选方案的互斥选择中，应采用净现值为正值中的最大者。

(4) 优缺点。优点：考虑了资金的时间价值，能够反映各种投资方案的净收益，因而是一种较好的方法。缺点：不能揭示各个投资方案本身可能达到的实际报酬率是多少。

【例5-6】海天公司拟建一套流水生产线，需5年才能建成，预计每年年末投资454 000元。该生产线建成投产后可用10年，按直线法折旧，期末无残值。投产后预计每年可获得税后利润180 000元。试用净现值法进行方案的评价。假设要求的最低报酬率为10%。

年折旧额 = 454 000 × 5/10 = 227 000（元）

$NCF_{1\sim5} = -454\,000$ 元　　$NCF_{6\sim15} = 180\,000 + 227\,000 = 407\,000$（元）

$NPV = 407\,000(P/A, 10\%, 10) \times (P/S, 10\%, 5) - 454\,000 \times (P/A, 10\%, 5)$

$\quad\quad = 407\,000 \times 6.145 \times 0.621 - 454\,000 \times 3.791$

$\quad\quad = -167\,983.69$（元）

∵ $NPV < 0$

∴ 方案不可行

2. 现值指数法（present index，PI）

(1) 概念。现值指数又称获利指数或利润指数，是投资项目投产后未来现金流量的总现值与初始投资额的现值之比。

(2) 计算。

$$PI = \sum_{t=1}^{n} \frac{NCF_t}{(1+i)^t} \div NCF_0 \quad\quad (5.8)$$

【例5-7】华运公司固定资产的初始投资额为10 000万元，可使用5年，期满无残值，每年产生营业现金流量为2 600万元，假设要求的最低报酬率为10%，计算现值指数。

$PI = 2\,600 \times (P/A, 10\%, 5)/10\,000 = 0.9857$

$\because PI < 1$

$\therefore$ 方案不可行

（3）决策标准。在对独立备选方案的采纳决策中，获利指数大于1，则采纳；获利指数小于1，就拒绝。在有多个方案的互斥选择决策中，应采用获利指数超过1最多的投资项目。

（4）优缺点。优点：考虑了资金的时间价值；能够真实地反映投资项目的盈亏程度；获利指数是用相对数表示的，所以有利于在初始投资额不同的投资方案之间进行优先排序。缺点：获利指数这一概念不易理解，而且不能反映项目本身的真实报酬率。

3. 内部报酬率法（internal rate of return，IRR）

（1）概念。内部报酬率又称内含报酬率，反映的是项目本身真实的报酬率，是使投资项目的净现值等于零的贴现率。

【例5-8】现在存入银行100元，若明年可得到本利和110元，则获得收益率10%，如果以10%为贴现率计算该存款方案的净现值，应等于0。

（2）计算。

$$\sum_{t=1}^{n} \frac{NCF_t}{(1+IRR)^t} - NCF_0 = 0 \tag{5.9}$$

其中，NCF_t 为第 t 年的现金净流量，IRR 为内部报酬率，n 为项目使用年限，NCF_0 为初始投资额。

根据投资方案现金流量的特点不同，内含报酬率的求解方法也不同。

若投资项目建设期为零，投产后各年现金净流量均相等，则可采用插值法计算 IRR，即：已知现值（初始投资额）、年金（投产后各年相等的 NCF）、期数（项目计算期），求贴现率。

如〖例5-8〗，由于华运公司每年 NCF 相等，因而，可用如下方法计算内含报酬率。

$2\,600 \times (P/A, r, 5) - 10\,000 = 0$

年金现值系数 $(P/A, r, 5) = \dfrac{10\,000}{2\,600} = 3.846$

查年金现值系数表，第五期与3.846相邻近的年金现值系数在9%~10%之间，用插值法计算如下：

贴现率	年金现值系数
9%	3.890
r	3.846
10%	3.791

$$\frac{9\% - r}{9\% - 10\%} = \frac{3.890 - 3.846}{3.890 - 3.791}$$

该项目的内含报酬率 $IRR = 9\% + 0.44\% = 9.44\%$

如果投资方案各年的现金流量不同,则用逐次测试法求解。其测试过程是:先设一个贴现率,计算其净现值,如果净现值为零,结束测试过程,所设的贴现率就是项目的内部报酬率;如果净现值为正,则提高贴现率再测试;如果净现值为负,则降低贴现率再测试;经过反复测试,直到找到两个净现值接近于零的贴现率,再用插值法计算其精确的内部报酬率。即:估计一个贴现率 k,计算 NPV;若 $NPV > 0$,说明 $IRR > k$,应调高 k 测试,k 调高后,NPV 变小;若 $NPV < 0$,说明 $IRR < k$,应调低 k 测试,k 调低后,NPV 变大;若 $NPV = 0$,说明 $IRR = k$。

当测试到 NPV 由正转负或由负转正时,测试结束,此时取得最接近于 0 的 NPV 的正负临界值 $NPV+$ 和 $NPV-$,及其对应的贴现率 $k+$ 和 $k-$,采用下式计算 IRR:

$$IRR = k_+ + \frac{NPV_+}{NPV_+ + |NPV_-|} \times (k_- - k_+)$$

【例 5 – 9】志鸿公司拟购置一台设备,需投资 200 万元,该设备可用 10 年,使用期满有残值 20 万元,使用该项设备可为企业每年增加税后净利 17 万元。该设备按直线法计提折旧,资金成本率为 10%。要求:①计算净现值;②计算内部收益率。

① 净现值法。

第 1 ~ 9 年每年的净现金流量 = 17 + 18 = 35(万元)

第 10 年的净现金流量 = 35 + 20 = 55(万元)

净现值 = $-200 + 35 \times (P/A, 10\%, 10) + 20 \times (P/S, 10\%, 10)$

    = $-200 + (35 \times 6.145 + 20 \times 0.386)$

    = 22.795(万元)

由于该项投资的净现值为正数,故投资方案可行。

② 内部收益率法。

假设 $i = 12\%$,净现值 = $-200 + (35 \times 5.650 + 20 \times 0.322) = 4.19$(万元)

假设 $i=14\%$，净现值 $= -200+(35\times5.216+20\times0.270) = -12.04$（万元）

12%	4.19
IRR	0
14%	-12.04

用插值法算得内部收益率 $IRR = 12.52\%$。

（3）决策标准。在只有一个备选方案的采纳决策中，如果计算出的内部报酬率大于或等于企业的资本成本或必要报酬率就采纳；反之，则拒绝。

在有多个方案的互斥选择决策中，应采用内部报酬率超过资本成本或必要报酬率最多的投资项目。

（4）优缺点。优点：考虑了资金时间价值，反映了投资项目的真实报酬率，概念也易于理解。缺点：计算过程比较复杂，特别是每年 NCF 不相等的投资项目，一般要经过多次测算才能求得。

三、投资决策方法的比较

一般地，对于任何给定的固定资产投资项目而言，非贴现法与贴现法决策会得出相同的接受或拒绝的结论。如投资回收期小于期望投资回收期的项目，年均收益率大于期望年均收益率。项目的净现值大于零意味着项目投产后产生的未来收益现值大于其初始现金流出量，其现值指数大于1，内部收益率大于资金成本率，该项目从任何指标角度评价，在经济上都是可行的。如投资回收期大于期望投资回收期的项目，年均收益率小于期望年均收益率，项目的净现值小于零，其现值指数小于1，内部收益率小于资金成本率，该项目从任何指标角度评价，在经济上都是不可行的。因此，对于一个传统的独立项目，内部收益率法、净现值法和现值指数法将使我们得出相同的接受或者拒绝的结论。但是，当我们对两个或多个固定资产投资项目作互斥选择时，内部收益率、净现值或现值指数可能得出矛盾的结论。造成这种情况的原因主要有：(1) 投资项目的初始投资成本不相同。(2) 投资项目现金流量的时间分布不同。例如，某个项目的现金流量随着时间递增，而其他项目则随时间递减。(3) 投资项目具有不同的使用寿命期限。

需要指出的是，上述投资项目的差别只是产生投资项目等级排列冲突的必要条件，而非充分条件。因此，有可能存在某些互斥项目在上述三个方面都不相同，但在按内部收益率、净现值和现值指数进行排序时却没出现任何冲突。下面举例说明。

1. 初始投资成本不同的投资项目分析

【例 5-10】假设某公司有两个互斥投资项目，它们预期能产生表 5-4 所示的现金流量。

表 5-4　　　　　　　　甲、乙投资项目各年现金净流量

时间	净现金流量	
	甲项目	乙项目
0	-100	-100 000
1	0	0
2	400	156 250

假设资金成本率是10%，则甲项目和乙项目的净现值、现值指数和内部收益率如表5-5所示。

表 5-5　　　　　　　甲、乙投资项目投资决策指标比较

项目	净现值（10%）	现值指数（10%）	内部收益率（%）
甲	231	3.31	100
乙	29 132	1.29	25

如果依据净现值的大小来决定项目的排列顺序，则项目乙是较优的；如果依据现值指数或内部收益率的高低来决定项目的顺序，那么项目甲是较优的。如果我们只能在这两个项目中选择一个，那么显然会发生矛盾。

因为现值指数反映的是相对营利性，内部收益率是项目本身的真实报酬率，如果不考虑投资规模这个因素，人们会认为投资100元获得100%的收益率将永远优于投资10万元获得25%的收益率的投资项目。相反，净现值是以公司财富增加的绝对数额来表示的，考虑到收益的绝对数额，项目乙显然是更优的。虽然项目甲的内部收益率和盈利指数比较高，但是项目乙能够给企业提供更大的净现值。比较而言，人们往往更愿意采用净现值法作最终的选择，这是因为净现值法不仅告诉了我们是否应该接受一个项目，而且具体算出了该项目对股东财富的经济贡献。

2. 现金流量模式不同的投资项目分析

【例5-11】假设某公司有两个互斥投资项目，其现金流量模式如表5-6所示。

表 5-6　　　　　　　丙、丁投资项目各年现金净流量

时间	净现金流量	
	丙项目	丁项目
0	-1 200	-1 200
1	1 000	100
2	500	600
3	100	1 080

可以看到，丙项目和丁项目所需的初始现金流量相同，项目寿命也相同。但是，它们的现金流模式不同。丙项目的现金流量随着时间递减，而丁项目的现金流量随时间递增。两个项目主要经济评价指标计算结果如表5-7所示。

表5-7 丙、丁投资项目投资决策指标比较

项目	IRR	贴现率<10%		贴现率=10%		贴现率>10%	
		NPV	PI	NPV	PI	NPV	PI
丙	23%	小	低	198	1.17	大	高
丁	17%	大	高	198	1.17	小	低

可见，依据内部收益率决策丙项目优于丁项目，如果贴现率大于10%，丙项目的净现值和现值指数将大于丁项目；如果贴现率小于10%，丁项目的净现值和现值指数将大于丙项目；如果贴现率等于10%，两个项目将具有相同的净现值和相同的盈利指数。

与两条净现值特征曲线的交点相联系的贴现利率，即10%，代表了两个项目具有相同净现值时的预期报酬率。这个利率被称为"费雪的交叉利率"，以著名的经济学家欧文·费雪（Irving Fisher）的名字命名。这一贴现利率非常重要，因为当预期报酬率低于费雪利率时，按净现值和现值指数的排序将与按内部收益率的排序发生冲突。

在该例题中，产生这种冲突的原因不是项目的规模或寿命方面的问题，因为丙项目和丁项目的初始现金流出量和项目寿命都是相同的。产生这种冲突的根源是各种方法隐含的，关于较早从项目中获得的现金流量如何进行再投资的假设不同，每种贴现决策方法都假定：项目的现金流入量可以以该方法中采用的贴现率进行再投资。因此，内部收益率法中隐含的假定是：在项目寿命期间内，资金可以等于内部收益率的报酬率进行再投资。而净现值和盈利指数法中隐含的假定是：再投资利率等于作为贴现率的预期报酬率或必要报酬率。

因此，在内部收益率方法下，隐含的再投资利率将随着项目的现金流模式的不同而不同。对于一个有较高内部收益率的项目，假设的再投资利率也较高；对于内部收益率较低的项目，假设的再投资利率也较低。只有当两个投资项目的内部收益率相等时，它们才会有相同的再投资利率。而对于净现值法，隐含的再投资利率——必要报酬率对每个项目都是一样的。从本质上来说，这个再投资利率反映了公司存在的投资机会的最低收益率，这个利率更准确地反映了公司增加投资预期能赚取的边际收益率。因此，当互斥项目因为现金流量模式上的差异而产生排序困难时，应该选择按净现值排序。因为，它能帮助我们找到能最大限度地增加股东财富的项目。

3. 经济寿命不同的投资项目分析

【例 5-12】 假设公司正面临着在两个互斥投资项目 X 和 Y 之间作出选择，这两个投资项目能产生如表 5-8 所示的现金流量。

表 5-8　　　　　　　X、Y 投资项目现金流指标分布　　　　　　　单位：万元

项　目	第 0 年	第 1 年	第 2 年	第 3 年
X 项目	-1 000	0	0	3 375
Y 项目	-1 000	2 000	0	0

如果必要报酬率是 10%，则贴现的经济评价指标计算如表 5-9 所示。

表 5-9　　　　　　　X、Y 投资项目决策指标比较

项　目	内部收益率（%）	$I=10\%$ 净现值（万元）	$I=10\%$ 现值指数
X 项目	50	1 536	2.54
Y 项目	100	818	1.82

同样，我们发现用不同的评价方法在项目排序上发生了冲突。如果用净现值法来选择，应选择 X 项目。但是，我们发现存在以下问题：(1) Y 项目的内部收益率是 X 项目的 2 倍，而它们的投资都是 1 000 万元；(2) X 项目只能在第 3 年末获得正的现金流量，而 Y 项目只需在第 1 年末就能获得所有的现金流量；(3) 在 X 项目不能产生任何收益时，却可以用 Y 项目产生的现金流量进行再投资。

既然 X 项目和 Y 项目的初始投资相同，那么我们可以通过比较这两个项目的终值来比较它们的优劣。为更清楚地说明这一点，我们可以把上述两个项目放在同一个终止日期来比较。为此，我们假定寿命较短的 Y 项目产生的现金流量在寿命较长的 X 项目结束之前以必要报酬率进行再投资。使用这一再投资利率，而不是其他更高的利率，是因为我们假定公司在有额外资金时，投资于其他最好的项目所能赚取的边际收益率就是该必要报酬率。计算结果如表 5-10 所示。

表 5-10　　　　　　　X、Y 投资项目净现值计算　　　　　　　单位：万元

项　目	每年年末现金净流量				净现值（10%）
	0	1	2	3	
X 项目	-1 000	0	0	3 375	1 536
Y 项目	-1 000	2 000	0	0	818
2 000 万元的现金流量以 10% 的收益率再投资的终值				2 420	

分析表明，X 项目的终值 3 375 万元大于 Y 项目的终值 2 420 万元，所以 X 项目是更优的。不论投资项目初始投资是否相同，我们总能根据净现值法对项目进行排序。从表 5-10 中可以看到，当我们从实际的现金流量转化到假想的现金流量后，Y 项目的净现值没有变。这是因为在再投资和贴现过程中我们使用的是同一个必要报酬率。因此，对于具有不同经济寿命的互斥项目，净现值仍可得出正确的项目排序。

我们已经看到按净现值法给互斥投资项目排序时总是能得到正确的结论，而按内部收益率法有时就不能。对于内部收益率法，其隐含的再投资利率会随所研究项目的现金流序列的不同而不同。而对于净现值法，隐含的再投资利率——预期报酬率对所有的投资项目都是一样。另外，净现值法考虑了各个投资项目的规模和寿命的差别。如果我们的目标是使实际价值最大化，理论上讲，正确的资本的机会成本只能是预期报酬率，这与净现值法的假设是一致的，从而避免了再投资利率的问题。最后，多个内部收益率的存在进一步限制了内部收益率适用的范围。

第五节 项目投资决策方法的运用

一、固定资产更新决策

固定资产更新是对技术上或经济上不宜使用的旧资产用新的资产进行替换，或用先进技术对原有的设备进行改造。固定资产更新决策面临的问题是继续使用旧资产还是更换新资产。随着科学技术的发展，固定资产的更新周期在大大缩短，当社会上出现技术性能更先进的设备后，原来旧的设备即使还能使用，但由于消耗大、维修费用高，也必须考虑是否提前更新的问题。因此，固定资产更新的决策成为长期投资决策中的重要内容。

【例 5-13】大方公司考虑用一台新的、效率更高的设备来代替旧设备，以减少成本、增加收益。旧设备原购置成本为 50 000 元，已使用 5 年，估计还可使用 5 年，已提折旧 25 000 元，假定使用期满后无残值，如果现在销售可得价款 10 000 元，使用该设备每年可获收入 50 000 元，每年的付现成本为 30 000 元。新设备的购置成本为 60 000 元，估计可使用 5 年，期满有残值 10 000 元，使用新设备后，每年收入可达 80 000 元，每年付现成本为 40 000 元。假设该公司的资本成本为 10%，所得税税率为 40%，新、旧设备均用直线折旧法计提折旧。试作出该公司是继续使用旧设备还是对其进行更新的决策。

在本例中，有两个固定资产备选方案：一个方案是继续使用旧设备；另一个方案是出售旧设备而购置新设备。为此，我们可以采用差量分析法来计算一个方案比另一个方案增减的现金流量，所有增减额均用"Δ"表示。

下面，我们从新设备的角度计算两个方案的差量现金流量。

(1) 分别计算初始投资与折旧的现金流量的差量。

Δ 初始投资 = 60 000 - 10 000 = 50 000（元）

Δ 年折旧额 = 10 000 - 5 000 = 5 000（元）

(2) 利用表 5 - 11 来计算各年营业现金流量的差量。

表 5 - 11　　　　　各年营业现金流量的差量计算　　　　单位：元

项目	使用新设备	使用旧设备	差额
销售收入(1)	80 000	50 000	30 000
付现成本(2)	40 000	30 000	10 000
折旧(3)	10 000	5 000	5 000
税前净利(4) = (1) - (2) - (3)	30 000	15 000	15 000
所得税(5) = (4) × 40%	12 000	6 000	6 000
税后净利(6) = (4) - (5)	18 000	9 000	9 000
营业现金流量(7) = (6) + (3)	28 000	14 000	14 000

(3) 利用表 5 - 12 来计算两个方案现金流量的差量。

表 5 - 12　　　　　　各年现金净流量计算　　　　　　单位：元

项目	第0年	第1年	第2年	第3年	第4年	第5年
初始 NCF	-50 000					
营业 NCF		14 000	14 000	14 000	14 000	14 000
终结 NCF						10 000
各年 NCF	-50 000	14 000	14 000	14 000	14 000	24 000

(4) 计算差量净现值。

$\Delta NPV = 14\,000 \times (P/A, 10\%, 4) + 24\,000 \times (P/S, 10\%, 5) - 50\,000$

$= 14\,000 \times 3.170 + 24\,000 \times 0.621 - 50\,000$

$= 9\,284$（元）

设备更新后有净现值 9284 元，故应进行更新。当然也可以分别计算两个方案的净现值，然后依据净现值法选择净现值最大的备选方案。

二、寿命期限不等的投资决策

许多固定资产投资项目是对多个经济使用年限不同的备选方案进行选择。由于项目产生现金流量的时间长短不同，因此不能直接用净现值、内部收益率和现值指数进行直接比较。为了使投资项目的评价指标具有可比性，可以采用年均净现值法和年均成本法。

1. 年均净现值法

所谓年均净现值法是对经济寿命不等的固定资产投资方案进行评价时，将净现值总额分摊到每一年，然后比较投资方案经济可行性的方法。年均净现值计算公式如下：

$$ANPV = \frac{NPV}{PVIFA_{k,n}} \tag{5.10}$$

其中，$ANPV$ 为年均净现值，NPV 为净现值，$PVIFA_{k,n}$ 为年金现值系数。

【例 5-14】大卫公司要在两个投资项目中选取一个。半自动化的 A 项目需要 160 000 元的初始投资，每年产生 80 000 元的净现金流量，项目的使用寿命为 3 年，3 年后必须更新且无残值；全自动化的 B 项目需要初始投资 210 000 元，使用寿命为 6 年，每年产生 64 000 元的净现金流量，6 年后必须更新且无残值。企业的资本成本为 16%，那么，大卫公司该选用哪个项目呢？[1] 两个项目的净现值计算如下：

$$\begin{aligned} NPV_A &= NCF_A \times PVIFA_{k,n} - C \\ &= 80\,000 \times PVIFA_{16\%,3} - 160\,000 \\ &= 19\,680 \text{（元）} \\ NPV_B &= 64\,000 \times PVIFA_{16\%,6} - 210\,000 \\ &= 64\,000 \times 3.685 - 210\,000 \\ &= 25\,840 \text{（元）} \end{aligned}$$

计算结果表明，全自动化的 B 项目优于半自动化的 A 项目，因为它能给企业提供更大的净现值。但是，这种分析是不完整的，因为没有考虑两个投资方案的使用年限是不同的。为了使指标的评价更加合理，我们用年均净现值法再作一下比较：

$$ANPV_A = \frac{19\,680}{PVIFA_{16\%,3}} = \frac{19\,680}{2.246} = 8\,762 \text{（元）}$$

---

[1] 财政部注册会计师考试委员会：《财务管理学》，中国财政经济出版社 2002 年版，第 391 页。

$$ANPV_B = \frac{25\ 840}{PVIFA_{16\%,6}} = \frac{25\ 840}{3.685} = 7\ 012 \text{（元）}$$

年均净现值的计算结果表明，半自动化的 A 项目优于全自动化的 B 项目。

2. 年均成本法

所谓年均成本是固定资产投资方案引起的现金净流出量的年平均值。它是未来使用年限内现金流出量的总现值与年金现值系数的比值。

【例 5 – 15】 某企业有一台购于 4 年前的旧设备，原值 2 200 元，尚可使用 6 年，每年运行成本 700 元，10 年后预计残值 200 元，目前变现价值为 600 元。工程技术人员提出更新要求，新设备购置成本 2 400 元，年运行成本 400 元，可使用 10 年，10 年后的变现残值 300 元。企业预期报酬率为 15%，不考虑税金影响。① 有关数据对比分析如表 5 – 13 所示。

表 5 – 13　　　　　　　　新、旧设备相关数据对比分析

指　　标	旧设备	新设备
原值（元）	2 200	2 400
预计使用年限	10	10
已经使用年限	4	0
最终残值（元）	200	300
变现残值（元）	600	2 400
年运行成本（元）	700	400

$$\text{旧设备平均年成本} = \frac{600 + 700 \times (P/A, 15\%, 6) - 200 \times (P/S, 15\%, 6)}{(P/A, 15\%, 6)}$$

$$= \frac{600 + 700 \times 3.784 - 200 \times 0.432}{3.784}$$

$$= 836 \text{（元）}$$

$$\text{新设备平均年成本} = \frac{2\ 400 + 400 \times (P/A, 15\%, 10) - 300 \times (P/S, 15\%, 10)}{(P/A, 15\%, 10)}$$

$$= \frac{2\ 400 + 400 \times 5.019 - 300 \times 0.247}{5.019}$$

$$= 863 \text{（元）}$$

计算结果表明，旧设备平均年成本比新设备平均年成本低，所以应该继续使用旧

---

① 本例题摘自 2002 年注册会计师考试指导《财务成本管理》第 241 页。

设备。

三、资本限额的决策分析

所谓资本限额是指企业在某一特定时期内的资本支出总量必须在预算约束或预算上限之内。这种约束在一些公司中很普遍，特别是在那些规定只能通过内部融资解决所有资本费用的公司。另一个发生资本限额的情况是，一些大公司的分公司只能在某一个特定的预算上限之内作资本投资，超过该上限的资本支出分公司没有控制权。有了资本限额的约束，公司会在不超过预算上限的情况下，尽量选择能实现公司价值最大化的项目投资资本。

当在多期内限制资本的使用时，资本限额问题需要运用若干其他（更复杂的）解决约束条件下的最大化问题的方法。这些方法需要利用运筹学中关于线性规划、整数规划和目标规划的知识。

如果仅仅是限制资本在当前时期的使用，问题就转化为在不超过预算上限的情况下选择那些能使每单位资本的投资带来最大价值增量的项目。

【例 5 - 16】假设公司面临如表 5 - 14 所示的八种投资机会。

表 5 - 14　　　　　　　　八种投资机会决策比较

项目	初始投资（万元）	内部收益率（%）	现值指数	净现值（万元）
A	50 000	15	1.24	12 000
B	35 000	19	1.43	15 000
C	30 000	28	2.40	42 000
D	25 000	26	1.04	1 000
E	15 000	20	1.67	10 000
F	10 000	37	2.10	11 000
G	10 000	25	2.30	13 000
H	1 000	18	1.10	100

如果各个投资项目相互独立，而且资本投资上限为 65 000 万元，则企业应该选择使 65 000 万元资本充分利用的条件下，公司价值量的增加达到最大的项目投资组合。

下面根据贴现决策方法内部收益率和现值指数所对应的盈利能力递减的顺序选择项目，直到 65 000 万元资本被用完的项目组合情况，如表 5 - 15 至表 5 - 17 所示。

表 5–15　　　　　　F、C、D 项目投资组合决策指标列示

项目	内部收益率（%）	初始现金流出量（万元）	净现值（万元）
F	37	10 000	11 000
C	28	30 000	42 000
D	26	25 000	1 000
		65 000	54 000

表 5–16　　　　　　C、B 项目投资组合决策指标列示

项目	内部收益率（%）	初始现金流出量（万元）	净现值（万元）
C	28	30 000	42 000
B	19	35 000	15 000
		65 000	57 000

表 5–17　　　　　　C、G、F、E 项目投资组合决策指标列示

项目	现值指数	初始现金流出量（万元）	净现值（万元）
C	2.40	30 000	42 000
G	2.30	10 000	13 000
F	2.10	10 000	11 000
E	1.67	15 000	10 000
合计		65 000	76 000

在资本限额约束条件下，企业应选择 C、E、F 和 G 项目组合，因为它们充分利用 65 000 万元的资本限额，提供的净现值总和为 76 000 万元，这一组合提供的净现值总和最大。因此，在资本限额约束条件下，按现值指数递减的顺序选择项目，能选出最大限度地增加公司价值的项目组合。这是因为，资本限额问题的关键就是选择一个项目组合，使预算限额中的"每一元钱都发挥最大作用"——而这正是按现值指数递减的顺序选择项目具有的特征。

第六节　项目投资的风险分析

在前两节讨论的投资决策分析问题时，我们都假定人们可以确知现金流量的金额及其发生时间。实际上，投资活动充满了不确定性。因此，根据对未来情况的掌握程度，投资决策可以分为三种类型：确定型投资决策、风险型投资决策和不确定型投资决策。

确定型投资决策是对投资引起的现金流量和发生时间能够肯定的投资决策;风险型投资决策是对投资引起的现金流量和发生时间不能肯定,但其概率能够主观确定的投资决策;不确定型投资决策是不仅不能确定投资引起的现金流量和发生时间,而且其发生的概率也不清楚的投资决策。如果投资决策面临的不确定性和风险比较小,一般可忽略它们的影响,把决策视为确定情况下的决策。如果投资决策面临的不确定性和风险比较大,足以影响对投资方案的选择,那么就应对它们进行计量并在决策时加以考虑。

项目投资风险分析的常用方法有敏感性分析法、风险调整贴现率法和肯定当量法。

一、敏感性分析法

影响现金流量的因素很多,如销售量的变化、成本的变化等都会使得预计的现金流量与实际的现金流量产生偏差,当实际的现金流量与预计的现金流量产生差异时,是否会对项目的决策结果产生影响或者产生多大程度的影响呢?敏感性分析法就可以解决这样的问题。

敏感性分析是指对影响项目决策结果的各个因素变化对净现值或内部收益率产生的影响程度,以进一步决定项目是否可行的分析方法。现举例说明敏感性分析在项目投资决策中的应用。

【例5-17】大方公司准备投资一项新设备,其购置成本为100万元,预计可用5年,5年后预计残值为0,项目投产后预计每年可实现销售收入110万元,付现成本30万元。假设必要报酬率为10%,所得税税率为40%。用净现值法对项目的可行性进行分析。

项目的营业现金净流量:

$$NCF = (110 - 30 - \frac{100}{5}) \times (1 - 40\%) + \frac{100}{5}$$

$$= 60 \times (1 - 40\%) + 20$$

$$= 36 + 20$$

$$= 56 (万元)$$

将初始现金流量与营业现金净流量合并编制项目现金流量表(见表5-18)。

表5-18 项目现金流量 单位:万元

项目	0	1	2	3	4	5
初始现金流量	-100					
营业现金流量		56	56	56	56	56
项目净现金流量	-100	56	56	56	56	56

该项目的净现值 $NPV = 56 \times (P/A,10\%,5) - 100$

$$= 56 \times 3.791 - 100$$

$$= 212.30 - 100$$

$$= 112.30 \text{（万元）}$$

下面用敏感性分析法分析销售收入和付现成本变化对净现值的影响。

假设销售收入变动率为 g，则其净现值为：

$NPV = \{[110 \times (1 \pm g) - 30 - 20] \times (1 - 40\%) + 20\} \times (P/A,10\%,5) - 100$

$$= [(110 \pm 110g - 50) \times 0.6 + 20] \times 3.791 - 100$$

$$= [(66 \pm 66g - 30) + 20] \times 3.791 - 100$$

$$= 250.21 \pm 250.21g - 37.91 - 100$$

$$= 112.30 \pm 250.21g$$

现在分别预计销售收入变动（增加或减少 5~10 个百分点）对净现值的影响（见表 5-19）。

表 5-19　　　　　　　　销售收入变化对净现值的影响

影响 NPV 的因素	变动程度（%）	变动后的 NPV（万元）	对 NPV 的影响程度	
			绝对额（万元）	百分比（%）
销售收入	+10	137.32	+25.02	+22.28
	+5	124.81	+12.51	+11.14
	-5	99.79	-12.51	-11.14
	-10	87.28	-25.02	-22.28

假设付现成本变动率为 g，则其净现值为：

$NPV = \{[110 - 30 \times (1 \pm g) - 20] \times (1 - 40\%) + 20\} \times (P/A,10\%,5) - 100$

$$= (66 - 18 \pm 18g - 12 + 20) \times 3.791 - 100$$

$$= (56 \pm 18g) \times 3.791 - 100$$

$$= 212.30 \pm 68.24g - 100$$

$$= 112.30 \pm 68.24g$$

现在分别预计付现成本变动（增加或减少 5~10 个百分点）对净现值的影响。值得注意的是，由于成本的变动对净现值的影响是反向变化，即：成本增加，净现值减少；成本减少，净现值增加。所以，在分析付现成本变动对净现值的影响时，代入的符号相反（见表 5-20）。例如，付现成本增加 10% 时，其净现值为 105.476（112.30 - 68.24×0.1）。

表 5-20　　　　　　　　　付现成本变动对净现值的影响

影响 NPV 的因素	变动程度（%）	变动后的 NPV（万元）	对 NPV 的影响程度	
			绝对额（万元）	百分比（%）
付现成本	+10	105.48	-6.82	-6.07
	+5	108.88	-3.41	-3.04
	-5	115.71	+3.41	+3.04
	-10	119.12	+6.82	+6.07

分析结果表明，销售收入的变化对净现值产生的影响比付现成本变动对净现值的影响大，净现值对销售收入的敏感性强。因此，在进行评价时，要特别注意对销售收入的预测，尽量减少误差，降低投资风险。

敏感性分析在实践中容易操作，但是这种方法的缺陷是没有考虑各种变量的概率分布状况。如果某个变量的概率分布有较小的标准差，那么该变量的实际值与期望值之间不可能有较大的偏差。即使该变量是敏感变量，也不必对其花费过多的时间进行分析。

二、风险调整贴现率法

风险调整贴现率法是对于高风险的投资项目，采用较高的贴现率去计算净现值，然后根据净现值法的规则来选择方案。其公式表示为：

$$NPV = \sum_{t=1}^{n} \frac{ENCF_t}{(1+K)^t} - NCF_0 \qquad (5.11)$$

其中，$ENCF_t$ 为各年现金流量期望值，NCF_0 为初始投资额，K 为风险调整贴现率。

该方法的关键问题是根据项目风险程度的大小确定含风险的贴现率，即风险调整贴现率。风险调整贴现率可以根据风险报酬率模型来确定，其公式如下：

$$K = i + b \times Q \qquad (5.12)$$

其中，K 为风险调整贴现率，i 为无风险贴现率，b 为风险报酬斜率，Q 为风险程度。

根据风险调整贴现率法对投资项目进行决策时的主要步骤是：(1) 计算各年现金流量期望值；(2) 计算标准差及变异系数；(3) 确定风险报酬斜率；(4) 确定含风险贴现率；(5) 计算净现值并决策。

【例 5-18】某公司要求的期望报酬率为 6%，现在有三个投资机会，有关资料如表 5-21 所示。

表 5-21　　　　　　　　A、B、C 方案决策资料

t（年）	A 方案		B 方案		C 方案	
	NCF_t	P_i	NCF_t	P_i	NCF_t	P_i
0	-5 000	1	-2 000	1	-2 000	1
1	3 000 2 000 1 000	0.25 0.50 0.25				
2	4 000 3 000 2 000	0.20 0.60 0.20				
3	2 500 2 000 1 500	0.30 0.40 0.30	1 500 4 000 6 500	0.2 0.6 0.2	3 000 4 000 5 000	0.1 0.8 0.1

（1）计算投资项目的期望值。

A 方案的期望值。我们假设 A 方案的初始投资 5 000 元是确定的，但这并不意味着现金流出没有风险，而只是为了简化。各年营业现金净流量预计有三种可能，并且能确定其发生的概率。

各年营业现金净流量的期望值为：

$$E = \sum_{t=1}^{n}(NCF_t \times P_i)$$

$E_1 = 3\ 000 \times 0.25 + 2\ 000 \times 0.5 + 1\ 000 \times 0.25 = 2\ 000$（元）

$E_2 = 4\ 000 \times 0.2 + 3\ 000 \times 0.6 + 2\ 000 \times 0.2 = 3\ 000$（元）

$E_3 = 2\ 500 \times 0.3 + 2\ 000 \times 0.4 + 1\ 500 \times 0.3 = 2\ 000$（元）

B 方案的期望值：

$E_B = 1\ 500 \times 0.2 + 4\ 000 \times 0.6 + 6\ 500 \times 0.2 = 4\ 000$（元）

C 方案的期望值：

$E_C = 3\ 000 \times 0.1 + 4\ 000 \times 0.8 + 5\ 000 \times 0.1 = 4\ 000$（元）

（2）计算项目的风险程度。

A 项目的风险程度。

A 项目的现金净流量发生在第三年，其风险程度的度量要首先计算各年现金流量的

标准差，然后计算综合标准差，最后为了便于比较不同规模项目的风险再计算变化系数。

现金流量的标准差是反映各种可能的现金流量与其期望值离散程度的绝对数指标，公式为：

$$d_t = \sqrt{\sum (NCF - E)^2}$$

$$d_1 = \sqrt{(3\,000 - 2\,000)^2 \times 0.25 + (2\,000 - 2\,000)^2 \times 0.5 + (1\,000 - 2\,000)^2 \times 0.25}$$
$$= 707.11 \text{（元）}$$

$$d_2 = \sqrt{(4\,000 - 3\,000)^2 \times 0.2 + (3\,000 - 3\,000)^2 \times 0.6 + (2\,000 - 3\,000)^2 \times 0.20}$$
$$= 632.46 \text{（元）}$$

$$d_3 = \sqrt{(2\,500 - 2\,000)^2 \times 0.3 + (2\,000 - 2\,000)^2 \times 0.4 + (1\,500 - 2\,000)^2 \times 0.30}$$
$$= 387.30 \text{（元）}$$

综合标准差是反映三年现金流量总的离散程度的指标，计算公式为：

$$D = \sqrt{\sum_{t=1}^{n} \frac{d_t}{(1+i)^{2t}}}$$

$$= \sqrt{\frac{(707.11)^2}{(1+6\%)^2} + \frac{(632.46)^2}{(1+6\%)^4} + \frac{(387.30)^2}{(1+6\%)^6}}$$

变化系数也叫标准离差，是标准差与期望值的比值，反映单位期望值的风险，是反映项目风险的相对数指标。对具有一系列现金流量的 A 项目，要计算其综合变化系数，即综合变化系数是综合标准差与现金流量期望值现值的比值。计算公式为：

$$q = \frac{d}{E}$$

$$Q = \frac{D}{EPV}$$

$$EPV_{(A)} = \frac{2\,000}{(1+6\%)^1} + \frac{3\,000}{(1+6\%)^2} + \frac{2\,000}{(1+6\%)^3} = 6\,236 \text{（元）}$$

$$D_{(A)} = 931.44 \text{（元）}$$

$$Q_{(A)} = \frac{931.44}{6\,236} = 0.15 \text{（元）}$$

B 项目的风险程度。

B 方案和 C 方案只有第三年有现金净流量，该年的变化系数就是全部现金流量的变化系数。无须进行贴现后计算变化系数，因为分子和分母同时贴现其比值仍然不变。

$$D_B = \sqrt{(1\,500 - 4\,000)^2 \times 0.2 + (4\,000 - 4\,000)^2 \times 0.6 + (6\,500 - 4\,000)^2 \times 0.2}$$
$$= 1\,581 \text{（元）}$$

$Q_B = 1\,581 \div 4\,000 = 0.40$

C 项目的风险程度。

$$D_C = \sqrt{(3\,000 - 4\,000)^2 \times 0.1 + (4\,000 - 4\,000)^2 \times 0.8 + (5\,000 - 4\,000)^2 \times 0.1}$$
$$= 447 \text{（元）}$$

$Q_C = 447 \div 4\,000 = 0.11$

（3）确定风险贴现率。

风险贴现率 $K = i + b \times q$，其中，b 表示风险报酬斜率，b 值是经验数据，可根据历史资料用高低点法或直线回归法求出。假设中等风险程度的项目变化系数为 0.5，通常要求的含有风险报酬的最低报酬率为 11%，无风险的最低报酬率 i 为 6%，则：

$$b = \frac{11\% - 6\%}{0.5} = 0.1$$

前面已计算出 A 方案的综合变化系数 $Q(A) = 0.15$，B 方案的变化系数 $Q(B) = 0.4$，C 方案的变化系数 $Q(C) = 0.11$。因此三个方案的风险调整贴现率分别为：

$K_{(A)} = 6\% + 0.1 \times 0.15 = 7.5\%$

$K_{(B)} = 6\% + 0.1 \times 0.40 = 10\%$

$K_{(C)} = 6\% + 0.1 \times 0.11 = 7.1\%$

（4）用不同的风险调整贴现率计算净现值。

$$NPV_{(A)} = \frac{2\,000}{(1 + 7.5\%)^1} + \frac{3\,000}{(1 + 7.5\%)^2} + \frac{2\,000}{(1 + 7.5\%)^3} - 5\,000$$
$$= 1\,860 + 2\,596 + 1\,610 - 5\,000$$
$$= 1\,066 \text{（元）}$$

$$NPV_{(B)} = \frac{4\,000}{(1 + 10\%)^3} - 2\,000 = 3\,005 - 2\,000 = 1\,005 \text{（元）}$$

$$NPV_{(C)} = \frac{4\,000}{(1 + 7.1\%)^3} - 2\,000 = 3\,256 - 2\,000 = 1\,256 \text{（元）}$$

如果三个方案是彼此独立的，根据净现值法则，三个方案的净现值均大于零，因此在经济上都是可行的，其优先顺序为 $C > A > B$。如果不考虑风险因素，并以概率最大的现金净流量作为肯定的现金流量，计算其净现值，其优先顺序为 $B = C > A$：

$$NPV_{(A)} = \frac{2\,000}{(1.06)^1} + \frac{3\,000}{(1.06)^2} + \frac{2\,000}{(1.06)^3} - 5\,000 = 6\,236 - 5\,000 = 1\,236 \text{（元）}$$

$$NPV_{(B)} = \frac{4\ 000}{(1.06)^3} - 2\ 000 = 3\ 358 - 2\ 000 = 1\ 358 \text{（元）}$$

$$NPV_{(C)} = \frac{4\ 000}{(1.06)^3} - 2\ 000 = 3\ 358 - 2\ 000 = 1\ 358 \text{（元）}$$

如果不考虑风险因素，净现值无法区分 B 方案和 C 方案的优劣；考虑风险因素后，由于 B 方案风险大于 C 方案的风险，所以比较风险后，C 方案优于 B 方案。

风险调整贴现率法比较符合逻辑，不仅被理论家认可，并且使用广泛。但是，由于它把时间价值和风险价值混在一起，并随着时间的推移，风险越来越大，这与很多事实不相符。因为某些行业的投资，往往前几年的现金流量难以预料，越往后反而更有把握。这就使该方法在适用范围上受到限制。

三、肯定当量法

肯定当量法是先用一个肯定当量系数把有风险的现金净流量调整为无风险的现金流量，然后用无风险的贴现率去计算净现值，以便用净现金值法则判断投资方案的经济可行性。计算公式为：

$$NPV = \sum_{t=1}^{n} \frac{\alpha_t ENCF_t}{(1+i)^t} \tag{5.13}$$

其中，α_t 为 t 年现金流量的肯定当量系数，$ENCF_t$ 为 t 年现金流量期望值，I 为无风险贴现率。

肯定当量法对风险的投资项目进行决策的主要步骤是：

（1）计算项目现金流量期望值 E。

（2）度量项目的风险程度，计算标准离差 D 和变化系数 Q。

（3）确定肯定当量系数。所谓肯定当量系数是指不肯定的 1 元现金流量期望值相当于使投资者满意的肯定的现金流量的系数，它可以把各年不肯定的现金流量换算成肯定的现金流量。肯定当量法的关键是确定肯定当量系数，主要有三种方法：公式法、经验法和换算法。

① 公式法。

$$\alpha_t = \frac{\text{肯定的现金流量}}{\text{不肯定的现金流量期望值}} \tag{5.14}$$

② 经验法。如果以变化系数表示项目现金流量的不确定性或风险程度，根据西方国家相关机构所作跟踪发现，变化系数与肯定当量系数的经验关系如下：

变化系数	肯定当量系数
0.00~0.07	1
0.08~0.15	0.9
0.16~0.23	0.8
0.24~0.32	0.7
0.33~0.42	0.6
0.43~0.54	0.5
0.55~0.70	0.4

③ 换算法。如果有风险的报酬率和无风险最低报酬率之间的函数关系已知,则可以据此计算出各年的肯定当量系数。换算的方法如下:

因为:

$$NPV = \sum_{t=0}^{n} \frac{\alpha_t NCF_t}{(1+i)^t}$$

$$NPV = \sum_{t=0}^{n} \frac{NCF_t}{(1+K)^t}$$

所以:

$$\frac{\alpha_t NCF_t}{(1+i)^t} = \frac{NCF_t}{(1+K)^t}$$

$$\alpha_t = \frac{(1+i)^t}{(1+K)^t} \tag{5.15}$$

(4) 用无风险贴现率计算净现值 NPV。

依照前例:首先,计算项目现金流量期望值 E。

A 方案现金流量期望值:

$E_1 = 2\ 000$

$E_2 = 3\ 000$

$E_3 = 2\ 000$

B 方案现金流量期望值:

$E_B = 4\ 000$

C 方案现金流量期望值:

$E_C = 4\ 000$

其次,度量项目的风险程度,计算标准离差 D 和变化系数 Q。

A 方案的风险程度:

$d_1 = 707.11 \qquad q_1 = \dfrac{707.11}{2\ 000} = 0.35$

$d_2 = 632.46$ $q_2 = \dfrac{632.46}{3\ 000} = 0.21$

$d_3 = 387.30$ $q_3 = \dfrac{387.30}{2\ 000} = 0.19$

B 方案的风险程度：

$d_B = 1\ 581$ $q_B = \dfrac{1\ 581}{4\ 000} = 0.40$

C 方案的风险程度：

$d_C = 447$ $q_C = \dfrac{447}{4\ 000} = 0.11$

再其次，确定肯定当量系数。

依照经验数据：

A 方案的肯定当量系数：

$\alpha_1 = 0.6$ $\alpha_2 = 0.8$ $\alpha_3 = 0.8$

B 方案的肯定当量系数：

$\alpha_B = 0.6$

C 方案的肯定当量系数：

$\alpha_C = 0.9$

最后，计算方案的净现值。

A 方案的净现值：

$$NPV_{(A)} = \dfrac{0.6 \times 2\ 000}{(1 + 6\%)^1} + \dfrac{0.8 \times 3\ 000}{(1 + 6\%)^2} + \dfrac{0.8 \times 2\ 000}{(1 + 6\%)^3} - 5\ 000$$

$$= 1\ 132 + 2\ 136 + 1\ 343 - 5\ 000$$

$$= 4\ 611 - 5\ 000$$

$$= -389（元）$$

B 方案的净现值：

$$NPV_{(B)} = \dfrac{0.6 \times 4\ 000}{(1 + 6\%)^3} - 2\ 000$$

$$= 15（元）$$

C 方案的净现值：

$$NPV_{(C)} = \dfrac{0.9 \times 4\ 000}{(1 + 6\%)^3} - 2\ 000$$

$$= 1\ 022（元）$$

肯定当量法的计算结果表明，如果三个投资方案彼此独立，只有 B 方案和 C 方案的净现值大于 0，在经济上是可行的。三个投资方案的优先次序为 C＞B＞A，与风险调整贴现率法决策的结果不同（C＞A＞B），主要差别是 A 方案和 B 方案互换了位置。其原因是风险调整贴现率法对远期现金流量予以较大的调整，使远期现金流量大的 B 方案受到较大的影响。

肯定当量法在使用时的主要困难是确定合理的肯定当量系数。肯定当量系数可以由经验丰富的分析人员凭主观判断确定，也可以像本例那样根据不同的变化系数确定相应的肯定当量系数。变化系数与肯定当量系数之间的对照关系并没有一致公认的客观标准，这与公司管理当局对风险的好恶程度有关。

肯定当量法也可以与内含报酬率法结合使用。首先用肯定当量系数调整各年的现金流量，其次计算其内含报酬率，最后以无风险的最低报酬率作为投资方案取舍标准。

本章小结

本章重点介绍了固定资产投资决策的各类方法。固定资产投资决策基本方法的概念、计算公式、评价标准和优缺点，以及固定资产决策方法的具体应用，风险项目的决策方法。

本章重要术语

固定资产投资　　现金流量　　现金净流量　　净现值　　现值指数　　内含报酬率

投资回收期　　会计收益率　　年均净现值法　　年均成本（等额回收额）法

敏感性分析　　风险调整贴现率法　　肯定当量法

延伸阅读

张青：《项目投资与融资分析》，清华大学出版社 2012 年版。

复习与思考

一、单选题

1. 对于互斥型投资方案，应优先选择（　　）。

   A. 净现值大的方案　　　　　　　　B. 项目周期短的方案

   C. 投资额小的方案　　　　　　　　D. 内部收益率大的方案

2. 下列评价投资回收期法的说法中，不正确的是（　　）。

A. 计算简单

B. 它忽略了货币时间价值

C. 它需要一个基准回收期作为评价依据

D. 它能够反映项目整个寿命期的经济效益状况

3. 已知某设备原值160 000元，累计折旧127 000元，如现在变现，则变现价值为30 000元，该公司适用的所得税税率为40%，那么在方案选择时，继续使用该设备引起的现金流出量为（　　）元。

A. 30 000　　　B. 31 200　　　C. 28 800　　　D. 33 000

4. 某投资方案，当贴现率为16%时，其净现值为338元，当贴现率为18%时，其净现值为-22元。该方案的内部报酬率为（　　）。

A. 15.88%　　　B. 16.12%　　　C. 17.88%　　　D. 18.14%

5. 某企业计划投资10万元建设生产线，预计投资后每年可获净利1.5万元，年折旧率为10%，不计残值，则投资回收期为（　　）年。

A. 3　　　B. 5　　　C. 4　　　D. 6

6. 在资本限量情况下，最佳投资方案必然是（　　）。

A. 净现值合计最高的投资组合

B. 净现值率大于等于0的投资组合

C. 内部收益率合计最高的投资组合

D. 净现值之和大于0的投资组合

7. 下列关于净现值的表述中，不正确的是（　　）。

A. 净现值大于或等于0，项目可行；净现值小于0，项目不可行

B. 净现值是项目计算期内各年现金净流量现值的代数和

C. 净现值的计算考虑到投资的风险

D. 净现值反映投资的实际收益率

8. 当某方案的净现值大于0时，其内部收益率（　　）。

A. 可能小于0　　　　　　　　B. 一定等于0

C. 一定大于折现率　　　　　　D. 可能等于设定折现率

9. 下列表述中不正确的是（　　）。

A. 净现值是未来报酬的总现值与初始投资额现值之差

B. 当净现值等于0时，说明此时的贴现率为内部报酬率

C. 当净现值大于0时，获利指数小于1

D. 当净现值大于0时，说明该投资方案可行

10. 现值指数与净现值相比的优点是（   ）。

A. 便于投资额相同方案的比较

B. 便于进行独立投资机会的获利能力比较

C. 考虑了现金流量的时间性

D. 考虑了投资的风险性

二、多选题

1. 未考虑货币时间价值的主要决策方法有（   ）。

A. 内含报酬率法   B. 投资回收期法

C. 现值指数法   D. 投资报酬率法

2. 下列关于"投资者要求的报酬率法"的表述中，正确的有（   ）。

A. 它因项目的系统风险大小不同而异

B. 它因不同时期无风险报酬率高低不同而异

C. 它受企业负债比率和债务成本高低的影响

D. 当项目的报酬率超过投资者要求的报酬率时，股东财富将会增加

3. 影响项目内部报酬率的因素包括（   ）。

A. 投资项目的有效年限   B. 投资项目的现金流量

C. 企业要求的报酬率   D. 银行贷款利率

4. 关于项目投资，下列说法中正确的有（   ）。

A. 项目投资决策首先估计现金流量

B. 与项目投资相关的现金流量必须是能使企业总现金流量变动的部分

C. 在投资有效期内，现金净流量取代利润作为评价净收益的指标

D. 投资分析中，现金流量状况与盈亏状况同等重要

5. 采用净现值评价方案时，关键是选择贴现率，其贴现率可以是（   ）。

A. 资金成本   B. 企业要求的最低报酬率

C. 内部报酬率   D. 历史最高的报酬率

6. 当一项长期投资方案的净现值大于0，则说明（   ）。

A. 该方案可以投资

B. 该方案未来报酬的总现值大于初始投资的现值

C. 该方案获利指数大于1

D. 该方案的内部报酬率大于其资本成本

三、计算题

1. 某公司决定进行一项投资，投资期为3年。每年年初投资2 000万元，第4年初开始投产，投产时需垫支500万元营运资金，项目寿命期为5年，5年中会使企业每年增加营业收入3 600万元，每年增加付现成本1 200万元，假设该企业的所得税税率为30%，资本成本率为10%，固定资产无残值。

要求：计算该项目的净现值与回收期。

2. 某公司拟购置一台设备，需投资200万元，该设备可用10年，使用期满有残值20万元，使用该项设备可为企业每年增加税后净利17万元。该设备按直线法计提折旧，资金成本率为10%。

要求：

(1) 计算净现值；

(2) 计算内部收益率。

3. 某公司进行一项投资，正常投资期为3年，每年投资300万元，3年共需投资900万元。第4年至第13年每年现金净流量为350万元。如果把投资期缩短为2年，每年需投资500万元，2年共投资1 000万元，竣工投产后的项目寿命和每年现金净流量不变；资本成本为20%，假设寿命终结时无残值，不用垫支营运资金。

要求：试分析判断应否缩短投资建设期。其中：

$(P/A, 20\%, 2) = 1.528$，$(P/A, 20\%, 10) = 4.192$

$(P/S, 20\%, 1) = 0.833$，$(P/S, 20\%, 2) = 0.694$

$(P/S, 20\%, 3) = 0.579$

4. 某企业准备引进一条新生产线，预计需一次性支付总价款100万元，建成即可投产，投产时需投入流动资金10万元。该生产线预计可使用20年，拟采用直线法折旧，且不留残值。该生产线投产后，每年可为企业增加35万元的收入，同时企业的付现营业成本也会增加15万元。该企业适用40%的公司所得税税率，资本成本为10%。

要求：计算该生产线的净现值并提出取舍该投资方案的建议。

已知：$(P/F, 10\%, 20) = 0.1486$ $(P/A, 10\%, 20) = 8.5136$

四、网络练习

项目投资可以增强投资者技术经济实力。投资者通过项目投资，扩大资本积累规模、提高收益能力、增强抵御风险的能力，同时提高投资者创新能力。投资者通过自主研发和购买知识产权，结合投资项目的实施，实现科技成果的商品化和产业化，不仅可以不断地获得技术创新和利润，而且能够为科技转化为生产力提供更好的业务操作平台。除此之外，项目投资还有许多宏观和微观的意义。请同学们通过网络平台查找相关资料，分析我国目前有哪些热门投资项目，有哪些项目投资成功或者失败的典型案例，并有针对性地对项目投资提出对策和建议。

复习与思考参考答案

一、单选题

1. A 2. D 3. B 4. C 5. C 6. A 7. D 8. C 9. C
10. B

二、多选题

1. BD 2. ABCD 3. AB 4. ABC 5. AB 6. ABCD

三、计算题

1. 年折旧 = 6 000 ÷ 5 = 1 200（万元）

$NCF_{4\sim7}$ =（3 600 − 1 200 − 1 200）×（1 − 30%）+ 1 200 = 2 040（万元）

NCF_8 = 2 040 + 500 = 2 540（万元）

不包括建设期的投资回收期 = 6 500/2 040 = 3.19（年）

包括建设期的投资回收期 = 3.19 + 3 = 6.19（年）

NPV = [2 040 ×（P/A,10%,5）×（P/S,10%,3）+ 500 ×（P/S,10%,8）] − [2 000 + 2 000（P/A,10%,2）+ 500 ×（P/F,10%,3）] =（2 040 × 3.791 × 0.751 + 500 × 0.467）−（2 000 + 2 000 × 1.736 + 500 × 0.751）= 193.96（万元）

2.（1）净现值法。

第 1~9 年每年的净现金流量 = $17 + \dfrac{200 - 20}{10}$ = 35（万元）

第 10 年的净现金流量 = 35 + 20 = 55（万元）

净现值 = −200 + 35 ×（P/A,10% 10）+ 20 ×（P/S,10% 10）= −200 +（35 × 6.145 + 20 × 0.386）= 22.795（万元）

由于该项投资的净现值为正数，故投资方案可行。

（2）内部收益率法。

假设 i = 12%，净现值 = −200 +（35 × 5.650 + 20 × 0.300）= 4.19（万元）

假设 i = 14%，净现值 = −200 +（35 × 5.216 + 20 × 0.270）= −12.04（万元）

用插值法算得内部收益率 IRR = 12.52%

3. 正常投资期的净现值 = −300 − 300 ×（P/A,20%,2）+ 350 ×（P/A,20%,10）×（P/S,20%,3）= 91.11（万元）

缩短投资期的净现值 = −500 − 500 ×（P/S,20%,1）+ 350 ×（P/A,20%,10）×（P/S,20%,2）= 101.74（万元）

所以应采用缩短投资期的方案。

4. 每年计提折旧 = 100/20 = 5（万元）

$NCF = 35 \times (1 - 40\%) - 15 \times (1 - 40\%) + 5 \times 40\% = 21 - 9 + 2 = 14$（万元）

$NPV = 14 \times (P/A, 10\%, 20) + 10 \times (P/F, 10\%, 20) - 100 - 10 = 10.6764$（万元）

净现值大于0，方案可行。

四、网络练习

（略）

参考文献

[1] 徐春立、苑泽明主编：《财务管理》，经济科学出版社2009年版。

[2] 中国注册会计师协会组织编写：《财务成本管理》，中国财政经济出版社2017年版。

[3] 荆新、王化成、刘俊彦主编：《财务管理学》（第七版），中国人民大学出版社2015年版。

第三篇

营运资金管理

第六章

营运资金管理策略

【学习目标】

了解营运资金投资决策的目标,掌握营运资金的持有及筹集政策。

【引导案例】

雷曼兄弟破产

2008年9月14日,美国政府和华尔街巨头经过艰难谈判做出了放弃救援雷曼兄弟公司的痛苦抉择。次日一早,雷曼兄弟公司提出破产申请。这一美国历史上最大破产案引发连锁反应——保险业巨头美国国际集团(AIG)以及高盛集团、摩根士丹利等大公司深陷困境,从而引发了震动全球的金融危机。拥有158年历史的雷曼兄弟公司在美国抵押贷款债券业务上连续40年独占鳌头,但在信贷危机的冲击下,公司拥有650亿美元抵押贷款相关的"毒药资产"在短期内价值暴跌,将公司活活压垮。事实上,雷曼兄弟公司的商品期货业务、股票业务与传统的固定收益业务运营状况都不错。在2008年之前公司一直是赢利的,直到2008年第二季度公司亏损28.7亿美元,是公司1994年上市以来首次出现亏损。仅仅三个月时间,雷曼兄弟公司就由亏损走向破产。2008年9月雷曼兄弟公司的账面资产为6 390亿美元,负债为6 130亿美元。资产负债状况没有表现出大的问题。事实上,美国的五大投资银行的财务状况都不比雷曼兄弟公司好多少,但唯有雷曼兄弟公司一家破产了,其他投资银行至少还可以将自己的股权转让出去,得到新东家的扶持,雷曼兄弟公司连这样的机会也没有,最终只能选择破产倒闭。

与雷曼兄弟公司相比,美国第三大投资行美林证券公司的财务状况更糟糕。美林证券公司2008年第一季度亏损20亿美元,2008年第二季度亏损48亿美元。但美林证券公司迅速将自己手中的长期资产出售,2008年7月美林证券公司将自己持有20%的彭博资讯股份出售给彭博公司,获得45亿美元现金,其后又出售了金融数据服务公司的股份获得35亿美元,这80亿美元的现金大大加强了美林证券的现金支付能力,也避免了自己的破产命运。其实,雷曼兄弟公司也曾试图出售自己的资产筹集资金。2008年7月雷曼兄弟公司计划出售其资产管理部门，以获得80亿美元的资金；2008年8月初计划出售300亿美元的商业抵押资产和其他证券资产。在与潜在的买家磋商过程中，雷曼兄弟公司认为对方的出价太低，没舍得出售，从而浪费了一次绝好的自救机会。到了2008年9月金融环境进一步恶化，雷曼兄弟公司的现金支付压力进一步放大，急于筹集现金的雷曼兄弟公司再想低价出售自己的资产时已无人问津了，因为人人自危，谁都不愿意拿出保命的现金，雷曼兄弟公司只能自食其果了。

雷曼兄弟公司破产倒闭的原因是多方面的。首先，雷曼兄弟公司的资金配置结构不合理。在6 390亿美元的总资产中配置了650亿美元抵押贷款相关的"毒药资产"，占总资产比例为10%。抵押贷款相关的债券投资的收益是比较高的，但它的风险也较高，特别是在宏观金融环境较差时，它的风险更高。雷曼兄弟公司没有及时降低该种高风险资产的配置比例，是其破产倒闭的直接原因。

其次，雷曼兄弟公司高管对未来金融形势的错误判断也是一个重要原因。2008年7月雷曼兄弟公司计划出售其资产管理部门，以获得80亿美元的资金；2008年8月初计划出售300亿美元的商业抵押资产和其他证券资产。在与潜在的买家磋商过程中，雷曼兄弟公司认为对方的出价太低，没有舍得出售。雷曼兄弟错过这次绝好自救机会的原因，估计是它的高管没有预测到金融危机会发展到如此严重的程度，如果高管当时能谨慎一些，低价将手中的长期资产出售，那么雷曼兄弟公司的历史将会重写。

最后，雷曼兄弟公司破产倒闭的根本原因是其没有对营运资金进行详细的规划管理。营运资金配置比例不合理，说明它的营运资金配置规划不科学。出现现金支付困难，还犹豫要不要出售资产来筹集现金资产的情况，本身就说明它的管理缺乏规划，没有进行风险分析，没有针对风险情况事先制定应对措施，以致风险发生时病急乱投医。

（资料来源：王晓军、乔志杰、刘文霞，《几种营运资金管理缺陷的案例分析》，载于《财会通讯》2011年第17期）

➡ 第一节　营运资金管理

一、营运资金概念

营运资金有广义和狭义之分。广义的营运资金是指总营运资金，简单来说就是在生产经营活动中的短期资产。狭义的营运资金是指净营运资金，是流动资产减去流动负债的差额。通常所说的营运资金多指后者。

二、营运资金投资决策的目标

企业营运资金的持有量及其持有政策的确定,是在流动性与收益性之间进行权衡的结果。营运资金的管理目标是维持企业资产适度的流动性,实现企业收益的最大化。

流动性亦称变现能力,指企业的资产经过正常的循环过程,无重大损失地转换为现金以履行有关契约的过程和能力,表现为企业资产转换为现金的周转率。流动性依赖于资产向现金的转换,企业保持适度流动性的目的是为了履行有关付现的契约,如偿还负债、分配现金股利等,从而为企业在资本市场中建立良好的财务信誉。

收益性是指企业实现投资增值即获取利润的能力。获取利润是投资者创办企业的基本动机,也是企业发展的动力,股东财富最大化理财目标的实现取决于企业未来的获利能力。

流动性和收益性是矛盾的,收益性较强的资产其流动性则较低,反之则相反。进行营运资金管理的一个重要方面,就是要确定企业流动资产的适度水平,这就必须对企业流动资产做出流动性的安排,这些决策将受到收益性和风险的影响。一般而言,流动资产占资产总额的比重越大,流动性越强,企业由于流动性不足而导致的到期不能偿还负债本金和利息的财务风险就越低,起缓冲作用的偿债来源就越大。而流动资产对全部资产的比重越低,则财务风险也就越大。在一定销售水平下,企业的流动资产占全部资产总额的比重越大,则其相对收益性就越低,可能会由于比重过大造成一部分闲置而不能获利的流动资产,从而降低企业的收益性。

三、营运资金管理的原则

对营运资金进行管理,既要保证有足够的资金满足企业生产经营需要,又要保证企业能按时、足额地偿还各种到期债务。在营运资金管理过程中,企业要遵循以下原则。

1. 认真分析生产经营状况,合理确定营运资金的需要数量

企业营运资金的需要量取决于生产经营规模和营运资金的周转速度,同时也受到市场及产、供、销情况的影响。企业应综合考虑各种因素,合理确定营运资金的需要量。

2. 在保证生产经营需要的前提下,节约使用资金

营运资金具有流动性强的特点,但是流动性越强的资产其收益性就越差。例如,如果企业的资产全部都是现金,则不能带来任何投资收益(将现金存入银行而获得的利息收入对于企业而言算不上真正的投资收益)。如果企业持有的营运资金过多,会降低企业的收益。因此,企业在保证生产经营需要的前提下,要控制流动资金的占用,使其纳入计划预算的良性范围，既要满足经营需要，又不能安排过量而造成浪费。

3. 加速营运资金的周转，提高资金的利用效率

当企业的生产经营规模一定时，短期资产的周转速度与流动资金的需要量呈反向变化。适度加快存货的周转，缩短应收账款的收款期，延长应付账款的付款期，可以减少营运资金的需要量，从而提高资金的利用效率。

4. 合理安排短期资产与短期负债的比例关系，保障企业有足够的短期偿债能力

企业的短期负债主要是用短期资产来偿付的。当企业的短期资产相对短期负债过少时，一旦短期负债到期，而企业又无法通过其他途径筹措到短期资金，就容易出现到期无法偿债的情况。因此，企业要安排好二者的比例关系，从而保证有足够的资金偿还短期负债。

第二节　营运资金持有政策

营运资金持有政策的确定是在企业的风险和收益之间进行权衡。企业流动资产持有量越高，企业支付能力和向顾客提供商品的能力就越强，企业风险就越小。但是，由于持有占总资产比重较高的流动资产，由于流动资产获取收益的能力低于固定资产，故将会导致企业的收益性降低。而较低的流动资产的持有量，虽然会导致企业收益性的提高，但也会造成企业支付能力的下降，企业资产的流动性降低，企业的风险加大。因此，企业必须合理规划营运资金的持有量，在风险和收益之间做出正确的选择。

营运资金持有政策的类型有稳健型、激进型、适中型三种。

1. 稳健型

稳健型的营运资金持有政策的出发点是为了维护企业的安全运营。在稳健型营运资金持有政策下，企业持有足够多的营运资金。现金除满足企业正常生产经营的需要外，还有大量的剩余，以预防企业临时性的现金支付的需要；信用条件较为宽松，以满足企业销售的需要；对存货进行大量的投资，以保证生产和销售的需要，使企业生产和销售不受存货不足的限制。稳健型的营运资金持有政策的结果是流动性最强而收益性较低。

2. 激进型

激进型营运资金持有政策的出发点是为了使企业获取最大的收益。在激进型营运资金持有政策下，企业持有的营运资金较少。除满足企业日常生产经营的需要外，企业一般不置存多余的现金；存货的置存量被压缩到最低的幅度，以释放存货占用的资金，节约资金占用的成本；应收账款的置存量也较低，以减少资金占用，避免由于应收账款置存量过大造成的机会成本和坏账费用的升高。激进型营运资金持有政策的结果是风险大而收益也大。

3. 适中型

适中型营运资金持有政策的出发点是为了保持恰当的风险和收益水平。在适中型营运资金持有政策下，营运资金的持有量既不过高也不过低，现金恰好足够支付企业所需，存货足够满足生产和销售，应收账款能够在流动性和收益性二者之间进行妥善的权衡。适中型营运资金持有政策使企业能够保持一个较为恰当的收益与风险水平。但是，在理论上，我们只能将其视为较为理想的政策，是企业确定营运资金的指导理念，难以通过数量模型准确地确定企业营运资金的持有水平。

第三节 营运资金筹集政策

营运资金筹集政策是确定流动资产与流动负债之间的匹配关系的政策。

企业的流动资产按照用途可以分为临时性流动资产和永久性流动资产。临时性流动资产是指那些受季节性、周期性影响的流动资产，如季节性存货、销售和经营旺季的存货及应收账款；永久性流动资产则指那些即使企业处于生产经营低谷也仍然要保留的、用于满足企业长期稳定需要的流动资产。

企业的流动负债按照债务的来源方式，分为临时性负债和自然性负债。临时性负债是指为了满足企业临时性流动资金的需要而发生的负债，这部分负债是由于企业销售规模的临时加大或对流动资产的临时需要加大所产生的，当企业销售规模、对流动资产的需要回落到正常水平后，企业将不再需要这种临时性负债。自然性负债则是指企业在持续经营过程中由于结算关系形成的企业经常性的负债资本来源，包括利用商业信用筹集的资金和其他结算形成的负债资金，如应付账款、应交税费、应付职工薪酬等。

营运资金筹集政策的类型主要有稳健型、激进型和适中型三种。

1. 稳健型

稳健型营运资金筹集政策的出发点是为了维护企业的安全运营，降低企业到期不能偿还债务的财务风险的发生。稳健型营运资金筹集政策的特点是：临时性负债只融通部分临时性流动资产的需要，另一部分临时性流动资产和永久性资产则由长期负债、自然性负债和权益资金作为资金来源。这种做法下，由于临时性负债所占比重较小，企业无法偿还到期债务的可能性低，同时蒙受短期利率变动损失的风险也较低。然而，由于长期负债的成本高于短期负债，长期负债所占的比重大，企业需要承担较高的利息成本，从而降低企业的收益。因此,稳健型营运资金筹集政策是一种风险性和收益性均较低的营运资金筹集政策(见图6-1)。

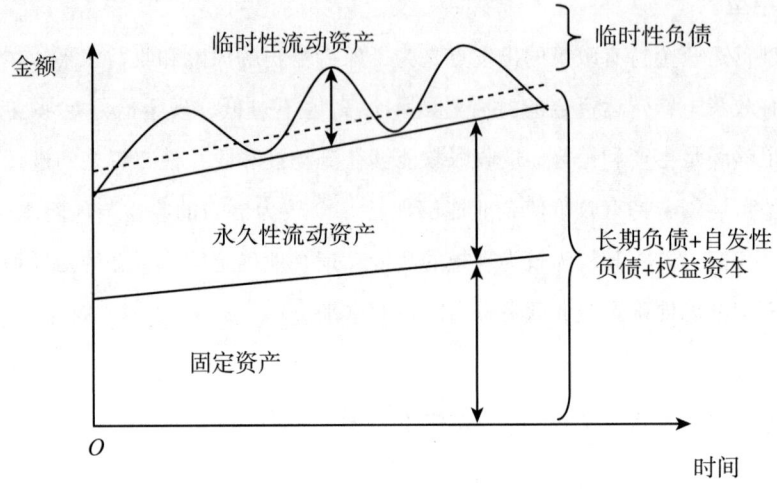

图6-1 稳健型筹资政策

2. 激进型

激进型营运资金筹集政策的出发点是为了最大限度降低资金成本,增加企业的收益。激进型营运资金筹集政策的特点是:临时性负债不仅融通临时性流动资产的资金需要,还满足部分永久性资产的需要。由于临时性负债的资金成本低,该政策下临时性负债的比重大,故企业资金成本低。但是,临时性负债的使用期限短,企业为了满足永久性资产对于资金的需要,必然采取举借新债偿还旧债的措施,从而加大企业筹资的困难和偿还的风险,同时还会面临由于短期负债利率的变动而增加企业资金成本的风险。因此,激进型营运资金筹集政策是一种收益性和风险性均较高的营运资金筹集政策(见图6-2)。

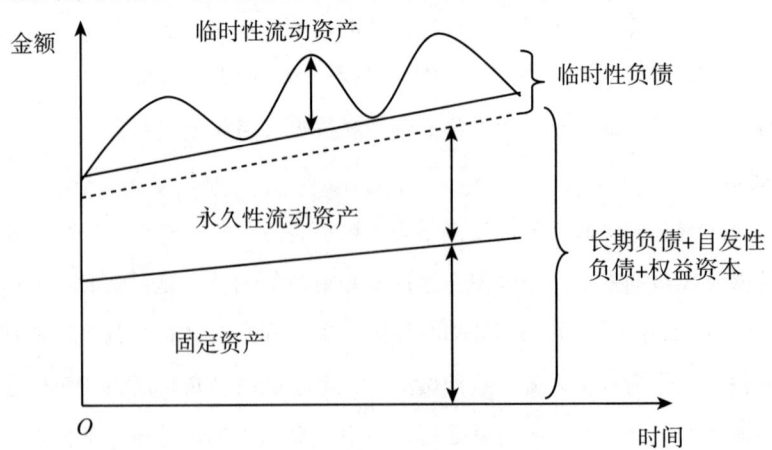

图6-2 激进型筹资政策

3. 适中型

适中型营运资金筹集政策的出发点是为了使资金的筹集期限与资产使用产生的现金流量相匹配，以降低企业到期不能还债的风险和尽可能降低债务的资金成本，从而使企业的收益与风险适中。适中型营运资金筹集政策的特点是：对于临时性流动资产，运用临时性负债资金满足其资金需要；对于永久性流动资产和固定资产，运用长期负债、自然性负债和权益资金筹集资金满足其资金需要。这种政策要求企业临时性负债筹资计划严密，以实现现金流动与预期安排相一致。在生产经营的高峰，企业按照高峰的期限举借临时性债务，一旦经营回落到正常的水平，再以回落中产生的现金流量偿还债务。生产经营处于低谷时，企业除了自然性负债外没有其他负债。这种融资政策的风险在于如果资产使用的寿命与负债不能完全配合，资产创造的现金净流量低于债务的水平，企业将会发生到期还债的困难。因此，适中型营运资金筹集政策是一种理想的、对企业有较高资金使用要求的营运资金筹集政策（见图6-3）。但是，其揭示的原理，可以作为企业筹资的一个指导理念。

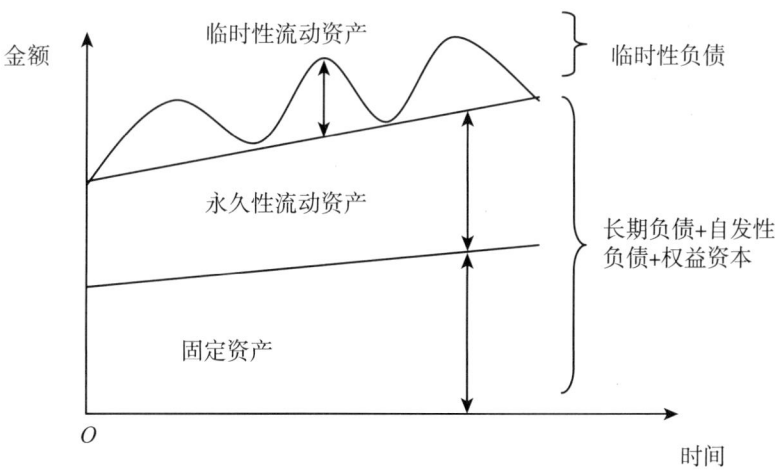

图6-3 适中型筹资政策

本章小结

营运资金有广义与狭义之分，通常所说的营运资金多指狭义。营运资金管理策略包括营运资金持有政策和营运资金筹集政策。

本章重要术语

营运资金持有政策　　营运资金筹集政策

延伸阅读

王竹泉、孙莹：《营运资金管理》，中国财政经济出版社 2017 年版。

《营运资金管理》注重理论和实务的紧密结合，内容涵盖营运资金界定与分类、营运资金管理理念与框架、营运资金需求预测、营运资金筹集、营运资金管理绩效评价以及业务创新与营运资金管理、制度创新与营运资金管理、金融创新与营运资金管理等前沿专题。

复习与思考

一、单选题

1. 下列适合采用紧缩的流动资产投资策略的企业是（　　）。

A. 销售边际毛利较高的产业

B. 融资较为困难的企业

C. 管理政策趋于保守的企业

D. 主要考虑配合运营经理和销售经理要求的企业

2. 某公司在融资时，对非流动资产和部分永久性流动资产采用长期融资方式，据此判断，该公司采取的融资战略是（　　）。

A. 保守型融资战略　　　　　B. 激进型融资战略

C. 稳健型融资战略　　　　　D. 期限匹配型融资战略

二、多选题

1. 下列关于流动资产融资策略的表述中，错误的有（　　）。

A. 在期限匹配融资策略中，长期来源＝非流动资产，短期来源＝流动资产

B. 在三种融资策略中，保守型融资策略的短期来源比重最小，风险和收益最低

C. 在激进型融资策略中，短期来源大于流动资产

D. 长期来源指的是长期负债和权益资本，短期来源主要指的是流动负债

2. 企业在持续经营过程中，会自发地、直接地产生一些资金来源，部分地满足企业的经营需要的自然性流动负债，如（　　）。

A. 预收账款　　　　　　　　B. 应付职工薪酬

C. 应付票据　　　　　　　　D. 根据周转信贷协定取得的限额内借款

三、网络练习

营运资金管理的 OPM 战略强调在加速流动资产周转的同时大量运用流动负债融资，其成功实施能够带来较高的公司盈利和股东回报，但同时也蕴涵着极大的风险。

请查阅相关资料,对苏宁电器的营运资金管理 OPM 战略实践进行分析,并完成一篇调研报告。

复习与思考参考答案

一、单选题

1. B   2. B

二、多选题

1. ACD   2. ABC

三、网络练习

(略)

参考文献

[1] 荆新、王化成、刘俊彦主编:《财务管理学》,中国人民大学出版社 2015 年版。

[2] 理查德·A. 布雷利、斯图尔特·C. 迈尔斯、艾伦·J. 马库斯著:《财务管理基础》,中国人民大学出版社 2015 年版。

[3] 王满、程廷福主编:《财务管理基础》,东北财经大学出版社 2015 年版。

第七章

流动资产管理

【学习目标】

1. 掌握现金持有的动机、现金管理的目标,了解现金日常管理的策略,熟悉最佳现金持有量决策的方法。

2. 掌握应收账款的管理目标,熟悉信用政策的确定,了解应收账款的日常监控。

3. 掌握存货的管理目标、存货的有关成本,熟悉经济订货批量、再订货点和保险储备的计算。

【引导案例】

飞利浦的现金管理

飞利浦在全球范围内的现金管理被分成四个区域,每个区域都由各自的资金经理来负责各区域的现金管理。在每个区域里还按国家来划分,飞利浦在每个国家都有自己的国家管理中心,每个国家的资金经理与区域资金部和全球资金部一起合作来负责每个国家的现金管理。现金管理分为四个方面:第三方付款、第三方收款、内部交易、流动性管理。

第三方付款。付款工厂(PF)是行使这种职能的主要部门。飞利浦各地的企业对付款管理负责,它们决定向谁支付、为什么支付和何时支付,但它们让 PF 代表它们来付款。当地企业将所有的付款指令通过公司内部网传送到 PF,然后 PF 再将付款指令送交银行,银行向供货商付款。最后,每家企业在 PF 完成付款后将从 PF 收到确认函。企业可以通过内部网查询其在内部银行的余额及交易记录。

第三方收款。飞利浦的应收账款账户可以分成以下两种。(1)产品部的非当地货币账户,所有货币的收入、支付、投资、借贷都应该在该货币的发行国来处理。例如,美元在纽约处理,日元在东京处理。这些账户都被设立在飞利浦的全球现金管理的合作银行,所以这些应收账款收到后可以非常迅速和便捷的被再次集中管理。(2)当地货币银行账户,在每个国家、每一个地区现金管理银行或者全球现金管理银行都用当地货币账户来管理应收账款。例如,在荷兰使用荷兰银行管理,在匈牙利使用花旗银行管理。

内部交易。飞利浦公司使用了净额结算的系统并结合内部银行（一个由母公司所拥有的在集团层面为整个集团提供类似银行服务业务的组织）来处理数量庞大的内部交易。就像向第三方付款那样，内部银行付款也通过PF而不是通过银行来完成实质上的交易，收款企业在内部银行的账户会被贷记，而付款企业则被借记，这大大节省了银行汇款的费用。

流动性管理。飞利浦在每个符合条件的国家建立一个国家控制中心，其下属的国家资金部门将其管辖的所有企业的现金余额集中在一个国家中央账户中，而这个账户的余额将被集中到一个设在飞利浦全球合作银行，称为全球现金池的全球中央账户中。在这个全球中央账户中，每个国家的资金部都有一个以国家名字命名的子账户，这个子账户记录了所在国家的资金部在全球中央账户中的资金往来过程。每个国家的资金部都可以通过内部银行来监控这个子账户的情况。一旦这个全球中央账户中的某一货币的余额超过了一个规定余额后，那么，所超过的金额将被自动转到全球交易室进行以天为基础的短期投资。

（资料来源：http://www.sohu.com/a/124144762_183324）

8亿元高库存"黑了"美特斯邦威？

2012年上半年，美特斯邦威的直营终端零售体系保持了22%的增长，为有效缩小存货规模提供了有力支持。同时，为了控制存货规模，美特斯邦威的新品采购同比下降29%。截至2012年6月末，美特斯邦威存货较年初下降8亿元，其中：老品销售带来库存减少10亿元，新品仅增加2亿元（新品生产入库16亿元，销售出库14亿元）。

据新华社报道，从2011年服装企业提供的财务数据来看，李宁的存货总额达11.3亿元，占总资产比例的15.5%；美特斯邦威存货约25.5亿元，占总资产的29.8%；海澜之家存货总额约38.6亿元，占总资产的56.82%。不仅如此，七匹狼、九牧王、森马等品牌的存货数量也居高不下。而维格娜丝时装、淑女屋、舒朗服饰等近期IPO被否的服装企业，库存率亦居高位，大都超过资产的四五成。服装行业高库存的原因在于：在资本的推动下，一些服装企业一味追求发展速度，采用诸多短视的做法来拓展市场，违反商业本质生产产品并在渠道管理上出现失误。同时，国内服装企业未能在管理机制和方法上进行创新，没有相关的数据分析和支持，没有真正高效、灵活的供应链体系也是造成库存失控的重要原因。

而对于美特斯邦威来说，不管其自身是否存在着高库存的问题，影响已经造成了。深圳证券交易所2012年10月15日发布公告称，公共传媒出现关于上海美特斯邦威服饰股份有限公司的信息，可能对公司股票交易价格产生较大影响，根据有关规定，经公司申请，公司股票于2012年10月15日开市起临时停牌，待公司通过指定媒体披露澄清公告后复牌，请投资者密切关注。

（资料来源：徐淼、杨颖、霍玉菡，《8亿元高库存"黑了"美特斯邦威?》，载于《中国贸易报》2012年10月18日，第007版）

比亚迪的应收账款

随着比亚迪汽车销量的迅速增长和市场份额不断增加，比亚迪公司的应收账款也随销售额的增加而不断增加。2013年比亚迪全年营业额为528.63亿元，税后净利润7.76亿元，应收账款76.87亿元；2014年营业额增长到581.96亿元，税后净利润7.4亿元，应收账款137.52亿元，较2013年应收账款增长了78.72%，远远大于其营业额10.01%的增长速度；到了2015年营业额更是暴增到800.09亿元，实现税后净利润28.29亿元，应收账款期末余额更是高达215.19亿元，同比增长了56.48%，应收账款年平均增长幅度高达67.6%，远远高于营业额25.68%的年平均增长率。综上所述不难发现，近五年来比亚迪公司的应收账款呈现出显著上升趋势（见表1），而在2014年和2015年更是出现超过60%的增长速度。应收账款占流动资产的比例、应收账款占营业额的比例也在迅速增加，如2014年的营业额只比上年增加了110.88%，而应收账款却比2013年增加了178.90%。而应收账款占销售收入的比例在2015年更是接近30%，意味着比亚迪公司近1/3的销售款项被无偿占用，公司现金流动和周转都面临着巨大的考验，一旦公司出现资金链断裂，公司的财务压力可想而知，甚至会危及比亚迪的生存发展。如果企业管理者再对应收账款置之不理，或许公司将来的局面会成为"纸老虎"，虽然营业额增加，但是公司可利用的真金白银日渐匮乏。

表1　　　　　　　　比亚迪公司应收账款相关财务指标

项目	2011年	2012年	2013年	2014年	2015年
营业额（亿元）	488.27	468.54	528.63	581.96	800.09
税后净利润（亿元）	15.95	2.13	7.76	7.4	28.29
应收账款（亿元）	54.88	62.6	76.87	137.52	215.19
流动资产（亿元）	214.24	219.32	282.43	407.33	544.12
计提的坏账准备（亿元）	2.85	3.43	3.89	2.92	4.86
应收账款/流动资产（%）	26	29	27	34	40
应收账款/营业额（%）	11	13	15	24	27

（资料来源：付广敏，《企业应收账款管理问题探究——以比亚迪股份有限公司为例》，载于《财会通讯》2017年第29期）

第一节　流动资产的特征与分类

流动资产（current assets）是指企业可以在一年或者超过一年的一个营业周期内变现或者运用的资产，是企业资产中必不可少的组成部分。流动资产在周转过渡中，从货币形态开始，依次改变其形态，最后又回到货币形态（货币资金→储备资金、固定资金→生产资金→成品资金→货币资金），各种形态的资金与生产流通紧密相结合，周转速度快，变现能力强。

一、流动资产的特征

与各种非流动资产（如固定资产等）相比，流动资产具有以下突出的特点：周转速度快、变现能力强、获利能力相对较弱、投资风险相对较小。

1. 周转速度快

因为投资于流动资产上的资金周转一次所需要的时间较短，通常会在一年或一个营业周期内收回。

2. 变现能力强

库存现金、银行存款、其他货币资金是随时可支用的财务资源，具有百分之百的变现能力。其他流动资产如短期证券投资、应收票据、应收账款、存货等的变现能力也比较强，一旦企业出现资金周转不灵、现金短缺情形，企业可以迅速地变卖这些资产，以获取现金。

3. 获利能力相对较弱

流动资产获利能力较弱主要是由于其垫支性。流动资产在生产过程中总是处于不断的不同价值形态的转换，如现金转化为存货、存货转化为应收账款等，因此，如现金、应收账款等流动资产就某种意义而言并不直接创造价值，但它是价值创造中不可或缺的要素。

4. 投资风险相对较小

流动资产与固定资产的专用性相比，在某种程度上可说是具有通用性，即流动资产的专用性很低，通用性很强。如现金可被用于任何一种场合使用而价值不受损，应收账款变现也是如此。与固定资产等专用性相比，流动资产属于一种"通货"，因此其变现风险小、投资风险低。

二、流动资产的分类

按照不同的标准，可以将流动资产划分为不同的类别。

1. 按照实物形态分类

按照实物形态分类可以将流动资产分为现金、短期金融资产、应收及预付款项、存货。

现金是企业以各种货币形态占用的资产，可以立即用来购买物品、支付各项费用或用来偿还债务的交换媒介或支付手段，包括库存现金、银行存款、银行本票和银行汇票等。

短期金融资产是各种能够随时变现并且持有时间不准备超过一年的有价证券以及不超过一年的其他投资，主要是指有价证券投资。企业通过持有适量的短期金融资产，一方面能获得较好收益，另一方面又能增强企业整体资产的流动性，降低企业的财务风险。因此，企业都会持有一定量的短期金融资产。

应收及预付款项是企业在生产经营过程中所形成的应收而未收的或预先支付的款项，包括应收账款、应收票据、其他应收款和预付货款等。使应收及预付款项保持适当的数量、加速账款回收、减少坏账损失是流动资产管理的重要内容。

存货是企业在生产经营过程中为销售或者耗用而储存的各种资产，包括商品、产成品、半成品、在产品、原材料、辅助材料、低值易耗品、包装物等。使存货保持在最优水平上是流动资产管理的重要内容。

2. 按照在生产经营循环中所处流程分类

按照在生产经营循环中所处流程分类可以将流动资产分为生产领域中的流动资产、流通领域中的流动资产、生息领域中的流动资产。

生产领域中的流动资产是在产品生产过程中发挥作用的流动资产，如原材料、辅助材料、低值易耗品等。

流通领域中的流动资产是在商品流通过程中发挥作用的流动资产。商品流通企业的流动资产均为流通领域中的流动资产，工业企业流动资产中的产成品、现金、外购商品等也属于流通领域中的流动资产。

生息领域中的流动资产是在获取利息收入中发挥作用的流动资产，包括定期存款、短期有价证券等短期金融资产。企业将短期闲置资金存入银行或购买短期金融资产，可以在保持资产流动性的同时获得一定的利息收入。

第二节 现金管理

一、现金持有动机

1. 交易性需要

交易性需要是指满足日常业务的现金支付需要，包括采购材料、支付工资、上缴税金等。尽管企业每天都会发生一定数量的现金收入和现金支出，但难以做到现金收付的数量平衡。如果不保持适当的现金余额，就会影响企业交易活动的连续性。

2. 预防性需要

预防性需要是指企业持有现金作为安全存量以防意外的支付。在经营风险和销售收入变动幅度较大的企业，现金流量变动也较大，很难准确地预测企业的现金流量。现金流量的不确定性越大，预防性现金数额就应越大；反之，现金流量的可预测性越强，则预防性现金余额就越低。此外，预防性现金余额的高低还与企业的融资能力相关，融资能力越强，预防性现金余额则可以适度降低。预防性现金余额并非一定都持有现金，也可以由随时能够变现的有价证券来充当。

3. 投机性需要

投机性需要是指企业持有现金用于有利可图的购买机会，如用于购买廉价的原材料的机会、在价格上有利可图的有价证券投资机会等。

二、现金管理目标

现金是流动性最强的资产，它可以立即有效地用于购买商品、劳务或偿还债务。企业缺乏必要的现金，将无法满足上述三个方面目的的需要，可能会导致丧失购买机会甚至难以购买原材料、支付职工工资而对生产经营造成损失，也可能会因为无力还债而使企业的信誉受损。但现金也是收益性最低的资产，现金置存过量将会造成企业收益的降低。这样，企业便面临现金不足和现金过量两方面的威胁。企业现金管理的目标，就是要在资产的流动性和赢利能力之间作出抉择，以获取最大的长期利润。

三、现金日常管理的策略

现金收支管理的目的是尽快收回现金，提高现金的使用效率。现金管理方法包括加速现金回收和控制现金支出。

1. 加速现金回收

加速现金回收主要是尽可能缩短从客户汇款或开出支票到企业收到款项的时间。加速现金回收必须考虑经济的可行性，即必须权衡加速现金回收所产生的收益与回收现金所发生的交易成本。西方企业可供借鉴的方法有：

（1）锁箱法。锁箱法是指企业可在各主要城市租用专用的邮政信箱。企业对客户开出发票、账单，通知客户将款项寄到专用的邮政信箱，并直接委托当地开户银行每日开启信箱，以便及时取出客户支票予以登记、将款项存入该企业账户。当地银行依约定期向企业划款并提供收款记录。这一过程免除了公司办理收账、货款存入银行的一切手续，缩短了公司办理收款与存储的时间。缺点是被授权收取邮政信箱货款的银行除了要求相应的补偿性余额外，还要收取办理额外服务的服务费，使回收现金的成本增加。因此，是否采用锁箱法，需要在回收现金创造的收益和所增加的成本之间进行权衡。

（2）集中银行法。集中银行法是指企业建立多个收款中心来加强现金回收的方法。采用该种方法，企业不仅要在总部所在地设立一个收款中心，而且在许多地区要分别设立收款中心。其目的在于缩短从顾客邮寄付款支票到公司利用资金的时间。其具体做法是：公司总部所在地的开户银行为集中银行，公司客户的货款交到距其最近的收款中心，收款中心银行再将扣除补偿性余额后的多余现金解缴到公司指定的集中银行，供公司支付现金使用。这种方法的优点在于，可使公司集中有效地使用资金，缩短顾客邮寄支票所需的时间；缺点是，企业开设的每个收款中心的银行都要求补偿性余额，开设的收款中心越多，补偿性余额造成的呆滞资金总量就越大，所发生的机会成本就越高。因此，公司合理地确定收款中心的数量和设置地点，是采用集中银行法管理现金收款业务的关键。

2. 控制现金支出

控制现金支出的方法有：

（1）现金流量同步法。现金流量同步法是指公司应尽量使现金流入与现金流出的发生时间趋于一致，以使其持有的交易性现金余额降到最低水平。

（2）使用现金浮游量。使用现金浮游量是指从企业开出支票、收款人收到支票并存入银行，至银行将款项划出企业账户的时间内的现金占用量。使用现金浮游量，会使得企业向银行开出从存款账户中提取款项的总金额超过了其存款账户上结存的金额。准确地估计出现金浮游量，就可减少银行存款的余额，将腾出的资金进行有利可图的投资。但是，企业使用现金浮游量，一定要准确估计其数额及控制使用时间，否则会发生银行存款的透支。

（3）推迟应付款的支付。企业在不影响自身信誉的前提下，应尽可能推迟应付款的支付期限。这样可以最大限度地使用债权人的资金进行经营。在享受现金折扣优惠政策时，可在折扣期的最后一天付款，如果急需现金而放弃折扣优惠，可选择在信用期限的最后一天付款。此外，企业还可选择商业汇票等结算方式来推迟款项的支付。

四、最佳现金持有量的确定

现金的管理除了做好日常收支、加速现金流转速度外，还需控制好现金持有规模，即确定适当的现金持有量。下面是几种确定最佳现金持有量的方法。

1. 成本分析模式

成本分析模式是指通过分析持有现金的成本，寻找持有成本最低的现金持有量。

企业持有的现金，将会有三种成本：

（1）机会成本。现金作为企业的一项资金占用是有代价的，这种代价就是它的机会成本。现金资产的流动性极佳，但盈利性极差。持有现金则不能将其投入生产经营活动，失去因此而获得的收益。企业为了经营业务，有必要持有一定的现金，以应付意外的现金需要。但现金拥有量过多，机会成本代价大幅度上升，就不合算了。

（2）管理成本。企业拥有现金，会发生管理费用，如管理人员工资、安全措施费等，这些费用是现金的管理成本。管理成本是一种固定成本，与现金持有量之间无明显的比例关系。

（3）短缺成本。现金的短缺成本，是指因缺乏必要的现金，不能应付业务开支所需，而使企业蒙受损失或为此付出的代价。现金的短缺成本随现金持有量的增加而下降，随现金持有量的减少而上升。

上述三项成本之和为最小的现金持有量，就是最佳现金持有量。如果把以上三种成本线放在一个图上（见图7－1），就能表现出持有现金的总成本（总代价），找出最佳现金持有量的点：机会成本线向右上方倾斜，短缺成本线向右下方倾斜，管理成本线为平行于横轴的平行线，总成本线便是一条抛物线，该抛物线的最低点即为持有现金的最低总成本。超过这一点，机会成本上升的代价又会大于短缺成本下降的好处；这一点之前，短缺成本上升的代价又会大于机会成本下降的好处。这一点横轴上的量，即最佳现金持有量。

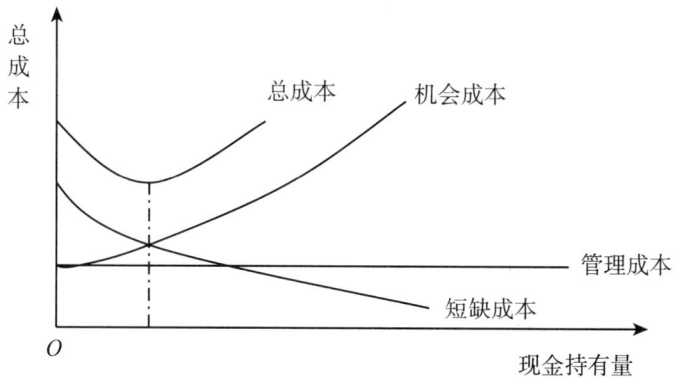

图7－1 持有现金的总成本

最佳现金持有量的具体计算，可以先分别计算出各种方案的机会成本、管理成本、短缺成本之和,再从中选出总成本之和最低的现金持有量即为最佳现金持有量。

【例7-1】某企业有四种现金持有方案,它们各自的机会成本、管理成本、短缺成本见表7-1,机会成本率即该企业的资本收益率为12%。

表7-1　　　　　　　　　　　现金持有方案　　　　　　　　　　　单位:元

项　目	方案甲	方案乙	方案丙	方案丁
现金持有量	25 000	50 000	75 000	100 000
机会成本	3 000	6 000	9 000	12 000
管理成本	20 000	20 000	20 000	20 000
短缺成本	12 000	6 750	2 500	0

这四种方案的总成本计算结果见表7-2。

表7-2　　　　　　　　　　　现金持有总成本　　　　　　　　　　单位:元

项　目	方案甲	方案乙	方案丙	方案丁
机会成本	3 000	6 000	9 000	12 000
管理成本	20 000	20 000	20 000	20 000
短缺成本	12 000	6 750	2 500	0
总成本	35 000	32 750	31 500	32 000

将以上各方案的总成本加以比较可知,方案丙的总成本最低,也就是说当企业持有75 000元现金时,各方面的总代价最低,对企业最合算,故75 000元是该企业的最佳现金持有量。

2. 存货模式

企业平时持有较多的现金,会降低现金的短缺成本,但也会增加现金占用的机会成本;而平时持有较少的现金,则会增加现金的短缺成本,却能减少现金占用的机会成本。如果企业平时只持有较少的现金,在有现金需要时(如手头的现金用尽),通过出售有价证券换回现金(或从银行借入现金),便能既满足现金的需要,避免短缺成本,又能减少机会成本。因此,适当的现金与有价证券之间的转换,是企业提高资金使用效率的有效途径。但是,如果每次任意量地进行有价证券与现金的转换,还是会加大企业的成本,因此如何确定有价证券与现金的每次转换量,是一个需要研究的问题,可以应用现金持有量的存货模式解决。

现金持有量的存货模式又称鲍曼模型,是威廉·鲍曼(William Baumol)提出的用以确定目标现金持有量的模型，这一模型的建立是基于下列假设条件：企业现金支付情况稳定，即企业在一定时期内的现金流出量与流入量十分均匀而且可以预测；由于现金流出量大于流入量，当现金余额降至零时，企业需要出售有价证券或举债进行补充，如此，周而复始。

企业每次以有价证券转换回现金是要付出代价的（如支付经纪费用），这被称为现金的交易成本。现金的交易成本与现金转换次数、每次的转换量有关。假定现金每次的交易成本是固定的，在企业一定时期现金使用量确定的前提下，每次以有价证券转换回现金的金额越大，企业平时持有的现金量便越高，转换的次数便越少，现金的交易成本总额就越低；反之，每次转换回现金的金额越低，企业平时持有的现金量便越低，转换的次数会越多，现金的交易成本总额就越高。可见，现金的交易成本与现金的平时持有量成反比。基于决策角度出发，不再考虑大体为固定不变的管理成本，这样，现金的成本构成可重新表现为如图7-2所示。

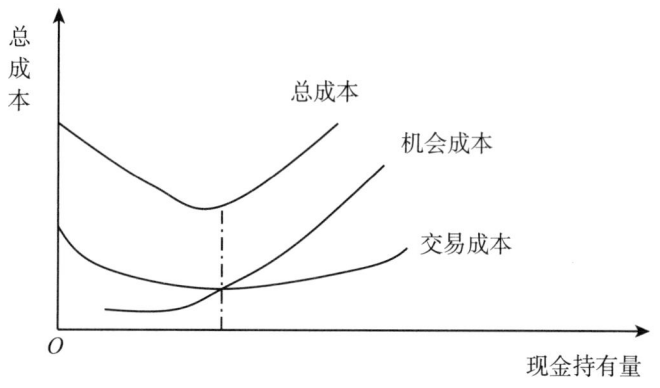

图7-2 现金的成本构成

在图7-2中，现金的机会成本和交易成本是两条随现金持有量呈不同方向发展的曲线，两条曲线交叉点相应的现金持有量即总成本最低的现金持有量，它可以运用现金持有量存货模式求出。以下通过举例，说明现金持有量存货模式的应用。

某企业的现金使用量是均衡的，每周的现金净流出量为100 000元。若该企业第0周开始时持有现金300 000元，那么这些现金够企业使用3周，在第3周结束时现金持有量将降为0，其3周内的平均现金持有量则为150 000元（300 000÷2）。第4周开始时，企业需将300 000元的有价证券转换为现金以备支用；待第6周结束时，现金持有量再次降为零，这3周内的现金平均余额仍为150 000元。如此循环，企业一段时期内的现金持有状况可表现为如图7-3所示。

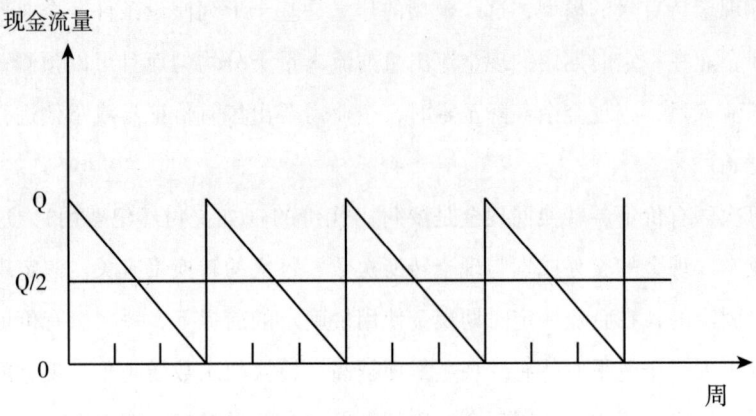

图 7-3　一段时期内的现金持有状况

在图 7-3 中，每 3 周为一个现金使用的循环期，以 Q 代表各循环期之初的现金持有量，以 $Q/2$ 代表各循环期内的现金平均持有量。

如果企业将 Q 定得高些，如定为 600 000 元，每周的现金净流出量仍为 100 000 元，这些现金将够支用 6 周，企业可以在 6 周后再出售有价证券补充现金，这能够减少现金的交易成本；但 6 周内的现金平均余额将增加为 300 000 元（600 000÷2），这又会增加现金的机会成本。

如果企业将 Q 定得低些，比如定为 200 000 元，每周的现金净流出量还是 100 000 元，那么这些现金只够支用 2 周，企业必须频繁地每 2 周就出售有价证券，这必然增加现金的交易成本；不过 2 周循环期内的现金平均余额可降为 100 000 元（200 000÷2），这降低了现金的机会成本。

于是，企业需要合理地确定 Q，以使现金的相关总成本（用 T 表示）最低。解决这一问题先要明确以下三点：

第一，一定期间内的现金需求量，用 A 表示。

第二，每次出售有价证券以补充现金所需的交易成本，用 P 表示。一定时期内出售有价证券的总交易成本为：

交易成本 $=(A/Q)\times P$

第三，持有现金的机会成本率，用 C 表示。一定时期内持有现金的总机会成本表示为：

机会成本 $=(Q/2)\times C$

则：
$$T=\frac{Q}{2}\times C+\frac{A}{Q}\times P \tag{7.1}$$

根据导数原理,可求得:

$$Q = \sqrt{\frac{2AP}{C}} \tag{7.2}$$

【例 7-2】某企业估计每月现金需要量为 300 000 元,每次转换有价证券的交易成本为 200 元,有价证券的月利率为 1%,则最佳现金持有量为:

$$Q = \sqrt{\frac{2 \times 300\,000 \times 200}{1\%}} = 109\,544.51 \text{(元)}$$

每月有价证券交易次数为:

$$\frac{300\,000}{109\,544.51} = 2.74 \text{(次)}$$

3. 随机模式

随机模式又称米勒—奥尔模式,是在现金需求量难以预知的情况下进行现金持有量控制的方法。对企业来讲,现金需求量往往波动大且难以预知,但企业可以根据历史经验和现实需要,测算出一个现金持有量的控制范围,即制定出现金持有量的上限和下限,将现金量控制在上下限之内。当现金量达到控制上限时,用现金购入有价证券,使现金持有量下降;当现金量降到控制下限时,则抛售有价证券换回现金,使现金持有量回升。若现金量在控制的上下限之内,便不必进行现金与有价证券的转换,保持它们各自的现有存量。这种对现金持有量的控制如图 7-4 所示。

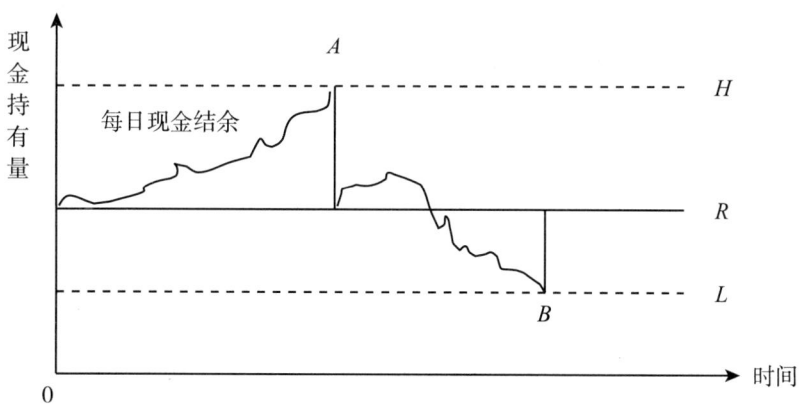

图 7-4 现金持有量的随机模式

图 7-4 中,虚线 H 为现金存量的上限;虚线 L 为现金存量的下限;实线 R 为最优现金返回线。从图 7-4 中可以看到,企业的现金存量(表现为现金每日余额)是随机波动的,当其达到 A 点时,即达到了现金控制的上限,企业应用现金购买有价证券,使现金持有量回落到现金返回线(R 线)的水平;当现金存量降至 B 点时,即达到了现金

控制的下限，企业则应转让有价证券换回现金，使其存量回升至现金返回线的水平。现金存量在上下限之间的波动属控制范围内的变化，是合理的，不予理会。以上关系中的上限 H、现金返回线 R 可按下列公式计算：

$$R = \sqrt[3]{\frac{3b\delta^2}{4i}} + L \tag{7.3}$$

$$H = 3R - 2L \tag{7.4}$$

式中：b 为每次有价证券的固定转换成本；i 为有价证券的日利息率；δ 为预期每日现金余额变化的标准差（可根据历史资料测算）。

而下限 L 的确定，则要受到企业每日的最低现金需要、管理人员的风险承受倾向等因素的影响。

【例 7 – 3】假定某公司有价证券的年利率为 9%，每次固定转换成本为 50 元，公司认为任何时候其银行活期存款及现金余额均不能低于 1 000 元，又根据以往经验测算出现金余额波动的标准差为 800 元。最优现金返回线 R、现金控制上限 H 的计算为：

有价证券日利率 = 9% ÷ 360 = 0.025%

$$R = \sqrt[3]{\frac{3b\delta^2}{4i}} + L = \sqrt[3]{\frac{3 \times 50 \times 800^2}{4 \times 0.025\%}} + 1\,000 = 5\,579（元）$$

$$H = 3R - 2L = 3 \times 5\,579 - 2 \times 1\,000 = 14\,737（元）$$

这样，当公司的现金余额达到 14 737 元时，即应以 9 158 元（14 737 – 5 579）的现金去投资于有价证券，使现金持有量回落为 5 579 元；当公司的现金余额降至 1 000 元时，则应转让 4 579 元（5 579 – 1 000）的有价证券，使现金持有量回升为 5 579 元，这可以用图 7 – 5 表示。

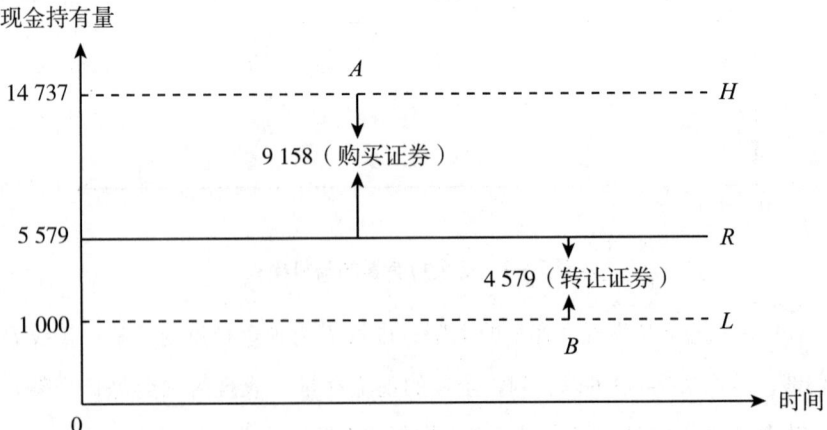

图 7 – 5　随机模式的示例

随机模式建立在企业的现金未来需求总量和收支不可预测的前提下，因此计算出来的现金持有量比较保守。

第三节　应收账款管理

一、应收账款的管理目标

发生应收账款的原因，主要有以下两种：

第一，商业竞争。这是发生应收账款的主要原因。在社会主义市场经济的条件下，存在着激烈的商业竞争。竞争机制的作用迫使企业以各种手段扩大销售。除了依靠产品质量、价格、售后服务、广告等外，赊销也是扩大销售的手段之一。对于同等的产品价格、类似的质量水平、一样的售后服务，实行赊销的产品或商品的销售额将大于现金销售的产品或商品的销售额。这是因为顾客将从赊销中得到好处。出于扩大销售的竞争需要，企业不得不以赊销或其他优惠方式招揽顾客，于是就产生了应收账款。由竞争引起的应收账款，是一种商业信用。

第二，销售和收款的时间差距。商品成交的时间和收到货款的时间经常不一致，这也导致了应收账款。当然，现实生活中现金销售是很普遍的，特别是零售企业更常见。不过就一般批发和大量生产企业来讲，发货的时间和收到货款的时间往往不同。这是因为货款结算需要时间。结算手段越是落后，结算所需时间就越长，销售企业只能承认这种现实并承担由此引起的资金垫支。由于销售和收款的时间差而造成的应收账款，不属于商业信用，也不是应收账款的主要内容，不再对它进行深入讨论，而只论述属于商业信用的应收账款的管理。

既然企业发生应收账款的主要原因是扩大销售、增强竞争力，那么其管理的目标就是求得利润。应收账款是企业的一项资金投放，是为了扩大销售和盈利而进行的投资，而投资肯定要发生成本。因此，应收账款管理的主要目的，就是要在采用信用政策所增加的盈利和由此所付出的代价之间进行权衡。

二、信用政策的确定

信用政策（credit policy）是否合理，是决定一个企业生产经营成败的重要因素。合理的信用政策，应该是应收账款的收益性和流动性二者之间的合理选择。放宽信用政策，将会导致账面利润的增加，但赊销而产生的利润并不是企业真正赚得的利润，真正赚得的利润应该是应收账款的变现收入而非观念上的资产——应收账款。在企业应收账款占用规模较大的情况下，应收账款如果不能及时变现，将会增大应收账款的变现损失、置存成本及收账费用，其结果会造成公司财务状况的恶化乃至破产；紧缩信用政策，又会导致公司市场竞争能力的下降。因此，企业销售部门会同财务部门，必须根据企业的实际情况，确定科学合理的信用政策，妥善处理应收账款的收益性和流动性，在二者之间做出合理的选择。信用政策的构成要素包括信用期间、信用标准、现金折扣、收账政策等。

1. 信用期间

信用期间是公司允许客户从购货到付款所经过的时间，亦即公司给予客户的付款期间。例如，若某企业允许顾客在购货后的 60 天内付款，则信用期间为 60 天。信用期间过短，则难以吸引顾客，导致企业销售额下降；信用期放长，虽然能够增加企业的销售额，但同时也会增加应收账款的成本费用。因此，在确定是否要改变现行的信用期间时，必须在延长信用期间增加的利润和所增加的成本之间进行权衡，如果前者大于后者，则方案可行；反之，则不可行。应收账款的成本包括：

(1) 置存成本。置存成本是企业因置存应收账款所丧失的投资收益或垫支资金所产生的利息成本，即资金成本。

$$应收账款置存成本 = 应收账款平均垫支资金占用额 \times 资金成本率$$
$$= 应收账款平均余额 \times 变动成本率 \times 资金成本率$$
$$= 每日销售额 \times 平均收现期 \times 变动成本率 \times 资金成本率$$

(2) 坏账损失。坏账损失是不能变现的应收账款余额，可以根据预计坏账损失占销售额的百分比测算。

(3) 收账费用。收账费用是为促使应收账款的收回而发生的费用，如诉讼费、差旅费等。

【例 7-4】某公司现在采用 30 天按发票金额付款的信用政策，拟将信用期放宽至 60 天，仍按发票金额付款即不给折扣。假设等风险投资的最低报酬率为 15%，假定客户均在信用期的最后一天付款，其他有关的数据见表 7-3。

表 7-3 相关数据

项　目	30 天	60 天
销售量（件）	100 000	120 000
销售额（元）（单价 5 元）	500 000	600 000
变动成本（每件 4 元）	400 000	480 000
固定成本（元）	50 000	50 000

续表

项　目	30 天	60 天
毛利（元）	50 000	70 000
可能发生的收账费用（元）	3 000	4 000
可能发生的坏账损失（元）	5 000	9 000

在分析时，先计算放开宽信用期得到的收益，然后计算增加的成本，最后根据两者比较的结果作出判断。

① 收益的增加。

收益的增加 = 销售量的增加 × 单位边际贡献

$$= (120\ 000 - 100\ 000) \times (5 - 4) = 20\ 000（元）$$

② 应收账款置存成本增加。

30 天信用期间的置存成本 = $(500\ 000 \div 360) \times 30 \times 80\% \times 15\% = 5\ 000$（元）

60 天信用期间的置存成本 = $(600\ 000 \div 360) \times 60 \times 80\% \times 15\% = 12\ 000$（元）

置存成本增加额 = $12\ 000 - 5\ 000 = 7\ 000$（元）

③ 收账费用和坏账损失增加。

收账费用增加 = $4\ 000 - 3\ 000 = 1\ 000$（元）

坏账损失增加 = $9\ 000 - 5\ 000 = 4\ 000$（元）

④ 改变信用期的税前损益。

收益增加 - 成本费用增加 = $20\ 000 - (7\ 000 + 1\ 000 + 4\ 000) = 8\ 000$（元）

由于收益的增加大于成本增加，故应采用 60 天的信用期。

应当指出的是，上述平均收现期是假定客户均在信用期的最后一天付款，故平均收现期按信用期间计算。但客户在信用期间内付款时间不同或延期付款时，应按客户购货额占企业全部销货额的比重和付款时间计算平均收现期，计算公式为：

$$平均收现期 = \sum 客户购货比重 \times 付款期限$$

如上例中，假设在原信用期限下，客户在第 10 天付款的购货比重占 10%，第 30 天付款的占 60%，第 40 天付款的占 30%，则平均收现期为：

$$10\% \times 10 + 60\% \times 30 + 40 \times 30\% = 31（天）$$

2. 信用标准

信用标准是企业用来衡量客户获得商业信用所应具备的基本条件。如果客户达不到该项信用标准，就不能享受企业按商业信用赋予的各种优惠，或只能享受较低的信用优惠。在确定信用标准之前，应对申请赊购的客户进行信用状况分析。通常这项工作通过信用的"5C"系统来完成。信用的"5C"系统是指：品质（character）、能力（capacity）、资本（capital）、抵押（collateral）和条件（condition）。

（1）品质。品质是根据客户的信用历史及信用参考资料判断其履行偿债义务的可能性。客户的信用品质决定着客户对信誉的重视程度。一般而言，具有良好信用品质的客户，除非特殊情况，是会遵循一贯准时付款的习惯的。信用品质恶劣的客户，即使其具备债务偿还的实力，也不会如期履约。客户的信用品质是确定信用标准的最重要因素。

（2）能力。能力是客户按规定条件偿还债务的能力。应着重于企业资产变现能力评价，了解流动资产的数量和质量以及与流动负债的比例。资产的变现能力越强，顾客偿还流动负债的可能性就越大。

（3）资本。资本是顾客的财务实力和财务状况，表明顾客可能偿还债务的背景。资本雄厚的公司不会负债累累，充足的资本额能缓冲蒙受的损失，同时也能承受违约损失。

（4）抵押品。抵押品是在债务人偿还债务时用以补偿债权人损失的资产。一般商业信用无须特定的资产作附属担保品。在大多数情况下，为保护资产提供担保品在时间上和成本上是难以办到的。但是当赊销商品价值较大时，要求顾客指定担保品却是必要的。

（5）条件。条件是可能影响顾客付款能力的经济环境。社会经济环境的变化，往往要影响客户的经营状况和偿债能力，因此有必要了解客户在经济困难时期的付款表现。

信用的"5C"系统分析是建立在掌握客户一定的信用资料基础上的。信用资料的来源渠道主要有：索取的过去和现实客户的财务报表；由客户的开户银行出具的有关其信用状况的证明材料；由同业提供的有关客户信用情况的证明；信用评估机构发布的信用等级资料。

3. 现金折扣

企业给予客户现金折扣的目的是为了鼓励客户早日归还货款。提供现金折扣可以加速企业应收账款的周转，降低应收账款的平均占用额，节约应收账款占用的资金，将这部分资金用于再投资，可为企业带来相应的收益。但另一方面，现金折扣是企业减少的销售收入，是企业为加速资金周转而付出的代价。制定现金折扣政策，就是要在加速资金周转所带来的收益和所发生的折扣成本二者之间进行权衡。

折扣的表示常采用如 5/10、3/20、$n/30$ 这样一些符号形式。这三种符号的含义为：5/10 表示 10 天内付款，可享受 5% 的价格优惠，即只需支付原价的 95%，如原价为 10 000 元，只支付 9 500 元；3/20 表示 20 天内付款，可享受 3% 的价格优惠，即只需支付原价的97%，若原价为10 000元，只支付9 700元；n/30表示付款的最后期限为30天，此时付款无优惠。

【例7-5】 沿用〖例7-4〗，假定该公司在放宽信用期的同时，为了吸引顾客尽早付款，提出了0.8/30、n/60的现金折扣条件，估计会有一半的顾客（按60天信用期所能实现的销售量计）将享受现金折扣优惠。

① 收益的增加。

收益的增加 = 销售量的增加 × 单位边际贡献
$$= (120\ 000 - 100\ 000) \times (5 - 4) = 20\ 000\ (元)$$

② 应收账款置存成本增加。

30天信用期间的置存成本 = (500 000 ÷ 360) × 30 × 80% × 15% = 5 000（元）

60天信用期间时的平均收现期 = 50% × 30 + 50% × 60 = 45（天）

60天信用期间的置存成本 = (600 000 ÷ 360) × 45 × 80% × 15% = 9 000（元）

置存成本增加额 = 9 000 - 5 000 = 4 000（元）

③ 收账费用和坏账损失增加。

收账费用增加 = 4 000 - 3 000 = 1 000（元）

坏账损失增加 = 9 000 - 5 000 = 4 000（元）

④ 估计现金折扣成本的变化。

现金折扣成本增加 = 新的销售水平 × 新的现金折扣率
× 享受现金折扣的顾客比例 - 旧的销售水平
× 旧的现金折扣率 × 享受现金折扣的顾客比例
$$= 600\ 000 \times 0.8\% \times 50\% - 500\ 000 \times 0 \times 0$$
$$= 2\ 400\ (元)$$

⑤ 提供现金折扣后的税前损益。

收益增加 - 成本费用增加 = 20 000 - (4 000 + 1 000 + 4 000 + 2 400)
$$= 8\ 600\ (元)$$

由于可获得税前收益，故应当放宽信用期，提供现金折扣。

4. 收账政策

收账政策是指公司为了催收已过期的应收账款所遵循的程序。这些程序包括发信、打电话、派专人催收和采取法律行动等。公司在催收账款时，必然要为收回款项而付出代价，即收账费用。在其他条件相同时，在一定范围内，收账费用发生越多，呆账损失就越小，平均收现期也就越短。但收账费用与呆账损失二者之间不是线性关系。最初支出的收账费用也许不会使呆账减少多少，随着收账费用的增加，呆账损失会逐渐减少，但收账费用超过某个限度，其支出对减少坏账损失的作用却逐渐减弱。

企业支出收账费用的目的是为了收回应收账款、降低坏账损失，因此，确定收账政策，应在加速收款减少应收账款资金占用而形成的投资收益或节约的机会成本、减少的坏账损失之和与收账费用之间进行权衡，选取净收益较大的收账政策。

三、应收账款的日常监控

企业采用赊销方式进行销售是推动企业发展的动力，但往往招致坏账损失。为了加速应收账款的周转，在合理的信用政策下，加强应收账款的日常监控，最大限度地降低坏账损失，是管理工作重要的一个环节。

1. 考核应收账款的周转速度

企业应定期计算反映应收账款周转速度的指标，并将其同企业历史指标或同行业平均指标相对比，以揭示企业应收账款的流动程度，检查其问题及差距，采取相应措施，促使应收账款变现速度的加快。其考核指标有：

应收账款周转率 = 赊销收入净额/平均应收账款

应收账款周转天数 = 360/应收账款周转率

2. 进行账龄的动态分析

通常监督应收账款收回情况的方法是账龄分析法。所谓账龄分析法是指按客户赊欠企业账款的时间长短编制应收账款账龄分析表，根据账龄的长短，分别采取不同管理措施的一种方法。以阳光公司为例，账龄分析格式见表7-4。

表7-4　　　　　　　　阳光公司账龄分析

客户名称	余额（元）	账龄			
		信用期内	超期1~30天	超期31~60天	超期60天以上
A	15 000	100 000	50 000		
B	200 000	200 000			
C	100 000			60 000	40 000
⋮	⋮	⋮	⋮	⋮	⋮
⋮	⋮	⋮	⋮	⋮	⋮
⋮	⋮	⋮	⋮	⋮	⋮
合计	1 000 000	600 000	200 000	150 000	50 000
百分比	100	60	20	15	5

通过账龄分析表，我们可以了解到属于正常信用期内的应收账款余额为多少，超过信用期不同时间的应收账款各有多少，到底有多少应收账款因拖欠太久而成为坏账，从而有针对性地采取收账措施。应收账款账龄分析可借助于电子计算机自动生成来完成。

第四节 存货管理

一、存货管理目标

存货是企业在生产经营过程中为销售或耗用而储备的物资，主要包括材料、在产品、低值易耗品、库存商品、半成品等。

存货是绝大多数工商企业的一项很重要的资产。如果工业企业能在生产投料时随时购入所需的原材料，或商业企业能在销售时随时购入该项商品，就不需要存货。但事实上，企业基于环境和条件的限制，无法全面推行这种"适时生产系统"，存货仍是企业生产经营环节为保证销售和耗用而储备的一项重要资产。

但是，尽管企业增加存货能够节省生产时间和采购费用，而且能较快地满足顾客订货的需要，企业在增加存货的同时也会增加存货的储存成本等，也会失去利用存货占用的资金在其他方面获利的机会。因此，企业为以最低的成本提供维持公司营运所需的存货，也就成为存货管理的目标。

二、存货的有关成本

与存货有关的成本，包括以下三种：

1. 取得成本

取得成本是为取得某种存货而支出的成本，通常用 TC_a 来表示，其又分为订货成本和购置成本。

（1）订货成本。订货成本是取得订单的成本，如办公费、差旅费、邮资、电报电话费等支出。订货成本中有一部分与订货次数无关，如常设采购机构的基本开支等，称为订货的固定成本，用 F_1 表示；另一部分与订货次数有关，如差旅费、邮资等，称为订货的变动成本。每次订货的变动成本用 K 表示；订货次数等于存货年需要量 D 与每次进货量 Q 之商。订货成本的计算公式为：

$$订货成本 = F_1 + \frac{D}{Q}K \tag{7.5}$$

(2)购置成本。购置成本是存货本身的价值,经常用数量与单价的乘积来确定。年需要量用 D 表示,单价用 U 表示,于是购置成本为 DU。

订货成本加上购置成本,就等于存货的取得成本。其公式可表达为:

取得成本 = 订货成本 + 购置成本

= 固定订货成本 + 变动订货成本 + 购置成本

$$TC_a = F_1 + \frac{D}{Q}K + DU \tag{7.6}$$

2. 储存成本

储存成本是保持存货而发生的成本,包括存货占用资金所应计的利息(若企业用现有现金购买存货,便失去了现金存放银行或投资于证券本应取得的利息,是为"放弃利息";若企业借款购买存货,便要支付利息费用,是为"付出利息")、仓库费用、保险费用、存货破损和变质损失等,通常用 TC_c 来表示。

储存成本也分为固定成本和变动成本。固定成本与存货数量的多少无关,如仓库折旧、仓库职工的固定月工资等,常用 F_2 表示。变动成本与存货的数量有关,如存货资金的应计利息、存货的破损和变质损失、存货的保险费用等,单位成本用 K_c 来表示。用公式表达的储存成本为:

储存成本 = 固定储存成本 + 变动储存成本

$$TC_c = F_2 + K_c \frac{Q}{2} \tag{7.7}$$

3. 缺货成本

缺货成本是由于存货供应中断而造成的损失,包括材料供应中断造成的停工损失、产成品库存缺货造成的拖欠发货损失和丧失销售机会的损失(还应包括需要主观估计的商誉损失);如果生产企业以紧急采购代用材料解决库存材料中断之急,那么缺货成本表现为紧急额外购入成本(紧急额外购入的开支会大于正常采购的开支)。缺货成本用 TC_s 表示。

如果以 TC 来表示储备存货的总成本,它的计算公式为:

$$TC = TC_a + TC_c + TC_3 = F_1 + \frac{D}{Q}K + DU + F_2 + K_c \frac{Q}{2} + TC_3 \tag{7.8}$$

企业存货的最优化,即是使式(7.8)TC 值最小。

三、存货决策

存货决策涉及四项内容:决定进货项目、选择供应单位、决定进货时间和决定进货批量。决定进货项目和选择供应单位是销售部门、采购部门和生产部门的职责。财务部门要做的是决定进货时间和决定进货批量（分别用 T 和 Q 表示）。按照存货管理的目的，需要通过合理的进货批量和进货时间，使存货的总成本最低，这个批量叫作经济订货量或经济批量。有了经济订货量，可以很容易地找出最适宜的进货时间。

与存货总成本有关的变量（即影响总成本的因素）很多，为了解决比较复杂的问题，有必要简化或舍弃一些变量，先研究解决简单的问题，然后再扩展到复杂的问题。这需要设立一些假设，在此基础上建立经济订货量的基本模型。

1. 经济订货量基本模型

经济订货量基本模型需要设立的假设条件是：

（1）企业能够及时补充存货，即需要订货时便可立即取得存货。

（2）能集中到货，而不是陆续入库。

（3）不允许缺货，既无缺货成本，TC_s 为零，这是因为良好的存货管理本来就不应该出现缺货成本。

（4）需求量稳定，并且能预测，即 D 为已知常量。

（5）存货单价不变，即 U 为已知常量。

（6）企业现金充足，不会因现金短缺而影响进货。

（7）所需存货市场供应充足，不会因买不到需要的存货而影响其他。

设立了上述假设后，存货总成本的公式可以简化为：

$$TC = F_1 + \frac{D}{Q}K + DU + F_2 + K_c \frac{Q}{2} \tag{7.9}$$

当 F_1、K、D、U、F_2、K_c 为常数量时，TC 的大小取决于 Q。为了求出 TC 的极小值，对其进行求导演算，可得出下列公式：

$$Q^* = \sqrt{\frac{2KD}{K_c}} \tag{7.10}$$

式（7.10）称为经济订货量基本模型，求出的每次订货批量可使 TC 达到最小值。这个基本模型还可以演变为其他形式。

每年最佳订货次数公式：

$$N^* = \frac{D}{Q^*} = \frac{D}{\sqrt{\dfrac{2KD}{K_c}}} = \sqrt{\frac{DK_c}{2K}} \tag{7.11}$$

与批量有关的存货总成本公式：

$$TC_{(Q^*)} = \frac{KD}{\sqrt{\frac{2KD}{K_c}}} + \frac{\sqrt{\frac{2KD}{K_c}}}{2} \cdot K_c = \sqrt{2KDK_c} \qquad (7.12)$$

最佳订货周期公式：

$$t^* = \frac{1}{N^*} = \frac{1}{\sqrt{\frac{DK_c}{2K}}} \qquad (7.13)$$

经济订货量占用资金：

$$I^* = \frac{Q^*}{2} \cdot U = \frac{\sqrt{\frac{2KD}{K_c}}}{2} \cdot U = \sqrt{\frac{KD}{2K_c}} \cdot U \qquad (7.14)$$

【例 7-6】某企业每年耗用某种材料 3 600 千克，单位存储成本为 2 元，一次订货成本 25 元。则：

$$Q^* = \sqrt{\frac{2KD}{K_c}} = \sqrt{\frac{2 \times 3\,600 \times 25}{2}} = 300\,(千克)，N^* = \frac{D}{Q^*} = \frac{3\,600}{300} = 12\,(次)$$

$$TC_{(Q^*)} = \sqrt{2KDK_c} = \sqrt{2 \times 25 \times 3\,600 \times 2} = 600\,(元)$$

$$t^* = \frac{1}{N^*} = \frac{1}{12}(年) = 1(个月)，I^* = \frac{Q^*}{2} \cdot U = \frac{300}{2} \times 10 = 1\,500\,(元)$$

经济订货量也可以用图解法求得：先计算出一系列不同批量的各有关成本，然后在坐标图上描出由各有关成本构成的订货成本线、储存成本线和总成本线，总成本线的最低点（或者是订货成本线和储存成本线的交接点）相应的批量，即经济订货量。

不同批量的有关成本变动情况可见图 7-6。从以上成本指标的计算和图形中可以很清楚地看出，当订货批量为 300 千克时总成本最低，小于或大于这一批量都是不合算的。

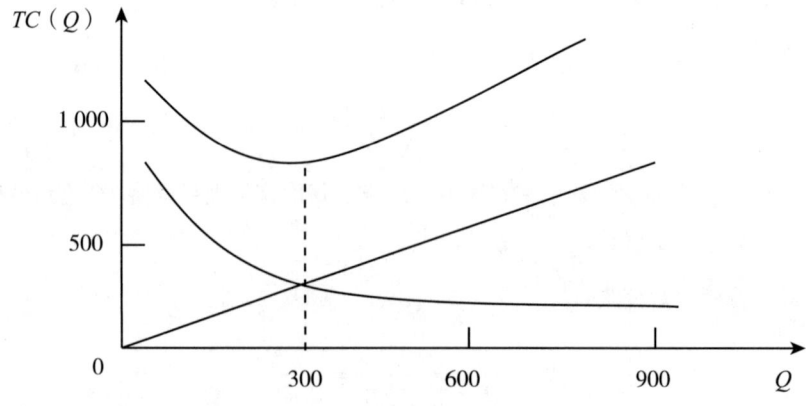

图 7-6 不同批量的成本变动情况

经济订货批量还可以采用图表法求解。根据上述资料,图解法如表7-5所示。

表7-5　　　　　　　　　　　　图解法

订货批量（千克）	100	200	300	400	500	600
平均存量（千克）	50	100	150	200	250	300
储存成本（元）	100	200	300	400	500	600
订货次数	36	18	12	9	7.2	6
订货成本（元）	900	450	300	225	180	150
总成本（元）	1 000	650	600	625	680	750

从表7-5可以看出,当每次采购批量为300吨时,存货总成本最低。在经济订货批量这一点,存货的订货成本等于储存成本,这是普遍规律。

2. 经济订货批量基本模型的扩展

经济订货批量基本模型是建立在各种严格假设基础上的,在现实生活中能够全部满足假设条件的情况是较少的。在下面这一部分,我们将放宽某些假设以增加其实用性。

(1)订货提前期。一般情况下,企业的存货不能做到随用随时补充,因此不能等存货用光再去订货,而需要在没有用完时提前订货。在提前订货的情况下,企业再次发出订货单时,尚有存货的库存量,称为再订货点,用R来表示。它的数量等于交货时间(L)和每日平均需用量(d)的乘积:

$$R = L \times d$$

续〖例7-6〗,企业订货日至到货期的时间为10天,每日存货需要量为10千克,那么:

$$R = L \times d = 10 \times 10 = 100（千克）$$

即企业在尚存100千克存货时,就应当再次订货,等到下批订货到达时(再次发出订货单10天后),原有库存刚好用完。此时,有关存货的每次订货批量、订货次数、订货间隔时间等并无变化,与瞬时补充时相同。订货提前期的情形见图7-7。这就是说,订货提前期对经济订货量并无影响,可仍以原来瞬时补充情况下的300千克为订货批量,只不过在达到再订货点(库存100千克)时即发出订货单。

(2)存货陆续供应和使用。在建立基本模型时,假设存货一次全部入库,故存货增加时存量变化为一条垂直的直线。事实上,各批存货可能陆续入库,使存量陆续增加。尤其是产成品入库和在产品转移,几乎总是陆续供应和陆续耗用的。在这种情况下,需要对图7-7基本模型做一些修改。

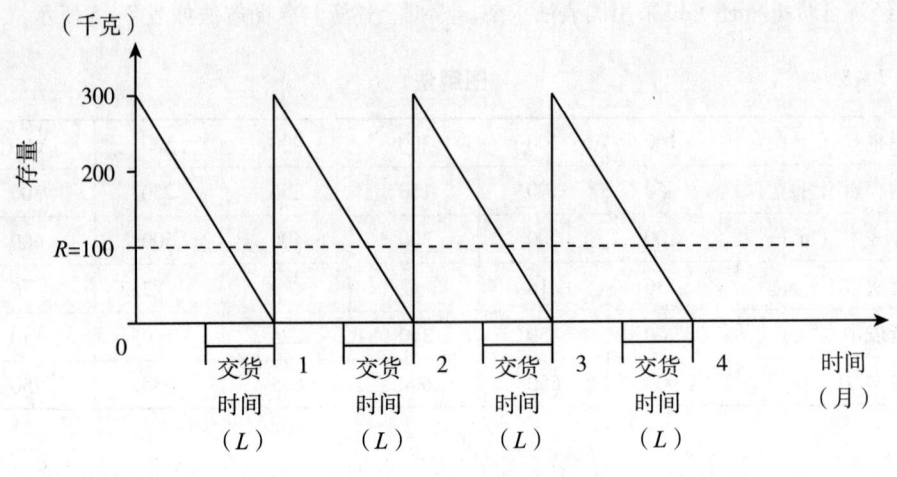

图 7-7 订货提前期

【**例 7-7**】某零件年需用量（D）为 3 600 件，每日送货量（P）为 30 件，每日耗用量（d）为 10 件，单价（U）为 10 元，一次订货成本（生产准备成本）（K）为 25 元，单位储存变动成本（K_c）为 2 元。存货数量的变动见图 7-8。

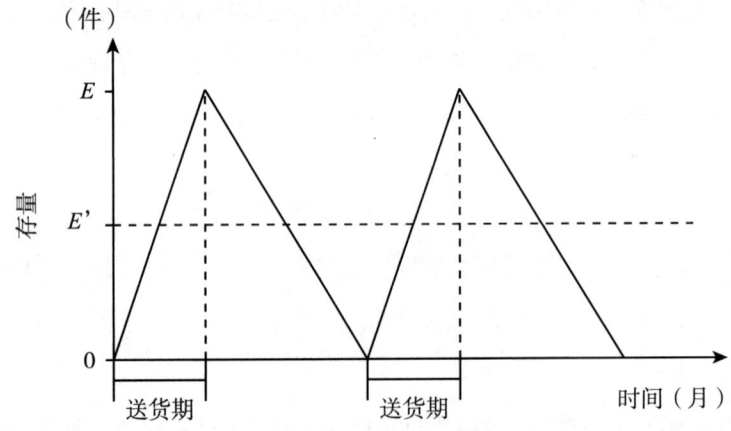

图 7-8 陆续供货时存货数量的变动

设每批订货批量为 Q。由于每日送货量为 P，故该批货全部送达所需日数为 Q/P，称为送货期。

因零件每日耗用量为 d，故送货期内的全部耗用量为：$\dfrac{Q}{P} \cdot d$

由于零件边送边用，所以每批送完时，最高库存量为：$Q - \dfrac{Q}{P} \cdot d$

平均存量则为：$\dfrac{1}{2}\left(Q - \dfrac{Q}{P} \cdot d\right)$

图7-8中的 E 表示最高库存量；E' 表示平均库存量。这样，与批量有关的总成本为：

$$TC(Q) = \frac{D}{Q} \cdot K + \frac{1}{2}(Q - \frac{Q}{P} \cdot d) \cdot K_c = \frac{D}{Q} \cdot K + \frac{Q}{2}(1 - \frac{d}{P}) \cdot K_c \quad (7.15)$$

在变动订货成本与变动储存成本相等时，$TC(Q)$ 有最小值，故存货陆续供应和使用的经济订货量公式为：

$$\frac{D}{Q} \cdot K = \frac{Q}{2}\left(1 - \frac{d}{P}\right) \cdot K_c, Q^* = \sqrt{\frac{2KD}{K_c} \cdot \frac{P}{P-d}} \quad (7.16)$$

将式（7.16）代入上述 $TC(Q)$ 公式，可得出存货陆续供应和使用的经济订货量总成本公式为：

$$TC(Q^*) = \sqrt{2KDK_c \cdot (1 - \frac{d}{P})} \quad (7.17)$$

将上述〖例7-7〗数据代入，则：

$$Q^* = \sqrt{\frac{2 \times 25 \times 3\,600}{2} \times \frac{30}{30-10}} = 367 \text{（件）}$$

$$TC(Q^*) = \sqrt{2 \times 25 \times 3\,600 \times 2 \times (1 - \frac{10}{30})} = 490 \text{（元）}$$

陆续供应和使用的经济订货量模型，还可以用于自制和外购的选择决策。自制零件属于边送边用的情况，单位成本可能较低，但每批零件投产的生产准备成本比一次外购订货的订货成本可能高出许多。外购零件的单位成本可能较高，但订货成本可能比较低。要在自制零件和外购零件之间作出选择，需要全面衡量它们各自的总成本，才能得出正确的结论。这时，就可借用陆续供应或瞬时补充的模型。

【例7-8】某生产企业使用 A 零件，可以外购，也可以自制。如果外购，单价4元，一次订货成本10元；如果自制，单位成本3元，每次生产准备成本600元。每日产量50件。零件的全年需求量为3 600件，变动储存成本为零件价值的20%，每日平均需求量为10件。

下面分别计算零件外购和自制的总成本，以选择较优的方案。

① 外购零件。

$$Q^* = \sqrt{\frac{2KD}{K_c}} = \sqrt{\frac{2 \times 10 \times 3\,600}{4 \times 0.2}} = 300 \text{（件）}$$

$$TC(Q^*) = \sqrt{2KDK_c} = \sqrt{2 \times 10 \times 3\,600 \times 4 \times 0.2} = 240 \text{（元）}$$

$$TC = DU + TC(Q^*) = 3\,600 \times 4 + 240 = 14\,640 \text{（元）}$$

② 自制零件。

$$Q^* = \sqrt{\frac{2KD}{K_c} \cdot \frac{P}{P-d}} = \sqrt{\frac{2 \times 600 \times 3\,600}{3 \times 0.2} \times \frac{50}{50-10}} = 3\,000 \text{（件）}$$

$$TC(Q^*) = \sqrt{2KDK_c \cdot (1 - \frac{d}{P})}$$

$$= \sqrt{2 \times 600 \times 3\,600 \times 3 \times 0.2 \times \left(1 - \frac{10}{50}\right)} = 1\,440 \text{（元）}$$

$$TC = DU + TC(Q^*) = 3\,600 \times 3 + 1\,440 = 12\,240 \text{（元）}$$

由于自制的总成本（12 240 元）低于外购的总成本（14 640 元），故以自制为宜。

（3）保险储备量的确定。以前讨论假定存货的供需稳定且确知，即每日需求量不变，交货时间也固定不变。实际上，每日需求量可能变化，交货时间也可能变化。按照某一订货批量（如经济订货批量）和再订货点发出订单后，如果需求增大或送货延迟，就会发生缺货或供货中断。为防止由此造成的损失，就需要多储备一些存货以备应急之需，称为保险储备（安全存量）。这些存货在正常情况下不动用，只有当存货过量使用或送货延迟时才动用。保险储备如图 7-9 所示。

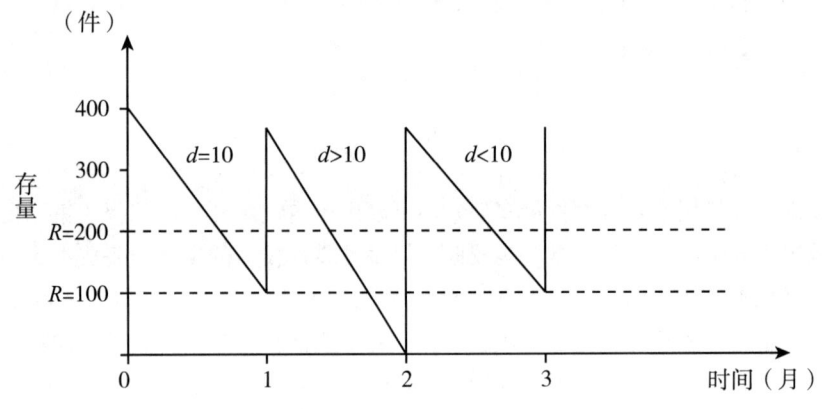

图 7-9　存货的保险储备

图 7-9 中，年需用量（D）为 3 600 件，已计算出经济订货量为 300 件，每年订货 12 次。又知全年平均日需求量（d）为 10 件，平均每次交货时间（L）为 10 天。为防止需求变化引起缺货损失，设保险储备量（B）为 100 件，再订货点 R 由此而相应提高为：

$$R = 交货时间 \times 平均日需求 + 保险储备 = L \times d + B = 10 \times 10 + 100 = 200 \text{（件）}$$

在第一个订货周期里，$d = 10$，不需要动用保险储备；在第二个订货周期内，$d > 10$，需求量大于供货量，需要动用保险储备；在第三个订货周期内，$d < 10$，不仅不需动用保险储备，正常储备也未用完，下次存货即已送到。

建立保险储备，固然可以使企业避免缺货或供应中断造成的损失，但存货平均储备量加大却会使储备成本升高。研究保险储备的目的，就是要找出合理的保险储备量，使缺货或供应中断损失和储备成本之和最小。方法上可先计算出各不同保险储备量的总成本,然后再对总成本进行比较,选定其中最低的。

如果设与此有关的总成本为 $TC(S,B)$,缺货成本为 CS,保险储备成本为 CB,则:

$$TC(S,B) = CS + CB$$

设单位缺货成本为 K_u,一次订货缺货量为 S,年订货次数为 N,保险储备量为 B,单位存货成本为 K_c,则:

$$CS = K_u \cdot S \cdot N$$

$$CB = B \cdot K_c$$

$$TC(S,B) = K_u \cdot S \cdot N + B \cdot K_c$$

现实中,缺货量 S 具有概率性,其概率可根据历史经验估计得出;保险储备量 B 可选择而定。

【例7-9】假定某存货的年需要量 $D=3\,600$ 件,单位变动储存成本 $K_c=2$ 元,单位缺货成本 $K_u=4$ 元,交货时间 $L=10$ 天;已经计算出经济订货量 $Q=300$ 件,每年订货次数 $N=12$ 次。交货期内的存货需要量及其概率分布见表7-6。

表7-6　　　　　　　　存货需要量及其概率分布

需要量（$10 \times d$）	70	80	90	100	110	120	130
概率（P_1）	0.01	0.04	0.20	0.50	0.20	0.04	0.01

先计算不同保险储备的总成本。

① 不设置保险储备量。

即令 $B=0$,且以100件为再订货点。此种情况下,当需求量为100件或其以下时,不会发生缺货,其概率为0.75（0.01+0.04+0.20+0.50）；当需求量为110件时,缺货10件（110-100）,其概率为0.20；当需求量为120件时,缺货20件（120-100）,其概率为0.04；当需求量为130件时,缺货30件（130-100）,其概率为0.01。因此,$B=0$ 时缺货的期望值 S_0、总成本 $TC(S,B)$ 可计算如下:

$$S_0 = (110-100) \times 0.2 + (120-100) \times 0.04 + (130-100) \times 0.01 = 3.1 \text{（件）}$$

$$TC(S,B) = K_u \cdot S \cdot N + B \cdot K_c = 4 \times 3.1 \times 12 + 0 \times 2 = 148.8 \text{（元）}$$

② 保险储备量为10件。

即 $B=10$ 件,以110件为再订货点。此种情况下,当需求量为110件或其以下时,不会发生缺货,其概率为0.95（0.01+0.04+0.20+0.50+0.20）；当需求量为120件时，缺货 10 件（120－110），其概率为 0.04；当需求量为 130 件时，缺货 20 件（130－110），其概率为 0.01。因此，$B=10$ 件时缺货的期望值 S_{10}、总成本 $TC(S,B)$ 可计算如下：

$S_{10}=(120-110)\times 0.04+(130-110)\times 0.01=0.6$（件）

$TC(S,B)=K_u\cdot S\cdot N+B\cdot K_c=4\times 0.6\times 12+10\times 2=48.8$（元）

③ 保险储备量为 20 件。

同样运用以上方法，可计算 S_{20}、$TC(S,B)$ 为：

$S_{20}=(130-120)\times 0.01=0.1$（件）

$TC(S,B)=4\times 0.1\times 12+20\times 2=44.8$（元）

④ 保险储备量为 30 件。

即 $B=30$ 件，以 130 件为再订货点。此种情况下可满足最大需求，不会发生缺货，因此：

$S_{30}=0$

$TC(S,B)=4\times 0\times 12+30\times 2=60$（元）

然后，比较上述不同保险储备量的总成本，以其低者为最佳。

当 $B=20$ 件时，总成本为 44.8 元，是各总成本中最低的。故应确定保险储备量为 20 件，或者说应确定以 120 件为再订货点。

（4）数量折扣条件下经济订货批量的确定。数量折扣是指随着订货批量的增大，供货方对商品售价给予的折扣。由于数量折扣改变了商品的售价，不同订货批量下的采购成本就不相同，故此时存货的采购成本必须作为一项相关成本予以考虑。

【例 7－10】设某商业公司年销售 A 商品为 36 000 件，A 商品单位进价为 20 元，估计年储存成本占库存价值的 25%，A 商品售价为 50 元，企业每次订货成本为 100 元，现供货商规定，若每次订货量在 2 000 件以上，可给予 2% 的数量折扣，问公司能否将订货批量增大至 2 000 件？

$$\text{经济订货批量}=\sqrt{\frac{2\times 36\,000\times 100}{5}}=1\,200\text{（件）}$$

$$\text{经济订货批量相关总成本}=\frac{1\,200}{2}\times 20\times 25\%+\frac{36\,000}{1\,200}\times 100+36\,000\times 20=726\,000\text{（元）}$$

$$\text{订货批量 2 000 件相关总成本}=\frac{2\,000}{2}\times 20\times(1-2\%)\times 25\%+\frac{36\,000}{2\,000}\times 100+36\,000\times 20\times(1-2\%)=712\,300\text{（元）}$$

故公司应该每次订货 2 000 件以享受数量折扣优惠。

本章小结

现金是企业在生产过程中暂时停留在货币形态的资金,作为非营利性资产,其数额确定和日常控制是非常重要的。应在了解企业持有现金动机和成本的基础上,掌握最佳现金持有量的方法和现金日常管理的策略。

加强应收账款的管理,旨在发挥应收账款强化竞争、扩大销售功能的同时,尽可能降低投资的机会成本、坏账损失,最大限度地发挥应收账款投资的收益。因而,要熟练掌握应收账款政策的制定,并进行有效的信用管理。

存货是企业在生产经营过程中为销售或耗用而储存的各种资产,在防止停工待料、适应市场变化、降低进货成本、维持均衡生产等方面具有重要的作用。了解存货的功能和成本,掌握最优经济订货批量的计算是本章的重要内容之一。

本章重要术语

最佳现金持有量　　信用政策　　经济订货批量

延伸阅读

王竹泉等:《营运资金管理发展报告2016》,中国财政经济出版社2016年版。

本书是中国企业营运资金管理研究中心编撰出版的第七部营运资金管理发展报告,全面展现了2015年国内外营运资金管理在理论研究、实践应用和信息资料三个层面的发展状况。

复习与思考

一、单选题

1. 采用存货模式确定现金最佳持有量时,应考虑的成本因素是(　　)。

   A. 管理成本和转换成本　　B. 机会成本和转换成本
   C. 机会成本和短缺成本　　D. 持有成本和短缺成本

2. 以下现金成本与现金持有量成正比例关系的是(　　)。

   A. 现金短缺成本　　B. 现金交易成本
   C. 现金转换成本　　D. 现金置存成本

3. 持有过量现金可能导致的不利后果是(　　)。

   A. 财务风险加大　　B. 收益水平下降
   C. 偿债能力下降　　D. 资产流动性下降

4. ABC 企业规定的信用条件是："3/10，1/20，N/30"，一客户从该企业购入原价为 1 000 元的原材料，并于 19 天付款，则该客户实际支付的货款为（　　）元。

　　A. 970　　　　B. 980　　　　C. 990　　　　D. 1 000

5. 某种商品的再订购点为 680 件，安全库存量为 200 件，采购间隔日数为 12 天，假设每年有 300 个工作日，则年度耗用量是（　　）件。

　　A. 11 000　　　B. 10 000　　　C. 12 000　　　D. 13 000

6. 由于存货数量不能及时满足生产和销售的需要而给企业带来的损失称为（　　）。

　　A. 储存成本　　　　　　　　B. 缺货成本
　　C. 采购成本　　　　　　　　D. 订货成本

二、多选题

1. 企业持有现金的原因有（　　）。

　　A. 预防性需要　　　　　　　B. 交易性需要
　　C. 投资性需要　　　　　　　D. 投机性需要

2. 提高现金使用效率的措施包括（　　）。

　　A. 推迟支付应付款
　　B. 使用现金浮游量
　　C. 采用汇票付款
　　D. 力争现金流入与现金流出发生的时间一致

3. 与信用政策有关的成本包括（　　）。

　　A. 机会成本　　　　　　　　B. 取得成本
　　C. 坏账成本　　　　　　　　D. 储存成本

4. 企业为控制存货缺货成本，采取的方法主要有（　　）。

　　A. 提前订货　　　　　　　　B. 按经济订货量采购
　　C. 设置保险储备　　　　　　D. 供应与耗用保持一致

5. 某企业年需要 A 材料 2 000 千克，单价 1 000 元，一次订货成本 400 元，年储存成本 1%，则其经济订货量（金额）、经济订货次数为（　　）。

　　A. 经济订货量 400 千克　　　B. 经济订货量 400 000 元
　　C. 经济订货次数 5 次　　　　D. 经济订货次数 6 次

三、计算题

1. 某企业现金收支状况比较稳定，预计全年（按 360 天计算）需要现金 400 万元，现金与有价证券的转换成本为每次 400 元，有价证券的年利率为 8%。试按照存货模式计算该企业的最佳现金持有量以及最低现金管理相关总成本。

2. 某公司现有两种信用期可供选择（均不提供现金折扣），其条件如下：

项　目	30 天	60 天
销售量（件）	200 000	240 000
单价（元）	5	5
单位变动成本（元）	4	4
可能发生的收账费用（元）	6 000	8 000
可能发生的坏账损失（元）	10 000	18 000
资金成本（%）	15	15

假定平均收账期与信用期一致，试确定该公司应选择哪一种信用期。

3. 假定某种零件需要外购，年采购量为 8 000 件，每次订货的变动订货成本为 100 元，单位年变动储存成本为 2 元。（结果保留整数）

要求：计算该零件的经济订货批量和最低相关年成本。

四、网络练习

河南莲花味精股份有限公司是国务院确定的 520 家重点企业之一，被农业部等八部委认定为全国第一批农业产业化龙头企业，现有资产总额 45.44 亿多元，职工 10 959 人，号称国内味精生产的龙头。2010 年 4 月 29 日，莲花味精收到河南证监局《关于对莲花味精信息披露问题的监管关注函》，函称"通过非正式调查发现公司存在涉嫌虚增会计利润、重大诉讼事项未及时履行信息披露义务等违反证券法律法规的行为，并于 2010 年 4 月 25 日正式对公司立案调查"。这则消息引起了全社会对这个模范企业的广泛关注。

请同学通过网络平台查找相关资料，围绕如下问题完成一篇调研报告：（1）莲花味精的应收账款管理可能出现了什么问题？（2）莲花味精可以从哪几个方面加强应收账款管理？

复习与思考参考答案

一、单选题

1. B　2. A　3. B　4. C　5. C　6. B

二、多选题

1. ABD　2. ABD　3. AC　4. AC　5. BC

三、计算题

1. 最佳现金持有量 $= \sqrt{\dfrac{2 \times 4\,000\,000 \times 400}{8\%}} = 200\,000$（元）

最低现金管理相关总成本 $= 200\,000 \times 8\% = 16\,000$（元）

2. 若将信用期由30天改为60天，则：

收益增加额 $= (240\,000 - 200\,000) \times (5 - 4) = 40\,000$（元）

应收账款持有成本增加额 $= 240\,000 \times 5 \div 360 \times 80\% \times 60 \times 15\% - 200\,000 \times 5 \div 360 \times 80\% \times 30 \times 15\% = 14\,000$（元）

收账费用增加额 $= 8\,000 - 6\,000 = 2\,000$（元）

坏账损失增加额 $= 18\,000 - 10\,000 = 8\,000$（元）

净收益增加额 $= 40\,000 - (14\,000 + 2\,000 + 8\,000) = 16\,000$（元）

将信用期扩大到60天，可增加净收益27 200元，因此应选择60天的信用期。

3. $Q^* = \sqrt{\dfrac{2 \times 8\,000 \times 100}{2}} = 894$（件）

年经济订货次数 $= 8\,000 \div 894 = 9$（次）

最低年成本 $9 \times 100 + \dfrac{894}{2} \times 2 = 1\,794$（元）

四、网络练习

（略）

参考文献

［1］荆新、王化成、刘俊彦主编：《财务管理学》，中国人民大学出版社2015年版。

［2］理查德·A. 布雷利、斯图尔特·C. 迈尔斯、艾伦·J. 马库斯：《财务管理基础》，中国人民大学出版社2015年版。

［3］王满、程廷福主编：《财务管理基础》，东北财经大学出版社2015年版。

第四篇

筹资决策与股利政策

第八章

筹资管理概述

【学习目标】

1. 熟悉筹资概念、动机、原则及其分类。
2. 重点掌握公司实务中常用的筹资渠道,主要包括权益筹资、债务筹资和其他筹资渠道。
3. 掌握各种筹资方式的概念及其各自的优缺点。

【引导案例】

阿里巴巴集团经营多元化互联网业务,其企业目标是为全球所有人创造便捷的网上交易渠道。自成立以来,发展了消费者电子商务、网上支付、B2B网上交易市场、个人零售、支付、生活分类信息服务及云计算等领先业务。创业伊始的选择性筹资、二轮筹资,成长阶段的第三轮筹资,这前三轮筹资在阿里巴巴创业史上至关重要。而快速成长阶段的第四、第五轮筹资到上市阶段的第六轮筹资,使得2014年9月19日,阿里巴巴在美国纳斯达克上市。至此,阿里巴巴成为全球首家拥有600余万商人的电子商务网站,是全球仅次于谷歌的第二大国际多元化互联网公司,也是全球最有价值的科技公司之一。从这个意义上来说,筹资是一个企业创始和发展的必要条件。一个企业从建立到发展的整个过程,都需要根据内外部环境的变化,适时通过合适的筹资渠道,及时筹集资本。因此,筹资活动是企业的一项基本财务活动,是财务管理的主要内容。

(资料来源:作者根据网络资料整理)

第一节 筹资决策概述

筹资是指企业作为筹资主体,根据企业自身的生产经营、对外投资和调整资本结构等需要，通过各种筹资渠道，经济有效地筹措和集中资本的财务活动。资本是企业进行生产经营活动的基本要素，也是企业创建和生存发展的必要条件。通过一定的筹资方式，组织资本的供应，保证企业生产经营的需要，是企业财务管理的一项基本内容。

筹资决策是指企业为了满足融资的需要，对各种筹资方式所付出的成本进行比较分析，选择最佳的筹资方式，从而使企业资金达到最优结构的过程。其核心是在多渠道、多种筹资方式的条件下，选择的筹资方式是最经济、资金成本最低的。与投资决策一样，筹资决策是企业财务管理的另一重要决策。

一、筹资决策动机

企业筹资最基本的目的是维持自身的生存与发展，但是每次具体的筹资活动又通常受特定的筹资目的所驱使。企业筹资的具体动机是多种多样的，比如筹建新的项目，引进新设备，开发新产品；并购其他企业、对外投资；调整资本结构；等等。将这些具体的筹资动机进行归纳，主要可以分为四类，即新建筹资动机、扩张筹资动机、调整筹资动机和混合筹资动机。

1. 新建筹资动机

这是企业在新建时为取得资本金来满足正常经营活动而产生的筹资动机。企业新建时，要按照经营方针所确定的生产经营规模核定固定资金需要量和流动资金需要量，同时筹措相应数额的资本金——所有者权益，资本金不足部分还需筹集短期或长期的银行借款（或发行债券）。

2. 扩张筹资动机

这是企业为扩大生产经营规模或增加对外投资而产生的动机。具有良好的前景，处于成长期的企业一般具有这样的筹资动机。例如，企业生产经营的产品供不应求，需要购置设备增加市场供应；需要引进技术开发生产适销对路的新产品；扩大有利的对外投资规模；开拓有发展前途的对外投资领域等。扩张筹资动机所产生的直接结果是使企业的资产规模有所扩大，但负债规模也有所增大，从而既给企业带来收益增长的机会，同时也带来了更大的风险。这是扩张性筹资动机的典型特征。

3. 调整筹资动机

这是企业因调整现有资金结构的需要而产生的筹资动机。随着企业经营情况的变化，需要对资本结构进行相应的调整。资本结构调整的目的在于降低资本成本，控制财务风险，提升企业价值。企业产生调整性筹资动机的具体原因大致有二：一是优化资本结构，合理利用财务杠杆效应。企业现有资本结构不尽合理的原因有：债务资本比例过高，有较大的财务风险；股权资本比例较大，企业的资本成本负担较重。这样可以通过筹资增加股权或债务资金，达到调整、优化资本结构的目的。二是偿还到期债务，债务结构内部调整。例如，流动负债比例过大，使得企业近期偿还债务的压力较大，可以举借长期债务来偿还部分短期债务。又如，一些债务即将到期，企业虽然有足够的偿债能力，但为了保持现有的资本结构，可以举借新债以偿还旧债。调整性筹资的目的，是为了调整资本结构，而不是为企业经营活动追加资金，这类筹资通常不会增加企业的资本总额。

4. 混合筹资动机

这是企业为同时实现扩大规模以及调整资金结构等几个目标而产生的筹资动机。在实务中，企业筹资的目的可能不是单纯和唯一的，通过追加筹资，既满足了经营活动、投资活动的资金需要，又达到了调整资本结构的目的。这类情况很多，可以归纳称之为混合型的筹资动机。例如，企业对外产权投资需要大额资金，其资金来源通过增加长期贷款或发行公司债券解决，这种情况既扩张了企业规模，又使得企业的资本结构有较大的变化。混合性筹资动机一般是基于企业规模扩张和调整资本结构两种目的，兼具扩张性筹资动机和调整性筹资动机的特性，同时增加了企业的资产总额和资本总额，也导致企业的资产结构和资本结构同时变化。

二、筹资决策的原则

企业筹资的基本原则，是要研究影响筹资的多种因素，为了更加有效地筹集企业所需要的资金，需要遵循以下基本原则。

1. 规模适当原则

企业筹资是为了满足自身生产经营的需要，因此企业财务人员要认真分析企业的生产经营状况，采用一定的方法，预测资金的需要数量，合理确定筹资规模，使资金的筹集量与需要量之间达到平衡。这样一来，既可以避免因资金筹措不足影响企业生产经营的正常运行，又可以防止筹资过剩造成资金闲置和浪费。

2. 筹措及时原则

筹资和用资不仅在数量上要进行匹配，时间上也要衔接。财务人员筹资时必须熟知资金时间价值的原理和计算方法，以便根据资金需求的具体情况，合理安排资金筹集的时间，适时筹得资金。这样一来，既可以避免过早筹资形成资金投放前的闲置，又能防止因取得资金时间滞后而错过最佳用资时机。

3. 来源合理原则

资金的来源渠道和资本市场为企业提供了资金的源泉和筹资场所，它既反映了资金的分布状况和供求关系，也决定着筹资的难易程度和财务风险大小。因此，企业筹资要综合考察资金来源渠道和资本市场，选择最合适企业的资金来源。

4. 方式经济原则

在确定筹资数量、筹资时间和筹资来源的基础上，企业还需要认真研究各种筹资方式。筹资方式不同，企业筹资的资本成本和财务风险也就不同。财务风险的大小是由于资本结构不同导致的，资金结构越合理，财务风险越小。因此，要对各种筹资方式下的资本成本和财务风险进行比对分析，选择最经济、可行的筹资方式。

5. 行为合法原则

企业的筹资活动，特别是外部筹资行为，直接影响到企业相关投资者的经济权益。为了维护投资者利益和规范市场，国家制定了相关的法律法规。企业在筹资时，必须遵守国家相关法律法规，实行公开、公平、公正的原则，维护有关各方的合法权益，避免非法行为对社会、有关利益主体及企业自身造成伤害。

三、筹资决策的分类

企业通过各种筹资渠道和采用各种筹资方式所筹集的资本，根据标准不同划分为不同的类型。主要的分类有以下几种。

1. 按照资金的来源渠道不同，分为权益筹资和债务筹资

权益筹资是指以发行股票支付股息的方式筹集资金。权益资本的筹集方式主要有股票、吸收直接投资、留存收益和认股权证筹资等方式。权益资本是企业投资者的投资及其增值中留存企业的部分，是投资者在企业中享有权益和承担责任的依据。根据我国有关法律规定，企业的权益资本由实收资本（或股本）、资本公积、盈余公积和未分配利润构成。权益资本具有以下特征：第一，权益资本具有永久性特点，无到期日，不需归还。项目资本金是保证项目法人对资本的最低需求，是维持项目法人长期稳定发展的基本前提。第二，没有固定的按期还本付息压力，股利的支付与否和支付多少，视项目投产运营后的实际经营效果而定，因此，项目法人的财务负担相对较小，筹资风险较小。第三，它是债务筹资的基础。权益筹资是项目法人最基本的资金来源，它体现着项目法人的实力，是其他筹资方式的基础，尤其可为债权人提供保障，增强公司的举债能力。

债务筹资是指企业按约定代价和用途取得且需要按期还本付息的一种筹资方式。就其性质而言，是不发生所有权变化的单方面资本使用权的临时让渡。主要包括银行借

款、发行债券、融资租赁、商业信用等方式。债务资本具有以下特征：首先，债务资本的还本付息现金流出期限结构要求固定而明确，法律责任清晰；其次，债务资本收益固定，债权人不能分享企业投资于较高风险的投资机会所带来的超额收益；再次，债务利息在税前列支，在会计账面盈利的条件下，可以减少财务负担。

由于权益资本和债务资本自身的特征不同，因此企业需要将权益资本和债务资本保持合理的比例，这也是企业筹资管理的一个核心问题。

2. 按照是否通过金融机构，分为直接筹资和间接筹资

直接筹资是指企业不借助银行等金融机构，直接与资本所有者协商，融通资本的一种筹资活动。直接筹资主要有吸收直接投资、发行股票、发行债券和商业信用等筹资方式。通过直接筹资，既可以筹集股权资金，也可以筹集债务资金。按法律规定，公司股票、公司债券等有价证券的发行需要通过证券公司等中介机构进行，但证券公司所起到的只是承销的作用，资金拥有者并未向证券公司让渡资金使用权，因此发行股票、债券属于直接向社会筹资。

间接筹资是企业借助银行等金融机构融通资本的筹资活动。在间接筹资方式下，银行等金融机构发挥了中介的作用，预先集聚资金，资金拥有者首先向银行等金融机构让渡资金的使用权，然后由银行等金融机构将资金提供给企业。间接筹资的基本方式是向银行借款，此外还有融资租赁等筹资方式，间接筹资形成的主要是债务资金，主要用于满足企业资金周转的需要。

直接筹资和间接筹资有着明显的区别，主要体现在：（1）筹资机制不同。直接筹资依赖于资本市场机制，以各种证券作为载体；而间接筹资既可运用于市场，也可运用于计划或行政机制。（2）筹资范围不同。直接筹资具有广阔的领域，可利用的筹资渠道和方式较多；而间接筹资的范围比较窄，筹资渠道和方式比较单一。（3）筹资效率和费用高低不同。直接筹资的手续较为繁杂，所需文件较多，准备时间较长，故筹资效率较低，筹资费用比较高；而间接筹资手续比较简单，过程比较简单，故筹资效率较高，筹资费用较低。（4）筹资效应不同。直接筹资可使企业最大限度地筹集社会闲散资本，并有助于提高企业的知名度，改善资本结构；而间接筹资有时主要是为了适应企业资本周转的需要。

3. 按照资金的取得方式不同，分为内部筹资和外部筹资

内部筹资是指企业通过利润留存而形成的筹资来源。内部筹资数额大小主要取决于企业可分配利润的多少和利润分配政策，一般无须花费筹资费用，从而降低了资本成本。

外部筹资是指企业向外部筹措资金而形成的筹资来源。处于初创期的企业，内部筹资的可能性是有限的；处于成长期的企业，内部筹资往往难以满足需要，这就需要企业广泛地开展外部筹资，如发行股票、债券，取得商业信用、银行借款等。企业向外部筹资大多需要花费一定的筹资费用，从而提高了筹资成本。

4. 按照所筹资金使用期限的长短，分为短期资金筹集与长期资金筹集

短期资金，是指使用期限在一年以内或超过一年的一个营业周期以内的资金。短期资金一般占用于流动资产项目，具有占用期限短、占用数额小、资金成本低等特点。短期资金一般通过流动负债来筹集，其筹集方式包括商业信用、短期银行借款、短期融资券、应收账款转让等。长期资金，是指使用期限在一年以上或超过一年的一个营业周期以上的资金。长期资金通常采用吸收直接投资、发行股票、发行债券、长期借款、融资租赁和利用留存收益等方式来筹集。在筹资结构中，长期筹资的比例越高，企业的风险就越小，但付出的筹资代价就越高。

长期资本和短期资本的比例关系构成企业全部资本成本的期限结构。资本的期限结构对企业的风险与收益会产生一定的影响，企业应当根据资本的需用期间进行合理搭配。

第二节 公司实务中常用的筹资渠道

一、权益筹资

权益筹资最终会形成企业的股权资本，也称权益资本，这是企业最基本的筹资方式。一般来说，权益筹资主要包括吸收直接投资、发行普通股股票和利用留存收益三种形式。

1. 吸收直接投资

吸收直接投资是指按照"共同投资、共同经营、共担风险、共享利润"原则来建立的企业吸收投入资金的一种筹资方式，其中，资金可以来源于国家、法人、个人、外商等。

（1）吸收直接投资主要有吸收国家投资、吸收法人投资、吸收外商直接投资和吸收社会公众投资四种。

① 吸收国家投资。国家投资是指有权代表国家投资的政府部门或者机构，主要以国

家财政拨款的方式将国有资产投入公司使公司运营，在这种情况下形成的资本叫作国有资本。根据《企业国有资本与财务管理暂行办法》的规定，公司在持续经营期间，以盈余公积、资本公积转增实收资本的，国有公司和国有独资公司由公司董事会或经理办公会决定，并报主管财政机关备案；股份有限公司和有限责任公司由董事会决定，并经股东大会审议通过。

吸收国家投资一般具有以下特点：第一，投入的资本产权归属于国家；第二，国家对于所投入资金的运用和处置的约束较大，公司的处置权有限；第三，吸收国有投资这种筹资方式在国有公司中应用地比较广泛。

② 吸收法人投资。法人投资是指企业吸收其他企业、单位等法人的直接投资，并将其投入公司供公司依法支配，这种情况下形成的资本称为法人资本。

吸收法人资本一般具有以下特点：第一，发生的主体是法人单位；第二，其他法人单位投资的目的是参与公司利润分配或控制该公司；第三，出资方式灵活多样，可以是现金出资，也可以是非现金资产出资。

③ 吸收外商直接投资。企业可以与其他国家的投资者共同出资创办中外合资经营企业或者中外合作经营企业，也就是说，通过合资经营或者合作经营的方式来吸收外商直接投资，达到对一个企业共同经营、共担风险、共负盈亏、共享利益的目的，这种情况下形成的资本称为外商资本。

④ 吸收社会公众投资。社会公众投资是指企业吸收社会个人或者本公司职工的个人合法财产，这种情况下形成的资本称为个人资本。

吸收社会公众投资一般具有以下特点：第一，参加投资的人员较多且较为分散；第二，个人投入企业的资金金额相对较少；第三，个人向企业投资的目的是参与公司的利润分配。

（2）吸收直接投资的出资方式。企业吸收直接投资时可以按照投资者的出资形式分为吸收现金投资和吸收非现金投资两类。

① 吸收现金投资。吸收现金投资是企业吸收直接投资最重要的形式，也是企业最愿意接受的形式。企业只有拥有了现金，才能购买各种固定资产、原材料等生产资料，才能为各种活动支付得起费用，保证企业的正常运转。因为现金使用比较灵活方便，所以企业在吸收直接投资时候一般都会争取投资者以现金的形式投资。而各国的法规也对企业的现金出资比例做出了相应的规定或者由筹资的各方协商确定。

② 吸收非现金投资。吸收非现金投资可以分为三大类：以实物资本出资、以工业产权出资和以土地使用权出资。

以实物资本出资，即投资者以厂房、建筑物、设备等固定资产和原材料、商品等流动资产所进行的投资。通常来说，企业吸收的实物资本应该满足一定的条件才可以被企业接受：所投入的实物必须被企业科研、生产、经营所需要，并且实物性能比较好，在此基础上，需要合理作价并入企业中。

以工业产权出资，其中包括投资者的专利权、商标权、商誉、非专利技术等合理作价投资企业。以工业产权投资企业实质上是把有关技术资本化了，把技术的价值以货币的形式确定了下来。但是，由于工业产权具有时效性，随着社会的发展，产权会随之减值甚至会完全丧失，所以工业产权的投资相对风险会较大。这就需要企业在吸收工业产权投资时保持谨慎，需要进行严格且缜密的分析和调查。通常来说，工业产权需要满足以下条件才可以被企业吸收：所吸收的工业产权必须被企业科研、生产、经营所需要；技术性能比较好；合理作价并入企业中。

以土地使用权出资，即投资者可以使用土地使用权进行直接投资。通常来说，所吸收的土地使用权应该满足一定条件：所吸收的土地使用权必须被企业科研、生产、经营所需要；交通、地理条件比较适宜；合理作价并入企业中。

(3) 吸收直接投资的程序。一般来说，企业吸收直接投资应该按照以下程序进行。

① 确定筹资数量。企业在新建或扩大生产经营规模而进行吸收投资时，首先应该确定资金的需求量。资金的需求量应根据企业的生产经营规模和供销条件等来确定，以确保筹资数量能够和资金需求量相适应。对于国有独资企业来说，其增资方案需要由国家授权投资的机构或国家授权的部门决议；对于合资和合营企业来说，其增资方案需要由出资各方决议。

② 寻找投资单位，选择吸收直接投资的形式。企业寻找投资单位，选择吸收直接投资的形式需要由企业和投资者双方共同协商，做出选择。这就要求企业既要广泛了解有关投资单位的资金实力、信誉和投资意向，又要通过信息交流和宣传等各种方式，使投资单位了解企业的经营能力、财务状况以及今后的发展，吸引投资者的目光，以便公司从众多的投资者中找到最适合自己的合作伙伴。

③ 协商和签署投资协议或合同等文件。企业吸收直接投资，不论是为了新建还是为了增大生产经营规模，在找到合适的投资伙伴后，双方都应该进行具体的协商，在公平合理的基础上确定投资方的出资数额、出资方式和出资时间，并签署投资协议或合同等具有法律效应的文件，以明确双方的权利和责任。在协商的过程中，企业应尽可能地吸收货币投资，如果投资方确有先进而适合需要的固定资产和无形资产，亦可采取非货币投资方式。对实物投资、工业产权投资、土地使用权投资等非货币资产，双方应按公平

合理的原则协商定价。

④ 取得资本来源。签署投资协议后，企业应按规定或计划取得资本来源。如果吸收的直接投资是采取现金投资方式的，一般来说还要编制拨款计划，确定拨款期限、每期数额及划拨方式，有时投资者还要规定拨款的用途，如把拨款区分为固定资产投资拨款、流动资金拨款、专项拨款等。如果吸收的直接投资为实物、工业产权、非专利技术、土地使用权投资等非现金投资方式，一个重要的问题就是核实财产。财产数量是否准确，特别是价格有无高估低估的情况，关系到投资各方的经济利益，必须认真处理，必要时可聘请专业资产评估机构来评定，然后办理产权的转移手续取得资产。

(4) 吸收非现金投资的估值。企业吸收的非现金投资，主要是指流动资产、固定资产等实物资产和工业产权、土地使用权等无形资产。在吸收此类投资时，应该首先对其进行货币价值的评估，通过使用恰当的估计方法确定公平合理的金额计价，或者根据合同、协议约定的金额计价。

① 吸收流动资产投资的估值。企业筹集的流动资产包括原材料、燃料、产成品、在产品、自制半产品、应收账款等。第一，对于原材料、燃料、产成品等，可以采用现行市价法或者重置成本法对其进行估值。第二，对于在产品、自制半产品，可以先按照完工程度将其折算为产成品的约当量，再按照产成品的估价方法进行估值。第三，对于应收账款，应该根据应收账款的实际情况采用相应的估值方法。对于能够立即收回资金的应收账款，可以用其账面价值进行估值；对于不能立即收回的应收账款，应该先对其进行资产减值损失的估计，然后用账面价值减去估计的资产减值损失后的金额作为评估价值；对于能够立即贴现的应收账款，可以以其贴现值作为评估值作为投资企业的投资额。

② 吸收固定资产投资的估值。吸收的固定资产主要包括机器设备、房屋建筑物等。第一，对于机器设备来说，一般采用重置成本法，或者现行市价法对其进行估值。对于具有独立生产价值的机器设备，也可以采取收益现值法进行估值。第二，对于房屋建筑物，其价值的高低受多方面因素的影响，包括其地理位置、质量、新旧程度等，所以对房屋建筑物进行评估的时候应该采用现行市价法并结合收益现值法。

③ 吸收无形资产投资的估值。企业吸收的无形资产投资主要包括专利权、专有技术、商誉、租赁权、土地使用权等。对于能够单独计算的无形资产，包括自创成本和外购成本的无形资产，如专利权和专有技术可以采用重置成本法进行估值。对于在当下市场有交易参照物的无形资产，可采用现行市价法进行估值。对于不能单独计算、在当下市场中找不到相似的交易参照物但却能为企业持续带来收益的无形资产，可以采用收益

现值法估值。

（5）吸收直接投资的优缺点。吸收直接投资是我国企业筹资过程中最早使用的一种方式，但它的使用既存在优点也存在缺点。

① 优点。第一，有利于增强企业的资信实力和借款能力。吸收直接投资所筹取的资本属于企业的权益资本，是企业的自有资金。第二，有利于形成较强的生产经营能力，吸收直接投资不仅仅可以筹集到现金，还可以为企业引进先进的技术手段和先进的机器设备，促进企业的发展。第三，有利于降低企业的财务风险。吸收的直接投资因为是不需要企业还本付息的，也没有偿还的期限，企业可以根据盈利水平和企业的发展需要向投资者支付一定的报酬，这样可以减轻一定的财务负担，使之财务风险较小。

② 缺点。第一，资本成本较高。第二，筹资未能以股票为媒介，产权关系不明确，也不便于进行产权的交易。第三，容易分散企业的控制权。

2. 发行普通股筹资

股票是股份有限公司为筹措自有资本而发行的有价证券，是持股人拥有公司股份的凭证，它代表持股人在公司中拥有的所有权。股票只有股份有限公司才能发行，持有股票的投资者即是企业的股东，企业的股东凭借股票可以参加股东大会行使相应的权利，同时又要承担一定的责任与风险。

（1）股票的分类。股份有限公司根据投资者和筹资者共同的需求会按照不同的标准对股票进行不同的分类，常见类别有以下几种。

① 按照股东的权利和义务，可分为普通股和优先股。普通股股票是股份有限公司依法发行的，股东享有平等的权利和义务，没有特别限制且股利不固定的股票。普通股股票是最基本的股票，具备股票的最一般的特征。普通股股票持有人称为普通股股东，享有企业的一定的权利同时承担相应的义务，其特征如下：

第一，经营管理权。根据股票持有数量普通股股东对企业有经营管理权，但是由于股东众多且较为分散，每个股东不能都直接参加企业的经营管理，股东只有通过间接的途径参与公司的管理。普通股股东的经营管理权主要体现在企业董事会的选举中，股东有选举权和被选举权，通过选出的董事组成董事会对企业的生产经营进行决策和控制。具体的经营管理权包括：投票表决权、查账权和阻止越权的权利。

第二，收益分享权。收益分享权是普通股股东的一项基本权利，投资人购买普通股的目的就是获取投资收益，但其收益的获得是在优先股之后进行的，并且要依据企业的盈利状况。企业获得的税后利润要按照国家的规定依法提取公积金和公益金后，经过董事会决定并得到股东大会批准发放股利后，普通股有权按照其持有股份的比例获取相应的股利。

第三，优先认股权。当企业增发新股时，普通股股东具有优先认购权，也就是说享有按其股权比例优先认购新股票的权利，以此来保证他们对于企业的控制权。

第四，剩余资产请求权。在企业解散清算的时候，企业在清偿所有的债务后，如果存在优先股股东，优先股股东先行使剩余资产请求权，普通股股东再按照自己所持股份的比例参与剩余资产的分配。如果最后资产的清算收入不能完全清偿所有的债务和优先股投资，那么普通股股东投入企业的资本将完全损失。

优先股是股份公司发行的在分配红利和剩余财产时比普通股具有优先权的股份。优先股也是一种没有期限的有权凭证，优先股股东一般不能在中途向公司要求退股（少数可赎回的优先股例外）。优先股的主要特征有以下两点：

第一，优先股通常预先确定股息收益率。由于优先股股息率事先固定，所以优先股的股息一般不会根据公司经营情况而增减，而且一般也不能参与公司的分红，但优先股可以先于普通股获得股息，对公司来说，由于股息固定，它不影响公司的利润分配。

第二，优先股的权利比普通股股东权利范围小。优先股股东一般没有选举权和被选举权，对股份有限公司的重大经营也没有投票权，但在某些情况下可以享有投票权。

② 按照票面有无记名，可分为记名股票和无记名股票。

记名股票是指在股票票面上记载股东的姓名或者名称的股票，并且股东的姓名或名称要记入公司的股东名册中。记名股票的转让、继承要办理过户手续。

无记名股票是指在股票票面和股份公司股东名册上均不记载股东姓名的股票，公司只记载股票的数量、编号及发行日期。无记名股票的持有人享有的企业的权利与记名股票持有人的权利没有区别，只是在记载的方式上有区别。按照规定，对社会公众发行的股票，可以为记名股票，也可以为无记名股票。其转让、继承不需要办理过户手续，不涉及股权的转让。

③ 按照发行对象和发行方式，可分为 A 股、B 股、H 股、N 股和 S 股等。

A 股的正式名称是人民币普通股票。它是由我国境内的企业发行，是由境内机构、组织或个人（不含台、港、澳投资者）用人民币认购和交易的普通股股票。

B 股的正式名称是人民币特种股票，它是用人民币标明面值，以外币认购并买卖，在境内（上海、深圳）证券交易所上市交易的股票。它的投资人包括：外国的自然人、法人和其他组织；香港、澳门、台湾地区的自然人、法人和其他组织；定居在国外的中国公民。

H 股，即注册地在内地、上市地在香港的股票。

N股，即注册地在内地、上市地在纽约的外资股。

S股，即注册地在内地、上市地在新加坡的外资股。

④ 按照票面是否标明金额，可分为有面额股票和无面额股票。

有面额股票是指企业发行的票面标有金额的股票。股东按照其持有的全部股票的票面金额之和占公司发行在外股票面值的比例大小来确定自己对企业享有的权利和责任大小。《中华人民共和国公司法》（以下简称《公司法》）规定，股票应该标明票面金额。

无面值股票是指在公司章程中没有指定票面价值的股票，它只在股票上载明所占公司股本总额的比例或者股价数，所以称其为"比例股"。无面额股票的价值可以随股份公司财产的增减而增减，由于无面额股票不受面额限制的约束，所以有很强的流通性。目前世界上很多国家（包括中国）的《公司法》规定不允许发行这种股票。

⑤ 按照投资主体的不同，可分为国家股、法人股、个人股和外资股。

国家股指的是有权代表国家投资的部门或机构以国有资产向公司投资形成的股份。国家股的股权所有者是国家，由国有资产管理机构或其授权单位、主管部门行使国有资产的所有权职能。

法人股是指企业法人以其依法可支配的资产向公司投资形成的股份，或具有法人资格的事业单位和社会团体以国家允许用于经营的资产向公司投资形成的股份。

个人股是指公民个人以自己的合法财产投资于股份制企业的股份。个人股的特点是股份面值小，适于向社会公众广泛地募集小额资金。

外资股是指股份公司向外国和我国香港、澳门、台湾地区投资者发行的股票。

⑥ 按照发行时间的先后，可分为始发股和新股。

始发股是设立公司时发行的股票，新股是公司增资时发行的股票。两种股票的发行价格、发行目的等虽然不同，但是所享有的公司权利和承担的义务是一样的。

(2) 股票发行的要求。股份有限公司发行股票，通常分为设立发行和增资发行。不论是设立发行还是增资发行，《中华人民共和国公司法》和《中华人民共和国证券法》都对其进行了相应的规定和要求，具体如下：

① 同次发行的同种股票每股价格应该相等，发行的条件应该相同。

② 公司的股份采取股票的形式，股票应当载明公司名称、公司登记日期、股票类型、票面金额等主要事项，它是证明股东所持股份的凭证。

③ 股票的发行应该实行公平、公正的原则，同种类的每一股份应该具有相同的权利。

④ 股票的发行价格可以按照票面金额，也可以超过票面金额，但是不允许低于票面

价格发行。

⑤ 公司公开增发新股时，必须拥有健全且运行良好的组织结构，具有持续的盈利能力，财务状态良好；最近三年财务会计文件没有虚假记载，没有重大违法行为。

（3）股票的发行方式。股票的发行方式指的是公司通过什么途径发行股票。股票的发行方式主要包括有偿增资、无偿配股和有偿无偿并行增资三种形式。

① 有偿增资。有偿增资是指投资人按照股票的面值或者股票的市价，用现金或者实物来购买股票，具体做法主要包括公募发行、股东优先购买和第三者分摊等。

公募发行是指发行人通过中介机构向不特定的社会公众广泛地发售股票的一种方式。公募的发行对象是众多的投资者，筹集资金的潜力大，适合发行数量较多、筹资额较大的企业；公募发行投资者范围大，投资者分散，这样可避免股权被少数人操纵；只有公开发行的证券方可申请在交易所上市，因此这种发行方式可增强股票的流动性，有利于提高发行人的社会信誉。但是，公募发行过程比较复杂，登记核准所需时间较长，发行费用也较高。

股东优先购买是指在股东名册上记载的股东有优先认购新股的权利。

第三者分摊是指股份公司在发行新股时，给予和本公司有特殊关系的第三方以新股认股权。

② 无偿配股。无偿配股是指在公司增资发行新股时，公司不向原有股东收取现金和实物资产，就能获得公司的新股，称之为无偿配股。通常公司会以资本公积转增资，或盈余转增的方式做无偿配股。

③ 有偿无偿并行增资。有偿无偿并行增资是指股东在认购股份有限公司发行的新股时，只需要交付一部分股款，其余的由公司的盈余公积来补充。

（4）股票的销售方式。股票销售方式是指股份有限公司向社会公开发行股票时所采取的股票销售方法，一般而言，股票销售方式有两类：自销和委托承销。股票的发行是否成功，最终取决于能否成功地将股票全部出售出去。

① 自销方式。股票发行的自销方式是指股票在非公开发行时，股份有限公司直接将股票销售给认购者，而不经过证券经营机构承销。这种销售方式可由发行公司直接控制发行过程，实现发行意图，并可以节省发行费用；但往往筹资时间长，发行公司要承担全部发行风险，主要由有较高的知名度、信誉和实力的公司发行股票使用。

② 承销方式。股票发行的承销方式，指发行公司将股票销售业务委托给证券经营机构代理。这种销售方式是发行股票所普遍采用的。《中华人民共和国公司法》规定，股份有限公司向社会公开发行股票，必须与依法设立的证券经营机构签订承销协议，由证

券经营机构承销。股票承销又分为包销和代销两种具体办法。所谓代销,是证券经营机构仅替发行公司代售股票,并由此获取一定的佣金,但不承担股款未募足的风险。所谓包销,是根据承销协议商定的价格,证券经营机构一次性全部购进发行公司公开募集的全部股份,然后以较高的价格出售给社会上的认购者。对发行公司来说,代销的费用虽不高,但要承担股款未募足的风险;包销的办法可及时筹足资本,免于承担发行风险(股款未募足的风险由承销商承担),但股票以较低的价格售给承销商会损失部分溢价。

(5) 股票发行价格。股票发行价格是指股份公司将股票出售给投资者所使用的价格,也就是投资者认购股票所支付的价格。一般而言,股票发行价格有以下几种:面值发行、时价发行、中间价发行和折价发行等。

① 面值。发行价格就是股票的票面金额。当采用股东分摊的发行方式时,股票一般是按平价发行的,也就是说股票的发行价格不受股票市场行情的影响。股东往往都喜欢认购这种股票,因为股票的市场价格一般都高于面额,他们就能得到因价格差异而带来的收益,同时又保证了股票公司顺利地实现筹措股金的目的。

② 时价。时价是指以公司原发行同种股票的现行市场价格为基准来选择增发新股的发行价格,也称为时价发行。这种价格一般都是时价高于票面额,二者的差价称溢价,溢价带来的收益会列入资本公积,归该股份公司所有。企业以时价发行股票可以使其以相对少的股份筹集到较多的资本,同时还可以稳定流通市场的股票价格,促进资金的合理配置。

按时价发行,投资者虽然付出了较多的资本,但是对其来说,也未必不是件有意义的投资,因为如果该公司将股票的溢价收益用于改善公司的经营管理,提高了公司的利润,进而提高公司和股东的收益,就会使股票价格上涨,这时投资者若能掌握时机,适时再按时价卖出其持有的股票,收回的现款就会远高于购买金额,投资者就会赚取差价。在具体决定价格时,还需要考虑股票销售难易程度、对原有股票价格是否冲击、认购期间价格变动的可能性等多种因素,一般将发行价格定在低于时价5%~10%的水平上是比较合理的。

③ 中间价。中间价是以股票市场价格与面值的中间值作为股票的发行价格。这种价格通常在时价高于面额,公司需要增资但又需要照顾原有股东的情况下采用。一般只有原股东才能以中间价格认购股票,在时价和面额之间采取一个折中的价格发行,实际上是将差价收益一部分归原股东所有,一部分归公司所有,用于扩大经营。

④ 折价。折价发行指股票的发行价格不到票面额。一般来说,折价发行有两种情况:一种情况是给予投资者优惠待遇,通过折价使认购者分享权益。例如,公司为了充

分体现对现有股东的优惠待遇而采取搭配增资方式时，就会以票面价格的某一折扣作为新股票的发行价格，不足票面价格的部分由公司的公积金补充。现有股东所享受的优先购买和价格优惠的权利就叫作优先购股权。若股东自己不享用此权，他可以将优先购股权转让出售。

另一种情况是该股票的市场行情不佳，发行有一定困难，发行者与推销者共同议定一个折扣率，以吸引那些预测行情要上浮的投资者认购。

《中华人民共和国公司法》规定，股票可以等价发行和溢价发行，但是不允许折价发行。

（6）普通股筹资的优缺点。

① 优点：第一，利用普通股的筹资风险小。由于普通股票没有固定的到期日，不用支付固定的利息，不存在不能还本付息的风险。

第二，发行普通股筹集股权资本可以提高企业知名度，为企业带来良好的声誉。普通股股本以及产生的资本公积和盈余公积金等是公司筹措债务资本的基础。有了较多的主权资金，就可为债权人提供较大的损失保障。因而，发行股票筹资，既可以提高公司的信用程度，又可以为使用更多的债务资金提供有力的支持。

第三，普通股股本具有永久性，无到期日，不需归还，除非公司清算，才予以清偿。通过普通股筹集的资金可以在公司持续经营期间长期使用，充分保证了公司生产经营的资金需求。

第四，普通股筹资没有固定的利息负担。公司有盈余，并且认为适合分配股利，就可以分给股东；公司盈余少，或虽有盈余但资金短缺或者有有利的投资机会，就可以少支付或不支付股利。

② 缺点：第一，资本成本较高。首先，普通股筹资的成本要高于债务资本，这主要是由于投资普通股的风险较大，相应要求较高的报酬。其次，对筹资来讲，普通股股利从税后利润中支付，不具有抵税作用。另外，普通股的发行费用也较高。一般来说，发行证券费用最高的是普通股，其次是优先股，再次是公司债券，最后是长期借款。

第二，股票融资上市时间跨度长，竞争激烈，无法满足企业紧迫的融资需求。

第三，容易分散控制权。当企业发行新股时，出售新股票、增加新股东，会分散公司的控制权。

第四，新股东对发行新股前积累的盈余具有分享权，会降低普通股的每股收益，从而可能引起股价的下跌。

3. 留存收益

（1）留存收益的内容。留存收益是指企业从历年实现的利润中提取或形成的留存于企业的内部积累，包括盈余公积和未分配利润两类。它作为企业的一种内生性的资本来源，归属于全体股东共有。

① 盈余公积是指企业按照《公司法》《企业会计准则》《企业财务通则》等有关法律规定从净利润中提取的积累资金，是有指定用途的留存利润。企业的盈余公积包括法定盈余公积和任意盈余公积。法定盈余公积是指企业按照规定的比例从净利润中提取的盈余公积。任意盈余公积是指企业按照股东会或股东大会决议提取的盈余公积。企业提取的盈余公积，主要用于企业未来的经营发展，经批准也可用于弥补亏损、转增资本。

② 未分配利润是指企业实现的净利润经过弥补亏损、提取盈余公积和向投资者分配利润后留存在企业的历年结存的利润，是企业没有限定用途的留存收益。相对于所有者权益的其他部分来说，企业对于未分配利润的使用有较大的自主权。

（2）留存收益筹资的优缺点。

① 优点。第一，不发生筹资费用，资本成本较低。不同于负债筹资，不必支付定期的利息，也不同于股票筹资，不必支付股利，同时还免去了与负债、权益筹资相关的手续费、发行费等开支。

第二，增强公司的信誉，保持公司的举债能力。留存收益实质上属于股东权益的一部分，可以作为企业对外举债的基础。留存收益筹资能够使企业保持较大的可支配的现金流，进而减少了企业对外部资金的需求，当企业遇到盈利率很高的项目时，再向外部筹资时不会因企业的债务已达到较高的水平而难以筹到资金。

第三，企业的控制权不受影响。用留存收益筹资不用对外发行股票，由此增加的权益资本不会改变企业的股权结构，不会影响原有股东对于公司的控制权。

② 缺点。第一，期间限制。企业必须经过一定时期的积累才可能拥有一定数量的留存收益，从而使企业难以在短期内获得扩大再生产所需资金。

第二，筹资数额有限。留存收益筹集的最大数额是企业到期的净利润和以前年份未分配利润之和，不像外部筹资那样可以筹集到大量的资金。如果某一年度发生亏损，那么就不存在这一渠道的资金来源。此外，留存收益的比例常常受到某些股东的限制，他们可能会从消费需求、风险偏好等因素出发，希望保持一定的利润分配比例。

第三，资金的使用受到一定的限制。留存收益中的法定盈余公积金的使用是受到国家有关规定的制约的。

二、债务筹资

债务筹资是指企业按约定代价和用途取得且需要按期还本付息的一种筹资方式,主要是指企业通过向银行借款、向社会发行公司债券和融资租赁的方式筹集和取得的资金。本节分别介绍长期借款、发行普通债券和融资租赁三种长期债务筹资与商业信用一种短期债务筹资。

1. 长期借款筹资

长期借款是指企业向银行或者非银行金融机构借入的使用期限超过一年的各种借款。它主要用于构建固定资产和满足长期流动资产的需要,所以长期借款筹资是各类企业通常采用的一种债务性筹资方式。

(1) 长期借款的种类。长期借款的种类很多,按照不同的标准可以有不同的分类。

① 按照不同的借款来源,可划分为政策性银行贷款、商业银行贷款和其他金融机构贷款。

政策性银行贷款是指执行国家政策性贷款业务的银行向国家重点建设项目或地方政府建设项目发放的贷款,通常为长期借款。如国家开发银行提供贷款给承建国家重点项目的企业,以满足其资金需求,也包括出口信贷的款项等。

商业银行贷款是指由各商业银行向企业提供的贷款,以满足企业生产经营资金的需要,包括长期贷款和短期贷款。

其他金融机构贷款主要是包括从信托投资公司取得的货币和实物形式的信托投资贷款;从财务公司取得的各种商业中长期贷款;从保险公司取得的工程、财产等保险贷款三种形式。其他金融机构企业的贷款一般较商业银行贷款的期限要长,要求的利率要高,对贷款人的信用要求和担保的条件要严格。

② 按照企业取得贷款的用途,可划分为基本建设贷款、专项贷款和流动资金贷款。

基本建设贷款是指政府或企业为新建、改建、扩建生产经营固定资产、城市建设基础设施及公益设施等而向银行申请借入的款项。

专项贷款是指政府或企业因为专门用途而向银行申请借入的款项,包括更新改造贷款、大修理贷款、研发和新产品研制贷款、小型技术措施贷款等。

流动资金贷款是指企业为了满足流动资金需求而向银行申请借入的款项,包括生产周转借款、建设项目铺底流动资金、临时借款、流动基金借款等。

③ 按贷款有无担保,可划分为信用贷款和抵押贷款。

信用贷款是指借款人不需提供任何担保,仅凭其信用或者保证人的信用而获得的贷款。信用贷款通常仅由借款企业出具签字的文书，一般是贷给那些资信优良的企业。这种方式的优点是手续简便，但对于发放贷款的金融机构而言缺乏安全保障，因此，对于这类贷款银行通常要收取较高的利息，并附加一定的限制条件。

抵押贷款是以借款人或第三人提供抵押物为条件的贷款，抵押物不转移占有，仍由提供者（抵押人）占有和使用，但必须进行抵押登记，未经贷款银行（抵押权人）允许不得将抵押物变卖、赠送、交换或抵押给他人，常用的抵押物主要是不动产、机器设备等实物资产，也可以是股票、债券等有价证券。

(2) 长期借款的办理条件和程序。银行等金融机构为降低自己的贷款风险，要求借款企业必须满足一定的条件，这些条件包括：借款企业应具有法人资格，具有经营上的独立性；借款企业在宏观上的经营方向和业务范围应符合国家政策，其经营应该是合法的，在微观上，借款用途应属于银行贷款办法规定的范围，并提供有关借款项目的可行性报告；借款企业具有一定的物资和财产保证，保证自有资本的充足性，如果由第三方担保，则担保单位应具有相应的经济实力；借款企业每个经营周期都应有足够的净现金流入量以支付当期本息，保证企业经营的盈利性；借款企业应在有关金融部门开立账户、办理结算。

企业申请借款的过程中，应该按照一定的程序进行：

① 企业提出借款申请，陈述借款的原因、借款金额、用款时间和计划、还款期限和时间，并附资金使用的可行性报告。

② 银行或其他金融机构审批企业的借款申请。审查的主要内容包括：企业的财务状况；企业的信用情况；企业的盈利稳定性；企业的发展前景；借款投资项目的可行性等。

③ 签订借款合同。借款申请获得批准后，银行与企业进一步协商贷款的具体条件，明确规定贷款的数额、年限、利率和一些限制性条款，签订正式的借款合同。借款合同主要包括基本条款、保证条款、违约条款和其他附属条款。

④ 发放贷款、监督贷款的使用。借款合同生效之后，银行可以在核定的贷款指标范围内，根据公司的用资计划和实际需求一次或者分次将贷款转入公司的存款结算户，以便公司的使用，并在公司的使用过程中监督其借款资金的使用。

⑤ 按期归还贷款本息。企业应该按照借款合同的规定按期归还贷款本息。

(3) 长期借款筹资的优缺点。

① 优点。第一，借款筹资速度快。通过发行股票、债券等证券来筹集长期资金需要在证券发行前做好各种准备工作，并且还有一定的发行时间。而银行借款与发行证券相

比，一般所需时间都较短，程序也比较简单，可以迅速地获取资金。

第二，资本成本较低。长期借款利息可在税前支付，可以减少企业实际负担的成本。另外借款的手续费低于证券的发行费用，借款利率一般低于债券利率，因而相对于其他长期筹资方式，长期借款的资本成本是最低的。

第三，弹性较大。借款企业面对的是银行而不是广大的债券持有人，而且可以与银行直接接触，确定贷款的时间、数量和利息；另外，在借款期间如果企业的情况发生了变化，企业也可与银行再进行协商，修改借款数量及条件等。因此，对于企业来讲，长期借款与其他筹资方式相比有较大的弹性。

第四，具有财务杠杆作用。银行借款利息属于固定性融资成本，如果企业的资本收益高，贷款的金融机构也只能获取固定的借款利息，会使税后利润以更大的幅度增加。

② 缺点。第一，财务风险较大。因为财务杠杆的作用，在息税前利润减少时，会使税后利润以更大的幅度减少；另外，长期借款通常有固定的利息负担和固定的偿付期限，企业必须按期还本付息，在企业经营状况不好时，可能会产生不能偿付的风险，给企业带来更大的财务风险。

第二，限制条款较多。长期借款合同中一般都有很多的限制条款，这些条款可能会限制企业的经营活动，包括筹资活动和投资活动。

第三，筹资数量有限。长期借款的数额通常会受制于贷款金融机构的实力和贷款意愿，其为了资金安全起见一般不愿进行巨额的长期贷款；另外，当企业财务状况不好时，借款利率会很高，甚至根本不可能得到贷款。

2. 发行普通债券筹资

企业债券通常又称为公司债券，是企业依照法定程序发行，承诺在一定期限内向债券持有者还本付息的债券。公司债券的发行主体是股份公司，但也可以是非股份公司的企业发行债券，所以，一般归类时，公司债券和企业发行的债券合在一起，可直接成为公司（企业）债券。

债券是一种反映债券持有者与企业之间债权债务关系的书面证明，债券持有者可以将债券转让、抵押和继承。

（1）债券的种类。公司债券按不同的标准，可以分为不同的种类：

① 按债券期限，公司债券可分为短期公司债券、中期公司债券和长期公司债券。

根据我国公司债券的期限划分，短期公司债券期限在 1 年以内，中期公司债券期限在 1 年以上 5 年以内，长期公司债券期限在 5 年以上。

② 按债券是否记名，公司债券可分为记名公司债券和无记名公司债券。

记名债券是指公司债券上登记有债券持有人的姓名，公司只对记名人偿付本金，持票人领取利息时要凭印章或其他有效的身份证明，转让时要在债券上签名，同时还要到发行公司登记。

无记名债券是指在券面不记载持券人的姓名和名称，还本付息的时候以债券为凭，一般实行剪票付息的债券。

③ 按债券有无担保，公司债券可分为信用债券和担保债券。

信用债券指仅凭筹资人自己的信用发行的、没有担保的债券。这种债券的发行主体通常是信誉比较好的企业，利率一般高于担保债券。

担保债券是指以抵押、质押、保证等方式担保发行人按期还本付息的债券。担保债券按照其抵押物的不同，又分为不动产抵押债券、动产抵押债券和证券信托抵押债券。

④ 按债券可否提前赎回，公司债券可分为可提前赎回债券和不可提前赎回债券。

如果公司在债券到期前有权定期或随时购回全部或部分债券，这种债券就称为可提前赎回公司债券，反之则是不可提前赎回公司债券。

⑤ 按债券票面利率是否变动，公司债券可分为固定利率债券和浮动利率债券。

固定利率债券指在偿还期内利率固定不变的债券。浮动利率债券是指利率随市场利率定期变动的债券。

⑥ 按发行人是否给予投资者选择权，公司债券可分为附有选择权的公司债券和不附有选择权的公司债券。

附有选择权的公司债券，指给予债券持有人一定的选择权，如可转换公司债券、附认股权证的公司债券、可退还公司债券等。可转换公司债券的持有者可以根据发行公司债券募集办法的规定，在一定时间内按照规定的价格将债券转换成公司发行的股票；附认股权证债券是指所发行的债券附带允许债券持有人按照特定价格认购股票的一种长期选择权；可退还公司债券，指在规定的期限内可以退还。

反之，债券持有人没有上述选择权的债券，即为不附有选择权的公司债券。

⑦ 按发行方式，公司债券可分为公募债券和私募债券。公募债券指按法定手续经证券主管部门批准公开向社会投资者发行的债券。私募债券指以特定投资者为对象非公开发行的债券，发行手续简单，一般不能公开上市交易，因为这种发行方式受到限制，极少使用。

⑧ 按持有人是否参加公司利润分配，公司债券可分为参加公司债券和非参加公司债券。参加公司债券指除了可按预先约定获得利息收入外，还享有一定程度参与发行公司

收益分配权利的公司债券，其参与利润分配的方式和比例必须事先规定。非参加公司债券指持有人只能按照事先约定的利率获得利息的公司债券，没有参与分配公司利润的权利，大部分公司债券都属于非参与公司债券。

（2）债券发行的程序。

① 公司做出债券发行的决议。公司在实际发行债券之前，必须做出发行债券的决议。我国股份有限公司、有限责任公司发行公司债券应该由董事会做出方案，股东大会决议；国有独资公司发行公司债券应该是由国家授权投资的机构或国家授权的部门做出决定。

② 提出发行债券的申请。公司申请发行债券应该由国务院证券管理部门批准，公司申请应该提交公司的登记证明、公司的章程、募集债券的办法、资产评估报告和验资报告。

③ 公告债券的募集方法。公司发行债券的申请经过批准后，向社会公告债券的募集办法。若发行的是可转换债券，还应该在债券募集办法中规定具体的转换办法。

④ 交付债券，收缴债券款，登记债券存根簿。投资人直接向承销机构付款购买公司债券，承销机构收取款项并交付债券，然后发行公司向承销机构收缴债券款并结算预付的债券款。

（3）债券的发行价格。债券的发行价格是指债券原始投资者购入债券时应支付的市场价格，也是发行公司发行债券时所使用的价格。它与债券的面值可能一致也可能不一致。

决定债券发行价格的基本因素如下：

① 债券面额。债券面额即债券市面上标出的金额，是决定债券发行价格的最基本的因素。企业可根据不同认购者的需要，使债券面值多样化，既有大额面值，也有小额面值。一般来说，债券的面额越大，发行价格越高。

② 票面利率。债券的票面利率是债券的名义利率，通常在发行之前就已经确定。票面利率可分为固定利率和浮动利率两种。一般地，企业应根据自身资信情况、公司承受能力、利率变化趋势、债券期限的长短等决定选择何种利率形式与利率的高低。一般来说，债券的票面利率越高，发行价格越高；反之，发行价格越低。

③ 市场利率。市场利率是衡量债券票面利率高低的参照系，也是决定债券价格按面值发行还是溢价发行或折价发行的决定因素。一般来说，债券的市场利率越高，债券的发行价格越低；反之，发行价格越高。

④ 债券期限。期限越长，债权人的风险越大，其所要求的利息报酬就越高，其发行

价格就可能较低。

理论上，债券发行价格有以下三种形式：平价发行，即债券发行价格与债券的票面金额相同；溢价发行，即发行价格高于债券的票面金额；折价发行，即发行价格低于债券的票面金额。

结合上述影响债券发行价格的四种因素，根据货币时间价值的原理，按期付息到期一次还本，不考虑发行费用的情况下，债券发行价格的计算公式如下：

$$债券发行价格 = \frac{F}{(1+R_M)^n} + \sum_{t=1}^{n} \frac{I}{(1+R_M)^t} \tag{8.1}$$

其中，F 表示债券面额；I 代表债券年利息，即债券面额与债券票面年利率的乘积；R_M 表示债券发售时的市场利率；n 表示债券期限；t 表示债券付息期数。

【例 8-1】 某公司拟发行面值为 1 000 元，票面年利率为 8%，期限为 10 年，每年末付息一次的债券，其发行价格可分下列三种情况来分析计算。

（1）如果市场利率为 8%，与票面利率一致，该债券属于平价发行，其发行价格为：

$$\frac{1\ 000}{(1+8\%)^{10}} + \sum_{t=1}^{10} \frac{80}{(1+8\%)^t} = 1\ 000（元）$$

（2）如果市场利率为 6%，低于票面利率，该债券属于溢价发行，其发行价格为：

$$\frac{1\ 000}{(1+6\%)^{10}} + \sum_{t=1}^{10} \frac{80}{(1+8\%)^t} = 1\ 146.8（元）$$

（3）如果市场利率为 10%，高于票面利率，该债券属于折价发行，其发行价格为：

$$\frac{1\ 000}{(1+10\%)^{10}} + \sum_{t=1}^{10} \frac{80}{(1+10\%)^t} = 877.6（元）$$

（4）债券筹资的优缺点。

① 优点。第一，债券筹资资本成本低。债券的利息可以税前列支，具有抵税作用；另外，债券投资人比股票投资人承担的投资风险低，因此其要求的报酬率也较低。故公司债券的资本成本要低于普通股。

第二，具有财务杠杆作用。无论发行公司的盈利是多少，债券持有人一般只收取固定的利息费用，更多的利润留给了股东或者公司的留存收益，从而增加股东的财富和公司的价值。

第三，募集资金的使用限制条件少。公司债券与长期借款相比较，债券募集的资金的使用具有相对的灵活性和自主性。对于期限较长、额度较大，用于公司扩展、增加大型固定资产和基本建设投资的需求，多采用发行债券的方式。

第四,债券筹资的范围广、金额大。债券筹资的对象十分广泛,它既可以向各类银行或非银行金融机构筹资,也可以向其他法人单位、个人筹资,因此筹资比较容易并可筹集较大金额的资金。

第五,保障股东的控制权。债券持有人无权参与发行企业的管理决策,因此,公司发行债券不像增发新股那样会分散股东对企业的控制权。

② 缺点。第一,财务风险大。债券有固定的到期日和固定的利息支出,发行公司必须承担按期还本付息的义务。当企业资金周转出现困难时,易使企业陷入财务困境,甚至破产清算,承担着较大的财务风险。

第二,限制性条款多,资金使用缺乏灵活性。因为债权人没有参与企业管理的权利,为了保障债权人债权的安全,通常会在债券合同中包括各种限制性条款。一般债券的限制条件要比长期借款、租赁筹资的限制条件多且严格,从而限制了公司对于债券筹资的使用,甚至会影响公司以后的筹资能力。

3. 融资租赁筹资

租赁是一种以一定费用借贷实物的经济行为,出租人将自己所拥有的某种物品交与承租人使用,在契约或合同规定的期限内,承租人获得使用该物品的权利,但物品的所有权仍保留在出租人手中。承租人为其所获得的使用权需向出租人支付一定的费用(租金)。

(1) 租赁的分类。现代租赁的种类很多,通常按性质分为经营租赁和融资租赁。

① 经营租赁是一种短期租赁形式,是指出租人向承租人短期出租设备,并提供设备维修保养和人员培训等服务性业务。租赁合同可中途解约,出租人需反复出租才可收回对租赁设备的投资。承租人采用经营租赁的主要目的不是融通资金,而是为了获得资产的短期使用权及出租人提供的专门技术服务。其特点有:租赁期短;承租企业根据需要可以随时向出租人提出租赁资产,而不用租入设备时,可提前解除租赁合同;出租人提供专门服务;租赁期满或合同中止,租赁设备由出租人收回。

② 融资租赁是由租赁公司按承租公司要求出资购买设备,在契约或合同规定的较长期限内提供给承租企业使用的融资信用业务,是现代租赁的主要类型。承租企业采用融资租赁的主要目的是融通资金。其主要特点为:融资租赁是一项至少涉及出租人、承租人和供货商三方当事人的交易,并至少由两个合同构成(买卖合同和租赁合同)的三边交易,一般由承租企业向租赁公司提出正式的申请,由租赁公司融资购进设备租给承租企业使用;不可解约性,对承租人而言,租赁的设备是承租人根据其自身需要而自行选定的,因此,承租人不能以退还设备为条件而提前中止合同,对出租人而言,因设备为

已购进商品,也不能以市场涨价为由而在租期内提高租金;设备的保险、保养、维护等费用及设备过时的风险均由承租人负担;基本租期结束时,承租人对设备拥有留购、续租或退租三种选择权。

(2) 融资租赁的方式。融资租赁按其业务的不同特点,可以细分为三种不同的具体方式:直接租赁、售后租回和杠杆租赁。

① 直接租赁是指由承租人指定设备及生产厂家,委托出租人融通资金购买并提供设备,由承租人使用并支付租金,租赁期满由出租人向承租人转移设备所有权。这是一种最主要的融资租赁方式。

② 售后租回是指承租方先将自己的资产卖给租赁公司,取得现金,然后以租赁的形式从出租方租回资产的使用权,承租人按期交付租金,并付清物件的残值以后,重新取得物件的所有权。

③ 杠杆租赁是融资租赁的特殊形式之一,是承租人、出租人和贷款人三方之间的协议安排。出租人按照承租人的要求购买资产,将其交付于承租人,并定期收取租金,但出租人在购买资产时只是垫付了购买资产所需资金的一部分,剩余的资金通过将该资产抵押担保向第三方申请贷款解决。杠杆租赁的资产所有权属于出租人,出租人既是债权人也是债务人,如果出租人不能按期偿还借款,资产的所有权将转移给资金的出借者。

(3) 融资租赁的程序。融资租赁需要按照一定的程序进行:选择租赁公司,提出委托申请;签订购货协议,由承租方和租赁公司一方和双方与设备供应商进行技术谈判和商务谈判,签订购货协议;承租企业和租赁公司签订租赁合同;交货验收,当设备到达指定地点,承租企业办理验收手续,租赁公司支付设备款项;承租企业定期交付租金;合同期满处理设备。

(4) 融资租赁租金的计算。

① 融资租赁每期支付租金的多少,主要取决于以下几个因素:第一,租赁设备的购置成本,包括设备的买价、运杂费和保险费等;第二,预计租赁设备的残值,指的是租赁期满时设备预计的变现净值;第三,利息,指的是租赁公司为了购买设备而借款融资付出的利息;第四,租赁手续费,通常由租赁公司和承租企业协商确定,按照设备的一定比率确定;第五,租赁期限和租金的支付方式。

② 融资租赁租金的计算方法。目前在我国融资租赁实践中,大多数采用平均分摊法和等额年金法。

第一,平均分摊法。将租赁成本、利息和手续费除以期数,作为每期应归还的本金。每期应付租金的计算公式如下：

$$A = \frac{(C-S)+I+F}{N} \qquad (8.2)$$

其中，A 表示每期应付的租金；C 表示设备的购置成本；S 表示租赁设备的预计残值；I 表示租赁期间利息费；F 表示租赁期间手续费；N 表示租期。

【例 8 - 2】某企业年初从租赁公司租入一套设备，价值 100 万元，租期 5 年，预计残值为 10 万元，归租赁公司，年利率 7%，租赁手续费为设备价值的 3%，租金每年末支付一次，该套设备租赁每次支付的租金可计算为：

$$\frac{(100-10)+[100\times(1+7\%)^5-100]+100\times 3\%}{5} = 26.65（万元）$$

第二，等额年金法。等额年金法是指运用年金现值的计算原理计算每期应付租金的方法。每年末支付租金的计算公式为：

$$A = \frac{PVA_n}{PVIFA_{i,n}} \qquad (8.3)$$

其中，A 表示每年支付的租金；PVA_n 表示等额租金现值；$PVIFA_{i,n}$ 表示等额租金现值系数；n 表示支付资金期数；i 表示资本成本率。

【例 8 - 3】根据〖例 8 - 2〗的资料，假定设备残值归属于承租企业，资本成本率为 10%，则承租企业每年支付的租金为：

$$\frac{100}{PVIFA_{10\%,5}} = \frac{100}{3.791} = 26.38（万元）$$

（5）融资租赁筹资的优缺点。

① 优点。第一，融资租赁能够迅速获得所需要的资产。融资租赁集融资和融物为一体，比借款更快获得企业所需设备。

第二，限制条款较少。相比其他长期负债筹资形式，融资租赁所受限制的条款较少。

第三，免遭设备陈旧过时的风险。随着科学技术在迅速发展，设备陈旧的风险很高，而多数租赁协议规定由出租人承担这种风险。

第四，财务风险较小。分期负担租金，不用到期归还大量资金。

第五，税收负担较轻。租金可在税前扣除，承租企业能够享受节税利益。

② 缺点。第一，资金成本较高。租金较高，成本较大，租金总额通常要比设备价值高出 30% 左右。

第二，筹资弹性较小。当租金支付期限和金额固定时，增加企业资金调度难度。

4. 商业信用

商业信用是指在商品交易中通过延期付款或预收货款方式进行的购销活动所形成的企业间的借贷关系，它是企业间直接的信用关系。

（1）商业信用筹资的主要形式。

① 应付账款。应付账款是卖方提供给买方的一个商业信用，是企业购买货物暂未付款而欠对方的款项，它表明购买方直至支付日才会支付货款。当企业扩大生产规模时，其进货和应付账款相应增长，商业信用就提供了增产需要的部分资金。

② 应付票据。应付票据是企业根据购货合同的要求，进行延期付款商品交易时开具的反映债权债务关系的商业汇票。利用商业汇票进行结算，使商业信用票据化，可以起到防止拖欠的作用。它对于购买单位来说，也相当于向出售单位借用了一笔短期借款。

③ 预收账款。预收账款是指销货单位按照合同和协议规定，在交付货物之前向购货单位预先收取部分或全部货款的信用行为。购买单位对于紧俏商品往往乐于采用这种方式购货；销货方对于生产周期长、造价较高的商品，往往也采用预收货款方式销货，以缓和本企业资金占用过多的矛盾。实质上，这就相当于销货方向购货方借用资金，然后以货物抵偿，缓解自身的资金压力。

（2）商业信用筹资的优缺点。

① 优点。第一，商业信用筹资容易获得。商业信用筹资与商品交易或者经营中其他的经济业务同时发生，不需要办理正式的筹资手续，筹集资金方便、容易获得。

第二，企业有较大的机动权。商业信用筹集的资金限制极少。

第三，企业一般不用提供担保。

② 缺点。第一，商业信用筹资有时成本高。如果企业采用应付账款筹资，有现金折扣而放弃现金折扣，企业就必须付出非常高的资金。

第二，商业信用筹资期限短，还款压力大。采用商业信用筹集资金，期限一般都很短，如果企业要取得现金折扣，期限则更短。

第三，商业信用筹资受外部因素影响较大。

三、其他筹资渠道

除了前面介绍的权益筹资和债务筹资，还存在其他的一些筹资方式。本节主要介绍三种企业常用的筹资方式：优先股、发行可转换债和认股权证。

1. 发行优先股筹资

（1）优先股的种类。

① 优先股按照股利是否积累支付，可以分为累积优先股和非累积优先股。累积优先股是指在某个营业年度内，如果公司所获的盈利不足以分派规定的股利，优先股的股东有权要求公司在以后年度如数补给。对于非累积的优先股，虽然优先股股东有优先于普通股获得分派股息的权利，但如该年公司所获得的盈利不能按规定的股利分配时，非累积优先股的股东没有权利要求公司在以后年度中予以补发。所以，累积优先股比非累积优先股具有更大的吸引力。

② 优先股按照股利是否分配额外股利，可分为参与优先股与非参与优先股。参与股指的是当企业利润增大时，除享受既定比率的利息外，还可以跟普通股共同参与利润分配的优先股。除了既定股息外，不再参与利润分配的优先股，称为非参与优先股。

③ 优先股按照是否可以转换成普通股，可分为可转换优先股与不可转换优先股。可转换的优先股是指允许优先股持有人在特定条件下把优先股转换成为一定数额的普通股。否则就是不可转换优先股。

④ 优先股按公司是否可以赎回，可分为可赎回优先股与不可赎回优先股。可赎回优先股是指公司可以按原来的价格再加上若干补偿金将已发行的优先股收回；反之，就是不可赎回的优先股。

（2）发行优先股的动机。

① 防止公司股权分散化。优先股股东一般无表决权，发行优先股就可以避免公司股权分散，保障公司老股东的原有控制权。

② 调剂现金余缺。公司在需要现金资本时可发行优先股，在现金充裕时将可赎回部分或全部优先股，从而调剂现金余缺。

③ 改善公司的资本结构。公司在安排借入资本与自有资本的比例关系时，可较为便利地利用优先股的发行、转换、赎回等手段进行资本结构和自有资本内部结构的调整。

④ 维持举债能力。公司发行优先股，不仅有利于巩固自有资本的基础，而且有利于维持并增强公司的举债能力。

（3）优先股筹资的优缺点。

① 优点。第一，财务风险小。优先股筹集的资本属于权益资本，通常没有到期日，即使其股息不能到期兑现也不会引发公司的破产，因而筹资后不增加财务风险。

第二，保持普通股对于企业的控制权。优先股股东一般没有投票权，不会使普通股股东的剩余控制权受到威胁。

第三，优先股股利的支付既有固定性，具有财务杠杆的作用，同时又具有灵活性。优先股的股息通常是固定的，在收益上升时期可为现有普通股股东"保存"大部分利润,具有一定的杠杆作用。同时,在公司经营状况不佳时,可以暂时不支付优先股股利。

第四,增加企业的举债能力。优先股股本属于权益资本,可以增加企业的资本基础和企业对外的举债能力。

② 缺点。第一,优先股筹资的成本比债券高,这是由于其股息不能抵冲税前利润。

第二,有些优先股(累积优先股、参与优先股等)要求分享普通股的剩余所有权,稀释其每股收益。

2. 发行可转换债券

(1) 可转换债券的特点。可转换债券是债券持有人可按照发行时约定的价格将债券转换成公司的普通股票的债券。可转换债券具有债务和权益筹资的双重属性,其具有的特点如下:

① 债权性。与其他债券一样,可转换债券也有规定的利率和期限,债券持有者在可转换债券没有转换前,可以选择持有债券到期,收取本息。

② 股权性。可转换债券转换成股票之后,原债券持有人就由债权人变成了公司的股东,可参与企业的经营决策和红利分配,这也在一定程度上会影响公司的股本结构。

③ 可转换性。可转换性是可转换债券的重要标志,债券持有人可以按约定的条件将债券转换成股票。

(2) 可转换债券的转换。可转换债券的转换涉及转换期限、转换价格和转换比率。

① 转换期限。转换期限是指按照发行公司的约定,可转换债券持有人可以将其转换成股票的期限。可转换债券的转换期限可以与债券的期限相同,也可以短于债券的期限。

② 转换价格。转换价格是指可转换债券在转换期内转换成普通股的每股价格。按照我国的有关规定,发行可转换债券的上市公司以发行可转换债券前一个月股票的平均价格为基准,折扣一定的比例作为转换价格。

③ 转换比率。转换比率是指每一份可转换债券在既定的价格下能转化成普通股股票的数量。计算公式如下:

$$转换比率 = 债券面值/转换价格 \qquad (8.4)$$

【例 8-4】某上市公司发行的可转换债券每份面值 1 000 元,转换价格为 20 元,转换比率为:1 000÷20 = 50(股),即每份可转换债券可以转换 50 股普通股。

(3) 可转换债券筹资的优缺点。

① 优点。第一,有利于降低资本成本。可转换债券的利率低于普通债券,在转换

之前，资本成本低于普通债券；转换成普通股后，节省了发行费用，降低了股票的资本成本。

第二，有利于稳定公司的股价。

第三，有利于调整资本结构。可转换债券筹资是具有债权和股权双重性质的筹资方式，在转换之前是债权，当发行企业希望可转换债券持有人成为股东时，就会借助有利的因素促使其转换，便于调整资本结构。

② 缺点。第一，股价上涨风险。公司只能以较低的固定转换价格换出股票，会降低公司的股权筹资额。

第二，若可转换债券转股时股价高于转换价格，则面临筹资损失。

第三，发行可转换债券后，如果股价没有达到转股所需要的水平，可转换债券持有者没有如期转换普通股，则公司只能继续承担债务。

3. 认股权证

认股权证是由股份有限公司发行的可认购其股票的一种买入期权。它赋予持有者在一定期限内以事先约定的价格购买发行公司一定股份的权利。

（1）认股权证的特点。

① 证券期权性。发行认股权证是一种特殊的筹资手段。持有者在认购股份之前，对发行公司既不拥有债权也不拥有股权，而只是拥有股票认购权。

② 认股权证是一种投资工具。投资者可以通过购买认股权证获取股票差价收益。

（2）认股权证的种类。

① 按照行使状况可以分为欧式和美式认股权证。美式认股权证是指持有人在认股权证上市日至到期日期间任何时间均可买进标的股票。欧式认股权证是指持有人只可以在到期日当日买进标的股票。然而，无论认股权证属于欧式或美式，投资者均可在到期日前在市场出售其持有的认股权证。

② 按照允许认股的期限可以分为长期认股权证和短期认股权证。长期认股权证的认股期限通常可以持续几年，有的还是永久性的；短期认股权证的认股期限比较短，通常为90天内。

（3）认股权证筹资的优缺点。

① 优点。第一，融资成本低。

第二，有利于改善上市公司治理结构。上市公司管理层及其大股东任何有损公司价值的行为都可能降低上市公司的股价，从而降低投资者执行认股权证的可能性。

② 缺点。第一，灵活性较差。附带认股权证的债券发行者的主要目的是发行债券而

不是股票，是为了发债而附带期权。认股权证的价格，一般比发行时的股价高出20%~30%。如果将来公司发展良好，股票价格会大大超过执行价格，原有股东会蒙受较大损失。

第二，附带认股权证债券的承销费用高于债务融资。

本章小结

本章重点介绍了公司筹资概念及其分类，以及公司实务中常用的筹资渠道。其中，公司在实际的经营活动中可以通过权益性筹资、债务性筹资和其他筹资渠道筹集到资金，在每一种筹资渠道下，介绍了不同的筹资方式。

本章重要术语

权益筹资　　负债筹资　　吸收直接投资　　普通股股票筹资　　留存收益筹资
长期借款筹资　　企业债券筹资　　融资租赁　　商业信用　　可转换债券
认股权证

延伸阅读

杨行翀、李郁明、张惠忠：《企业筹资学》，上海财经大学出版社2014年版。

《企业筹资学》注重企业筹资管理基本知识的介绍和基本技能的培养，全书结构安排合理，在内容上做到了理论联系实际，通俗易懂。内容主要包括企业筹资基本理论和筹资环境、主要筹资方式、筹资管理各环节工作四大方面。全书从介绍企业筹资基本理论和当前企业筹资环境出发，对企业主要筹资方式进行了详细介绍，然后围绕筹资管理各环节阐述了筹资预测、决策、预算、控制和分析问题。

复习与思考

一、单选题

1. 按（　　），可以将筹资分为直接筹资和间接筹资。

A. 企业所取得资金的权益特性不同　　B. 筹集资金的使用期限不同
C. 是否以金融机构为媒介　　D. 资金的来源范围不同

2. 下列各项中，与债务筹资相比吸收直接投资的优点是（　　）。

A. 资本成本低　　B. 企业控制权集中
C. 财务风险低　　D. 有利于发挥财务杠杆作用

3. 长期借款筹资与长期债券筹资相比，其特点是（　　）。

A. 利息能节税　　　　　　　　B. 筹资弹性大

C. 筹资费用大　　　　　　　　D. 债务利息高

4. 相对于股权融资而言，长期银行借款筹资的优点是（　　）。

A. 财务风险小　　　　　　　　B. 筹资规模大

C. 限制条款少　　　　　　　　D. 资本成本低

5. 下列有关可转换债券筹资的特点表述不正确的是（　　）。

A. 可节约利息支出　　　　　　B. 筹资效率高

C. 存在不转换的财务压力　　　D. 股价大幅度上扬时，可增加筹资数量

6. 某企业计划发行面值为 1 000 元的可转换债券，如果确定的转换价格越高，债券能转换为普通股的股数（　　）。

A. 越多　　　　　　　　　　　B. 越少

C. 不变　　　　　　　　　　　D. 不确定

二、多选题

1. 企业筹资可以满足（　　）。

A. 生产经营的需要　　　　　　B. 对外投资的需要

C. 调整资本结构的需要　　　　D. 归还债务的需要

2. 企业在对筹资进行管理时，应遵循的原则有（　　）。

A. 筹措及时　　　　　　　　　B. 规模适当

C. 来源合理　　　　　　　　　D. 行为合法

3. 下列各项中，属于吸收直接投资的有（　　）。

A. 吸收国家投资　　　　　　　B. 吸收债权人投资

C. 吸收外商直接投资　　　　　D. 吸收社会公众投资

4. 下列各项中，属于留存收益与普通股筹资方式区别的是（　　）。

A. 筹资数额有限　　　　　　　B. 筹资费用高

C. 不会稀释原有股东控制权　　D. 资金成本低

5. 相对于利用银行借款购买设备而言，通过融资租赁方式取得设备的主要优点有（　　）。

A. 延长资金融通的期限　　　　B. 限制条件较少

C. 免遭设备陈旧过时的风险　　D. 资本成本低

三、简答题

1. 简述普通股筹资的优缺点。

2. 简述融资租赁筹资的优缺点。

3. 普通股和优先股的区别。

四、计算题

某公司发行面值为 1 000 元，票面利率为 10%，期限为 10 年，每年年末付息的债券。在公司决定发行债券时，认为 10% 的利率是合理的。如果到债券正式发行时，市场上的利率发生变化，那么就要调整债券的发行价格。请以资本市场利率分别为 10%、12% 和 8% 的时候，计算债券的发行价格为多少，投资者才会购买。

五、网络练习

华为技术有限公司是一家生产销售通信设备的民营通信科技公司，总部位于中国广东省深圳市龙岗区坂田华为基地。华为的产品主要涉及通信网络中的交换网络、传输网络、无线及有线固定接入网络和数据通信网络及无线终端产品，为世界各地通信运营商及专业网络拥有者提供硬件设备、软件、服务和解决方案。据了解，2016 年 8 月 25 日，全国工商联发布"2016 中国民营企业 500 强"榜单，华为以 3 950.09 亿元的年营业收入成为 500 强榜首。2017 年第一季度，华为首次超越长期位居核心路由器市场全球首位的思科，占据核心路由器市场的全球第一份额。2018 年 7 月 31 日，华为获 2018 年第三十二届中国电子信息百强企业排名第 1 位。2019 年 1 月 24 日，华为发布了迄今最强大的 5G 基带芯片 Balong 5000。

华为能取得到如此辉煌的成绩，其背后必然会经历一些资金、技术等问题，请同学们通过网络平台查找相关资料，围绕下列问题完成一篇调研报告。(1) 华为在不同阶段分别采用了哪些筹资方式？(2) 这些筹资方式有什么优缺点？

复习与思考参考答案

一、单选题

1. C　2. C　3. B　4. D　5. D　6. B

二、多选题

1. ABCD　2. ABCD　3. ABCD　4. ACD　5. ABC

三、简答题

1. 优点：(1) 利用普通股的筹资风险小；(2) 发行普通股筹集股权资本可以提高企业知名度，为企业带来良好的声誉；(3) 通过普通股筹集的资金可以在公司持续经营期间长期使用，充分保证了公司生产经营的资金需求；（4）普通股筹资没有固定的利息负担。缺点：（1）资本成本较高；（2）股票融资上市时间跨度长，竞争激烈，无法满足企业紧迫的融资需求；（3）容易分散控制权；（4）新股东对发行新股前积累的盈余具有分享权，会降低普通股的每股收益，从而可能引起股价的下跌。

2. 优点：（1）融资租赁能够迅速获得所需要的资产；（2）限制条款较少，相比其他长期负债筹资形式，融资租赁所受限制的条款较少；（3）免遭设备陈旧过时的风险；（4）财务风险较小；（5）税收负担较轻。缺点：（1）资金成本较高；（2）筹资弹性较小。

3. 优先股是相对于普通股而言的，主要指在利润分红及剩余财产分配的权利方面，优先于普通股。

（1）优先股通常预先定明股息收益率，一般也不能参与公司的分红，但优先股可以先于普通股获得股息。

（2）优先股的权利范围小。优先股股东一般没有选举权和被选举权，对股份公司的重大经营无投票权，但在某些情况下可以享有投票权。

（3）如果公司股东大会需要讨论与优先股有关的索偿权，即优先股的索偿权先于普通股，而次于债权人。

四、计算题

（1）资金市场上的利率保持不变，某公司的债券利率为10%仍然合理，则可采用平价发行。

债券的发行价格 $= 1\,000 \times (P/F, 10\%, 10) + 1\,000 \times 10\% \times (P/A, 10\%, 10) = 1\,000 \times 0.3855 + 100 \times 6.1446 = 1\,000$（元）

（2）资金市场上的利率有较大幅度的上升，达到12%，则采用折价发行。

债券的发行价格 $= 1\,000 \times (P/F, 12\%, 10) + 1\,000 \times 10\% \times (P/A, 12\%, 10)$
$= 1\,000 \times 0.322 + 100 \times 5.6502 = 877.02$（元）

也就是说，只有按不高于877.02元的价格出售，投资者才会购买此债券。

（3）资金市场上的利率有较大幅度的下降，达到8%，则采用溢价发行。

债券的发行价格 $= 1\,000 \times (P/F, 8\%, 10) + 1\,000 \times 10\% \times (P/A, 8\%, 10)$
$= 1\,000 \times 0.4632 + 100 \times 6.7101 = 1\,134.21$（元）

也就是说，只有按不高于1 134.21元的价格出售，投资者才会购买此债券。

五、网络练习

（略）

参考文献

［1］荆新、王化成、刘俊彦主编：《财务管理学》（第六版），中国人民大学出版社 2013 年版。

［2］蒋红芸、康玲主编：《财务管理》，人民邮电出版社 2013 年版。

［3］郭复初、王庆城主编：《财务管理学》（第四版），高等教育出版社 2015 年版。

［4］中国注册会计师协会组织编写：《财务成本管理》，中国财政经济出版社 2018 年版。

［5］秦海敏、穆庆榜主编：《财务管理》，立信会计出版社 2015 年版。

第九章

资本成本与资本结构

【学习目标】
1. 了解资本成本的概念、特点、作用及其分类。
2. 掌握资本结构理论、资本结构决策标准,以及股东财富最大化。
3. 重点掌握资本成本测算,以及杠杆利益与风险的测量。

【引导案例】

盾安集团1987年创立于浙江诸暨店口,其核心产业包括精密制造与先进装备、民爆化工、新能源、新材料、投资管理、现代农业等。然而这个连续16年入选中国500强、财大气粗的企业,却因陷入高达450亿元的债务危机而成为市场关注的焦点。盾安集团陷入债务违约危机的最大问题在于杠杆用到尽头。其资本结构中的债务融资过多,而在债务融资中,短期债务又过多。由于长期债务规模过大,所以只能依赖不断的短期融资的滚动来维持现金流。盾安集团最近三年的净利润基本都用来支付了借贷利息。然而,盾安事件并非孤立个案,它的爆发,只是揭开中国众多依靠高杠杆生存的企业困境的冰山一角。从这个角度出发,说明面对复杂多变的经济市场,恰当地测算资本成本、权衡资本结构、及时足额并高效地筹集资金,是企业面临的一个非常重要的问题。

(资料来源:作者根据网络资料整理)

第一节 资本成本的概述

一、资本成本的概念

资本成本,指企业为筹集和使用资金而付出的代价。资本成本是选择筹资方式、进行资本结构决策和选择追加筹资方案的依据，也是评价企业经营业绩的重要依据，即经营利润率应高于资本成本，否则表明业绩欠佳。资本成本通常包括筹资费用和用资费用。

筹资费用，指企业在筹集资本过程中为取得资金而付出的代价，如银行借款的手续费，发行股票、债券等证券的律师费、印刷费、评估费、公证费、宣传费及承销费等。

用资费用，指在使用所筹资本的过程中为使用资金而付出的代价，如银行借款和债券的利息、股票的股利等。用资费用在使用资金期间内会反复发生，并随着资金使用金额的大小和期限的长短而变动。

二、资本成本的分类

资本成本既可以用绝对数表示，也可以用相对数表示。当资本成本用绝对数表示时，可以分为个别资本成本、综合资本成本、边际资本成本。

但在财务管理中，通常用相对数资本成本率来表示资本成本。具体包括：一是在比较各种筹资方式时，使用的是个别资本成本率，如长期借款资本成本率、债券资本成本率、普通股资本成本率、优先股资本成本率、留存收益资本成本率；二是进行企业资本结构决策时，则使用综合资本成本率；三是进行追加筹资结构决策时，则使用边际资本成本率。

三、资本成本的作用

资本成本可以在多方面加以应用，而主要用于筹资决策和投资决策。

1. 资本成本是企业筹资决策的重要依据

资本成本是企业选择筹资方式、进行资本结构决策、确定追加筹资方案的依据。

企业的资本可以从各种渠道筹集，如吸收直接投资、发行股票、银行借款等。但不管选择何种渠道，采用哪种方式，主要考虑的因素还是资本成本。因此，通过比较各种长期资金的个别资金成本率的高低可以选择最适宜的筹资方式。当然，资本成本并不是选择筹资方式的唯一依据。

通过不同渠道所筹集的资本，将会形成不同的资本结构，由此产生不同的财务风险和资本成本。因此，通过比较企业全部资金的综合资金成本率的高低可以确定最合理的筹资组合和确定最佳资本结构。

随着筹资数量的增加，资本成本将随之变化。当筹资数量增加到增资的成本大于增资的收入时，企业便不能再追加资本。因此，通过比较各种追加筹资方案的边际资金成本率的高低可以选择最佳追加筹资方案。

2. 资本成本是评价和选择投资项目的重要标准

资本成本实际上是投资者应当取得的最低报酬水平。只有当投资项目预期的投资收益率高于资本成本率的情况下，企业才会有利可图，该方案在经济上才是可行的；反之，当企业用盈利支付资本成本以后会发生亏空时，就应该放弃该投资机会。因此，资本成本是企业确定投资项目是否采取的取舍标准。

3. 资本成本是衡量企业资金效益的临界基准

企业的整个经营业绩可以通过企业全部的资金报酬率来衡量。如果一定时期的综合资本成本率高于总资产报酬率，就说明企业资本的运用效益差、经营业绩不佳，企业需要改善经营管理；反之，则相反。

第二节　资本成本率测算

资本成本率是用资费用与实际筹资净额（即筹资总额扣除筹资费用后的差额）之间的比率。主要包括个别资本成本率、综合资本成本率、边际资本成本率。其基本公式为：

$$资本成本 = \frac{每年的用资费用}{筹资总额 - 筹资费用} \tag{9.1}$$

一、个别资本成本率的测算

个别资本成本是企业各种单项长期资金的成本。个别资本成本率是企业用资费用与有效筹资额的比率，并分为债务资本成本率和权益资本成本率。其公式为：

$$K = D/(P - F) = D/(P(1 - f)) \tag{9.2}$$

其中，K 为资本成本率，以百分率表示；D 为每个期间用资费用；P 为筹资总额；F 为资本筹集费用；f 为筹资费用率，即资本筹集费占筹资总额的比率。

1. 债务资本成本率的测算

债务资本成本率主要包括长期借款资本成本率、债券资本成本率。

（1）长期借款资本成本率。企业长期借款的资本成本是由借款利息和筹资费用构成的，借款利息计入税前成本费用，可以起到抵税的作用。因此，一次还本、分期付息借款的资本成本率为：

$$K_L = \frac{I_L(1-T)}{L(1-f_L)} \text{ 或 } K_L = \frac{i(1-T)}{(1-f_L)} \tag{9.3}$$

其中：K_L 为长期借款资本成本率；I_L 为长期借款年利息额；L 为长期借款筹资总额；f_L 为长期借款筹资费用率；T 为所得税税率；i 为长期借款的利率。

若长期借款的筹资费用主要是借款的手续费，一般数额很少，也可以忽略不计。这时，长期借款的资本成本率为：

$$K_L = i(1-T) \tag{9.4}$$

若银行要求借款企业在银行中经常保持一定的存款余额作为抵押，即合同中附加补偿性余额条款时，计算长期借款的资本成本率应该将存款保留余额从长期借款总额中扣除，因为企业并未真正使用这部分资金。此时，借款的实际利率和资本成本率都会上升。

若长期借款在一年内结息次数超过一次，为 M 次，借款期数为 N 年，则借款的实际利率，即资本成本率为：

$$K_L = \left[(1+\frac{i}{M})^M\right](1-T) \tag{9.5}$$

其中，M 为1年内借款结息次数；N 为借款年数；T 为所得税税率。

【例9-1】某公司从银行取得5年期借款100万元，年利率为5.2%，每半年结息一次，到期一次还本，公司所得税税率为25%。这笔借款的资本成本率为：

$$K_L = \left[(1+\frac{5.2\%}{2})^2 - 1\right](1-25\%) = 3.95\%$$

（2）债券资本成本率。发行债券的成本，主要指债券利息和筹资费用。债券利息是事先根据资本市场上的利率情况确定的。和长期借款利息费用一样，发行债券的企业定期支付的债券利息是在税前支付的，因此，债券利息也可以起到抵税作用，企业实际负担的债券利息为：债券利息×（1－所得税税率）。债券的筹资费用主要包括发行费用，包括申请费、注册费、印刷费、上市费和推销费等。所以，长期债券的资本成本率为：

$$K_B = \frac{I_B(1-T)}{B(1-f_B)} \tag{9.6}$$

其中，K_B 为债券资本成本率；B 为债券筹资总额，按发行价确定；f_B 为债券筹资费用率；I_B 为债券利息；T 为所得税税率。

【例9-2】某公司准备发行总面值为1 000万元的10年期债券，票面利率为8%，债券筹资费用率为5%，该债券采用溢价发行，实际发行价格为1 100万元，公司所得税税率为 25%，测算该债券的资本成本率（不考虑货币的时间价值）。

$$K_B = [1\,000 \times 8\% \times (1-25\%)] / [1\,100 \times (1-5\%)]$$
$$= 5.74\%$$

2. 权益资本成本率的测算

权益资本成本率主要包括普通股资本成本率、优先股资本成本率、留存收益资本成本率。

（1）优先股资本成本率。企业发行优先股股票，同发行债券和长期借款一样，需要支付筹措费，如注册费、代销费等。优先股每期的股利通常是固定的，同时也需要定期支付。但由于股利是税后支付的，没有享受所得税优惠，所以其资本成本率的计算与债权资本率不同，其公式为：

$$K_P = \frac{D}{P(1-f_P)} \tag{9.7}$$

其中，K_P 为优先股资本成本率；D 为优先股每年股利；P 为优先股发行价格；f_P 为优先股筹资费用率。

【例 9-3】某公司发行面值每股 100 元的优先股 100 000 股，年股利率为 6%，发行费用为股金总额的 2%，则优先股的资本成本率为：

$$K_P = \frac{100 \times 100\,000 \times 6\%}{100 \times 100\,000 \times (1-2\%)} \approx 6.12\%$$

当企业资不抵债时，优先股股东的索偿权次于长期借款和长期债券的债权人，所以优先股的投资风险比长期借款和长期债券的投资风险高，因而优先股的股息率一般高于借款的利率和债券的利率。同时，优先股股票不仅筹资费用较高，而且优先股股息在税后支付，不可以税前抵税，所以优先股的成本率明显高于债券的成本率。但是，由于发行优先股筹集的资金是自有资金，可以被企业长期占用，因此在一定条件下，企业仍乐于采用这种筹资方式。

（2）普通股资本成本率。普通股的成本确定方法，与优先股成本基本相同，但是由于普通股的股利率是不固定的，需要根据每年的盈利情况而定，这就使得普通股的资本成本率与优先股有所不同。按照资本成本实质是投资者要求的收益率的思路，计算普通股资本成本率的方法相当于计算普通股要求收益率的方法。计算方法主要有：股利贴现模型、资本资产定价模型、债券收益率风险调整模型。

① 股利贴现模型。股利贴现模型的基本表达式是：

$$P_C = \sum_{t=1}^{n} \frac{D_t}{1+K_c} \tag{9.8}$$

其中：P_c 为普通股筹资净额；D_t 为普通股第 t 年的股利；K_c 为普通股资本成本率。

由基本表达式计算普通股资本成本率，其结果会因不同的股利政策而有所不同。

如果公司采用固定股利的政策，即每年分派现金股利 D 元，则普通股的资本成本率为：

$$K_c = \frac{D_t}{P_c} \tag{9.9}$$

如果公司采用固定增长股利的政策，股利固定增长率为 G，则普通股的资本成本率为：

$$K_c = \frac{D_1}{P_c} + G \tag{9.10}$$

【例 9-4】某公司普通股目前市价为 10 元，估计年增长率为 5%，预计第一年发放股利 0.6 元，筹资费用率为股票市价的 4%，则发行普通股的资本成本率为：

$$K_c = \frac{0.6}{10 \times (1 - 4\%)} + 5\% \approx 11.25\%$$

② 资本资产定价模型。资本资产定价模型的内容可以简单描述为：普通股股票的预期收益率等于无风险利率加上风险补偿（也称风险溢价或市场风险报酬率）。采用此原理计算普通股资本成本率，其公式为：

$$K_c = R_f + \beta(R_M - R_f) \tag{9.11}$$

其中：R_f 为无风险报酬率；β 为某种股票的风险对证券市场风险的敏感程度；R_M 为证券市场的平均报酬率。

【例 9-5】某公司准备发行普通股筹资，此时无风险利率为 2.5%，市场平均收益率为 8%，根据同类上市公司的 β 系数预测该股票的 β 系数为 1.25，计算该股票的资本成本率为：

$$K_c = R_f + \beta(R_M - R_f) = 2.5\% + 1.25(8\% - 2.5\%) = 9.375\%$$

③ 债券收益率风险调整模型。一般而言，从投资者角度，股票投资的风险高于债券，因此，股票的必要报酬率可以在债券利率的基础上加上股票投资高于债券投资的风险报酬率。相应地，普通股资金成本就等于债券资金成本加上普通股额外风险报酬率。这种方法的不足之处是比较主观，但计算比较简便。

【例 9-6】某公司已经发行债券的资金成本率为 8%，现增发一批普通股，经分析，该股票高于证券的额外风险报酬率为 4%，计算该股票的资本成本率为：

$$K_c = 8\% + 4\% = 12\%$$

企业在清算时，普通股股东的索偿权不仅在债券持有人之后，而且也在优先股股东之后，其投资风险最大，因而普通股股利率比债券利率、借款利率和优先股股利率都高,另外,其股利率还将随企业经营状况而逐年变化。一般言之,如果企业的收益逐年增加,则企业支付的股利也将逐年增长,所以普通股资本成本率最高。

(3) 留存收益资本成本率。留存收益也叫留用利润,是由企业税后利润形成的,包括盈余公积金和未分配利润。

从表面上看,公司使用留存收益是不需要支付成本的,但实际上,股东将其留用于公司而不作为股利取出资金用于别处,便需要承受一定的机会成本。所以我们假设它是一种投资,此时,股东希望这部分留用利润能获得与普通股相同的报酬。因此,留用利润资本成本率的计算与普通股的资本成本率基本相同,只是不考虑筹资费用。

当股利每年有一个稳定增长率时,留存收益的资本成本率为:

$$K_E = \frac{D}{P} + G \tag{9.12}$$

其中,K_E 为留存收益资本成本率;其他符号含义同前。

由于留存收益不需支付筹资费用,所以其资本成本略低于普通股的成本率。

企业在选择融资方式时,要考虑不同筹资方式的资本成本水平,一般言之,按资本成本率从低到高的顺序排列,以上五种筹资方式依次为:

长期借款＜长期债券＜优先股＜留存收益＜普通股

二、综合资本成本率测算

由于受多种因素的限制,企业往往从多种渠道筹集所需资金。为了正确进行筹资和投资决策,不仅需要计算个别资本成本率,还需要计算综合资本成本率。综合资本成本率是指一个公司全部长期资本的成本率,通常是以各种长期资本的比例为权重,对个别资本成本率进行加权平均计算得来,故亦称加权平均资本成本率。其计算公式如下:

$$K_W = \sum_{j=1}^{n} K_j W_j \tag{9.13}$$

其中,K_W 为综合资本成本率;K_j 为 j 种个别资本成本率;W_j 为第 j 种个别资本在长期资金中所占比例。

由式(9.13)可知,综合资本成本率是由个别资本成本率和各种长期资本比例这两个因素所决定的。各种长期资金的个别资本成本率的计算前面已经详细阐述过。而公司各种长期资本的比例则取决于各种资本价值的确定。各种资本价值的确定基础主要有三种选择:账面价值、市场价值和目标价值。

1. 按账面价值确定资本比例

账面价值通过会计资料提供,也就是直接从资产负债表中取得,容易计算。其缺陷是：账面价值反映的是过去的情况，因此可能不符合市场价值，如果资本的市场价值已经脱离账面价值许多，采用账面价值作基础确定资本比例就有失现实客观性，从而不利于综合资本成本率的测算和筹资管理的决策。

2. 按市场价值确定资本比例

按市场价值确定资本比例是指债券和股票等以现行资本市场价格为基础确定其资本比例，从而测算综合资本成本率。这种基础的优点是真实客观；不足之处是证券市场价格经常波动，不易选定。另外，市场价格基础反映的是现在的情况，未必适应未来的筹资决策。

3. 按目标价值确定资本比例

按目标价值确定资本比例是指证券和股票等以公司预计的未来目标市场价值确定资本比例，从而测算综合资本成本率。这种基础通常认为能够体现期望的目标资本结构要求，弥补了账面价格基础和市场价格基础的不足，但是，资金的目标价值很难客观地确定。

【例9-7】ABC公司的全部长期资本总额为1 000万元，其中，长期借款200万元占20%，长期债券300万元占30%，普通股400万元占40%，保留盈余100万元占10%。假设其个别资本成本率分别是6%、7%、9%、8%。该公司综合资本成本率是多少？

$$K_W = 6\% \times 20\% + 7\% \times 30\% + 9\% \times 40\% + 8\% \times 10\% = 7.7\%$$

三、边际资本成本率测算

边际资本成本是指企业追加筹资的资金成本。一般来说，公司不可能以某一固定的资本成本筹集无限的资金，当公司筹集的资金超过一定限度时，原来的资本成本就会增加。因此，企业在未来追加筹资时，不能仅仅考虑目前所使用的资本的成本，还要考虑新筹资本的成本，即边际资本成本。边际资本成本率是指公司追加筹资的资本成本率，即公司新增一元资本所需负担的成本。

公司追加筹资有时可能只采取某一种筹资方式。在这种情况下，边际资本成本率的确定与前面个别资本成本率的确定方法相同。

在筹资数额较大，或在目标资本结构既定的情况下，往往通过多种筹资方式的组合来实现。这时，边际资本成本率需要按加权平均法来计算，其权数必须为市场价值权数，不应采用账面价值权数。

【例9-8】某公司现有长期资本总额1 000万元，其目标资本结构（比例）为：长期债务20%，优先股10%，普通股权益（包括普通股和保留盈余）75%。现拟追加资本300万元，仍按此资本结构筹资。经测算，个别资本成本率分别为：长期债务7.5%，优先股11.8%，普通股权益14.8%。求该公司追加筹资的边际资本成本率为多少？

$K_W = 7.5\% \times 0.20 + 11.8\% \times 0.05 + 14.8\% \times 0.75 = 13.19\%$

当企业追加筹资的金额未定时，需要对不同筹资范围内的边际资金成本率进行规划。下面举例说明边际资金成本规划的具体步骤。

【例9-9】某公司目前拥有长期资本1 000万元。其中，长期债务200万元，优先股100万元，普通股（含保留盈余）700万元。为了适应追加投资的需要，公司准备筹集新资。试测算建立追加筹资的边际资本成本率规划。

第一步，确定目标资本结构。

各种资金的目标比例为：长期债务20%，优先股5%，普通股75%。

第二步，测算各种资金的个别资本率。

公司在对资金市场状况和自身筹资能力进行研究之后，测算出在不同筹资范围内各种资金的个别资本成本率如表9-1所示。

表9-1　　　　　　　　　　公司追加筹资测算资料

资金种类	目标资本结构	追加筹资范围（元）	个别资本成本率（％）
长期债务	0.2	20万及以内	6
		20万~100万	7
		100万以上	8
优先股	0.1	50万及以内	10
		50万以上	12
普通股	0.7	200万及以内	14
		200万~500万	15
		500万以上	16

第三步，测算筹资总额分界点。根据目标资本结构和各种资本成本率变动的分界点，计算公司筹资总额分界点。其测算公式为：

$$BP_j = TF_j / W_j \tag{9.14}$$

其中：BP_j为筹资总额分界点；TF_j为第j种资本的成本率分界点；W_j为目标资本结构中第j种资本的比例。

该公司计算的筹资总额分界点如表9-2所示。

表 9 – 2　　　　　　　　　　公司筹资总额范围测算

资金种类	个别资本成本率（%）	各种资金融资范围（元）	融资总额分界点（元）	融资总额范围（元）
长期债务	6 7 8	20万及以内 20万~100万 100万以上	20/0.2 = 100万 100/0.2 = 500万	0~100万 100万~500万 500万以上
优先股	10 12	50万及以内 50万以上	50/0.1 = 500万	0~500万 500万以上
普通股	14 15 16	210万及以内 210万~490万 490万以上	210/0.7 = 300万 490/0.7 = 700万	0~300万 300万~700万 700万以上

根据上一步骤计算出的分界点，可得出新的筹资范围。对新的筹资范围分别计算加权平均资本成本，即可得到各种筹资范围的边际资本成本率（见表 9 – 3）。

表 9 – 3　　　　　　　　　　边际资本成本率规划

序号	筹资总范围（元）	资金种类	目标资本结构	个别资本成本率（%）	边际资本成本率（%）
1	100万以内	长期债务 优先股 普通股	0.2 0.1 0.7	6 10 14	6×0.2 = 1.2 10×0.1 = 1 14×0.7 = 9.8
	第一个筹资总额的边际资本成本率 = 1.2% + 1% + 9.8% = 12%				
2	100万~300万	长期债务 优先股 普通股	0.2 0.1 0.7	7 10 14	7×0.2 = 1.4 10×0.1 = 1 14×0.7 = 9.8
	第二个筹资总额的边际资本成本率 = 1.4% + 1% + 9.8% = 12.2%				
3	300万~500万	长期债务 优先股 普通股	0.2 0.1 0.7	7 10 15	7×0.2 = 1.4 10×0.1 = 1 15×0.7 = 10.5
	第三个筹资总额的边际资本成本率 = 1.4% + 1% + 10.5% = 12.9%				
4	500万~700万	长期债务 优先股 普通股	0.2 0.1 0.7	8 12 15	8×0.2 = 1.6 12×0.1 = 1.2 15×0.7 = 10.5
	第四个筹资总额的边际资本成本率 = 1.6% + 1.2% + 10.5% = 13.3%				

续表

序号	筹资总范围（元）	资金种类	目标资本结构	个别资本成本率（%）	边际资本成本率（%）
5	700万以上	长期债务	0.2	8	8×0.2=1.6
		优先股	0.1	12	12×0.1=1.2
		普通股	0.7	16	16×0.7=11.2
第五个筹资总额的边际资本成本率 = 1.6% + 1.2% + 11.2% = 14%

由表9-3可知，公司的边际资本成本率随着追加筹资金额的增加逐渐上升。一般而言，边际投资报酬率则会随着投资规模的上升而逐渐下降。只有当边际资金成本低于边际投资报酬率时，筹资才是合理的，投资也才是有利的。因此，公司可以将不同筹资范围内边际资金成本率与不同投资规模内边际投资报酬率相比较，以选择有利的投资机会和合理的筹资金额。

第三节 资本结构决策标准及股东财富最大化

一、资本结构概述

资本结构是指企业各种资本的价值构成及其比例关系，是企业一定时期筹资组合的结果。资本结构是企业融资的结果，它决定了企业的产权归属，也规定了不同投资主体的权益以及所承受的风险。资本结构有广义和狭义之分。狭义的资本结构是指企业各种长期资本的构成及其比例关系，尤其是指长期债务资本与长期股权资本之间的构成及其比例关系；广义上则指企业全部资本的构成及其比例关系，一般而言，广义的资本结构包括债务资本与股权资本的结构、长期资本与短期资本的结构，以及债务资本的内部结构、长期资本的内部结构和股权资本的内部结构等。确定资本结构需要一定的价值基础，如账面价值基础、市场价值基础和目标价值基础，这与前面测算综合资本成本的价值基础类似，不再详述。

1. 资本结构的种类

资本结构可以从不同角度来认识，于是形成各种资本结构种类，主要有资本的属性结构和资本的期限结构两种。

（1）资本的属性结构。一个企业的全部资本就其属性而言，通常分为两大类：一类是股权资本；另一类是债务资本。这两类资本构成企业资本的属性结构。资本的属性结构是指企业不同属性资本的价值构成及其比例关系。

(2) 资本的期限结构。一个企业的全部资本就其期限而言，一般可以分为两大类：一类是长期资本；另一类是短期资本。这两类资本构成企业资本的期限结构。资本的期限结构是指不同期限资本的价值结构及其比例关系。

2. 影响资本结构的因素

在企业的生产经营活动中，有很多影响资本结构的因素，主要包括以下几种。

(1) 企业经营状况的稳定性和成长率。企业产销业务量的稳定程度对资本结构有重要影响：如果产销业务稳定，企业可较多地负担固定的财务费用；如果产销业务量和盈余有周期性，则负担固定的财务费用将承担较大的财务风险。经营发展能力表现为未来产销业务量的增长率，如果产销业务量能够以较高的水平增长，企业可以采用高负债的资本结构，以提升权益资本的报酬。

(2) 企业的财务状况和信用等级。企业财务状况良好，信用等级高，债权人愿意向企业提供信用，企业容易获得债务资金；相反，如果企业财务状况欠佳，信用等级不高，债权人投资风险大，这样会降低企业获得信用的能力，加大债务资金筹资的资本成本。

(3) 企业的资产结构。资产结构是企业筹集资本后进行资源配置和使用后的资金占用结构，包括长短期资产构成和比例，以及长短期资产内部的构成和比例。资产结构对企业资本结构的影响主要包括：拥有大量固定资产的企业主要通过长期负债和发行股票融通资金；拥有较多流动资产的企业更多地依赖流动负债融通资金，资产适用于抵押贷款的企业负债较多，以技术研发为主的企业则负债较少。

(4) 企业所有者和管理者的态度。从企业所有者的角度看，如果企业股权分散，企业可能更多地采用权益资本筹资以分散企业风险。如果企业为少数股东控制，股东通常重视企业控股权问题，为防止控股权稀释，企业一般尽量避免普通股筹资，而是采用优先股或债务资金筹资。从企业管理者的角度看，高负债资本结构的财务风险高，喜欢冒险的管理者会尽量增加债务比例，而稳健的管理者则偏好于选择低债务比例的资本结构。

(5) 行业特征和企业发展周期。不同行业资本结构是不相同的。产品市场稳定的成熟产业经营风险低，因此可提高债务资金比重。高新技术企业产品、技术、市场尚不成熟，经营风险高，因此可降低债务资金比重。同一企业在不同发展阶段上，资本结构也可能不同。企业初创阶段，经营风险高，在资本结构安排上应控制债务比例；

企业发展成熟阶段，产品产销业务量稳定和持续增长，经营风险低，可适度增加债务资金比重；企业收缩阶段上，产品市场占有率下降，经营风险逐步加大，应逐步降低债务资金比重，保证经营现金流量能够偿付到期债务，保持企业持续经营能力，减少破产风险。

(6) 经济环境的税务政策和货币政策。资本结构决策必然要研究理财环境因素，特别是宏观经济状况。政府调控经济的手段包括财政税收政策和货币金融政策，当所得税税率较高时，债务资金的抵税作用大，企业可以充分利用这种作用以提高企业价值。货币金融政策影响资本供给，从而影响利率水平的变动，当国家执行紧缩的货币政策时，市场利率较高，企业债务资金成本增大。

事实上，除上述因素外，影响企业资本结构的因素还有很多，如不同国家之间国民经济的发展状况、资本市场的发展水平、利率等。企业在确定资本结构时，应以行业平均负债作为分析的起点，再根据企业特定的经营环境和经营条件，结合有关因素进行多次调整，才能最后确定企业的资本结构。

二、资本结构决策标准

资本结构决策是指确定企业的最佳资本结构。所谓最佳资本结构，是指企业在一定时期内筹集的资本的综合资本成本率最低，使企业的价值达到最大化。资本结构决策是筹资管理中至关重要的问题。其判断标准有三个：有利于最大限度地增加股东权益，能使企业价值最大化；企业综合资本成本率最低；财务风险适度。其中，综合资本成本率最低是主要标准。从理论上讲，最优资本结构是存在的，常见的资本结构决策方法有资金成本比较法、每股利润分析法和企业价值比较法。

1. 资金成本比较法

资金成本比较法是指在适度财务风险的条件下，通过比较不同的资本结构或筹资组合方案的综合资本成本率，选择其中综合资本成本率最低的资本结构的方法。企业资本结构决策，分为初始资本结构决策和追加资本结构决策两种情况。比较资本成本法将综合资本成本率的高低作为选择最佳资本结构的唯一标准，这一标准简单实用，因而常常被采用。

(1) 初始资本结构决策。企业对拟定的筹资总额，可以采用多种筹资方式来筹集，同时每种筹资方式的筹资数额也可以有不同的安排，由此形成若干个资本结构可供选择。

【例 9-10】ABC 公司初始成立时需要资本总额为 7 000 万元，有以下三种筹资方案

(见表 9-4)。

表 9-4 边际资本成本率规划

筹资方式	筹资方案一		筹资方案二		筹资方案三	
	筹资金额（万元）	资本成本率（%）	筹资金额（万元）	资本成本率（%）	筹资金额（万元）	资本成本率（%）
长期借款	500	4	800	5	500	4
长期债券	1 000	6	1 200	7	2 000	8
优先股	500	10	500	9	500	9
普通股	5 000	15	4 500	16	4 000	17
资本合计	7 000		7 000		7 000	

注：债务资本成本均为税后资本成本，所得税税率为 25%。

方案一：综合资本成本率 = (500/7 000) × 4% + (1 000/7 000) × 6% + (500/7 000) × 10% + (5 000/7 000) × 15% = 12.57%

方案二：综合资本成本率 = (800/7 000) × 5% + (1 200/7 000) × 7% + (500/7 000) × 9% + (4 500/7 000) × 16% = 12.7%

方案三：综合资本成本率 = (500/7 000) × 4% + (2 000/7 000) × 8% + (500/7 000) × 9% + (4 000/7 000) × 17% = 12.93%

显然，方案一的综合资本成本率最低，所对应的资本结构是最佳资本结构。

(2) 追加资本结构决策。企业在持续的生产经营过程中，由于扩大业务或对外投资的需要，有时需要追加筹资。因追加筹资以及筹资环境的变化，企业原有的资金结构就会发生变化，而且原定的最佳资本结构也未必仍是最优的。因此，企业应在资本结构的不断变化中寻求最佳结构，保持资本结构的最优化。

一般而言，按照最佳资本结构的要求，选择追加筹资方案有两种方法：一种方法是直接测算比较各备选追加筹资方案的边际资本成本率，从中选择最优筹资方案；另一种方法是将备选追加筹资方案与原有最优资本结构汇总，测算各追加筹资条件下汇总资本结构的综合资本成本率，比较确定最优追加筹资方案。下面举例说明。

【例 9-11】ABC 公司原有资本结构如〖例 9-10〗中的方案一所示。公司打算追加筹资 1 000 万元，现有两个追加筹资方案可供选择。根据表 9-5 所列资料计算两种方案下的综合资本成本率。

表 9-5　　　　　　　　　　　追加筹资方案资料测算

筹资方式	追加筹资方案一		追加筹资方案二	
	筹资金额（万元）	资本成本率（%）	筹资金额（万元）	资本成本率（%）
长期借款	400	5	300	6
长期债券	100	7	400	7
优先股	200	11	100	10
普通股	300	14	200	13
资本合计	1 000		1 000	

① 用追加筹资方案的边际资本成本法计算如下：

方案一边际资本成本率 = (400/1 000) × 5% + (100/1 000) × 7% + (200/1 000) × 11% + (300/1 000) × 14% = 9.1%

方案二边际资本成本率 = (300/1 000) × 6% + (400/1 000) × 7% + (100/1 000) × 10% + (200/1 000) × 13% = 8.2%

两个追加筹资方案相比，方案一边际资本成本率高于方案二边际资本成本率，因此，方案二优于方案一。

② 追加筹资条件下汇总资本结构的综合资本成本比较法计算如下：

ABC 公司原有资本结构为：长期借款 500 万元，长期债券 1 000 万元，优先股 500 万元，普通股 5 000 万元，资本总额 7 000 万元。现将其与追加筹资方案一、二汇总，如表 9-6 所示。

表 9-6　　　　　　　　追加筹资方案和原资本结构资料汇总

筹资方式	原资本结构		追加筹资方案一		追加筹资方案二		追加后资本结构	
	筹资额（万元）	资本成本率（%）	追加筹资额（万元）	资本成本率（%）	追加筹资额（万元）	资本成本率（%）	方案一（万元）	方案一（万元）
长期借款	500	4	400	5	300	6	900	800
长期债券	1 000	6	100	7	400	7	1 100	1 400
优先股	500	10	200	11	100	10	700	600
普通股	5 000	15	300	14	200	13	5 300	5 200
合计	7 000		1 000		1 000		8 000	8 000

方案一综合资本成本率 = (900/8 000) × [(500 × 4% + 400 × 5%)/900] + (1 100/

8 000)×[(1 000×6% +100×7%)/1 100]+(700/8 000)×[(500×10% +200×11%)/700]+(5 300/8 000)×[(5 000×15% +300×14%)/5 300]=12.14%

方案二综合资本成本率=(800/8 000)×[(500×4% +800×6%)/800]+(1 400/8 000)×[(1 000×6% +400×7%)/1 400]+(600/8 000)×[(500×10% +100×10%)/600]+(5 200/8 000)×[(5 000×15% +200×13%)/5 200]=12.4%

以上计算中需要注意的是，根据同股同利原则，原有普通股应按新普通股的资本成本计算其加权平均数。这里假设股票的成本与价值相等。

两个追加筹资方案相比，方案一综合资本成本率低于方案二综合资本成本率，因此，方案一优于方案二。

由此可见，该企业追加筹资后，虽然改变了资本结构，但经过科学的测算，做出正确的筹资决策，企业仍可保持其资本结构的最优化。

2. 每股利润分析法

每股利润分析是利用每股利润无差别点进行资本结构决策的方法。每股利润无差别点是指使不同资本结构的每股利润相等时的息税前利润。对每股利润无差别点有两种解释：每股利润不受融资方式影响的销售额，或每股利润不受融资方式影响的息税前利润。

每股利润无差别点的息税前利润或销售额的计算公式为：

$$EPS = \frac{[(EBIT-I)(1-T)-PD]}{N}$$

$$= \frac{[(S-VC-a-I)(1-T)-PD]}{N}$$

其中，$EBIT$ 为息税前利润；I 为每年支付的利息；T 为所得税税率；PD 为优先股股利；N 为普通股股数；S 为销售收入总额；VC 为变动成本总额；a 为固定成本总额。

每股利润无差别点息税前利润满足：

$$\frac{(EBIT-I_1)(1-T)-PD_1}{N_1} = \frac{(EBIT-I_2)(1-T)-PD_2}{N_2} \tag{9.15}$$

每股利润无差别点的销售额满足：

$$\frac{(S-VC_1-a-I_1)(1-T)-PD_1}{N_1} = \frac{(S-VC_2-a-I_2)(1-T)-PD_2}{N_2} \tag{9.16}$$

在每股利润无差别点下，当实际 $EBIT$（或 S）等于每股利润无差别 $EBIT$（或 S）时，债务筹资方案和权益筹资方案都可选。当实际 $EBIT$（或 S）大于每股利润无差别点 $EBIT$（或 S）时，债务筹资方案的 EPS 高于权益筹资方案的 EPS，选择债务筹资方案；当实际 $EBIT$（或 S）小于每股利润无差别点 $EBIT$（或 S）时，债务筹资方案的 EPS 低于权益筹资方案的 EPS，选择权益筹资方案。下面举例分析这种方法的运用。

【例 9-12】 某公司目前已有 1 000 万元长期资本，均为普通股，股价为 10 元/股。现公司希望再实现 500 万元的长期资本融资以满足扩大经营规模的需要。有两种筹资方案可供选择。方案一：全部通过年利率为 10% 的长期债券融资；方案二，全部依靠发行普通股股票筹资，按照目前的股价，需增发 50 万股新股。公司所得税税率为 25%。

（1）计算长期债务和普通股筹资方式的每股利润无差别点。

（2）假设公司预期的息前税前利润为 210 万元，若不考虑财务风险，该公司应当选择哪一种筹资方式？

解：（1）方案一与方案二，即长期债务和普通股。

$EPS1 = EPS2$

$$\frac{(EBIT - I_1) \times (1 - T) - PD_1}{N_1} = \frac{(EBIT - I_2) \times (1 - T) - PD_2}{N_2}$$

$$\frac{(EBIT - 50) \times (1 - 25\%) - 0}{100} = \frac{(EBIT - 0) \times (1 - 25\%) - 0}{150}$$

解方程得方案一与方案二的每股利润无差别点所对应的 $EBIT = 150$。

（2）因为息前税前利润为 210，高于无差别点 150，所以若不考虑财务风险应采用长期债务筹资，因其每股利润更高。

3. 企业价值比较法

企业价值比较法，是通过计算和比较各种资本结构下公司的市场总价值来确定最优资本结构的方法。最佳资本结构应当是可使公司的总价值最高，而不一定是每股收益最大的资本结构。同时，在公司总价值最大的资本结构下，公司的资本成本也是最低的。企业的市场总价值的公式为：

企业的市场总价值(V) = 股票的市场价值(S) + 长期债务的市场价值(B)

由于债务资本的市价最终要向其面值回归，为简化起见，假定长期债务（含长期借款和长期债券）的市场价值等于其账面价值。

股票的市场价值按照企业未来净收益的折现价值测算，其公式为：

$$S = (EBIT - I)(1 - T)/K_s \tag{9.17}$$

其中，$EBIT$ 为息税前利润；K_s 为权益资金成本率；T 为所得税税率；I 为利息。

普通股资金成本率可使用资本资产定价模型计算，即：

$$K_S = R_F + \beta \times (R_M - R_F) \tag{9.18}$$

（1）企业综合资本成本率的测算。其公式为：

$$K_W = (\frac{S}{V})K_S + K_B(\frac{B}{V}) \tag{9.19}$$

其中，K_W 为综合资本成本率；K_S 为权益资金成本率；K_B 为债务资本成本；S 为股票的市场价值；B 为长期债务的市场价值；V 为企业的市场总价值。

（2）企业最佳资本结构的确定。运用上述原理测算企业的总价值和综合资本成本率，并以企业价值最大化为标准比较能够确定企业最佳资本结构。下面举例说明企业价值分析法的运用。

【例9－13】ABC公司正在考虑改变它的资本结构，有关资料如下：

（1）公司目前债务的账面价值为1 000万元，利息率为5%，债务的市场价值与账面价值相同；普通股4 000万股，每股价格1元，所有者权益账面金额4 000万元（与市价相同）；每年的息税前利润为500万元。该公司的所得税税率为15%。

（2）公司将保持现有的资产规模和资产息税前利润率，每年将全部税后净利分派给股东，因此预计未来增长率为零。

（3）为了提高企业价值，该公司拟改变资本结构，举借新的债务，替换旧的债务并回购部分普通股。可供选择的资本结构调整方案有两个：①举借新债务的总额2 000万元，预计利息率为6%；②举借新债务的总额为3 000万元，预计利率7%。

（4）假设当前资本市场上无风险利率为4%，市场风险溢价为5%。公司采用资本资产定价模型估算其权益资本成本。

要求：

（1）计算该公司目前的权益成本和 β 系数（计算结果均保留小数点后4位）。

（2）计算该公司无负债的 β 系数和无负债的权益成本（提示：根据账面价值的权重调整 β 系数，下同）。

（3）计算两种资本结构调整方案的权益 β 系数、权益成本和企业价值（实体价值计算结果保留整数，以万元为单位）。

（4）判断企业应否调整资本结构并说明依据，如果需要调整应选择哪一个方案？

解：（1）股利 = 净利润 = (500 − 1 000 × 5%) × (1 − 15%) = 382.5（万元）

权益资本成本 = 382.5 ÷ 4 000 = 9.5625%

依据资本资产定价模型，有：4% + β × 5% = 9.5625%

解得：$\beta = 1.1125$

（2）$\beta_{资产} = 1.1125 \div [1 + (1 - 15\%) \times (1/4)] = 0.9175$

无负债权益资本成本 $= 4\% + 0.9175 \times 5\% = 8.59\%$

（3）方案一：以 2 000 万元债务替换原 1 000 万元债务，并回购 1 000 万元普通股。

$\beta_{权益} = 0.9175 \times [1 + (1 - 15\%) \times (2/3)] = 1.4374$

权益资本成本 $= 4\% + 1.4374 \times 5\% = 11.19\%$

权益价值 $= (500 - 2\,000 \times 6\%) \times (1 - 15\%) / 11.19\% = 2\,887$（万元）

企业价值 $= 2\,887 + 2\,000 = 4\,887$（万元）

方案二：以 3 000 万元债务替换原 1 000 万元债务，并回购 2 000 万元普通股。

$\beta_{权益} = 0.9175 \times [1 + (1 - 15\%) \times (3/2)] = 2.0873$

权益资本成本 $= 4\% + 2.0873 \times 5\% = 14.44\%$

权益价值 $= (500 - 3\,000 \times 7\%) \times (1 - 15\%) / 14.44\% = 1\,707$（万元）

企业价值 $= 1\,707 + 3\,000 = 4\,707$（万元）

（4）企业目前的价值为 5 000 万元，高于方案一和方案二，因此不应调整资本结构。

第四节　资本结构理论

资本结构理论是关于公司资本结构（或转化为债务资本比例）、公司综合资本成本率和公司价值三者之间关系的理论。它是公司财务理论的核心内容之一，也是资本结构决策的重要理论基础。从资本结构理论的发展来看，分为传统资本结构理论和发展后的资本结构理论。在现实中，资本结构是否影响企业价值这一问题一直存有争议，故被称为"资本结构之谜"。

一、传统资本结构理论

传统的资本结构理论主要有以下三种观点。

1. 净收益观点

净收益观点认为，在公司的资本结构中，债务资本的比例越大，公司的净收益或税后利润就越多，从而公司的价值就越高（见图 9 - 1）。按照这种观点，公司获取资本的来源和数量不受限制，并且债务资本成本率和股权资本成本率都是固定不变的，不受财务杠杆的影响。

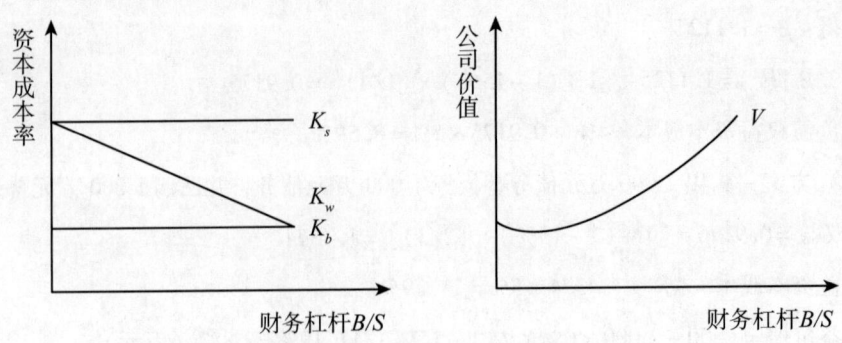

图 9-1 净收益观点下的资本结构和公司价值的关系示意

资料来源：根据荆新、王化成等主编，《财务管理学》（第六版），中国人民大学出版社 2012 年版相关内容绘制。

净收益观点是一种极端的资本结构理论观点。这种观点虽然考虑到财务杠杆利益，但忽略了财务风险。很明显，如果公司的债务资本过多、债务资本比例过高，财务风险就会很高，公司的综合资本成本率就会上升，公司的价值反而下降。

2. 净营业收益观点

净营业收益观点认为，在公司的资本结构中，债务资本的多寡、比例的高低，与公司的价值没有关系（见图 9-2）。按照这种观点，公司的债务资本成本率是固定的，但股权资本成本率是变动的，公司的债务资本越多，公司的财务风险就越大，股权资本成本率就越高；反之，公司的债务资本越少，公司的财务风险就越小，股权资本成本率就越低。经加权平均计算后，公司的综合资本成本率不变，是一个常数。因此，资本结构与公司价值无关。从而，决定公司价值的真正因素应该是公司的净营业收益。

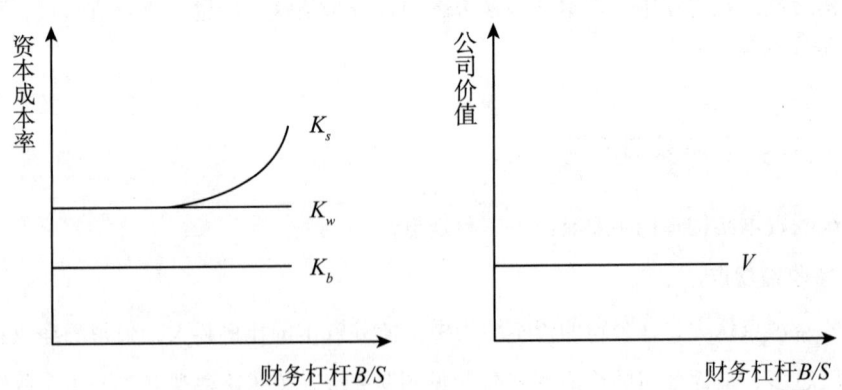

图 9-2 净营业收益观点下的资本结构和公司价值的关系示意

资料来源：根据荆新、王化成等主编，《财务管理学》（第六版），中国人民大学出版社 2012 年版相关内容绘制。

净营业收益观点是另一种极端的资本结构理论观点。这种观点虽然认识到债务资本比例的变动会产生公司的财务风险，也可能影响公司的股权资本成本率，但实际上，公司的综合资本成本率不可能是一个常数。公司净营业收益的确会影响公司价值，但公司价值不仅仅取决于公司净营业收益的多少。

3. 传统折中观点

传统折中观点是介于上述两种极端观点之间的折中观点。按照这种观点，增加债务资本对提高公司价值是有利的，但债务资本规模必须适度。如果公司负债过度，综合资本成本率只会升高，并使公司价值下降。

上述早期的资本结构理论是对资本结构理论的一些初级认识，有其片面性和缺陷，还没有形成系统的资本结构理论。

二、资本结构理论的发展

1. MM 资本结构理论

MM 资本结构理论是莫迪利亚尼（Modigliani）和米勒（Miller）所建立的资本结构模型的简称。它分为最初的 MM 理论和修正的 MM 理论两部分，即无所得税时的 MM 理论和有所得税时的 MM 理论。

（1）最初的 MM 理论。最初的 MM 理论是美国的莫迪利亚尼和米勒教授于 1958 年发表于《美国经济评论》的《资本结构、公司财务与资本》一文中所阐述的基本思想。最初的 MM 理论认为，在不考虑公司所得税，且企业经营风险相同而只有资本结构不同时，公司的资本结构与公司的市场价值无关。或者说，当公司的债务比率由零增加到 100% 时，企业的资本总成本及总价值不会发生任何变动，即企业价值与企业是否负债无关，不存在最佳资本结构问题。这就是最初的 MM 理论，又称为资本结构与资本成本、公司价值的无关论。

MM 资本结构理论的基本假设为：①企业的经营风险是可衡量的，有相同经营风险的企业即处于同一风险等级；②现在和将来的投资者对企业未来的息税前利润估计完全相同，即投资者对企业未来收益和取得这些收益所面临风险的预期是一致的；③证券市场是完善的，没有交易成本；④投资者可同公司一样以同等利率获得借款；⑤无论借债多少，公司及个人的负债均无风险，故负债利率为无风险利率；⑥投资者预期的息税前利润不变，即假设企业的增长率为零，从而所有现金流量都是年金；⑦公司的股利政策与公司价值无关，公司发行新债不影响已有债务的市场价值。

最初 MM 理论在上述假设之下得出两个重要命题。

命题一：公司的资本结构与公司价值无关，公司的综合资本成本率与其资本结构无关。

命题二：杠杆公司的普通股预期报酬率随着以市场价值计量的债务权益比率的提高而成比例增长。

最初 MM 理论的基本结论可以简单归纳为：在符合该理论的假设之下，企业的总价值不受资本结构的影响。公司的价值取决于其实际的资产，而非各类债务和股权的市场价值。该理论为研究资本结构问题提供了一个有用的起点和分析框架。

（2）修正的 MM 理论。修正的 MM 理论是莫迪利亚尼和米勒于 1963 年共同发表的《红利政策、增长和股票估价》中的基本思想。最初的 MM 理论的前提是完善的资本市场和资本的自由流动，不考虑公司所得税，然而现实中不存在完善的资本市场，且还有许多阻碍资本流动的因素，尤其是所得税对各个公司而言都是存在的，因此，米勒等人后来又对最初的 MM 理论进行了一定的修正。他们发现，在考虑公司所得税的情况下，由于负债的利息是免税支出，公司使用的负债越高，其加权平均成本就越低，公司收益乃至价值就越高。当债务资本在资本结构中趋近 100% 时，才是最佳的资本结构，此时企业价值达到最大。这就是修正的 MM 理论，又称为资本结构与资本成本、公司价值的相关论。

修正的 MM 理论同样提出了两个命题：

命题一：有负债公司的价值等于具有相同风险等级的无负债公司的价值加上债务利息抵税收益的现值。由于债务利息可以税前扣除，形成了债务利息的抵税收益，相当于增加了公司的现金流量，增加了公司的价值。随着公司负债比例的提高，公司价值也随之提高，在理论上，全部融资来源于负债时公司价值达到最大。这个结论与早期资本结构理论的净收益观点是一致的。

命题二：有债务公司的权益资本成本等于相同风险等级的无负债公司的权益资本成本加上与以市值计算的债务与权益比例成比例的风险报酬，且风险报酬取决于公司的债务比例以及所得税税率。

按照修正的 MM 理论，公司的最佳资本结构是 100% 的负债，但这种情形在现代经济市场中显然不合理。因此，后来有些学者引入市场均衡理论和财务危机成本、代理成本等因素，对 MM 理论进一步加以完善，其中最为成熟的是权衡理论观点。

MM 理论的权衡理论观点认为，MM 理论忽略了现代社会中的两个因素：财务危机成本和代理成本。考虑在税收、财务危机成本、代理成本分别或共同存在的条件下，负债企业的价值等于无负债企业价值加上债务利息抵税收益的现值，减去其财务危机成本的现值和代理成本的现值。最佳资本结构应当在节税收益和债务资本比例上升带来的财务危机成本和代理成本相互平衡的点上。这说明，负债可以给企业带来节税效应，使企业价值增大；但是，随着负债节税收益的增加，两种成本的现值也会增加。只有在负债节税收益和负债产生的财务拮据成本及代理成本之间保持平衡时，才能确定公司的最佳资本结构。因此，资本结构与公司价值相关，但也不是负债越高越好，从而使资本结构理论更趋完善。

财务危机成本是在财务管理出现技术上或者企业破产的情况下所形成的直接成本和间接成本。其中，直接成本包括履行破产程序及开展破产工作的费用以及因破产所导致的企业无形资产的损失；间接成本则包括发生财务危机但尚未达到破产地步时的经营管理所遇到的工作障碍对企业价值的贬值，以及企业债权与企业决策者之间的矛盾与斗争所影响的企业价值的贬值。

代理成本是指因代理问题所产生的损失，即为了解决代理问题所发生的成本。代理成本主要包括监督成本、约束成本和剩余损失。

2. 对各种筹资选择的理论解释

（1）代理成本理论。代理成本理论是通过研究代理成本与资本结构的关系而形成的。该理论认为，随着公司债务资本的增加，债权人的监督成本随之上升，债权人会要求更高的利率。这种代理成本最终要由股东承担，公司资本结构中债务比率过高会导致股东价值的降低。因此，债务资本适度的资本结构会增加股东的价值。

上述结构的代理成本理论仅限于债务的代理成本。除此之外，还有一些代理成本涉及公司的雇员、消费者和社会等，在资本结构的决策中也应予以考虑。

（2）信号传递理论。信号传递理论认为，公司可以通过调整资本结构来传递有关盈利能力和风险方面的信息，以及公司如何看待股票市价的信息。按照信号传递理论，公司价值被低估时会增加债务资本；反之，公司价值被高估时会增加股权资本。

（3）啄序理论。资本结构的啄序理论认为，如果需要筹资，公司倾向于首先采用内部筹资，因为这样不会传导任何可能对股价不利的信息；如果需要外部筹资，公司将先选择债权筹资，再选择其他外部股权筹资，这种筹资顺序的选择也不会传递对公司股价产生不利影响的信息。按照啄序理论，不存在明显的目标资本结构。

第五节 杠杆利益与风险的测量

在企业的财务管理活动中存在着杠杆效应，其本质可以概括企业在每个会计期间对所发生的特定费用的利用程度，表现为由于特定费用的存在，当某一财务变量以较小幅度变动时，另一相关财务变量会以较大幅度变动。财务管理中的杠杆效应有三种形式：经营杠杆、财务杠杆和综合杠杆。企业进行筹资时要考虑财务风险，财务风险可通过财务杠杆系数来衡量，企业在经营过程中还要面临经营风险，而经营风险可通过经营杠杆系数来衡量。两者综合可了解企业整体风险的大小。在企业财务管理中合理运用杠杆原理，有助于企业合理规避风险，提高资金营运效率。经营杠杆和财务杠杆是企业财务管理的重要分析工具，企业管理部门可以利用财务管理中的几种杠杆效应，在投资、筹资决策方面做好"度"的把握，并进行相应评估，以使企业在可以承受的风险范围内获取最大收益。

一、经营杠杆利益与风险

1. 经营杠杆原理

经营杠杆又叫营业杠杆或营运杠杆，是指根据成本性态，由于固定经营成本的存在，使得息税前利润的变动幅度大于营业收入变动幅度的现象。这里的经营成本包括营业成本、营业税金及附加、销售费用和管理费用。

经营杠杆利益是指在扩大销售额（营业额）的条件下，由于经营成本中固定成本相对降低所带来增长程度更快的经营利润。在一定产销规模内，固定成本并不随销售量（营业量）的增加而增加，相反，随着销售量（营业量）的增加，单位销量所负担的固定成本会相对减少，从而给企业带来额外的收益。

经营杠杆风险，是指企业在经营活动中利用经营杠杆而导致息税前利润下降的风险。

2. 经营杠杆系数

为了对经营杠杆进行量化，企业财务管理用"经营杠杆系数""经营杠杆率"来衡量经营杠杆作用程度的指标，并用公式加以表示。经营杠杆系数是指息税前利润变动率相当于产销量变动率的倍数，用 DOL（degree of operation leverage）表示。其基本计算公式为：

经营杠杆系数(DOL) = 息税前利润变动率/产销量变动率

$$= (\Delta EBIT/EBIT)/(\Delta Q/Q) \tag{9.20}$$

其中，$\Delta EBIT$ 为息税前利润变动额；ΔQ 为产销量变动值。

在已知销售收入、固定成本和变动成本的情况下，由 $EBIT = Q(P-V) - F$ 得：

$$DOL = (EBIT + F)/EBIT = Q(P-V)/Q(P-V) - F \tag{9.21}$$

其中，Q 为产品销量；P 为产品售价；V 为单位产品变动成本；F 为固定成本总额。

【例 9-14】某公司的产品销量为 20 000 件,单位产品售价为 100 元,销售总额为 200 万元,固定成本总额为 40 万元,单位产品变动成本为 60 元,变动成本率为 60%,变动成本总额为 120 万元。求该公司经营杠杆系数。

$$DOL_Q = \frac{20\,000 \times (100 - 60)}{20\,000 \times (100 - 60) - 400\,000} = 2$$

$$DOL_S = \frac{2\,000\,000 - 1\,200\,000}{2\,000\,000 - 1\,200\,000 - 400\,000} = 2$$

总结:一般而言,企业的经营杠杆系数越大,经营杠杆利益和经营风险就越高;企业的经营杠杆系数越小,经营杠杆利益和经营风险就越低。

3. 影响经营杠杆的因素

(1)产品需求,即产品销量。产品的需求越稳定,经营风险越小。

(2)产品售价。售价波动不大,经营风险越小;反之,售价波动较大特别是有不利波动(下降)时,经营风险越大。

(3)单位产品变动成本。单位产品变动成本变动越大的,经营风险越大。

(4)调整价格的能力。企业具有较强的调整价格的能力,经营风险越小。

(5)固定成本的比重。固定成本所占比重较大时,经营风险就较大。

二、财务杠杆利益与风险

1. 财务杠杆原理

财务杠杆又叫筹资杠杆或融资杠杆,是指由于固定债务利息和优先股股利的存在而导致普通股每股利润变动幅度大于息税前利润变动幅度的现象。

财务杠杆收益是指在企业资本规模和资本结构一定的条件下,企业从息税前利润中支付的债务利息是相对固定的,当息税前利润增多时,每 1 元息税前利润所负担的债务利息会相应地降低,扣除企业所得税后可分配给企业股权资本所有者的利润就会增加,从而给企业所有者带来额外的收益。

财务杠杆风险是指企业在筹资活动中利用财务杠杆可能导致企业股权资本所有者收益下降的风险。由于财务杠杆的存在,当息税前利润下降时,税后利润下降得更快,从而给企业股权资本所有者造成财务风险。

2. 财务杠杆系数

财务杠杆系数是指普通股每股利润变动率相对于息税前利润变动率的倍数,即财务杠杆程度,用 DFL(degree of financial leverage)来表示。财务杠杆系数可以用于预测企业的

税后利润和普通股每股利润,但主要还是用于测定企业的财务风险程度。其公式为:

$$财务杠杆系数(DFL) = \frac{普通股每股利润变动率}{息税前利润变动率}$$

$$= \frac{\Delta EPS/EPS}{\Delta EBIT/EBIT} \qquad (9.22)$$

其中:ΔEPS 为普通股每股利润变动额;EPS 为变动前的普通股每股利润;$\Delta EBIT$ 为息税前利润变动额;$EBIT$ 为变动前的息税前利润。

为了便于计算,可将上式变换如下:

由 $$EPS = (EBIT - I)(1 - T)/N$$

$$\Delta EPS = \Delta EBIT(1 - T)/N$$

得: $$DFL = EBIT/(EBIT - I) \qquad (9.23)$$

其中:I 为利息;T 为所得税税率;N 为流通在外普通股股数。

在有优先股的条件下,由于优先股股利通常也是固定的,但应以税后利润支付,所以此时公式应改写为:

$$DFL = EBIT/[EBIT - I - PD/(1 - T)] \qquad (9.24)$$

其中,PD 为优先股股利。

【例 9-15】某公司全部长期资本为 5 000 万元,债务资本比例为 0.3,债务年利率为 8%,公司所得税税率为 25%,息税前利润为 600 万元。求该公司财务杠杆系数。

$$DFL = \frac{600}{600 - 5\,000 \times 0.3 \times 8\%} = 1.25$$

总结:一般而言,财务杠杆系数越大,企业的财务杠杆利益和财务风险就越高;财务杠杆系数越小,企业财务杠杆利益和财务风险就越低。

3. 影响财务杠杆系数的因素

(1) 息税前利润率。息税前利润率越大,财务杠杆系数越小。

(2) 负债的利息率。在资本总额、资本结构和息税前利润率相同的情况下,负债利息率越高,财务杠杆系数越大。

(3) 资本结构。企业的资金来源于权益资金和债务资金,二者组成企业的资本结构。而其中的负债与总资本的比率即负债比率是影响财务杠杆因素之一。

三、综合杠杆利益与风险

1. 综合杠杆原理

综合杠杆是经营杠杆和财务杠杆共同所起的作用,用于衡量产销量的变动对普通股每股收益变动的影响程度。

2. 综合杠杆系数

综合杠杆作用的大小用综合杠杆系数来衡量。综合杠杆系数是指普通股每股利润变动率相对于产销量的变动率的倍数,也可以直接等于财务杠杆系数和经营杠杆系数的乘积,用 DTL (degree of total leverage) 来表示。其公式为:

$$\begin{aligned}
\text{综合杠杆系数}(DTL) &= \text{经营杠杆系数} \times \text{财务杠杆系数} \\
&= DOL \times DFL \\
&= \text{普通股每股利润变动率}/\text{产销量变动率} \\
&= (\Delta EPS/EPS)/(\Delta Q/Q) \\
&= \frac{\text{基期边际贡献}}{\text{基期息税前利润} - \text{债务利息} - \text{优先股股利}/(1 - \text{所得税税率})} \\
&= Q(P - V)/[EBIT - I - PD/(1 - T)] \quad\quad (9.25)
\end{aligned}$$

【例 9 – 16】某公司的经营杠杆系数为 2.5,财务杠杆系数为 1.2。该公司的综合杠杆系数为多少?

$DCL = 2.5 \times 1.2 = 3$

总结:一般而言,综合杠杆系数越大,企业的综合杠杆利益和综合杠杆风险就越高;综合杠杆系数越小,企业综合杠杆利益和综合杠杆风险就越低。

3. 影响综合杠杆系数的因素

综合杠杆系数是经营杠杆系数乘以财务杠杆系数,所以影响经营杠杆系数和财务杠杆系数的因素都会影响总杠杆,如边际贡献、固定成本、息税前利润、利息等。

由上述分析可知,企业的经营杠杆、财务杠杆和综合杠杆虽然并不能衡量企业所有的经营风险、财务风险和综合风险,但它们的确在一定程度上反映了企业的风险程度,因此,企业在进行筹资决策时,应该在风险与利益之间进行权衡,考虑经营杠杆与财务杠杆的合理组合,以实现最佳的综合杠杆。

本章小结

本章主要阐述了资本成本的相关概念,重点介绍了各种资本成本率的计算、基于股东财富最大化的资本结构决策的方法,并介绍了资本结构的相关理论,最后介绍了杠杆利益与风险的测量,包括经营杠杆、财务杠杆和综合杠杆。

本章重要术语

资本成本   资本结构   资金成本比较法   每股利润分析法   企业价值比较法

MM 资本结构理论　　　经营杠杆　　　财务杠杆　　　综合杠杆

延伸阅读

邹颖：《资本成本约束与公司财务政策》，经济科学出版社2016年版。

《资本成本约束与公司财务政策》旨在利用财务目标理论、资本成本理论、投资理论、融资理论以及股利政策理论等，深入研究财务政策的优化机制，力求厘清"投资者要求报酬率—资本成本—财务政策的制定—理财行为的实施—价值创造—股东财富最大化目标实现"这一流程的内在逻辑，构建资本成本对公司财务政策的锚定效应的概念。

复习与思考

一、单选题

1. 既具有抵税效应，又能带来杠杆利益的筹资方式是（　　）。

   A. 发行债券　　　　　　　　B. 发行优先股

   C. 发行普通股　　　　　　　D. 使用内部留存

2. 在不考虑筹款限制的前提下，下列筹资方式中个别资本成本最高的通常是（　　）。

   A. 发行普通股　　　　　　　B. 留存收益筹资

   C. 长期借款筹资　　　　　　D. 发行公司债券

3. 公司增发的普通股的市价为12元/股，筹资费用率为市价的6%，本年发放股利每股0.6元，已知同类股票的预计收益率为11%，则维持此股价需要的股利年增长率为（　　）。

   A. 5%　　　　　　　　　　　B. 5.39%

   C. 5.68%　　　　　　　　　 D. 10.34%

4. 某公司股票目前发放的股利为每股2元，股利年增长率为10%，据此计算出的资本成本为15%，则该股票目前的市价为（　　）元。

   A. 44　　　　　　　　　　　B. 13

   C. 30.45　　　　　　　　　　D. 35.5

5. 根据风险收益对等观念，在一般情况下，各筹资方式资本成本由小到大依次为（　　）。

   A. 银行借款、企业债券、普通股　　　B. 普通股、银行借款、企业债券

   C. 企业债券、银行借款、普通股　　　D. 普通股、企业债券、银行借款

6. 关于边际资金成本，以下说法不准确的是（　　）。

   A. 是指资金每增加一个单位而增加的成本

B. 采用加权均匀法计算

C. 其权数为账面价值权数

D. 当公司拟筹资进行某项目投资时,应以边际资金成本作为评价该投资项目可行性的经济尺度

7. 某种股票当前的市场价格为 40 元,每股股利是 2 元,预期的股利增长率是 5%,则其市场决定的普通股资本成本率为( )。

A. 5%　　　　　　　　　B. 5.5%

C. 10%　　　　　　　　 D. 10.25%

8. 下列关于用企业价值比较法确定最佳资本结构的说法中,不正确的是( )。

A. 企业价值最大的资本结构为最佳资本结构

B. 最佳资本结构下,每股收益达到最大水平

C. 最佳资本结构下,公司的资本成本最低

D. 这种方法考虑了风险的影响

9. 某公司年营业收入为 500 万元,变动成本率为 40%,经营杠杆系数为 1.5,财务杠杆系数为 2。如果固定成本增加 50 万元,那么,总杠杆系数将变为( )。

A. 2.4　　　　　　　　　B. 3

C. 6　　　　　　　　　　D. 8

二、多选题

1. 资本成本的作用包括( )。

A. 资本成本是比较筹资方式、选择筹资方案的依据

B. 资本成本是评价企业整体业绩的重要依据

C. 资本成本是衡量资本结构是否合理的依据

D. 资本成本是评价投资项目可行性的主要标准

2. 下列各项中,通常会导致企业资本成本提高的有( )。

A. 通货膨胀加剧　　　　B. 投资风险上升

C. 经济持续过热　　　　D. 证券市场流动性增强

3. 个别资本成本中须考虑抵税因素的是( )。

A. 债券成本　　　　　　B. 银行借款成本

C. 普通股成本　　　　　D. 留存收益成本

4. 关于留存收益的资本成本,正确的说法是( )。

A. 它不存在成本问题

B. 其成本是一种机会成本

C. 它的成本计算不考虑筹资费用

D. 它相当于股东投资于某种股票所要求的必要收益率

E. 在企业实务中一般不予考虑

5. 税率是影响资本成本的一个外部因素，下列各种资本成本中，受税率影响的有（   ）。

A. 普通股成本　　　　　　　B. 留存收益成本

C. 债券成本　　　　　　　　D. 银行借款成本

6. 在最佳资本结构下，企业的（   ）。

A. 平均资本成本率最低　　　B. 价值最大

C. 每股收益最大　　　　　　D. 财务风险最小

三、计算题

1. 某公司拟筹集资金 2 500 万元，采用三种方式。

（1）发行债券 1 000 万元，预计筹资费率为 2%，债券票面利率为 10%，面值发行。公司适用的所得税税率为 25%。

（2）发行优先股 500 万元，年股息率 7%，预计筹资费率为 3%。

（3）发行普通股 1 000 万元。预计筹资费率 4%，预计第 1 年股利率 10%，以后每年增长 4%。

要求：计算该筹资方案的综合资本成本。

2. 某公司原有资本 700 万元，其中债务资本 200 万元（每年负担利息 24 万元），普通股资本 500 万元（发行普通股 10 万股，每股面值 50 元）。由于扩大业务，需追加筹资 300 万元，假设没有筹资费用。其筹资方式有以下三个。

方案一：全部按面值发行普通股。增发 6 万股，每股发行价 50 元。

方案二：全部增加长期借款。借款利率仍为 12%，利息 36 万元。

方案三：增发新股 4 万股，每股发行价 47.5 元；剩余部分用发行债券筹集，债券按 10% 溢价发行，票面利率为 10%。

公司的变动成本率为 60%，固定成本为 180 万元，所得税税率为 25%。

要求：使用每股收益无差别点法计算确定公司应当采用哪种筹资方式。

3. A 公司适用的所得税税率为 25%。对于明年的预算出现三种方案。

方案一：维持目前的经营和财务政策。预计销售 50 000 件，售价为 200 元/件，单位变动成本为 120 元，固定成本和费用为 125 万元。公司的资本结构为：500 万元负债

（利息率5%），普通股50万股。

方案二：更新设备并用负债筹资。预计更新设备需投资200万元，生产和销售量以及售价不会变化，但单位变动成本将降低至100元/件，固定成本将增加至120万元。借款筹资200万元，预计新增借款的利率为6%。

方案三：更新设备并用股权筹资。更新设备的情况与第二方案相同，不同的只是用发行新的普通股筹资。预计新股发行价为每股20元，需要发行10万股，以筹集200万元资金。

要求：

（1）计算三个方案下的总杠杆系数。

（2）根据上述结果分析哪个方案的风险最大？

（3）计算三个方案下，每股收益为零的销售量（万件）。

（4）如果公司销售量下降至15 000件，第二方案和第三方案哪一个更好些？

4. 某公司初始成立时需要资本总额为7 000万元，有以下三种筹资方式，如下表所示。选择加权平均资本成本最小的融资方案，确定为相对最优的资本结构。

筹资方式	方案一		方案二		方案三	
	筹资金额	资本成本	筹资金额	资本成本	筹资金额	资本成本
长期借款	500	4.5%	800	5.25%	500	4.5%
长期债券	1 000	6%	1 200	6%	2 000	6.75%
优先股	500	10%	500	10%	500	10%
普通股	5 000	15%	4 500	14%	4 000	13%
资本合计	7 000		7 000		7 000	

注：表中债务资本成本均为税后资本成本，所得税税率为25%。

四、网络练习

青岛海尔（600690），公司全称为青岛海尔股份有限公司，是以白色家电闻名的中国企业。上市十多年来，公司取得了长足的发展，由单一的电冰箱生产扩展到目前涉及电冰箱、空调、冷柜系列小家电、滚筒洗衣机、电脑主板、注塑件、电子商务等业务。公司良好的业绩也渐为广大投资者所认同。请根据国泰君安数据库中海尔公司的年度报表数据，制订不同的筹资方案并计算当前公司的资本成本率，为公司的投资决策、融资决策提供评判依据，并为公司估值中折现率的确定提供标准。

复习与思考参考答案

一、单选题

1. A 2. A 3. B 4. A 5. A 6. C 7. D 8. B 9. C

二、多选题

1. ABCD 2. ABC 3. AB 4. BCD 5. CD 6. AB

三、计算题

1. 债券资本成本 = 1 000 × 10% × (1 − 25%)/[1 000 × (1 − 2%)] = 7.65%

优先股资本成本 = 500 × 7%/[500 × (1 − 3%)] = 7.21%

普通股资本成本 = 1 000 × 10%/[1 000 × (1 − 4%)] + 4% = 14.42%

综合资本成本 = 7.65% × 40% + 7.21% × 20% + 14.42% × 40% = 10.27%

2. 方案一和方案二比较：

$(EBIT - 24) \times (1 - 25\%)/(10 + 6) = (EBIT - 24 - 36) \times (1 - 25\%)/10$

得：$EBIT = 120$（万元）

方案一和方案三比较：

方案三的利息 = (300 − 4 × 47.5)/(1 + 10%) × 10% = 10（万元）

$(EBIT - 24) \times (1 - 25\%)/(10 + 6) = (EBIT - 24 - 10) \times (1 - 25\%)/(10 + 4)$

得：$EBIT = 104$（万元）

方案二和方案三比较：

$(EBIT - 24 - 36) \times (1 - 25\%)/10 = (EBIT - 24 - 10) \times (1 - 25\%)/(10 + 4)$

得：$EBIT = 125$（万元）

当 EBIT 小于 104 万元时，应该采用方案一；当 EBIT 介于 104 万 ~ 125 万元之间时，应采用方案三；当 EBIT 大于 125 万元时，应采用方案二。

3. (1) 方案一：

总杠杆系数 = 边际贡献/税前利润

= 5 × (200 − 120)/[5 × (200 − 120) − 125 − 500 × 5%] = 1.6

方案二：

总杠杆系数 = 边际贡献/税前利润

= 5 × (200 − 100)/[5 × (200 − 100) − 120 − 500 × 5% − 200 × 6%] = 1.46

方案三：

总杠杆系数 = 边际贡献/税前利润

$= 5 \times (200 - 100)/[5 \times (200 - 100) - 120 - 500 \times 5\%] = 1.41$

（2）由于方案一的总杠杆系数最大，所以方案一的风险最大。

（3）令每股收益为零时的销量为 Q 万件，则：

方案一：$[Q \times (200 - 120) - 125 - 500 \times 5\%] \times (1 - 25\%) = 0$

$Q = 1.88$ （万件）

方案二：$[Q \times (200 - 100) - 120 - 500 \times 5\% - 200 \times 6\%] \times (1 - 25\%) = 0$

$Q = 1.57$ （万件）

方案三：$[Q \times (200 - 100) - 120 - 500 \times 5\%] \times (1 - 25\%) = 0$

$Q = 1.45$ （万件）

（4）若销量下降至 15 000 件时，方案三更好些。理由：若销量下降至 15 000 件时，采用方案三还有利润，而采用方案二则企业处于亏损状态。

4. 方案一的加权平均资本成本 $= (500/7\,000) \times 4.5\% + (1\,000/7\,000) \times 6\% + (500/7\,000) \times 10\% + (5\,000/7\,000) \times 15\% = 12.61\%$

方案二的加权平均资本成本 $= (800/7\,000) \times 5.25\% + (1\,200/7\,000) \times 6\% + (500/7\,000) \times 10\% + (4\,500/7\,000) \times 14\% = 11.34\%$

方案三的加权平均资本成本 $= (500/7\,000) \times 4.5\% + (2\,000/7\,000) \times 6.75\% + (500/7\,000) \times 10\% + (4\,000/7\,000) \times 13\% = 10.39\%$

显然，方案三的加权平均资本成本最低，所对应的资本结构是最佳资本结构。

四、网络练习

（略）

参考文献

［1］荆新、王化成、刘俊彦主编：《财务管理学》（第六版），中国人民大学出版社 2013 年版。

［2］蒋红芸、康玲主编：《财务管理》，人民邮电出版社 2013 年版。

［3］郭复初、王庆城主编：《财务管理学》（第四版），高等教育出版社 2015 年版。

［4］中国注册会计师协会组织编写：《财务成本管理》，中国财政经济出版社 2018 年版。

［5］秦海敏、穆庆榜主编：《财务管理》，立信会计出版社 2015 年版。

第十章

股利分配

【学习目标】

1. 了解股利及利润分配的相关概念。
2. 掌握分配决策与股东财富最大化的关系。
3. 熟悉股利无关理论以及股利相关理论。
4. 重点掌握公司实务中的股利发放和股利政策。
5. 了解企业股票分割和股票回购。

【引导案例】

珠海格力电器股份有限公司股利分配政策

珠海格力电器股份有限公司，成立于 1991 年，是一家集研发、生产、销售和服务于一体的国际化家电企业。公司拥有格力、TOSOT、晶弘三大品牌，主营家用空调、中央空调、热水器、手机、生活电器、冰箱等产品，市场占有率极高。格力电器披露了 2016 年股利分配方案，向全体股东每 10 股派发现金红利 18 元（含税）。但在 2017 年公司不进行股利分配，不实施送股和资本公积转增股本。这是格力电器 11 年来首次宣布不分红，消息引发市场震动。在净利润创历史新高的情况下却不分红，不由得让部分投资者产生质疑，格力电器并没有因为股民的不满而改变自己的股利分配政策，而是解释称是将利润留存在公司用于发展生产基地、智慧工厂及进行智能产业、集成电路等新产业的研发与推广，从而实现公司持续、稳定、健康发展，更好地维护全体股东的长远利益。由此可以看出，股利分配在上市公司的生产经营中起着至关重要的作用，关系到公司未来的长远发展、股东对投资回报的要求和资本结构的合理性。

（资料来源：作者根据网络资料整理）

第一节 股利分配决策与股东财富最大化

一、股利及其分配

1. 股利及股利分配的概念

股利是公司向股东分配的公司利润，股利分配是利润分配的主要阶段。我国股份有限公司分配股利主要有两种形式：现金股利和股票股利。

现金股利是股份有限公司以货币的形式从公司净利润中分配给股东的投资报酬，也称"红利"或"股息"，这是股份有限公司最常用的股利分配方式，通常现金股利发放的数额主要取决于公司的股利政策和经营业绩。现金股利的发放会对股票价格产生直接的影响，一般来说，在除息日后股票的价格会下降。

股票股利是股份有限公司以股票的形式从公司净利润中分配给股东的股利。可以用于发放股票股利的除了当年可供分配的利润外，还有公司的盈余公积金和资本公积金。公司发放股票股利需要经过股东大会表决同意，根据股权登记日的股东持股比例将可供分配利润转为股本，增加股东的持股数量。股票股利并没有改变企业账面的股东权益总额，同时也没有改变股东的持股比例，但是会增加市场上流通的股票数量，因此企业发放股票权利会使股票价格相应地下降。

2. 利润分配程序

利润分配就是对企业实现的经营成果进行分割与派发的过程。一个企业的利润分配不仅会影响企业的筹资和投资决策，而且还会涉及国家、企业、投资者等多方面的利益关系，涉及企业长远利益和短期利益。所以利润分配必须按照一定的法定程序进行，按照我国《公司法》等相关的法律法规的规定，股份有限公司实现的税前利润，应先缴纳企业所得税，然后税后利润才可以按照下列程序进行分配：

（1）弥补以前年度亏损。公司发生年度亏损，可以用下一年度的税前利润弥补，下一年度税前利润不足弥补时，可以在5年内连续弥补，5年内仍旧不能弥补全额亏损，可以用税后利润弥补。

（2）提取法定公积金。法定盈余公积金按照税后净利润的10%提取。法定盈余公积金已达注册资本的50%时可不再提取。

（3）提取任意公积金。任意盈余公积金计提标准由股东大会确定，如确因需要，经股东大会同意后，也可用于分配。

（4）向股东分配股利。

二、基于股东财富最大化的股利分配决策

股利分配决策是股份有限公司对经营利润进行分配或留存用于以后再投资的决策问题，在公司经营中起着至关重要的作用，关系到公司未来的长远发展、股东对投资回报的要求和资本结构的合理性。合理的股利分配政策一方面可以为企业规模扩张提供资金来源，另一方面可以为企业树立良好形象，吸引潜在的投资者和债权人，实现公司价值即股东财富最大化。

上市公司非常重视股利分配政策的制定，目前各公司常用的各种股利政策各有利弊，因此公司在进行股利分配决策时，通常会在综合考虑各种相关因素后，对各种不同的股利分配政策进行比较，基于股东财富最大化的目标，最终选择一种符合本公司特点与需要的股利分配政策予以实施。每个公司在经营过程中都会经历初创、成长、稳定、成熟直至衰退等一系列的发展阶段，在各个不同的发展阶段，公司面临的问题也不同。因此，公司可能通过设计和修改股利分配政策来适应企业的发展阶段。

▶ 第二节 股利理论

企业的财务目标是实现股东财富最大化，公司的股利分配也必须服从这个基本目标。此时公司的股利分配实践中就会面临公司应该支付多少股利、公司发放股利是否会影响企业的价值等诸多问题。长期以来，许多学者都对这些问题进行了大量的研究，从不同的角度提出了许多观点。股利理论就是研究股利分配与企业价值、股票价格之间的关系，探索公司应当如何制定股利政策的基本理论。

根据股利分配对企业价值和股票价格的影响不同，股利理论大致可以分为两种：股利无关理论和股利相关理论。

一、股利无关理论

股利无关论是由美国经济学家弗兰科·莫迪利安尼（Franco Modigliani）和财务学家默顿·米勒（Merton Miller）于1961年首先提出。该理论认为，在一定假设条件下，股利政策对于公司价值不会产生任何影响，并且一个公司的股票价格完全由公司的投资决

策的获利能力和风险组合决定，而与公司的利润分配政策无关。根据股利无关理论，可以得出以下两点结论：

（1）投资者不会关心公司股利的分配。若公司留存较多的利润用于再投资，会导致公司股票价格上升；此时尽管股利较低，但需用现金的投资者可以出售股票换取现金。若公司发放较多的股利，投资者又可以用现金再买入一些股票以扩大投资。也就是说投资者对股利和资本利得并无偏好。

（2）股利的支付比率不影响公司的价值。既然投资者不关心股利的分配，公司的价值就完全由其投资的获利能力所决定，公司的盈余在股利保留盈余之间的分配并不影响公司的价值。

但是该理论成立是有限制条件的，它是建立在完全市场理论之上的，假定条件包括：

（1）市场具有强式效率，是完全竞争的市场。没有妨碍潜在的资本供应者和使用者进入市场的障碍，并且每个参与者都没有能力影响证券价格。

（2）不存在任何公司或个人所得税，其中股票的现金股利和资本利得没有所得税上的差异。

（3）不存在任何筹资费用，其中证券发行与交易都不存在交易成本，公司也无财务危机成本和破产成本。

（4）公司的投资决策与股利决策彼此独立（公司的股利政策不影响投资决策）。

（5）信息完备假设。也就是说没有信息成本，每个市场参与者都可自由、充分、免费地获取所有存在的信息。

二、股利相关理论

股利相关理论认为公司的股利分配对股票价格、公司价值有影响。此理论认为，股利无关理论的发生环境是一种完美资本市场，但是在现实的资本市场中，并不存在股利无关理论提出的假定前提。在公司的经营中，总会受到市场上各种制约条件的影响，在种种因素对股利分配的影响下，股利政策会对股票价格、公司价值有所影响，所以为了实现股东财富最大化这一财务管理的目标，股利支付并不是可有可无的，而是非常必要的，并且应该具有策略性，是一种主动的理财计划。

1. 股利重要论

股利重要论也称"一鸟在手"理论，由戈登和林特纳提出。在企业中，股东获得的收入有两种：股利和资本利得。一方面，由于公司未来的经营活动存在诸多不确定的因素，投资者会认为现在获得股利所承担的风险要低于未来获得资本利得的风险，并且由于通货膨胀因素的存在，也就是"今天的一元钱要比明天的一元钱值钱"，使得股东更偏好得到股利。如果不发股利，而让股东去赚取资本收益，无异于"双鸟在林"。一鸟在手，强于二鸟在林——股东更偏好于现金股利而非资本利得，倾向于选择股利支付率高的股票。另一方面，根据证券市场中收益和风险的正相关理论，当投资者能够得到更多的股利时，其承担的收益风险降低，所要求的报酬率也会比较低。因此，公司如何分配股利就会影响股票价格和企业价值。当股利支付率提高时，股东会得到更多的股利，从而降低股东承担的收益风险，权益资本成本也会降低，则股票价格和企业价值提高；当股利支付率下降时，股东得到的股利偏少，股东的权益资本成本升高，企业的股票价格和权益价值将会下降。

该理论流行的时间最久，也广泛被采纳。但是，也有学者对这种理论提出了质疑，他们认为"一鸟在手"理论很难解释投资者在收到股利后又再次购买公司新发行的普通股这个现象，本质上来说，"一鸟在手"理论混淆了投资决策和股利政策对股票价格的影响。一方面，这些批评者认为资本利得的风险并不一定高于股利风险。企业用留存收益再投资形成的资本利得风险，取决于公司的投资决策，在投资决策一定的情况下，企业如何分配股利并不会影响企业的投资风险。另一方面，如果企业的留存收益不多的时候，企业仍然采取高股利分配率分配股东股利，会使企业由于缺少资本而丧失良好的投资机会，限制了企业的进一步发展，进而影响企业价值。

2. 信号传递理论

股利无关理论假设信息完备，也就是每个市场参与者都可自由、充分、免费地获取所有存在的信息。但是在现实生活中，投资者和企业管理者之间总会存在信息差异，管理者掌握着企业更多的信息。所以信号传递理论认为信息在各个市场参与者之间的概率分布不同，即信息不对称。在信息不对称的情况下，公司可以通过股利政策向市场传递有关公司经营状况、未来盈利能力的信息，便于投资者通过对于这些信息的分析了解企业的发展情况，做出是否购买股票的决策。所以说股利政策所产生的信息效应会影响股票的价格。当公司提高股利支付率，相当于向市场传递了利好的企业经营信息，投资者会认为该企业未来盈利能力强，管理者对于企业未来的发展前景有信心，从而促使投资者购买股票；而当企业突然降低股利支付率，投资者就会认为该公司的生产经营正在走下坡路，就会使大部分投资者抛售手中所持有的股票，使得股票价格大幅度降低。所以根据信号传递理论，稳定的股利政策能够向外界传递公司经营稳定的信息，有利于股票价格的稳定。

但是该理论也存在缺陷：首先，市场对于股利增加做出积极反应，对股利减少做出消极反应，其他的理论同样也可以做出解释；其次，信号传递理论很难对不同行业不同国家的股利支付差别做出解释。例如在高速发展的行业中，其公司的股利支付率一直偏低，但是实际证明其公司的价值和股票价格是优秀的，而根据信号传递理论，却只能得到相反的结论。

3. 税收差别理论

在股利无关理论中，一个重要的假设是股票的现金股利和资本利得没有所得税上的差异。而在实际生活中，两者的税率是不同的，一般来说股利收益的税率高于资本利得的税率。这样由于税率不同的存在，股利分配政策就会影响股票价格和企业价值。研究税率差别对于股票价格和企业价值的影响的股利理论称为税收差别理论。

税收差别理论认为，因为股利税率比资本利得税率高，投资者就喜欢公司少支付股利，从而将较多的收益留在公司中作为其再投资使用，从而期望提高股票价格，把股利转换成资本利得，避免缴纳过多的税款。同时，除了税率上的差异，股利收入和资本利得的纳税时间也不同。股利所得税在股利发放时征收，而资本利得所得税是在股票出售时征收，因而资本利得所得税是推迟到将来才缴纳，股东是可以获得时间价值的好处的。这样，只有采取低股利和推迟股利支付的政策才可以实现股东财富最大化。但是股东在出售股票时，会发生交易成本，这会抵销其带来的税收利益，当资本利得税与交易成本之和大于股利收益税时，偏好定期取得股利收益的股东自然会倾向于企业采用高现金股利支付率政策。

所以，最终该理论并没有明确提出应采用高现金股利还是低现金股利政策，主要强调了在"资本利得"和"股利收益"之间进行权衡。

4. 代理理论

代理理论最初是由詹森（Jensen）和梅克林（Meckling）于1976年提出的。这一理论后来发展成为契约成本理论。契约成本理论假定：企业由一系列契约所组成，包括资本的提供者（股东和债权人等）和资本的经营者（管理当局）、企业与供货方、企业与顾客、企业与员工等的契约关系。在委托—代理关系中，委托人与代理人之间存在信息不对称，代理人拥有内部信息，处于信息优势地位，委托人处于信息劣势地位，在双方利益不一致的情况下，代理人可能会利用其信息优势损害委托人利益，这就产生了代理问题。股利分配作为公司的一种重要的财务活动，也会受到各种委托—代理关系的影响，主要有三类代理问题影响股利政策的制定：股东和经理人之间的代理问题、股东和债权人的代理问题以及控股股东和小股东的代理问题。

（1）股东和经理人之间的代理问题。在现代的股份有限公司中，出现了两权分离现象，也就是公司的经营权和所有权分离，由此造成了股东作为公司的投资者并不直接参与公司的经营管理活动，而是聘用经理人来从事生产经营活动，这样股东和经理人之间就形成了委托—代理关系。经理人比股东更了解企业的生产经营状况和未来发展前景，是掌握企业信息优势的一方，并且他们掌握着企业的生产经营权，在做经营决策时，出于"理性人"的立场，经理人会先立足于自己的利益考虑问题，并不都是以股东财富最大化为目标。有时经理人为了自己的私利，甚至做出违背股东利益的行为，例如利用职权追求个人奢侈的在职消费、为了自己的业绩需求盲目地扩张企业规模等。所以，代理理论认为经理人一般不愿意以股利支付的形式，将企业的自由现金流分配给股东，使其丧失用于谋求自身利益的资金来源，因此提高现金股利支付率会有利于降低这种代理成本。

(2) 股东和债权人代理问题。在考虑了经理人和股东的代理问题后，发现发放现金股利会降低这种代理成本，但是当企业支付股利后，意味着公司内部资本由留存收益供给的可能性越来越小，为了满足新投资的资金需求，有必要寻求外部负债或者权益融资。这就又面临了股东和债权人之间的代理问题。由于股东拥有对于企业的控制权，而债权人并不能参与企业的生产经营，这样股东为了实现自己的利益最大化，会利用自己的权利优势影响债权人的利益，例如，提高股利支付率减少企业的留存收益导致增加债权人的投资风险。通常债权人为了维护自己的利益，会要求借款企业在借款合同中规定限制性条款，或者要求企业提供担保，从而增加了企业的成本费用。所以说，这种代理问题，也能影响到企业的股利支付政策，股东和债权人一般都会在借款合同中规定一个双方都能认可的股利支付率。

(3) 控股股东和小股东的代理问题。在公司股权比较集中的情况下，公司中存在两类股东：控股股东和小股东。一方面，控股股东利用其持股比例的优势会控制公司的董事会和管理层，而小股东在企业中的权利往往会被忽视。控股股东有强烈的动机监督管理层的行为，降低股东和经理人的代理成本，但是另一方面，控股股东会利用权力侵占公司的利益，从而损害小股东的权益，主要通过以下两种方式：一种是控股股东通过关联交易的方式转移公司资源，包括合法的资产出售、转让和非法的欺诈等；另一种是采用摊薄股东权益、内部交易等不用转移公司资产的方式，实现公司利益向控股股东的转移。基于此，代理理论认为可以通过提高股利支付率来减少控股股东可获得的资本，从而保护小股东的权益。

综合三种代理理论的分析，可以发现代理理论主张高股利支付率政策，认为提高股利支付水平可以降低代理成本，有利于提高公司价值。

第三节 公司实务中的股利发放和股利政策

一、公司实务中的股利发放程序

股份有限公司分配股利必须遵循一定法律的程序，一般是由董事会对股利分配做出预案，提交给股东大会决议通过。分配股利的方案确定后向股东宣布发放股利的政策，并确定股利宣告日、股权登记日、除息日和股利发放日。

1. 股利宣告日

宣告日是股东大会决议通过并由董事会将股利支付情况予以公告的日期。宣告股利发放的公告中应该包括：股利分配的年度、股利发放的数目、股利发放的形式，同时宣布股权登记日、除息日和股利支付日以及股东分红资格等，这是必不可少的股利发放基本程序。

2. 股权登记日

登记日是有权领取股利的股东资格登记截止日期，通常在股利宣布日以后的 2 周至 1 个月内。因为股票经常是流动的，进行股权登记就显得非常必要，只有在股权登记日前在公司股东名册上登记的股东才有权分享股利。

3. 除息日

除息日是指领取股利的权利与股票相互分离的日期。在除息日前，股票价格包括了股利，持有股票者即享有领取股利的权利；在除息日当天及之后，股利权与股票相分离，新购入股票的人不能分享股利。规定除息日具有重要的意义，这是因为股票买卖交易之后，需要几天办理股票过户手续的时间。如果股票交易日期离股权登记日太近，公司将无法在股权登记日得知更换股东的信息，只能以原股东为股利支付对象。为了避免可能发生的冲突，证券业一般规定在股东登记日的前四天为除息日。另外除息日也对股票的价格有明显的影响，除息日股票价格因为除权而相应下降，下降的金额大致等于每股股利的金额。

4. 股利发放日

股利发放日是企业向股东正式发放股利的日期。在这一天，企业将股利支票寄给有资格获得股利的股东，也可通过中央清算登记系统直接将股利打入股东的现金账户，由股东向其证券代理商领取。

二、四种常用的股利政策

股利政策是确定公司的净利润如何分配的方针和政策。通过前面的股利理论分析可知，公司如何分配利润、如何安排股利支付率对于股东的财富具有现实的影响，所以股利政策就成为企业财务管理的一项重要内容。在实践中，公司的股利政策主要包括四项内容：（1）股利分配的形式；（2）股利支付率的确定；（3）每股股利的确定；（4）股利分配的时间。股份有限公司制定的股利政策既要符合企业的生产经营状况和财务状况，又要使股东财富最大化。公司常用的股利政策主要有四种：剩余股利政策、固定或稳定增长股利政策、固定股利支付率股利政策和低正常股利加额外股利政策。

1. 剩余股利政策

剩余股利政策就是在公司确定的最佳资本结构下，企业生产经营所获得的税后利润首先应该满足项目投资所需要的股权资本，如果还有剩余就派发股利，如果没有剩余就不派发股利。剩余股利政策的理论依据是股利无关理论。该理论认为，在完全资本市场中，股份公司的股利政策与公司普通股每股市价无关，公司派发股利的高低不会对股东的财富产生实质性的影响，公司决策者不必考虑公司的股利分配方式，公司的股利政策将随公司投资、融资方案的制定而确定。

采用剩余股利政策时，其决策步骤如下：（1）根据公司的投资计划确定公司的最佳投资方案，计算投资所需要的资本数额。（2）根据公司的目标资本结构计算预计公司资金需求中所需要的权益资本数额。（3）尽可能用留存收益来满足资金需求中所需增加的股东权益数额，避免外部筹资。（4）留存收益在满足公司股东权益增加需求后，如果有剩余再用来发放股利。

从剩余股利政策的决策步骤来看，该政策要符合目标资本结构的要求，才能使综合资本成本最低。所以其优势就在于能够充分利用留存收益这种筹资成本最低的筹资方式，保持最佳的资本结构，使综合资本成本最低，实现股东财富的最大化。剩余股利政策也存在不足，这体现在，企业若是完全遵循执行剩余股利政策，那么每年的股利发放额会随投资机会和盈利水平的波动而波动，这对于那些依赖公司分配股利来维持生活的股东而言就是极其不利的，由此导致该政策不利于树立企业良好的形象，也不利于投资者安排收入和支出。

这一股利政策一般适用于公司初创期或者衰退期。

【例 10 -1】 某公司本年实现的净利润为 200 万元，年初未分配利润为 600 万元，年末公司讨论决定股利分配的数额。上年实现净利润 180 万元，分配的股利为 108 万元。

预计明年需要增加投资资本 300 万元。公司的目标资本结构为权益资本占 55%，债务资本占 45%。如果公司采用剩余股利政策，权益资金优先使用留存收益，公司本年应发放多少股利？

首先，确定按目标资本结构需要筹集的股东权益资本为：

$300 \times 55\% = 165$（万元）

其次，确定应分配的股利总额为：

$200 - 165 = 35$（万元）

2. 固定或稳定增长股利政策

固定股利或稳定的股利政策是指公司将每年派发的股利额固定在某一特定水平上，然后在一段时间内不论公司的盈利情况和财务状况如何，派发的股利额均保持不变。只有当企业对未来利润增长确有把握，并且这种增长被认为是不会发生逆转时，才增加每股股利额。采用该政策的理论依据是"一鸟在手"理论和信号传递理论。该理论认为：如果公司支付的股利稳定，就说明该公司的经营业绩比较稳定，经营风险较小，有利于股票价格上升；如果公司支付的股利不稳定，股利忽高忽低，这就给投资者传递出企业经营不稳定的信息，导致投资者对风险的担心，进而使股票价格下降。

固定股利或稳定增长股利政策给企业带来的优势是传递给投资者公司经营稳定的信号，避免投资者对于风险的担心，有利于维持股票价格的稳定。该政策的不利主要表现在两个方面：一是公司股利支付与公司盈利状况相脱离，造成投资的风险与投资的收益不对称；二是可能会给公司造成较大的财务压力，甚至侵蚀公司留存利润和公司资本。

一般而言，这种政策适用于经营比较稳定或者处于成长期的企业，但是很难在企业中长期使用。

【例 10-2】承接〖例 10-1〗内容，如果公司采用固定股利政策，公司本年应发放多少股利？

本年发放的股利 = 上年发放的股利 = 108（万元）

3. 固定股利支付率股利政策

固定股利支付率股利政策是一种变动的股利政策，公司确定一个股利支付率，每年都从净利润中按此比例发放现金股利。这种股利政策使公司的股利支付与盈利状况密切相关，不会给公司造成较大的财务负担。净利润多的年份，股东领取的股利就多；净利润少的年份，股东领取的股利就少。固定股利支付率政策的理论依据是"一鸟在手"理论，该理论认为用留存收益再投资带给投资者的收益具有很大的不确定性，且投资风险会随着时间的推移而进一步加大，因此投资者愿意接受固定股利支付率的股利收入。

固定股利支付率股利政策的优点在于：股利与公司盈余紧密地配合，体现了多盈多分、少盈少分、无盈不分的股利分配原则；公司每年按固定的比例从税后利润中支付现金股利，体现了风险投资与风险收益的对称关系，从企业支付能力的角度看，这是一种稳定的股利政策。该政策的不足体现在：一是股利水平可能变动较大，忽高忽低，这样可能传递给投资者该公司经营不稳定的信息，容易使股票价格产生较大波动，不利于树立良好的公司形象；二是容易使公司面临较大的财务压力，因为公司实现的盈利多，并不代表公司有充足的现金派发股利，只能表明公司盈利状况较好而已；三是确定一个合理的股利支付率很难。

这一政策只能适用于稳定发展的公司和公司财务状况较稳定的阶段。

【例10－3】承接〖例10－1〗内容，如果公司采用固定股利支付率政策，公司本年应发放多少股利？

固定股利支付率 = 108/180 × 100% = 60%

本年发放的股利 = 200 × 60% = 120（万元）

4. 低正常股利加额外股利政策

低正常股利加额外股利政策是一种介于固定股利政策与变动股利政策之间的折中的股利政策。这种股利政策要求企业每期都支付稳定的较低的正常股利额，当企业盈利较多时，再根据盈利状况发放额外股利。低正常股利加额外股利政策的理论依据是"一鸟在手"理论和信号传递理论。

低正常股利加额外股利政策的优点是既可以维持股利的稳定性，又有利于使公司的资本结构达到目标资本结构，使灵活性与稳定性较好地相结合。该政策的缺点是由于公司每年的盈利波动使得额外股利不断变化，造成分派的股利不同，容易给投资者以公司经营不稳定的感觉，从而造成股票价格浮动；当公司在较长时期持续发放额外股利后，可能会被股东误认为是"正常股利"，而一旦取消了这部分额外股利，传递出去的信号可能会使股东认为这是公司财务状况恶化的表现，进而可能会引起公司股价下跌的不良后果。

这一政策适用于经营状况和利润不稳定的企业，以及盈利水平随着经济周期波动较大的公司或行业。

【例10－4】承接〖例10－1〗内容，如果公司采用低正常股利加额外股利政策，规定每股正常股利为0.1元，按净利润超过最低股利部分的30%发放额外股利，该公司普通股股数为500万股，公司本年应发放多少股利？

最低股利额 = 500 × 0.1 = 50（万元）

额外股利 = (200 - 50) × 30% = 45（万元）

本年发放的股利 = 50 + 45 = 95（万元）

三、股票分割

股利政策除了现金股利还有其他的形式，本节讨论股票分割与企业的股利政策的关系。

1. 股票分割的含义

股票分割是指把单股面值较高的股票拆分为几股面值比较小的股票。当企业发生股票分割时，公司"购回"其发行在外的股份，再将原来的一股换成两股或更多股，分割后的股票数量增多，每股面值降低，每股市价也会降低，但是股东权益总数不会变，所以股票分割不会对企业的财务结构造成影响，不会增加企业价值，也不会增加股东财富。虽然股票分割不会带给投资者现实的利益，但是投资者持有的股票数增加了，就给投资者带来了未来可多分股息和更高收益的可能。

2. 股票分割的作用

（1）股票分割会在短时间内使公司股票每股市价降低，减少买卖该股票所必需的资金量，易于增加该股票在投资者之间的换手，并且可以使更多的潜在股东变成持股的股东。因此，股票分割可以促进股票的流通和交易。

（2）股票分割通常是处在成长期的公司的行为，可以向投资者传递公司发展前景良好的信息，有助于提高投资者对公司的信心，在短期内刺激股价的上升。

（3）股票分割可以为公司发行新股做准备。公司股票价格太高，会使许多潜在的投资者力不从心而不敢轻易对公司的股票进行投资。在新股发行之前，利用股票分割降低股票价格，可以促进新股的发行。

（4）股票分割后股票数量和股东数都会增加，一定程度上加大了收购的难度，降低了企业被恶意收购的风险。

（5）股票分割在短期内不会给投资者带来太大的收益或亏损，给投资者带来的不是现实的利益，而是给投资者带来了今后可多分股息和更高收益的希望，是利好消息，因此对除权日后股价上涨有刺激作用。

【例10-5】 某公司计划发行面额2元的普通股100 000股，若按1股换成2股的比例进行股票分割，分割前后的每股收益计算如表10-1、表10-2所示。

表 10 – 1　　　　　　　　　　股票分割前的股东收益

项目	金额（元）
普通股（面值 2 元，已发行 100 000 股）	200 000
资本公积	400 000
未分配利润	2 000 000
所有者权益合计	2 600 000

表 10 – 2　　　　　　　　　　股票分割后的股东收益

项目	金额（元）
普通股（面值 1 元，已发行 200 000 股）	200 000
资本公积	400 000
未分配利润	2 000 000
所有者权益合计	2 600 000

假定公司本年净利润 220 000 元，那么股票分割前的每股收益为 2.2 元（220 000 ÷ 100 000）。

假定股票分割后净利润不变，分割后的每股收益为 1.1 元（220 000 ÷ 200 000），如果市盈率不变，每股市价也会因此下降。

四、股 票 回 购

1. 股票回购的概念

股票回购是指上市公司利用现金等方式，从股票市场上购回本公司发行在外的一定数额的股票的行为。公司可以将回购的股票注销，但是大多数都是将这些股票作为"库存股"，在有利的时机再将其出售。

2. 股票回购的作用

（1）传递股价被低估信号的作用。股票回购可以增加每股收益，直接引起股票价格的上升。

（2）股票回购是支付现金股利的一种替代方式。当公司有多余现金时，就可以采用股票回购的方式将现金分配给股东，减少公司自由现金流量，并且在避税效果明显的情况下，股票回购是一项有效的股利替代政策，还可以达到为股东避税的目的。

（3）发挥财务杠杆的作用。回购股票使得公司的所有者权益下降，进而提高了负债比例，调整了公司的资本结构，充分发挥了财务杠杆的作用。

（4）反收购的作用。股票回购提高了股票价格，给收购方增加了收购难度，可以防止敌意并购。

3. 股票回购的方式

股票回购的方式按照不同的分类标准可以分为以下几类：

（1）按照股票回购的地点不同，可分为场内公开回购和场外协议回购两种。场内公开回购是指公司委托证券机构代理，按照股票当前的价格回购。场外协议回购是指公司直接与股东商讨股票回购相关事项，包括回购股票的数量、价格、时间等。

（2）按照筹资方式，可分为举债回购、现金回购和混合回购。

（3）按照资产置换范围，可分为出售资产回购股票、利用手持债券和优先股交换（回购）公司普通股、债务股权置换。

（4）按照回购价格的确定方式，可分为固定价格要约回购和荷兰式拍卖回购。固定价格要约回购是指企业在特定时间发出的以某一高出股票当前市场价格的水平回购既定数量股票的要约。荷兰式拍卖回购在回购价格确定方面给予公司更大的灵活性，企业事先只说明自己愿意回购的股票数量和愿意支付的最高、最低价格；之后股东进行投标，说明愿意以某一特定价格水平（此价格水平在企业愿意支付的价格范围内）出售股票的数量；最后公司汇总所有股东提交的价格和数量，并根据实际回购数量确定最终的回购价格。

本章小结

本章重点介绍了利润的分配流程，股利的概念，详细介绍了股利理论和实践中所常用的四种股利政策。除向股东发放股利外，还介绍了股票分割和股票回购相关理论。

本章重要术语

现金股利　　股票股利　　股利无关理论　　股利相关理论　　股利政策
股票分割　　股票回购

延伸阅读

席尔瓦等著，罗培新译：《股利政策与公司治理》，北京大学出版社 2008 年版。

复习与思考

一、单选题

1. 企业的法定公积金应当从（　　）中提取。

A. 利润总额 B. 税后利润
C. 营业利润 D. 营业收入

2. 下列关于股利分配理论的说法中，错误的是（   ）。

A. 税差理论认为，因为股利税率比资本利得税率高，投资者就喜欢公司采用高现金股利支付率政策

B. 信号传递理论认为，稳定的股利政策能够向外界传递公司经营稳定的信息，有利于股票价格的稳定

C. "一鸟在手"理论认为，由于股东偏好当期股利收益胜过未来预期资本利得，应采用高现金股利支付率政策

D. 代理理论认为，为解决控股股东和中小股东之间的代理冲突，应采用高现金股利支付率政策

3. 某公司采用剩余股利政策分配股利，董事会正在制订2019年度的股利分配方案。在计算股利分配额时，不需要考虑的因素是（   ）。

A. 公司的目标资本结构 B. 2019年末的货币资金
C. 2019年实现的净利润 D. 2020年需要的投资资本

4. 以下股利分配政策中，最有利于股价稳定的是（   ）。

A. 剩余股利政策 B. 固定或持续增长的股利政策
C. 固定股利支付率政策 D. 低正常股利加额外股利政策

5. 下列关于股利分配政策的说法中，错误的是（   ）。

A. 采用剩余股利分配政策，可以保持理想的资本结构，使加权平均资本成本最低

B. 采用固定股利支付率分配政策，可以使股利和公司盈余紧密配合，但不利于稳定股票价格

C. 采用固定股利分配政策，当盈余较低时，容易导致公司资金短缺，增加公司风险

D. 采用低正常股利加额外股利政策，股利和盈余不匹配，不利于增强股东对公司的信心

6. 在下列股利政策中，股利与利润之间保持固定比例关系，体现风险投资与风险收益对等关系的是（   ）。

A. 剩余股利政策 B. 固定股利政策
C. 固定股利支付率政策 D. 低正常股利加额外股利政策

7. 甲上市公司2019年度的利润分配方案是每10股派发现金股利10元，预计公司

股利将以8%的速度稳定增长，股东要求的收益率为10%。于股权登记日，甲公司股票的预期价格为（   ）元。

A. 50　　　　B. 51　　　　C. 54　　　　D. 55

8. 甲公司是一家上市公司，2016年的利润分配方案如下：每10股送2股并派发现金红利12元（含税），资本公积每10股转增4股。如果股权登记日的股票收盘价为每股30元，除权（息）日的股票参考价格为（   ）元。

A. 18　　　　B. 18.75　　　　C. 24　　　　D. 28.8

二、多选题

1. 公司基于不同的考虑会采用不同的股利分配政策。采用剩余股利政策的公司更多地关注（   ）。

A. 盈余的稳定性　　　　B. 公司的流动性
C. 投资机会　　　　　　D. 资本成本

2. 下列各项股利政策中，股利水平与当期盈利直接关联的有（   ）。

A. 固定股利政策　　　　　　B. 稳定增长股利政策
C. 固定股利支付率政策　　　D. 低正常股利加额外股利政策

3. 处于初创阶段的公司，一般不宜采用的股利分配政策有（   ）。

A. 固定股利政策　　　　　　B. 剩余股利政策
C. 固定股利支付率政策　　　D. 稳定增长股利政策

4. 下列股利政策中造成股利波动较大，容易让投资者感觉公司不稳定的股利分配政策有（   ）。

A. 剩余股利政策　　　　　　B. 固定或稳定增长的股利政策
C. 固定股利支付率政策　　　D. 低正常股利加额外股利政策

5. 在净利润和市盈率不变的情况下，公司实行股票分割导致的结果有（   ）。

A. 每股面额下降　　　　B. 每股收益上升
C. 每股净资产不变　　　D. 每股市价下降

6. 甲公司盈利稳定，有多余现金，拟进行股票回购用于将来奖励本公司职工。在其他条件不变的情况下，股票回购会导致（   ）。

A. 每股面额下降　　　　B. 资本结构变化
C. 每股收益提高　　　　D. 自由现金流量减少

三、简答题

1. 差别税收理论认为，如果对资本利得和现金股利征收相同的税，投资者仍旧会选择资本利得而不是现金股利,请对这一说法做出解释。

2. 请分别论述股票分割、股票回购的作用,并说明两种行为对于股票价格的影响。

3. 简述四种最主要的股利分配政策。

四、计算题

1. 某公司2016年实现税后利润1 000万元,2016年初未分配利润为200万元。公司按10%提取法定盈余公积。预计2017年需要新增投资资本500万元。目标资本结构(债务/权益)为4/6。公司执行剩余股利分配政策,2016年可分配现金股利为多少?

2. 某公司长期以来用固定股利支付率政策进行股利分配,确定的股利支付率为25%。2016年税后净利润为2 000万元。

(1) 如果仍然继续执行固定股利支付率政策,公司本年度将要支付的股利为多少?

(2) 公司下一年度有较大的投资需求,因此,准备本年度采用剩余股利政策。如果公司下一年度的投资预算为2 000万元,目标资本结构为权益资本占70%,公司本年度将要支付的股利为多少?

五、综合题

某公司为一家稳定成长的上市公司,2016年度公司实现净利润8 000万元。公司上市三年来一直执行稳定增长的现金股利政策,年增长率为6%,吸引了一批稳健的战略性机构投资者。公司投资者中个人投资者持股比例占60%。2014年度每股派发0.15元的现金股利。公司计划2017年新增一项投资项目,需要资金8 000万元。公司目标资产负债率为50%。由于公司良好的财务状况和成长能力,公司与多家银行保持着良好的合作关系。公司2016年12月31日资产负债表有关数据如下表所示:

单位:万元

货币资金	12 000
负债	20 000
股本(每股面值1元,发行在外10 000万普通股)	10 000
资本公积	8 000
盈余公积	3 000
未分配利润	9 000
股东权益总额	30 000

2017年3月15日公司召开董事会会议,讨论了甲、乙、丙三位董事提出的2016年度股利分配方案:

(1) 甲董事认为考虑到公司的投资机会,应当停止执行稳定增长的现金股利政策,将净利润全部留存,不分配股利,以满足投资需要。

(2) 乙董事认为既然公司有好的投资项目,有较大的现金需求,应当改变之前的股利政策,采用每10股送4股的股票股利分配政策。

(3) 丙董事认为应当维持原来的股利分配政策,因为公司的战略性机构投资者主要是保险公司,他们要求固定的现金回报,且当前资本市场效率较高,不会由于发放股票股利使股价上涨。

要求:

(1) 计算维持稳定增长的股利分配政策下公司2016年度应当分配的现金股利总额。

(2) 分别站在企业和投资者的角度,比较分析甲、乙、丙三位董事提出的股利分配方案的利弊,并指出最佳股利分配方案。

六、网络练习

股利政策是企业重要的财务决策之一,显著影响着企业的未来发展,同时也直接影响了投资者的利益。上市公司股利分配政策走向规范,有利于保护投资者权益,引导我国资本市场的健康发展,是我国当前经济研究的重要任务。请同学们通过网络平台查找相关的资料,分析我国目前的股利分配政策现状、影响因素,并有针对性地提出对策和建议。

复习与思考参考答案

一、单选题

1. B   2. A   3. B   4. B   5. D   6. C   7. D   8. A

二、多选题

1. CD   2. CD   3. ACD   4. AC   5. AD   6. BCD

三、简答题

1. 如果对资本利得和现金股利征收相同的税,股利收入和资本利得纳税时间也不同。股利所得税在股利发放时征收,而资本利得所得税是在股票出售时征收,因而资本利得所得税是推迟到将来才缴纳,股东是可以获得时间价值的好处的。这样,只有采取低股利和推迟股利支付的政策才可以实现股东财富最大化。

2. (略)

3. 详见11.3.2

四、计算题

1. 2016年利润留存 = 500 × 60% = 300(万元)

股利分配 = 1 000 - 300 = 700(万元)

2. (1) 2 000×25%＝500（万元）

    (2) 2 000－2 000×70%＝600（万元）

五、综合题

（1）公司 2016 年度应当分配的现金股利总额＝10 000×0.15×(1＋6%)＝1 590（万元）

（2）甲董事提出的方案，从企业的角度看，不分配股利的优点是不会导致现金流出。缺点是在企业资产负债率低于目标资产负债率且与多家银行保持着良好合作关系的情况下使用留存收益满足投资需要，将会提高公司的平均资本成本；作为一家稳定成长的上市公司，停止一直执行的稳定增长的现金股利政策，将会传递负面信息，降低公司价值。

从投资者角度看，不分配股利的缺点是不能满足投资者获得稳定收益的要求（或：不能满足战略性机构投资者所要求的固定现金回报），影响投资者信心。

乙董事提出的方案，从企业角度看，发放股票股利的优点是不会导致现金流出，能够降低股票价格，促进股票流通，传递公司未来发展信号。缺点是在企业资产负债率低于目标资产负债率且与多家银行保持着良好合作关系的情况下，使用留存收益满足投资需要，将会提高公司的平均资本成本。

从投资者角度看，发放股票股利的优点是可能获得"填权"收益（或：分配后股价相对上升的收益），缺点是不能满足投资者获得稳定收益的要求（或：不能满足战略性机构投资者所要求的固定现金回报）。

丙董事提出的方案，从企业角度看，稳定增长的现金股利政策的优点是在企业资产负债率低于目标资产负债率且与多家银行保持着良好合作关系的情况下，通过负债融资满足投资需要，能够维持目标资本结构，降低资本成本，有助于发挥财务杠杆效应，提升公司现金流出，通过借款满足投资需要将会增加财务费用。

从投资者角度看，稳定增长的现金股利政策的优点是能满足投资者获得稳定收益的要求（或：能够满足战略性机构投资者所要求的固定现金回报），从而提升投资者信心。

基于上述分析，鉴于丙董事提出的股利分配方案既能满足企业发展需要，又能兼顾投资者获得稳定收益的要求，因此，丙董事提出的股利分配方案最佳。

六、网络练习

（略）

参考文献

[1] 荆新、王化成、刘俊彦主编：《财务管理学》（第六版），中国人民大学出版社 2013 年版。

［2］蒋红芸、康玲主编：《财务管理》，人民邮电出版社2013年版。

［3］郭复初、王庆城主编：《财务管理学》（第四版），高等教育出版社2015年版。

［4］中国注册会计师协会组织编写：《财务成本管理》，中国财政经济出版社2018年版。

［5］秦海敏、穆庆榜主编：《财务管理》，立信会计出版社2015年8月。

第五篇

特殊领域与股利政策

第十一章

并购与重组

【学习目标】

1. 掌握并购的形式及类型。
2. 熟悉并购估价方法。
3. 掌握各种并购支付方式的特点及适用条件。
4. 熟悉杠杆并购的概念、特点及操作。
5. 了解并购防御战略。
6. 了解重组的方式。

【引导案例】

2006年7月24日,国美电器和永乐电器发布公告称:国美将以52.68亿港元以"股票+现金"的形式并购永乐。其中,国美电器将以0.3247股自身股票置换1股永乐电器股票(1:3.08的比例),国美电器还将为每1股永乐电器股票支付0.1736港元(共4.09亿港元)现金。在国美完成换股手续之后,永乐电器将会退市。

案例思考:

按行业相互关系划分,国美并购永乐属于横向并购。通过横向并购获得规模经济优势,实现强强合并。国美、永乐合并的前提、方式是两个企业的理性选择,也是市场竞争的必然结果。两个企业的合并将肩负着推进中国家电流通业由大到强的转变,肩负着快速缩短与发达国家差距的任务,肩负着打造具有国际竞争力的中国民族品牌的责任。国美并购永乐的举动,是我国家电零售业的一件大事,通过这次扩张型并购,两者实现了强强联合,扩大了企业自身的规模,使两个企业的资源得到更为充分和有效的利用,提高了企业的经营效率和利润水平,组成了一个竞争力更强的零售集团,这符合国际家电市场的发展趋势。

> 并购后的整合不容忽视。国美通过并购永乐更有利于自身资源的整合,并购本身并不能创造价值,并购的真正的效益来源于并购后对生产要素的有效整合。并购过程中,无论是主并购公司还是目标公司都有一些可以转移或可以共享的生产要素,只有对这些生产要素进行重新定位、组合和配置,才能发挥各种要素的潜能并相互融合,实现管理协同效应和财务协同效应。

第一节 概述

一、并购的概念

并购(merger and acquisition)在我国通常是兼并与收购的统称,指在市场机制作用下企业为获得其他企业控制权而进行的产权交易活动。获取控制权的企业称为并购方或并购企业,另一方称为被并购方、被并购企业或目标企业。

兼并又称合并,通常是指两家或两家以上独立企业合并组成一家企业,一般表现为一家占优势的公司吸收其他公司的活动。

收购是指一个企业用现金、债券或股票购买另一个企业的资产或股权,以获取该企业控制权的一种经济行为。

二、并购的形式

1. 吸收合并

由两个或两个以上的独立企业合并成一个企业,其中一个企业继续经营,其他企业不复存在,继续经营的企业拥有被兼并企业的全部资产和负债。

2. 新设合并

两个或两个以上独立的企业合并设立一个新企业,合并各方的法人实体地位都消失,其资产和负债由新设企业接管。

3. 控股合并

收购企业在并购过程中取得被收购企业的控制权,被收购企业在并购后仍保持其独立的法人资格并继续经营,收购企业确认形成对被并购企业的投资。

三、并购的类型

1. 按并购双方产品与产业联系划分

(1)横向并购。当并购方与被并购方处于同一行业、生产或经营同一产品,并购使资本在统一市场领域或部门集中时,称之为横向并购。

(2)纵向并购。纵向并购是指对生产工艺或经营方式上有前后关联的企业进行的并购,是生产、销售的连续性过程中互为购买者和销售者之间的并购。

(3)混合并购。混合并购是指对处于不同产业领域、产品属于不同市场,且与其产业部门之间不存在特别的生产技术联系的企业进行并购,又称跨行业兼并。

2. 按并购双方是否友好划分

(1)善意并购。善意并购是指并购企业与被并购企业双方通过友好协商确定并购诸项事宜的并购。

(2)非善意并购。非善意并购是指友好协商遭拒绝时,并购方不顾被并购方的意愿而采取非协商性购买手段,强行并购对方企业。

四、企业并购的动因和效应

按照古典经济学理论,横向并购的动因主要在于降低成本和扩大市场份额,现代企业理论则从降低交易费用和代理成本角度解释了纵向并购的动因。具体来说,并购的动因主要可以概括为以下几个方面。

1. 获得规模经济优势

规模经济是指随着生产经营规模的扩大,生产成本随着产出增加而下降,收益不断递增的现象。通过横向并购企业可以快速将各种生产资源和要素集中起来,从而提高单位投资的经济效益或降低单位交易费用和成本,获得可观的规模经济。为此,企业有动力扩大生产规模,而并购特别是横向并购是企业扩大生产规模最便捷有效的途径之一。

2. 降低交易费用

按照科斯的理论,企业是市场机制的替代物,市场和企业是资源配置的两种可互相替代的手段。通过并购主要是纵向并购,企业可以将原来的市场交易关系转变为企业内部的行政调拨关系,从而大大降低交易费用。

3. 多元化经营战略

多元化经营不仅可以降低风险、增加收益,而且可以使企业发掘出新的增长点,所以多元化经营往往成为企业发展到一定阶段之后的重要战略之一。并购也是企业迅速进入其他生产经营领域,实现多元化战略的重要方式。通过并购,企业避免了培育一个新产业可能会带来的风险与不确定性,而且有利于根据市场现状选择最佳进入时机。虽然多元化经营未必一定通过并购来实现,但通过并购其他企业可以迅速达到多元化扩张的目的。

第二节 并购估价

并购估价是指买卖双方对标的（股权或资产）购入或出售作出价值判断。并购价值评估的方法主要有：成本法、市场比较法、现金流量折现法和换股并购估价法。

一、成本法

成本法又称资产基础法，是指以目标公司的资产价值为基础对目标公司价值进行评估的方法。

1. 账面价值法

根据会计账簿中记录的公司净资产的价值作为公司价值的方法。

2. 市场价值法

资产评估中所使用的一个重要价值类型，也是评估师在评估业务中使用最多的价值类型。

3. 清算价值法

在评估对象处于被迫出售、快速变现等非正常市场条件下的价值估计数额。

二、市场比较法

市场比较法又称相对价值法，是以资本市场上与目标公司的经营业绩和风险水平相当的公司的平均市场价值作为参照标准，以此来估算目标公司价值的一种价值评估方法。

1. 市盈率法

【例 11-1】奥华公司计划收购 A 公司的全部股份，根据 A 公司的实际情况，奥华公司管理层认为采用市盈率法对 A 公司价值进行评估比较合适。经调查研究发现，资本市场上与 A 公司具有可比性的公司主要有三家，这三家公司的近期平均市盈率为 16 倍。奥华公司管理层认为采用 16 倍的市盈率评估 A 公司价值比较合理。奥华公司确定的决策期间为未来 5 年，经测算，A 公司在未来的 5 年预计年均可实现净利润 5 500 万元。

A 公司价值计算如下：$V = 16 \times 5\,500 = 88\,000$（万元）

2. 市净率法

【例 11-2】神龙汽车股份有限公司是一家整车制造企业，该公司计划收购一家轮胎生产企业 B 公司。经调查发现，轮胎制造行业的平均市净率为 1.8 倍。由于 B 公司技术先进,管理水平较高,其成长性和盈利能力都高于行业平均水平,因此,可以适当调高市净率到1.9倍。神龙公司确定的决策期间为未来6年,经预测,B公司未来6年的平均每股净资产为2.5元。神龙公司采用市净率法评估B公司每股价值。

B公司的每股价值可计算如下:$V = 1.9 \times 2.5 = 4.75$(元)

3. 市销率法

【例11-3】联想集团计划收购M公司,需对M公司进行价值评估。M公司的股票市场价值的影响因素主要有销售收入、股东权益和净利润。经研究发现,市场中存在三个与M公司相类似的公司:A公司、B公司和C公司,三个公司的有关指标如表11-1所示。

表11-1　　　　　　　　A、B、C公司财务比率

指标	A公司	B公司	C公司	平均值
市盈率	20	19	21	20
市净率	1.5	1.6	1.7	1.6
市销率	1.2	1.1	1.3	1.2

经财务人员预测,目标公司M公司在未来决策期内年均销售收入预计为1 500万元,年均净资产预计为1 100万元,年均净利润预计为92万元。采用市场比较法,利用类比公司的平均市盈率、平均市净率和平均市销率评估M公司价值,如表11-2所示。

表11-2　　　　　　　　M公司价值估计

指标	金额(万元)	平均比率(%)	公司价值(万元)
净利润	92	20	1 840
股东权益账面价值	1 100	1.6	1 760
销售收入	1 500	1.2	1 800
平均值			1 800

三、现金流量折现法

1. 基本原理与模型

现金流量折现法的基本原理是:资产价值等于以投资者要求的必要投资报酬率为折现率,对该项资产预期未来的现金流量进行折现所计算出的现值之和。

基本模型:

$$V = \sum_{t=1}^{n} \frac{CF_t}{(1+k)^t}$$

2. 评估价值的影响因素

（1）现金流量。在一定期限内目标公司的现金流入量减去现金流出量后的净额，即净现金流量。

（2）期限。现金流量的预测期限，即预测目标公司现金流量的持续时间，通常以年为时间单位。

（3）折现率。价值评估一般采用资本成本作为折现率。

【例 11-4】 长江电器集团公司计划收购海明电子股份有限公司，需对海明公司价值进行评估。根据会计资料，海明公司普通股总股数为 1 亿股，2013 年度的销售收入为 26 500 万元，不包含折旧和利息费用的经营成本为 12 300 万元，折旧额为 1 850 万元，利息费用为 200 万元，资本性支出为 1 000 万元，营运资本占销售收入的比例为 20%，所得税税率为 25%。海明公司的成长性预期可分为两个阶段：第一阶段为今后 5 年，公司每年销售收入的增长率为 10%，经营成本、折旧、资本性支出和营运资本以相同的比例增长，该阶段预计公司的加权平均资本成本为 15%；第二阶段为 5 年后，公司进入零增长阶段，销售收入、经营成本、折旧、资本性支出和营运资本均保持不变，该阶段预计公司的加权平均资本成本为 10%。假定利息费用在各年保持不变，均为 200 万元（计算结果四舍五入取整数）。

海明公司 2014~2018 年各年公司现金流量的计算如表 11-3 所示。2018 年以后海明公司进入零增长阶段，每年的公司现金流量与 2018 年相同。

表 11-3　　海明公司 2014~2018 年各年公司现金流量的计算　　单位：万元

项目	2013 年	2014 年	2015 年	2016 年	2017 年	2018 年
销售收入	26 500	29 150	32 065	35 272	38 799	42 679
经营成本（不含折旧与利息）	12 300	13 530	14 883	16 371	18 008	19 809
折旧	1 850	2 035	2 239	2 463	2 709	2 980
利息费用	200	200	200	200	200	200
税前利润	12 150	13 385	14 743	16 238	17 882	19 690
所得税	3 038	3 346	3 686	4 060	4 471	4 923
税后净利润	9 112	10 039	11 057	12 178	13 411	14 767
息前税后利润	9 312	10 239	11 257	12 378	13 611	14 967
资本性支出	1 000	1 100	1 210	1 331	1 464	1 610
营运资本	5 300	5 830	6 413	7 054	7 759	8 535
营运资本增加额		530	583	641	705	776
公司自由现金流量		10 644	11 703	12 869	14 151	15 561

海明公司的价值计算如下：

$$V = \frac{10\,644}{(1+15\%)^1} + \frac{11\,703}{(1+15\%)^2} + \frac{12\,869}{(1+15\%)^3} + \frac{14\,151}{(1+15\%)^4} + \frac{15\,561}{(1+15\%)^5}$$

$$+ \frac{15\,561}{10\%} \times \frac{1}{(1+15\%)^5}$$

$$= 119\,737 \text{（万元）}$$

海明公司普通股每股价值为：

$$V_s = \frac{119\,737}{10\,000} = 11.97 \text{（元）}$$

四、换股并购估价法

采用换股并购时，对目标公司的价值评估主要体现在换股比例的大小。换股比例是指1股目标公司的股票交换并购公司股票的股数。

【例11－5】2018年初，东方公司计划并购红星公司，经双方谈判，同意以换股方式进行并购。并购前东方公司2017年度净利润为800万元，普通股总股数为1 000万股，目前股价为16元/股；并购前红星公司2017年度净利润为400万元，普通股总股数为800万股，目前股价为10元/股。经预测，并购后实现协同效应所带来的利润增加额为200万元，并购后公司的市盈率可达到20倍。

最高换股比例为：

R = [20 × (800 + 400 + 200) − 16 × 1 000]/16 × 800 = 0.9375

此时，并购后股价应为16元/股。

最低换股比例为：

R = (10 × 1 000)/[(800 + 400 + 200) × 20 − 10 × 800] = 0.5

此时，并购后股价应为10/0.5 = 20元/股。

因此，东方公司并购红星公司的换股比例应当在0.5～0.9375之间。如果换股比例低于0.5，则红星公司股东财富受损，其股东不会接受并购方案；如果换股比例高于0.9375，则东方公司股东财富受损，其股东也不会接受并购方案。

➡ 第三节 并购的支付方式

一、现金支付方式

并购公司以现金为支付手段完成对目标公司收购的一种并购支付方式。

现金支付方式具有以下优点：简便、快捷，易于为并购双方所接受；保证并购公司的股权结构不受影响；目标公司的股东可以即时收到现金，比其他支付方式所承担的风险要小。

二、股票支付方式

并购公司以增发本公司股票作为支付手段来收购目标公司的一种支付方式。

股票支付方式具有以下优点：并购公司不需要支付大量的现金，因而不会影响并购公司的现金流量；并购完成之后，目标公司的股东成为并购公司的股东，并且可以获得并购所实现的价值增值；目标公司的股东可获得延迟纳税带来的好处。但对于并购公司来说，股票支付方式也有不足，体现在：原有股东的控制权被稀释；股票支付方式手续烦琐，办理时间较长；可能会引起股票价格的波动，为并购带来一定风险。

三、混合证券支付方式

混合证券支付方式是指并购公司以现金、股票、认股权证、可转换债券等多种形式的组合作为收购目标公司的支付方式。

这种支付方式可以兼顾并购双方的利益，在并购活动中也越来越多地被采用。

第四节 并购融资

一、我国企业并购的主要融资方式

并购融资是指并购企业为了兼并或收购目标企业而进行的融资活动。根据融资获得资金的来源，我国企业并购融资方式可分为内源融资和外源融资。两种融资方式在融资成本和融资风险等方面存在着显著的差异。这对企业并购活动中选择融资方式有着直接影响。

1. 内源融资

内源融资是指企业通过自身生产经营活动获利并积累所得的资金，主要包括企业提取的折旧基金、无形资产摊销和企业的留存收益。内源融资是企业在生产经营活动中取得并留存在企业内可供使用的资金，资金成本低，但是内部供给的资金金额有限，很难满足企业并购所需大额资金。

2. 外源融资

外源融资是指企业通过一定方式从企业外部筹集所需的资金。外源融资根据资金性质又分为债务融资和权益融资。

（1）债务融资。债务融资是指企业为取得所需资金，通过对外举债方式获得的资金。债务融资包括商业银行贷款和发行公司债券、可转换公司债券。相对于权益融资来说，债务融资不会稀释股权，不会威胁控股股东的控制权，还具有财务杠杆效益，但债务融资具有还本付息的刚性约束，有一定的财务风险，如果风险控制不好会直接影响企业生存。在债务融资方式中，商业银行贷款是我国企业并购时获取资金的主要方式，这主要是由于我国金融市场不发达，其他融资渠道不畅或融资成本太高。

（2）权益融资。权益融资是指企业通过吸收直接投资、发行普通股、优先股等方式取得的资金。权益性融资获得的资金可供长期使用，不存在还本付息的压力，但容易稀释股权，威胁控股股东控制权，而且以税后收益支付投资者利润，融资成本较高。

二、我国企业并购融资方式选择的影响因素

企业并购融资方式对并购成功与否有直接影响，在融资方式的选择上需要综合考虑，主要有以下因素：

1. 融资成本高低

资金的取得与使用都是有成本的，企业并购融资成本的高低将会影响到企业并购融资的取得和使用。企业并购活动应选择融资成本低的资金来源，否则，并购活动将违背并购的根本目标，损害企业价值。西方优序融资理论从融资成本角度考虑了融资顺序，该理论认为，企业在选择并购融资方式时应首先选择资金成本低的内源资金，再选择资金成本较高的外源资金，在外源资金选择时，优先选择具有财务杠杆效应的债务资金，后选择权益资金。

2. 融资风险大小

融资风险是企业并购融资过程中不可忽视的因素。并购融资风险可划分为并购前融资风险和并购后融资风险，前者是指企业能否在并购活动开始前筹集到足额的资金保证并购顺利进行；后者是指并购完成后，企业债务性融资面临着还本付息的压力，债务性融资金额越多，企业负债率越高，财务风险就越大，同时，企业并购融资后，该项投资收益率是否能弥补融资成本，如果企业并购后，投资收益率小于融资成本，则并购活动只会损害企业价值。因此，企业在谋划并购活动时，必须考虑融资风险。

3. 融资方式对企业资本结构的影响

资本结构是企业各种资金来源中长期债务与所有者权益之间的比例关系。企业并购融资方式会影响到企业的资本结构进而影响公司治理结构，因而并购企业可通过一定的融资方式达到较好的资本结构，实现股权与债权的合理配置，优化公司治理结构，降低委托代理成本，保障企业在并购活动完成后能够增加企业价值。因此，企业并购融资时应根据企业实力和股权偏好来选择合适的融资方式。

4. 融资时间长短

融资时间长短也会影响企业并购成败。在面对有利的并购机会时，企业能及时获取并购资金有利于保证并购成功进行；反之，融资时间较长，会使并购企业失去最佳并购机会，导致不得不放弃并购。在我国，通常获取商业银行信贷时间比较短，而发行股票融资面临着严格的资格审查和上市审批程序，所需时间较长。因此，企业在选择融资方式时要考虑融资时间问题。

第五节 并购运作

一、杠杆收购

杠杆收购（leveraged buyout，LBO）是指并购方以目标公司的资产作为抵押，向银行或投资者融资借款来对目标公司进行收购，收购成功后再以目标公司的收益或者是出售其资产来还本付息。杠杆收购是并购企业通过负债筹集现金以完成并购交易的一种特殊情况，杠杆收购的实质是以现金支付并购对价的一种特殊的融资方式。

杠杆收购主要具备以下几个特点：并购出价中绝大部分由债务融资组成；剩余的资金中部分由财务投资者提供股权融资；公司通过资本重组以获得高杠杆的财务结构；法人主体由旧的公司变为新的公司。除此之外，被杠杆收购的企业既可以是上市企业也可以是非上市企业，并没有特定的要求。

二、管理层收购

管理层收购（management buyout，MBO）是指目标公司的管理层利用外部融资购买本公司的股份，从而改变本公司所有者结构、控制权结构和资产结构，进而达到重组本公司的目的并获得预期收益的一种收购行为。管理层收购是杠杆并购的一种特殊形式，当杠杆并购中的主并方是目标企业内部管理人员时，杠杆并购也就是管理层收购。

管理层收购与一般的企业买卖和资产重组强调收益权即买卖价差和资本运营的增值不同，除了强调收益权之外，还强调控制权、共享权和剩余价值索偿权。收购对象既可以是企业整体，也可以是企业的子公司、分公司甚至一个部门。

三、并购防御战略

并购防御，又称反收购，是指目标公司管理层为了防止公司控制权转移而采取的旨在预防或挫败收购者收购本公司的行为。反收购的主体是收购公司，反收购的核心在于防止公司控制权的转移。

这一类反收购行为发生在要约收购出现以前，目标公司以各种形式防范以后可能出现的收购进攻，具体包括以下几种：

1. 毒丸

"毒丸"（poison pill）是指目标公司通过制定特定的股份计划，赋予不同的股东以特定的优先权利，一旦收购要约发出，该特定的优先权利的行使，可以导致公司财务结构的弱化或收购方部分股份投票权的丧失。这样收购方即使在收购成功后，也可能像吞下毒丸一样遭受不利后果，从而放弃收购。毒丸计划包括负债毒丸计划和人员毒丸计划两种，前者是指目标公司在收购威胁下大量增加自身负债，降低企业被收购的吸引力，后者则是公司的绝大部分高级管理人员共同签署协议，在公司被以不公平价格收购，并且这些人中有一人在收购后被降职或革职时，则全部管理人员将集体辞职。企业的管理层阵容越强大、越精干，实施这一策略的效果将越明显。当管理层的价值对收购方无足轻重时，人员毒丸计划也就收效甚微了。

2. 反收购条款

反收购条款又可称为"驱鲨剂"（shark repellent）或者"豪猪条款"（porcupine provision）。所谓"驱鲨剂"是指在收购要约前修改公司章程或做其他防御准备以使收购要约更为困难的条款。而"豪猪条款"则是指在公司章程或内部细则中设计防御条款，使那些没有经过目标公司董事会同意的收购企图不可能实现或不具可行性。

3. 金降落伞

"金降落伞"（golden parachute）是指目标公司通过与其高级管理人员签订合同条款，规定目标公司有义务给予高级管理人员优厚的报酬和额外的利益，若是公司的控制权发生突然变更，则给予高级管理人员以全额的补偿金。目标公司希望以此方式增加收购的负担与成本，阻止外来收购。

与之相对应的还有一个"锡降落伞",是在金降落伞以外再规定目标公司员工若在收购后第二年被解雇,可以要求一定数量的补偿性遣散费。通过上述方式在保障有关管理人员优厚待遇的同时,增加公司被收购的难度。

4. 员工持股

员工持股计划是指鼓励公司雇员购买本公司股票,并建立员工持股信托组织的计划。虽然员工持股计划在国外的产生与发展是公司民主化思潮及劳动力产权理论影响下的产物,但员工持股计划也成为公司进行反收购的重要手段。

这是因为,公司被收购往往意味着大量员工的解雇与失业,因而在收购开始时,员工股东对公司的认同感高于一般的股东,其所持股份更倾向于目标公司一方,不易被收购。

5. 提前偿债条款

提前偿债条款是指目标公司在公司章程中设立条款,在公司面临收购时,迅速偿还各种债务,包括提前偿还未到期的债务,以此给收购者在收购成功后造成巨额的财务危机。

第六节 公司重组

公司重组是指公司为了实现其战略目标,对公司的资源进行重新组合和优化配置的活动。

公司重组有广义与狭义之分,广义的公司重组包括扩张重组、收缩重组和破产重组三种类型。

扩张重组是指扩大公司经营规模和资产规模的重组活动,主要是通过公司并购实现规模的扩张;收缩重组是指对公司现有的经营业务或资产规模进行缩减的重组活动,主要包括资产剥离、公司分立、股权出售、股份置换等方式;破产重组是指对于濒临破产的公司进行债务重整,以使其恢复正常的经营状况的重组活动。

狭义的公司重组仅仅包括收缩重组。本章所讲的公司重组是指收缩重组。

一、公司重组的方式与原因

常见的重组方式包括资产剥离、公司分立和股权出售。

1. 资产剥离

(1) 资产剥离的概念。

资产剥离是指公司将其拥有的某些子公司、部门或固定资产等出售给其他的经济主体,以获得现金或有价证券的经济活动。由于出售这些部门或资产可以取得现金收入,因此从这种意义上来讲,资产剥离并未减小资产的规模,只是资产形式的转化,即从实物资产转化为货币资产,但从公司的经营业务来看,则实现了经营规模的缩减。最为常见的资产剥离形式是母公司将一个子公司或者部门出售给另一个公司。在这个交易过程中,对于出售方而言实现了经营业务的收缩,对于购买方而言则实现了经营业务的扩张。

(2) 资产剥离的原因。

第一,是盈利状况欠佳。如果公司的某一子公司或部门的盈利状况欠佳,长期以来其投资收益率无法超过公司要求的最低投资收益率,那么公司就应考虑将其出售。公司要求的最低投资收益率是公司用来评价各个部门业绩的最低收益率标准,通常可以采用公司的资本成本作为最低收益率标准。有时公司管理层可能不愿意剥离盈利状况欠佳的部门,因为这样就等于承认其管理能力或者先前的收购决策有误。但是,从股东的利益出发,公司应当尽早进行资产剥离,以免这些部门拖公司业绩的后腿。

第二,是经营业务不符合公司的发展规划。有些部门的业务可能不再符合公司的未来发展规划,公司可能希望脱离这一行业,此时就需要对这些部门进行剥离。尽管这些部门对公司的利润可能依然有贡献,但是会占用公司资源,并且不符合公司的未来发展方向,因此,将其出售更有利于公司的未来发展。从公司的角度来看,必须要考虑继续持有该部门的机会成本。从社会的角度来看,出售这些部门给其他对此行业更有经验的公司去经营,会更好地发挥这些资产的价值,创造更多的财富。

第三,是负协同效应。公司并购的一个主要动机就是追求并购的协同效应。公司并购的协同效应,即两个公司合并后产生的额外效益。如果并购后产生协同效应,那么并购后公司的整体价值将超过合并前两个公司价值之和,即产生"2 + 2 = 5"的效果。但是,并非所有的并购都可以产生协同效应。如果并购后不能进行有效的整合,有时可能事与愿违,产生负协同效应。所谓负协同效应,是指某一部门单独衡量时的价值要超过其在公司整体结构中的价值的情况,即产生的"4 − 1 = 5"的情况。也就是说,这个部门对于公司价值的贡献要小于其市场价值。在这种情况下,外部收购者的开价可能超过该部门在母公司中所体现的价值。例如,一个大型公司经营某一部门可能无利可图,但是如果将该部门独立出去或者出售给一个小型公司来经营,就可能实现更好的收益,因此这个部门在大公司中就出现了负协同效应。许多研究者认为,20 世纪 60 年代在西方出现的混合并购浪潮中,虽然一定程度上分散了公司的经营风险,但同时也分散了公司内部有限的资源,削弱了公司整体的核心竞争力,不仅没有实现并购的协同效应,反而出现了负协同效应。因此，20 世纪 70 年代以后，美国公司的资产剥离实际上是为了解决并购带来的负协同效应问题，以求增强公司的全球竞争能力。

第四，是资本市场的因素。资产剥离可能会给公司以及被剥离出去的部门在资本市场上赢得更多的机会。结果复杂的大型公司可能会令投资者感觉难以归类，从而影响其投资意愿。例如，制药公司属于非周期性行业，受经济周期的影响很小，而房地产开发公司属于周期性较强的行业。不同的投资者对这两个行业会有不同的偏好，有的投资者愿意投资制药公司，而有的投资者愿意投资房地产开发公司，但是一家兼营制药和房地产的综合性公司，就会令投资者感到难以判断该公司属于哪一类型的企业，因此会影响其投资意愿。如果该公司将制药业务和房地产开发业务进行剥离，就可能吸引更多的投资者，为公司带来更多的资本市场机会。

第五，是增加现金流入。公司通过资产剥离出售一些非战略性的资产或部门，能够立刻给公司带来大量的现金收入，改善公司的现金流量状况。有时，处于财务困难的公司通常会被迫出售有价值的资产来改善其现金流状况。例如，某房地产开发公司为了偿还大量的到期银行贷款，不得不出售盈利稳定的一个物业管理部门，以避免陷入财务困境。

第六，是被动剥离。公司进行资产剥离大多是主动的，但有时可能是被动的，这主要是因为政府的反垄断管制。如果政府认为一家公司存在垄断情况，就可能根据反垄断法强制公司进行资产剥离，这种剥离称为被动剥离。

2. 公司分立

（1）公司分立的概念。

公司分立是公司收缩经营规模的一种重要方式。在西方的第五次并购浪潮中，许多大型公司开始寻求通过分立和剥离的方式实现股东价值最大化，公司分立变得更加流行。公司分立是指一个公司依法分成两个或两个以上公司的经济行为。公司分立有两种形式，即新设分立和派生分立。新设分立是指将一个公司分割成两个或两个以上的具有法人资格的公司，原公司解散。新设分立后的新设公司应当依法向公司登记机关办理登记手续，原公司消亡，应办理注销手续。派生分立是指一个公司将原公司的一部分资产和业务分离出去另设一个新的公司，原公司续存。派生的新公司应当依法向公司登记机关办理登记手续，并可取得法人资格，原公司因派生新公司而减少了注册资本的，应当办理变更注册资本的手续。

（2）公司分立的原因。

第一，是提高公司营运效率。公司的生产经营达到一定规模时，才是最经济的，生产经营规模太大或太小，都不利于公司的经济效益。生产经营规模太小，会使单位业务量分摊的固定成本太多，从而影响公司的经济效益；生产经营规模太大，往往会降低管理效率，容易滋生官僚主义，也会影响公司的经济效益。对于规模过于庞大的公司进行分立，有利于加强公司管理，提高运营效率，更好地适应市场的变化。

第二，是避免反垄断诉讼。与被剥离的原因相同，当公司的规模过大面临政府的反垄断管制的情况下，就有可能因涉嫌垄断而遭到诉讼，公司分立则可以避免这种诉讼的发生，当然这种分立可能是非自愿进行的，如1984年美国的电信巨人——美国电话电报公司的分立就属于这种情况。因美国司法部对该公司的反托拉斯诉讼，1984年美国电话电报公司的22个营运公司被重组分立为7个区域性公司，而新的美国电话电报公司仅保留了长途电话业务。

第三，是防范敌意收购。公司分立可以成为反收购的一种手段。当公司面临敌意收购时，可能会分立出某些部门，以降低自身对收购者的吸引力，这种公司分立可以称为防御性分立。但是，如果这种防御性分立降低了股票价值，可能会遭受股东的反对。

第四，是财富效应。公司分立与资产剥离的主要动机之一是许多人相信负协同效应的存在。如果公司分立之后，各新公司的价值之和大于原来公司的价值，就可为股东带来财富效应。20世纪70～90年代西方一些学者的研究表明，无论是资产剥离、股权出售，还是公司分立都能够为股东带来正的财富效应。

3. 股权出售

股权出售是指公司将持有的子公司的股份出售给其他投资者。与资产剥离相比，资产剥离出售的是公司的资产或部门而非股份；而股权出售则是出售公司所持有的子公司的全部或部分股份。如果仅是出售部分股份，则公司将继续留在子公司所处的行业当中。股权出售后，母公司可能不再继续拥有对子公司的控制权，子公司的股东发生变化，一些会组建新的管理团队来独立经营公司。

股权出售的动机与资产剥离交易基本相同，所产生的效应也相近，研究表明，股权出售能够给母公司股价带来正面影响，从而为股东带来正的财富效应。

本章小结

并购是兼并与收购的统称，指在市场机制作用下企业为获得其他企业控制权而进行的产权交易活动。

并购的形式分为吸收合并、新设合并和控股合并。

按并购双方产品与产业联系划分，并购可分为横向并购、纵向并购和混合并购；按并购双方是否友好划分,并购可分为善意并购和恶意并购。

价值评估的方法主要有成本法、市场比较法、现金流量折现法和换股并购估价法。

并购的支付方式分为现金支付方式、股票支付方式和混合证券支付方式。

我国企业并购的主要融资方式分为内源融资和外源融资。企业并购融资方式对并购成功与否有直接影响,在融资方式的选择上需要综合考虑,主要有以下因素:融资成本高低、融资风险大小、融资方式对企业资本结构的影响和融资时间长短。

杠杆收购是指并购方以目标公司的资产作为抵押,向银行或投资者融资借款来对目标公司进行收购,收购成功后再以目标公司的收益或者是出售其资产来还本付息。

管理层收购是指目标公司的管理层利用外部融资购买本公司的股份,从而改变本公司所有者结构、控制权结构和资产结构,进而达到重组本公司的目的并获得预期收益的一种收购行为。

公司重组是指公司为了实现其战略目标,对公司的资源进行重新组合和优化配置的活动。常见的重组方式有资产剥离、公司分立和股权出售。

本章重要术语

并购   吸收合并   新设合并   控股合并   现金流量折现法   并购融资
杠杆收购   管理层收购   公司重组

延伸阅读

上海国家会计学院主编:《企业并购与重组》,经济科学出版社 2011 年版。

复习与思考

一、简答题

1. 简述并购的类型。
2. 简述并购的动因。
3. 目标企业价值评估的主要方法有哪些?
4. 简述杠杆收购的内涵及操作路径。

二、网络练习

2000 年 7 月,中国民航总局对外正式宣布,以中国国际航空公司、中国南方航空公司、中国东方航空公司三大骨干航空公司为母体,组建三大航空集团的重组计划,以实现对民航企业战略性重组的目标。经过两年时间的铺垫与准备,这项涉及 7.3 万人和 1

500 亿元资产的大规模战略重组终于拉开帷幕。2002 年 2 月 5 日，民航重组方案正式出台；2002 年 3 月，国务院批准《民航体制改革方案》，10 月 11 日，民航三大航空集团公司和三大民航服务保障集团公司同时挂牌成立，标志着中国民航的重组基本完成。请同学们通过网络平台查找相关资料，具体了解民航重组的历程，并分析民航重组的意义。

复习与思考参考答案

一、简答题

（略）

二、网络练习

（略）

参考文献

［1］韩复龄主编：《公司并购重组——理论、实务、案例》，首都经济贸易大学出版社 2013 年版。

［2］潘红波主编：《中国上市公司并购重组研究》，中国社会科学出版社 2014 年版。

［3］上海国家会计学院组织编写：《企业并购与重组》，经济科学出版社 2011 年版。

第十二章

财务危机与预警

【学习目标】
1. 了解公司解散、重整与清算等基本概念及相关法律规定。
2. 熟悉公司清算的内涵及分类。
3. 熟悉公司清算的程序。
4. 掌握破产财产、破产债权的范围与计价方法。

【引导案例】

一、基本案情

长航凤凰股份有限公司（以下简称"长航凤凰"）为上市公司，是长江及沿海干散货航运主要企业之一。自2008年全球金融危机以来，受财务费用负担沉重、航运运价长期低迷等因素影响，长航凤凰经营逐步陷入困境。截至2013年6月30日，长航凤凰合并报表项下的负债总额合计达58.6亿元，净资产为-9.2亿元，已严重资不抵债。经债权人申请，湖北省武汉市中级人民法院（以下简称"武汉中院"）于2013年11月26日依法裁定受理长航凤凰重整一案，并指定破产管理人。因连续三年亏损，长航凤凰股票于2014年5月16日起暂停上市。

二、审理情况

在武汉中院的监督指导下，管理人以市场化的重组方式为基础，制定了重整计划草案，获得了债权人会议及出资人会议表决通过。由于无外部重组方参与长航凤凰破产重整，如何通过长航凤凰自身筹集足够资产以提高普通债权清偿比例，从而促使普通债权人支持重整是重整工作有序推进的重点。为解决偿债资金筹集的问题，经过武汉中院与管理人多番论证，最终制定了以公司账面的货币资金、处置剥离亏损资产的变现资金以及追收的应收款项、出资人权益调整方案以及股票公开竞价处置等多种渠道的资金筹集方案。实践证明，上述资金筹集方案具有可行性。通过资产公开处置、出资人权益调整以及股票公开竞价处置，长航凤凰不但清偿了重整中的全部债务，同时，由于股票公开竞价处置产生溢价，公司在重整程序中依法获得了约7 000万元的资金用于补充公司现金流。

2014年3月18日，武汉中院裁定批准了重整计划并终止重整程序。通过成功实施重整计划，在无国有资产注入及外部重组方资金支持的情况下，长航凤凰2014年底实现净资产约1.2亿元，营业利润约2.24亿元，成功实现扭亏，股票于2015年12月18日恢复上市。

三、典型意义

长航凤凰重整案是以市场化方式化解债务危机的典型案例。借助于破产重整程序，长航凤凰摆脱了以往依赖国有股东财务资助、以"堵窟窿"的方式挽救困境企业的传统做法，以市场化方式成功剥离亏损资产，调整了自身资产和业务结构，优化了商业模式，全面实施了以去杠杆为目标的债务重组，最终从根本上改善了公司的资产及负债结构，增强了持续经营及盈利能力，彻底摆脱了经营及债务困境。

（资料来源：笔者自行编制）

第一节 公司解散

公司解散是指公司发生章程规定或法定的包括破产在内的解散事由而停止业务活动，并进入清算程序的过程。

公司解散的原因包括：第一，公司章程规定的营业期限届满或者公司章程规定的其他解散事由出现；第二，股东会或者股东大会决议解散；第三，因公司合并或者分立需要解散；第四，依法被吊销营业执照、责令关闭或者被撤销；第五，人民法院依法予以解散。

第二节 企业清算

企业清算是指企业按章程规定解散以及由于破产或其他原因宣布终止经营后，对企业的财产进行清查、估值和变现，清理债权和债务，分配剩余财产的行为。

一、清算分类

1. 普通清算

普通清算是由企业自行确定的清算人按照法律规定的一般程序进行清算，法院和债权人不直接干预。除破产清算外，其他清算一般都属于普通清算。

2. 特别清算

特别清算是不能由企业自行组织清算，而是由法院出面直接干预，债权人参加并进行监督的清算。一般指破产清算。

二、普通清算的法律程序

第一，公司解散进行清算，在解散事由出现之日起15日内成立清算组，开始清算。有限责任公司的清算组由股东组成，股份有限公司的清算组由董事或者股东大会确定的人员组成。逾期不成立清算组进行清算的，债权人可以申请人民法院指定有关人员组成清算组进行清算。人民法院应当受理该申请，并及时组织清算组进行清算。

第二，清算组应当自成立之日起10日内通知债权人，并于60日内在报纸上公告。

第三，债权人应当自接到通知书之日起30日内，未接到通知书的自公告之日起45日内，向清算组申报其债权。

第四，债权人申报债权，应当说明债权的有关事项，并提供证明材料。清算组应当对债权进行登记。在申报债权期间，清算组不得对债权人进行清偿。

第五，清算组在清理公司财产、编制资产负债表和财产清单后，应当制定清算方案，并报股东会、股东大会或者人民法院确认，并报送公司登记机关，申请注销公司登记，公告公司终止。

三、破产清算的法律程序

清算组在清理公司财产、编制资产负债表和财产清单后，发现公司财产不足清偿债务的，应当依法向人民法院申请宣告破产。公司经人民法院裁定宣告破产后，清算组应当将清算事务移交给人民法院。公司被依法宣告破产的，依照企业破产法进行破产清算。

根据《破产法》的规定，企业破产清算的基本程序如下。

1. 提出破产申请

《破产法》规定，破产申请可由债务人向法院提出，即自愿破产，也可由债权人向法院提出，即非自愿破产。债务人或债权人向法院提出破产申请，应当提交破产申请书和有关证据，破产申请书应当载明下列事项：（1）申请人、被申请人的基本情况；（2）申请目的；（3）申请的事实和理由；（4）法院认为应当载明的其他事项。

2. 法院受理破产申请

法院接到破产申请后应进行受理与否的审查。一般来说，法院应当自收到破产申请之日起15日内裁定是否受理。债权人提出破产申请的，法院应当自收到申请之日起5

日内通知债务人。债务人对申请有异议的，应当自收到法院的通知之日起 7 日内向法院提出。法院应当自异议期满之日起 10 日内裁定是否受理。

3. 指定破产管理人

法院裁定受理破产申请后，应当指定管理人。管理人可以由有关部门、机构人员组成的清算组或者依法设立的律师事务所、会计师事务所、破产清算事务所等社会中介机构担任。管理人应当勤勉尽责，忠实执行职务。管理人的报酬一般由法院确定。

4. 债权人申报债权

法院受理破产申请后，应当确定债权人申报债权的期限。债权申报期限自法院发布受理破产申请公告之日起计算，最短不得少于 30 日，最长不得超过 3 个月。债权人应当在法院确定的债权申报期限内向管理人申报债权。管理人收到债权申报材料后，应当登记造册，对申报的债权进行审查，并编制债权表。

5. 召开债权人会议，选举债权人委员会

债权人会议是由依法申报债权的所有债权人组成的，决定债务人在破产期间的重大事项。第一次债权人会议由法院召集，自债权申报期限届满之日起 15 日内召开。

债权人会议的决议，由出席会议的有表决权的债权人过半数通过，并且其所代表的债权额占无财产担保债权总额的 1/2 以上。

债权人会议可以决定设立债权人委员会。债权人委员会由债权人会议选任的债权人代表和一名债务人的职工代表或者工会代表组成。债权人委员会行使下列职权：监督债务人财产的管理和处分；监督破产财产分配；提议召开债权人会议；债权人会议委托的其他事项。

6. 法院宣告债务人破产

法院对债务人的破产申请进行审理，对符合破产条件的企业下发破产宣告裁定书，正式宣告债务人破产。法院宣告债务人破产后，应当自裁定作出之日起 5 日内送达债务人和管理人，自裁定作出之日起 10 日内通知已知债权人，并予以公告。债务人被宣告破产后，债务人称为破产人，债务人财产称为破产财产，法院受理破产申请时对债务人享有的债权称为破产债权。

7. 处置破产财产

管理人负责处置破产企业的财产。管理人在法院宣告债务人破产后，应当接管破产企业，开展清产核资、资产评估等工作，对破产财产和破产债权进行认定，清理、回收、管理、处分破产企业财产，代表破产企业参加诉讼和仲裁活动。在必要的情况下，管理人可以组织破产企业继续进行生产经营活动。管理人应当及时拟订破产财产变价方案,提交债权人会议表决。破产财产变价方案经债权人会议表决通过或者法院裁定后,管理人应当适时变价出售破产财产。

8. 分配破产财产

破产财产变价处置后,管理人应当及时拟订破产财产分配方案,并提交债权人会议表决。债权人会议通过破产财产分配方案后,由管理人将该方案提请法院裁定认可后,由管理人执行。

9. 终结破产程序

管理人完成最后的破产财产分配后,应当及时向法院提交破产财产分配报告,并提请法院裁定终结破产程序。法院应当自收到管理人终结破产程序的请求之日起15日内做出是否终结破产程序的裁定。裁定终结的,应当予以公告。管理人应当自破产程序终结之日起10日内,持法院破产程序的裁定,向破产人的原登记机关办理注销登记。

四、破产财产

1. 破产财产的界定

破产财产,是指依法在破产宣告后,可依破产程序进行清算和分配的破产企业的全部财产。破产财产的构成条件是:(1)必须是破产企业法人可以独立支配的财产;(2)必须是在财产程序终结前属于破产企业的财产;(3)必须是依照破产程序可以强制清偿的债务人的财产。

根据《破产法》的规定,破产财产由下列财产构成:(1)宣告破产时企业经营管理的全部财产;(2)破产企业在宣告破产后至破产程序终结前所取得的财产;(3)应当由破产企业行使的其他财产权利,如专利权、著作权等;(4)担保物的价款,超过其所担保的债务数额的,超过部分属于破产财产;(5)在法院受理破产案件前6个月至破产宣告之日的期间内,破产企业隐匿、私分、无偿转让、非法出售的财产,经追回后属于破产财产;(6)破产企业与其他单位联营时所投入的财产和应得收益,属于破产财产。

破产财产确定以后,一般都要变卖为货币资金,以便清偿债务。财产可分为单项资产变现和"一揽子"变现。破产财产应采用公开拍卖的方式出售,对破产财产中的整套设备或生产线,应尽量整体出售,确定无法整体出售的,方可分散出售。

2. 破产财产的分配

破产财产在优先清偿破产费用和共益债务后,依照下列顺序清偿:

(1)破产人所欠职工的工资和医疗、伤残补助、抚恤费用,所欠的应当划入职工个人账户的基本养老保险、基本医疗保险费用,以及法律、行政法规规定应当支付给职工的补偿金；

（2）破产人欠缴的除前项规定以外的社会保险费用和破产人所欠税款；

（3）普通破产债权。破产财产不足以清偿同一顺序的清偿要求的，按照比例分配。破产企业的董事、监事和高级管理人员的工资按照该企业职工的平均工资计算。破产财产的分配应当以货币分配方式进行。但是，债权人会议另有决议的除外。

第三节 破产预警管理

一、财务危机的含义

财务危机也可称为财务困境或财务失败，是指企业由于现金流量不足，无力偿还到期债务，而被迫采取非常措施的一种状态。企业发生财务危机的主要标志就是现金流量短缺并呈持续状态，无力履行偿还到期债务的义务，不得不采取在现金流量正常的情况下不可能采取的非常措施，如出售重要的经营性资产、高息借贷、停发现金股利、债务重组、申请破产等。发生财务危机的企业大多也同时会发生经济失败，但是，经济失败是从企业的盈利能力来描述企业的经营状态，而财务危机是从企业的偿债能力来描述企业的经营状态，企业的财务危机实际上是一种渐进式的积累过程，表现为不同的轻重程度，企业的违约、无偿付能力、亏损等都可视为财务危机的一种前期表现，破产倒闭只是财务危机的终极结果。

二、财务危机产生的原因

导致企业财务危机的主要原因有以下几点：

1. 企业管理结构存在缺陷

企业高级管理层存在结构缺陷，会导致企业重大决策失误，由此可能给企业带来重大损失。管理结构缺陷主要表现在：首席执行官独裁，一人拥有很大的权力，其他董事不作为；高管团队知识结构不平衡；财务职能弱化，缺乏管理深度等。

2. 会计信息系统存在缺陷

可靠的会计信息可以帮助管理层及时发现问题，为正确决策提供依据。但是，失败的企业会计信息系统常常是不健全的，主要表现在：缺乏预算控制系统，或者预算控制系统不健全；缺乏现金流量的预测；没有成本核算系统；对资产价值的估值不当。不健全的会计信息掩盖了问题，使财务风险不断累积，直到危机爆发。

3. 面对经营环境的变化，企业不能及时采取恰当的应对措施

经营环境的变化可分为五大类：第一，市场竞争环境变化，如出现了新的竞争对手、竞争对手开发出新的产品等；第二，经济环境的变化，如国家经济政策的调整、经济周期的变化、利息率的变化、通货膨胀、汇率变化等；第三，政治环境的变化，国家政治环境的重大变化必然会影响到经济资源的配置，从而对企业经营活动产生影响；第四，社会环境的变化，如生活方式的变化、消费习惯的变化、社会人口年龄结构的变化、社会对污染或消费者保护态度的变化等；第五，技术变化，如技术的更新变革。当市场竞争环境、经济环境、政治环境、社会环境和技术条件等因素发生重大变化时，失败的企业往往反应迟钝，不能采取恰当的应对措施，从而在市场竞争中败下阵来。

4. 制约企业对环境变化做出反应的因素

来自政府或社会的一些限制因素，可能会制约企业对环境变化的反应，降低企业的自由度，导致企业付出较高的成本。如政府要求企业承担过多的社会责任，可能占用企业大量的资源，使企业经营效率低下。

5. 过度经营

企业过度经营有许多表现形式。例如，过度筹资降低了资金利用效率；以牺牲利润率的方式追求销售额的增长等。

6. 盲目开发大项目

管理层过于乐观，盲目开发大项目，高估项目的收入或低估项目的成本，导致企业现金流量紧张。企业开发的大项目主要包括并购、多元化经营、开发新产品、项目扩张等。如果管理层对大项目的判断错误，就可能导致项目失败，给企业造成重大损失。

7. 高财务杠杆

在经济环境不景气，企业经营业绩下降的情况下，较高的资产负债率会加大财务风险，导致企业发生亏损和现金流量紧张。

8. 常见的经营风险

任何企业都会面对一些常见的经营风险，这些经营风险一般不会导致企业经营失败，但是对于实力弱小、管理水平较低的企业来说，常见的经营风险也可能使企业陷入财务危机之中。

三、财务危机的预警

财务危机预警也称为财务预警，是指根据企业经营状况和财务指标等因素的变化，对企业经营活动中存在的财务风险进行检测、诊断和报警的方法。财务预警作为一种诊断工具,对企业的财务风险进行预测和诊断,避免潜在的财务风险演变成财务危机,起到防患于未然的作用。

为了监测和预报财务危机,国内外学者运用不同的预测变量,采用各种数学工具和方法,建立了大量的财务预警模型。

1. 单变量预警模型

单变量预警模型是指运用单一变量、个别财务比率来进行财务预警。1966年威廉·比弗(William Beaver)提出了单变量预警模型,他在使用5个财务比率对79个失败企业和相同数量、同等资产规模的成功企业进行比较研究后发现,预测财务危机准确率最高的是债务保障率(现金流量/负债总额),其次是资产净利率(净利润/资产总额)和资产负债率(负债总额/资产总额),并且离失败日越近,预见性越强,在财务危机发生前5年的预测准确率可达70%,在财务危机发生前1年的预测准确率可达87%。

在比弗采用单变量模型进行财务危机预测研究之后,很少有人再沿用单变量方法进行分析预测,原因在于单变量模型有以下缺点:(1)从单变量模型的财务意义来看,企业的财务状况不可能通过单一财务比率就可以完全掌握,可能某一财务比率单独考虑时预测效果不显著,但与其他财务比率一同考虑时却可以增强解释力。此外,不同的财务比率可能对同一企业有相互矛盾的预测,以至于难以判断。(2)从单变量模型的统计方法来看,它只考虑到变量的其中趋势(即平均值),而没有考虑到变量的离散程度(如方差等)。这种对变量变异程度考察的缺乏,使得单变量的研究未能对所产生的结果做进一步解释,而且单变量模型没有考察所有变量之间的相关程度。(3)与其他利用财务比率的财务预警方法一样,单变量模型也受到行业区别、通货膨胀、地区区别、虚假会计信息的影响。单变量分析只是笼统地说明了公司正处于困境或未来可能处于困境,但不能具体证明公司可能破产或何时破产。

2. 多变量预警模型

为了克服单变量预警模型存在的缺陷,获得对财务危机更好的预测模型,许多学者从20世纪60年代起,发展了多变量财务危机预警模型,预测的精度和效率得到极大提高。其中最早、使用最广泛的是多元线性函数模型,下面介绍的Z计分模型就属于多变量预警模型。

Z计分模型是美国学者爱德华·奥特曼(Edwards Altman)在20世纪60年代提出的,其运用多种财务指标加权汇总产生的总判别分(称为Z值)来预测财务危机。其模型用计算公式可表示为:

$$Z = 0.012X_1 + 0.014X_2 + 0.033X_3 + 0.006X_4 + 0.999X_5$$

公式中，X_1 表示营运资本/资产总额；X_2 表示留用利润/资产总额；X_3 表示息税前利润/资产总额；X_4 表示权益的市场价值/负债账面价值；X_5 表示销售收入/资产总额。

根据这一模型，Z 分值越低，企业就越有可能破产。奥特曼提出了判断破产企业和非破产企业的分界点是 2.675，当 Z 分值大于 2.675 时，说明企业在短期内不会破产；当 Z 分值小于 1.81 时，企业破产的可能性非常大；Z 分值介于 1.81～2.675 之间时，属于"未知区域"或"灰色区域"，进入该区间的企业财务状况极不稳定，误判的可能性很大。

本章小结

公司解散是指公司发生章程规定或法定的包括破产在内的解散事由而停止业务活动，并进入清算程序的过程。

企业清算是指企业按章程规定解散以及由于破产或其他原因宣布终止经营后，对企业的财产进行清查、估值和变现，清理债权和债务，分配剩余财产的行为。企业清算分为一般清算和特别清算。

破产财产，是指依法在破产宣告后，可依破产程序进行清算和分配的破产企业的全部财产。破产财产在优先清偿破产费用和共益债务后，应依照一定顺序清偿。

财务危机是指企业由于现金流量不足，无力偿还到期债务，而被迫采取非常措施的一种状态。财务危机的发生是由于企业管理结构存在缺陷、会计信息系统存在缺陷和经营环境的变化等。财务危机有财务指标、会计报表和经营状况征兆，正因为财务危机有征兆，就需要采用相应的方法对财务危机进行预警，主要包括单变量预警模型和多变量预警模型。

本章重要术语

公司解散　　破产清算　　破产财产　　财务危机　　财务预警

延伸阅读

李伯圣：《企业财务危机管理》，社会科学文献出版社 2008 年版。

复习与思考

一、简答题

1. 简述公司解散的原因。

2. 简述破产财产的范围及破产财产的分配顺序。

3. 简述财务危机产生的原因。

二、网络练习

2016年11月,乐视手机的供应链厂商回收资金困难,乐视债务危机爆发;2017年乐视资金链断裂,很多金融机构纷纷加入"讨债"的队伍中,乐视陷入财务危机。请同学们通过网络平台查找相关资料,了解乐视财务危机的过程,指出导致乐视财务危机产生的原因。

复习与思考参考答案

一、简答题

(略)

二、网络练习

(略)

参考文献

[1] 李伯圣:《企业财务危机管理》,社会科学文献出版社2008年版。

[2] 杨秋波:《上市公司破产选择行为及其效应研究》,西南财经大学出版社2008年版。

[3] 胡艳:《上市公司破产重整财务与会计问题研究》,经济科学出版社2015年版。

第十三章

国际财务管理

【学习目标】

1. 熟悉国际财务管理的概念;
2. 了解国际财务管理的特点和内容;
3. 了解外汇风险的含义、分类及管理策略;
4. 了解国际企业的资金来源及筹资方式;
5. 了解国际企业的投资方式;
6. 了解国际企业资金结算的模式。

【引导案例】

布鲁斯有限公司(以下简称"布鲁斯")坐落于英格兰中部,靠近威尔士边界,是一家经营茶、调料盒的老厂商,其产品覆盖整个英国以及欧洲大陆的许多地方。

布鲁斯在向国外客户出售商品时,一般都用英镑结算,原因是为了防范汇率变动。但该公司刚刚收到一家法国批发商的订单,价值 320 000 英镑,条件是 3 个月付款并以欧元结算。

布鲁斯的 CFO 彼得需要考虑接下来的 3 个月里英镑对欧元是否会升值,以便弄清楚以欧元付款时会不会抵销公司全部或部分利润,虽然他认为这种可能性不大,但他仍然决定向银行就如何规避汇率风险进行咨询。

彼得从银行处了解到,目前欧元/英镑的即期汇率是 1.4536 欧元/1.00 英镑,因此交易量应为 465 152 欧元。彼得还了解到,英镑和欧元对美元的 3 个月远期汇率分别是 1.8991 美元/1.00 英镑和 1.3153 美元/1.00 欧元。银行建议根据两种外汇对美元的远期汇率所暗含的欧元/英镑的套期远期汇率建立一个套期保值,卖出应收欧元、买入英镑。

如果你是 CFO 彼得,你会怎么做呢?

(资料来源:笔者自行编制)

第一节 概述

随着全球化和世界经济一体化的进程加快，越来越多的企业需要在国际环境下进行财务管理活动，正是在这样的背景下，国际财务管理受到重视并逐渐发展为财务管理的一个新的分支。

一、国际财务管理的概念

作为一门新的学科，国际财务管理的目标、内容、方法体系尚不十分成熟，国内外财务学者关于国际财务管理概念的表述也不同。概括起来，主要有以下三种观点：

一是把国际财务管理理解为世界财务管理，认为国际财务管理应当研究能在全世界范围内各国企业普遍适用的原理和方法，使世界各国的财务管理逐渐走向统一。

二是把国际财务管理理解为比较财务管理，认为各国的政治、经济、社会、法律、文化教育等理财环境存在很大差异，各国财务管理的目标、内容、方法也不尽相同，国际财务管理应在如实描述各国财务管理基本特征的同时，比较不同国家在组织财务收支、处理财务关系方面的差异，以便在解决国际之间的财务问题时不把自己国家的原则和方法强加给对方，而力求求同存异。

三是把国际财务管理理解为跨国公司财务管理，认为国际财务管理主要是研究跨国公司在组织财务活动、处理财务关系时所遇到的特殊问题。

上述三种观点都有一定道理，但都未能全面反映国际财务管理的确切含义。第一种观点距现实太遥远，只能作为努力的方向。第二种观点仅仅是对各国财务管理的特点进行汇总和比较，缺乏实质性内容。第三种观点把国际财务管理仅仅限制在跨国公司的范围内，没能完全概括国际财务管理丰富的内容。

跨国公司财务管理是国际财务管理研究的重点内容，但仅仅局限于此是不够的。国际财务管理应研究一切国际企业在组织财务活动、处理财务关系时所遇到的特殊问题。国际企业是相对国内企业而言的，它泛指一切超越国境从事生产经营活动的企业，包括跨国公司、外贸公司、合资企业以及其他多种形式的处于不同国际化演进阶段的企业。可以说，国际企业是从事国际经营活动的经济实体的统称。因此，一个国际企业可能不是跨国公司，但任何跨国公司都属于国际企业。跨国公司是国际企业发展的较高阶段，是企业国际化程度较高的组织形式。

综上，国际财务管理可以定义为：国际财务管理是财务管理的一个新领域，它是基于国际环境，按照国际惯例和国际经济法的有关条款，根据国际企业财务收支的特点，组织国际企业的财务活动、处理国际企业财务关系的一项经济管理工作。

二、国际财务管理的特点

国际财务管理是国内财务管理向国际经营的扩展，因此，一国企业财务管理的基本原理和方法，也适用于国际企业，但由于国际企业的业务散布多国，财务管理常涉及外汇的兑换和多国政府的法令制度，所以国际财务管理比国内公司财务管理更复杂。概括起来，国际公司财务管理具有以下三个特点：

1. 理财环境的高复杂性

企业的理财活动涉及多国，而各国的政治、经济、法律和文化环境都有很多差异，国际企业在进行财务管理时，不仅要考虑本国的各方面环境因素，而且要密切注意国际形势和其他国际的具体情况。不同国家的政治、经济、法律、文化教育等环境是有很多差别的。从政治环境来看，各国社会制度不同，思想政治观念不同，实行的政策不同，等等。从经济环境来看，各国经济发展情况不同，使用的货币不同，外汇管制不同，银行信贷制度不同，税法不同，会计制度不同，等等。此外，各国语言、文字不同，风俗习惯也不同。在国际财务管理中，要遵循国际惯例，执行有关国家的法律、政策、制度，使用外国货币，要了解有关国家的利率、税率、汇率、通货膨胀率等的变化，根据不同情况采取管理措施。因此，国际财务管理不仅范围更广，而且情况更为复杂。

2. 资金筹集的多选择性

无论是国际企业的资金来源还是筹资方式，都呈现多样化的特点，这使国际企业在筹资时有更多的可选择性。国际企业既可利用母公司地主国的资金，也可以利用子公司东道国的资金，还可以向国际金融机构和国际金融市场筹资。国际企业可以利用这种多方融资的有利条件，选择最有利的资金来源，降低企业资金成本。

3. 资金投放的高风险性

国际企业除面临国内企业所具有的风险外，还存在着新的风险来源。主要包括：(1) 政治风险，是指由于政治方面的原因使企业发生损失的风险。主要包括外国政府变动的风险、外国政策变动的风险、战争因素引起的风险及法律变动的风险等。一般情况下，政治风险是企业无法左右的风险。(2) 经济风险，是指由于经济方面的原因使企业发生损失的风险。主要包括汇率变动风险、利率变动风险及通货膨胀风险等。一般情况下，经济方面的风险，可以通过企业有效经营来加以避免和克服。这是因为，汇率、利率、通货膨胀对国际企业来说,既是遭受损失的原因,又是获得收益的条件。所以,企业财务人员应对这部分风险进行科学预测,以避免不利影响,获得有利条件,取得最大收益。

三、国际财务管理的主要内容

国际财务管理的基本内容可概况如下。

1. 外汇风险管理

外汇风险是指由于汇率的变动而给企业收益带来的不确定性。外汇风险可以分为三类:交易风险、折算风险和经济风险。外汇汇率的大幅度变动可能会给企业带来收益,但也可能造成重大损失。国际企业的财务管理人员必须熟知外汇风险管理的程序和方法,以便为企业增加收益,减少损失。

2. 国际筹资管理

国际企业不仅从本国筹集资金,在企业内部积累资金,而且大量从外国和国际金融市场筹集资金。国际筹资方式主要有:(1) 国际股票筹资,例如吸收外商投资入股举办合资企业,或通过在国外的子公司在当地发行股票。(2) 国际债权筹资,包括外国债券和欧洲债券。(3) 国际信贷筹资,主要是出口信贷和国际银行贷款。(4) 国际租赁筹资和补偿贸易筹资等。不同的资金来源成本有高有低,在国际间资金的有无及其比较成本变化很快,国际企业财务管理人员必须随时掌握世界金融市场情况的变化,以便正确地进行筹资。

3. 国际投资管理

国际企业的资金运营是指企业将筹集到的资金用于国际生产经营活动,以获取收益。国际企业的国外投资可分为直接投资和间接投资两种基本形式,投资形式不同,管理方法就不一样。国际投资与国内投资的决策方法基本相同,但国际投资涉及比较复杂的环境因素和较大的投资风险,具有某些特点。在国外投资办企业要进行可行性研究,有必要在对地主国的政治环境、经济环境以及国际环境进行分析的基础上,选择合理的投资方式,分析投资的安全性和经济合理性,进行财务分析,分析投资经营的收益性。

4. 国际营运资金管理

合理安排、调度企业的营运资金是避免外汇风险,实现财务目标的重要手段。营运资金的管理主要包括存量管理和流量管理两方面内容。营运资金的存量管理着眼于各类资金处置,目的是使现金、应收账款和存货处于最佳的持有水平。营运资金流量的管理着眼于资金从一地向另外一地的转移,其目的是使资金得到合理的配置,确定最佳的安置地点和最佳的持有币种,以避免各种风险和损失。

第二节 外汇风险管理

一、外汇风险的含义

外汇风险的含义有广义与狭义之分。广义的外汇风险是指国际经济交易主体在从事外汇相关业务时,由于汇率及其他因素的变动而蒙受损失或将丧失预期收益的可能性。广义的外汇风险包括在从事外汇相关业务时所面临的一切风险,如汇率风险、利率风险、政策风险、信用风险、决策风险以及道德风险等。狭义的外汇风险是指国际经济交易主体在从事外汇相关业务时,由于外汇汇率的变动而蒙受损失或将丧失预期收益的可能性。狭义的外汇风险实际上只包括汇率风险。

二、外汇风险的种类

外汇风险是多种多样的,可概况为如下三类。

1. 交易风险

交易风险是指企业因进行跨国交易而取得外币债权或承担外币债务时,由于交易发生日的汇率与结算日的汇率不一致,可能使收入或支出发生变动的风险。交易风险主要表现在以下几个方面:(1)以外币表示的借款或贷款;(2)以外币表示的商品及劳务的赊账业务;(3)尚未履行的期货外汇合约;(4)其他方式所取得的外币债权或应承担的外币债务。

例如,我国一跨国企业贷款 500 万美元引进生产设备,当时的汇率为 1 美元 = 3.7 元人民币,生产设备价款折算人民币为 1 850 万元,到还款时汇率变为:1 美元 = 5.3 元人民币,生产设备价款折算人民币为 2 650 万元,只是还本该企业就要损失人民币 800 万元。因此,对于国际企业来说,有效地预防外汇交易风险是很重要的。

2. 折算风险

折算风险是指企业把不同的外币余额,按一定的汇率折算为本国货币的过程中,由于交易发生日的汇率与折算日的汇率不一致,使会计账簿上的有关项目发生变动的风险。国际企业的外币资产和负债项目,在最初发生时,都是按发生日的汇率入账的,但在编制财务报表时,要对其中的某些项目用编表日的汇率进行换算。当某项资产或负债项目发生日的汇率与编表日的汇率不一致时，经过换算后，就会给企业带来会计账表上的损益，它并不影响企业当期的现金流量，但在进行财务分析时，却会使各种财务比率发生变动。

3. 经济风险

经济风险是指由于汇率变动对企业的产销数量、价格、成本等产生影响，从而使企业的收入或支出发生变动的风险。经济风险是相当复杂的，它涉及企业财务、销售、供应、生产等各个方面的问题。因此，管理经济风险是整个企业管理应承担的责任，而交易风险与折算风险的管理一般都由财务人员来承担。

三、外汇汇率

外汇汇率是指一国货币兑换成另一国货币的比率，或是指用一种货币表示的另一种货币的价格。由于标准不同，外汇汇率有两种标价方法。

1. 直接标价法

直接标价法又称应付标价法，是指以一定单位（1个外币单位或100个外币单位）的外国货币作为标准，折算成若干本国货币来表示其汇率的标价方法。当前世界上除英美少数国家外，都采用直接标价法。我国人民币的汇率，也采用这种方法。在直接标价法下，外国货币的数额固定不变，本国货币的数额随外国货币或本国货币币值的变化而变化。

2. 间接标价法

间接标价法又称收进报价法，是指以一定单位的本国货币为标准，折算成若干数额的外国货币来表示其汇率的标价方法。在间接标价法下，本国货币的数额固定不变，外国货币的数额随本国货币和外国货币币值的变动而变动。

四、外汇风险管理策略

外汇风险管理是一项系统而复杂的工程，其成功与否取决于国际企业的风险管理战略、管理方法等多方面因素。例如，当汇率变动时，国际企业的外币现金流可能发生变化，这种变化无疑会带来经济风险；当外币现金流量折算为本币现金流量时，又存在折算风险。又如，没有发生的、未知的交易带来了经济风险，随着时间的推移，交易达成后就转变成了交易风险。正是这几类风险之间的这种关联性，使得某些风险规避措施适用于不同类型的风险。

一般情况下，国际企业可以从以下策略中选择一些适合本公司实际情况的风险规避措施。

1. 选择币种法

在对外经济活动中，跨国公司要灵活地选择和使用计价结算货币。对跨国公司来说，选择合适的计价结算货币可以从源头上防范外汇风险，同时，它也是跨国公司规避外汇风险最基本、最容易的方法。

（1）选择本币计价结算。在经济活动中，采用本币计价，不涉及外币折算，消除了因外币因素形成的外汇风险。但是，它受本币国际地位以及贸易双方习惯的制约，有时出口商要在商品的价格和信用期限方面做出妥协。

（2）选择硬货币计价结算。硬货币是指汇率相对稳定并具有升值趋势的货币。相反，软货币是指汇率相对不稳定且有贬值趋势的货币。在对外经济活动中，出口时，尽量以硬货币计价结算；进口时，则要尽量以软货币计价结算，即遵守"收硬付软"的基本原则。

（3）选择可自由兑换货币计价结算。自由兑换货币可以随时在外汇市场上兑换转移。采用自由兑换货币计价结算，有利于出口商转移货币汇价变动的风险，便于资金的调度使用。

（4）选择多种货币组合计价结算。经验表明，在一定时期内，各种货币的汇率风险可以相互调节，即当一国货币坚挺时，其他国家的货币往往相对疲软。例如，当欧元疲软时，其他国家的货币会相对坚挺。因此，在对外经济活动中，跨国公司可以选择多种货币，并按照一定的比例构成组合货币来降低汇率风险，常用的是"一揽子"货币。

（5）出口配合进口币种计价结算。是指在条件允许的情况下，某些出口商品可以采用和进口商品相同的货币计价结算，以减少外汇净额，从而降低外汇风险。

2. 货币保值法

货币保值法是规避外汇风险经常采用的一种方法。它是指在对外经济活动中，贸易双方经过协商，在进出口贸易合同中加入适当的保值条款，以确定货币收付的条件，使交易双方共同分担外汇风险。常用的货币保值方法是在进出口贸易合同中订立黄金保值条款、硬货币保值条款和"一揽子"货币保值条款。

（1）黄金保值条款。在进出口贸易合同中，该条款的一般做法是：进出口贸易双方在签订合同时，按照签约日的黄金价格，把计价结算货币折算为一定数量的黄金，到货款结算日，再将折算的一定数量的黄金按照当时的黄金价格折算为特定数量的计价结算货币。

（2）硬货币保值条款。在进出口贸易合同中，该条款的一般做法是：在合同中明确用软货币支付货款，但同时采用一种硬货币保值，确定两种货币订立合同时的汇率，如果从订立合同到实际支付货款的期间内，用于支付货款的软货币的汇率波动超过了双方规定的幅度，则应由贸易双方按一定的比例共同承担外汇风险的损失，这样，贸易双方都可以降低外汇风险。

（3）"一揽子"货币保值条款。多种货币的组合即为"一揽子"货币。在进出口贸易合同中，该条款的一般做法是：在订立合同时，贸易双方规定支付结算货币和"一揽子"货币以及它们之间的汇率和比例关系，并规定各种保值货币与支付结算货币之间汇率变动的调整幅度，在支付货款时，通过实际汇率变动幅度与规定汇率变动幅度的比较，对支付结算货币金额做出相应的调整。

3. 价格调整法

在实际进出口贸易中，由于贸易双方的交易意图、市场需求、价格条件等因素的制约，出口采用硬货币计价结算、进口采用软货币计价结算不一定能够实现，此时就要考虑采用价格调整法。

（1）加价保值法。加价保值法是指出口商同意采用软货币计价结算，但是要把汇率变动可能造成的损失分摊到出口商品的价格中，以起到转移外汇风险的作用。

（2）压价保值。压价保值是指进口商同意采用硬货币计价结算，但是从进口商品的价格中扣除因汇率变动可能造成的损失，以起到转嫁外汇风险的作用。压价幅度相当于硬货币预期的升值率。

第三节 国际企业筹资管理

一、国际企业的资金来源

与单一的国内企业相比，国际企业有更多的资金来源，最主要的资金来源可概括为以下四个方面。

1. 公司内部的资金来源

国际企业的经营规模大、业务多，常常在其内部形成国际性的资金融通体系。一些世界著名的跨国公司都有几十个子公司，有的甚至可达上百个分支机构。这样，国际企业内部的各经营实体在日常经营活动中都可能产生或获得大量的资金，从而构成了内部资金的广泛来源。这些来源主要包括：母公司或子公司本身的未分配利润和折旧基金；公司之间相互提供的资金。

2. 母公司本土国的资金来源

国际企业的母公司可以利用它与本土国经济发展的密切联系，从母公司本土国的金融机构和有关政府组织获取资金。

3. 子公司东道国的资金

国际企业也可以从子公司的东道国来筹集资金。一般来说，多数子公司都在当地借款，在很多国家，金融机构对当地企业贷款的方式同样适用于外资企业。在当地借款既可弥补投资不足，又可以预防和减少风险。

4. 国际资金来源

国际企业除集团内部、母公司本土国、子公司东道国以外的任何第三国或第三方提供的资金，都可称之为国际资金。国际资金主要包括以下三方面：（1）向第三国银行借款或在第三国资本市场上出售证券；（2）在国际金融市场上出售证券；（3）从国际金融机构获取贷款。

二、国际企业的筹资方式

筹资方式是指企业筹集资金所采取的具体形式和工具，体现着资本的属性和期限。相比于国内企业来说，国际企业的筹资方式具有更多的选择，以下介绍几种具有国际特色的筹资方式。

1. 发行国际股票

国际股票是指一国企业在国际金融市场或国外金融市场上发行的股票，通常也称境外上市。比如，中国的股份有限公司在美国纽约证券市场上发行的股票，日本企业在中国金融市场上发行的股票，美国企业在英国伦敦金融市场上发行的股票都属于国际股票。随着经济的国际化，股票的发行也已超越了国界的限制，出现了国际化趋势，许多大企业特别是大型跨国公司都到国际金融市场上发行股票。

2. 发行国际债券

一国政府、金融机构、工商企业为筹措资金而在国外市场发行的使用外国货币为面值的债券，即为国际债券。国际债券可分为外国债券和欧洲债券两种。外国债券是指国际借款人（债券发行人）在某一个国家债券市场上发行的，以发行所在国的货币为面值的债券。例如，新加坡企业在日本发行的日元债券、日本企业在美国发行的美元债券都属于外国债券。欧洲债券是指国际借款人在其本国以外的债券市场上发行的不是以发行所在国的货币为面值的债券。例如，日本企业在法国债券市场上发行的美元债券，便属于欧洲债券。欧洲债券的特点是，发行人处在某一个国家，发行在另一个国家，债券面值使用的是第三个国家的货币或综合货币单位（如特别提款权）。目前，欧洲债券选用最多的货币是美元。

3. 利用国际银行信贷

国际银行信贷是一国借款人向外国银行借入资金的信贷行为。国际银行信贷按其贷款方式有独家银行信贷与银团贷款两种。独家银行信贷又称双边中期贷款，它是一国贷款银行对另一国的银行、政府及企业提供的贷款。银团贷款又称辛迪加贷款，它是由一家贷款银行牵头，由该国或几国的多家贷款银行参加，联合起来组成贷款银行集团，按照同一条件共同对另一国的政府、银行及企业提供的长期巨额贷款。目前，国际的中长期巨额贷款一般都采用银团贷款方式，以便分散风险，共享利润。

4. 利用国际贸易信贷

国际贸易信贷是指由供应商、金融机构或其他官方机构为国际贸易提供资金的一种信用行为。当前，国际上巨额对外贸易合同的签订，大型成套设备的出口，几乎都与国际贸易信贷结合在一起。因此，国际贸易信贷是国际企业筹集资金的一种重要方式。国际贸易信贷按贷款期限分为短期信贷和中长期信贷。短期信贷是指期限在 1 年以内的信贷；中长期信贷是指期限在 1 年以上的信贷。由于国际贸易中的中长期信贷的目的是扩大出口，故称之为出口信贷。出口信贷是发达国家为支持扩大本国产品出口，责成本国银行设立的一种利率优惠的贷款，其目的是向国外推销产品和吸引那些资金不足的进口商进口所需的产品。出口信贷分为两种：（1）出口买方信贷，是指国家为支持本国产品出口，通过提供保险、融资或利息补贴等方式，鼓励本国金融机构向进口国政府、银行或进口商提供的优惠贷款，主要用于国外进口商购买本国的船舶、飞机、电站、汽车等成套设备以及其他机电产品。（2）出口卖方信贷，是指出口国为了支持本国机电产品、成套设备、对外工程承包等资本性货物和服务的出口，由出口国银行给予出口商的中长期融资便利。出口卖方信贷业务与出口买方信贷业务的主要区别在于借款主体不同，出口买方信贷业务的借款人是买方，即国外进口商；而出口卖方信贷业务的借款人是卖方，即国内出口商。

5. 利用国际租赁

国际租赁是指一国从事经济活动的某单位，以支付租金为条件，在一定时期内向外国某单位租借物品使用的经济行为。国际租赁是一种新型的融资方式，是以出租实物的形式代替对承租人直接发放贷款。通过国际租赁，国际企业可以直接获得国外资产，较快地形成生产能力，充分利用外资。

第四节 国际企业投资管理

一、国际投资的种类

按不同的标准，可对国际投资作不同的分类，现根据国际上常见的分类标准，介绍如下。

1. 按投资方式不同，可分为国际直接投资和国际间接投资

国际直接投资又称对外直接投资，它是指投资者在其所投资的企业中拥有足够的所有权或具有足够程度的控制权的投资。最初意义上国际直接投资是指在国外建立工厂直接生产或设立商店直接销售的一种经营活动。现代意义上则是指在国外取得经营权的投资。一般有以下几种做法：（1）建立新企业；（2）通过谈判购买现有企业的部分或全部产权；（3）在股票市场上购买外国公司相当数量的股票，参与该公司的经营决策与管理。

国际间接投资又称对外间接投资，是指投资者不直接掌握投资对象的动产或不动产的所有权，或在投资对象中没有足够的控制权的投资。间接投资一般指各种证券投资，如购买其他国家的债券和股票。间接投资和直接投资的最大区别就在于间接投资者对所投资企业没有控制权和管理权，只能取得债息、股息和红利。间接投资对投资者来说，其意义在于可获得一定收益，为剩余资本找到出路。这种方式与直接投资相比，资本运用较为灵活，便于随时调用和转移，较少面临投资被冻结或没收的风险，因此间接投资是国际企业投资普遍采用的方法。

2. 按资金来源不同，可分为公共投资和私人投资

公共投资一般是指政府或国际组织出资进行的投资，如由政府出资兴建公共设施，由国际金融机构出资改善投资环境等。

私人投资是指由私人（包括法人和自然人）筹集资金，为谋求利润所进行的投资。国际财务管理中的投资主要是由企业筹集资金到国外去投资，以谋求利润的行为，因此属于私人投资。

3. 按投资时间不同，可分为长期投资和短期投资

长期投资一般是指 1 年以上的投资。在国外兴办合资企业、合作企业、独资企业或持有国外企业发行的证券 1 年以上的投资，都属于长期投资。长期投资一般所需资金多，投资时间长，投资风险大，因此，必须认真分析投资环境和投资效益，做出科学的决策。

短期投资一般是指 1 年以内的投资。短期投资通常是指证券投资，如果进行合作经营，时间不超过 1 年，也属于短期投资。

二、国际投资方式

国际投资方式是企业进行国际投资所采用的具体形式，主要包括以下几种方式。

1. 国际合资投资

国际合资投资是指某国投资者与另外一国投资者通过组建合资经营企业的形式所进行的投资。这里的合资经营企业通常是指两个或两个以上的不同国家或地区的投资者按照共同投资、共同经营、共负盈亏、共担风险的原则所建立的企业。

国际合资投资的主要优点。（1）进行国际合资投资可减少企业的投资风险。进行合资经营，由东道国企业参与投资，由于东道国投资者对自己国家的经济情况了解得比较多，因而能减少经营上的风险。（2）由于与东道国投资者合资经营，共负盈亏，外国投资者除可享受特别优惠外，还可获得东道国对本国企业的优惠政策。（3）进行合资投资，能迅速了解东道国的政治、经济、社会、文化等情况，并能学习当地投资者的先进管理经验，有利于加强企业管理，提高经济效益。

国际合资投资的主要缺点。（1）进行国际合资投资所需时间比较长。一般来说，进行合资投资必须寻找合适的投资伙伴，但这比较困难，需要较长时间。另外，在国外设立合资企业，审批手续比较复杂，需要时间也比较多。（2）很多国家都规定，外资股权不能超过 50%，所以，国外投资者往往不能对合资企业进行完全控制。

2. 国际合作投资

国际合作投资是指通过组建合作经营企业的形式所进行的投资。这里的合作经营企业又称契约式的合营企业，是指国外投资者与东道国通过签订合同、协议等形式来规定各方的责任、权利、义务而组建的企业。

进行国际合作投资的优点。（1）进行合作投资所需时间比较短。兴办合作企业的申请、审批程序比较简便，合作经营的内容与方式没有固定格式，便于双方协商，容易达成协议。（2）进行合作投资比较灵活。合作企业的合作条件、管理形式、收益分配方法以及合作各方的责任、权利、义务都比较灵活，均可根据不同情况，由合作各方协商在合同中加以规定。

进行国际合作投资的缺点主要是，这种企业组织形式不像合资企业那样规范，合作者在合作过程中容易对合同中的条款发生争议，这会影响合作企业的正常发展。

3. 国际独资投资

国际独资投资是指通过在国外设立独资企业的形式所进行的投资。这里的独资企业是指根据某国的法律，经过该国政府批准，在其境内兴办的全部为外国资本的企业。

进行国际独资投资的优点。（1）进行国际独资投资由投资者自己提供全部资本，独立经营管理，因而在资金的筹集、运用和分配上，都拥有自主权，不会受到其他干涉。（2）进行独资投资有利于学习所在国的先进技术和管理经验，有利于使投资者在更广大的范围内来配置资源和生产能力。（3）进行独资投资可利用各国税率的不同，通过内部转移价格的形式，进行合理避税。

进行国际独资投资的主要缺点。（1）进行独资投资，对东道国的投资环境调查起来比较困难，不太容易获得详细的资料，因而，投资者承担的风险较大。（2）在很多国家，独资企业设立的条件都比合资企业和合作企业要严格。特别是有些行业根本不允许独资企业进行经营，这也是独资企业的不利之处。

4. 国际证券投资

国际证券投资也称"国际间接投资"，是指在国际债券市场购买中长期债券，或在外国股票市场上购买企业股票的一种投资活动。从一国资本流出和流入角度来看，购买国际证券意味着资本流出，发行国际证券则意味着资本流入。国际证券投资的动机主要有两个：一是获取定期金融性收益；二是利用各国经济周期波动不同步性和其他投资条件差异，在国际范围内实现投资风险分散化。当然，也有不少证券购买者的真实目的是利用证券交易进行投机，这些人本质上是投机者而非投资者。

国际证券投资的优点。（1）进行国际证券投资比较灵活方便。证券投资不像进行合资经营那样要经过谈判、协商和复杂的审批手续，只要有合适的证券，几乎可以立即进行投资。（2）进行国际证券投资可以降低风险。国际证券在发行时一般要通过国际公认的资信评级机构确认发行人的资信等级，有的还需经过发行人所在国家的政府担保，因而证券投资的风险一般要比合资、合作、独资投资的风险低。（3）进行国际证券投资可增加企业资金的流动性和变现能力。企业持有国际证券，随时可转让出售变成现金，因而投资于证券比投资于实物资产更具有流动性。

进行国际证券投资的缺点是，证券投资只能作为一种获得股利或利息的手段，而不能达到学习国外先进的科学技术和管理经验的目的，也无法控制有关资源和市场。

第五节　国际企业资金管理

当企业成长为大规模、多样化的国际企业时，子公司和各分支机构日益庞大，公司层级明显增多，业务类型更加复杂多样，资金流量也会相应增大，这时，资金的管理和效率变得十分突出。在这种情况下，国际企业总部几乎成了资产管理公司，只负责管理各个子公司和下属分支机构的投入和产出。对于这些公司，资金的使用效率高，可以促进生产，成为效益的支柱；反之，则会加大财务风险，对公司的效益造成不利影响。由此可见，资金流动越频繁，资金的使用效率越重要。

一、国际企业资金集中管理

资金集中管理对于解决资金流动和效率等问题能够发挥积极的作用。例如，在资金集中管理模式下成立的财务公司或结算中心，一方面，可以作为资金的提供者，调剂资金的盈余和短缺；另一方面，它还可以通过利率弹性、信用额度等手段，监控和促进各个业务单元的经营。国际企业资金集中管理的模式主要包括以下几种。

1. 财务公司模式

国际企业为了加强资金集中管理和提高资金使用效率，以总公司为主，出资构建专门从事国际企业内部资金融通业务的非银行金融机构，即财务公司。它是资金集中管理的高级形式，具有独立法人地位。它作为子公司，为整个公司提供财务管理服务，与其他子公司之间，是一种等价交换的市场竞争关系。

财务公司担负着为集团公司理财的职能。大型国际企业无一例外地采用财务公司模式进行资金的集中管理，为公司的金融业务服务。如通用汽车下的通用汽车承兑公司GMAC，福特汽车的福特汽车信贷等。财务公司已成为公司金融、信息和投资中心，以资金为纽带，实现了信息、人才和管理三者的有机结合。财务公司的具体职能有：（1）筹资职能。通过吸收各子公司的存款、发行债券及新股、从事外汇及同业拆借、有价证券买卖等活动，为整个公司开辟广泛的融资渠道，并使筹集的资金成本最低。（2）投资职能。跨国公司运营中会产生闲置资金，财务公司可根据成本——效益原则，将这部分资金用于公司自身发展的项目，或是投在高效的产业和行业，以增加剩余资金的投资收益，使资金的运用效率最大，提高整个公司的投资回报。（3）结算信贷职能。财务公司通过买方信贷和融资租赁等方式，注入少量资金，以解决公司内部产品购销两方面的问题。为了减少在途资金，子公司在财务公司开立结算账户，公司内部的结算都在此处理，这样还方便了公司结算。(4) 中介服务职能。随着公司业务的不断发展，财务公司须提供全方位金融服务，例如，给公司提供投资咨询、资信调查、信息服务、担保等全方位的服务，使其成为公司的金融中介服务中心。

2. 结算中心模式

结算中心是总公司根据财务管理和控制的需要建立的不具有独立法人资格的独立资金运营机构，由公司某个职能部门直接管理，为公司统一筹集、使用、管理、监督资金活动，统一办理各项资金结算和资金融通业务，以降低资金成本，提高资金使用效率。

结算中心已成为公司实现资金集中管理最主要的方式，主要职责是进行企业内部日常往来结算和资金调拨、运筹。结算中心模式的主要职能有以下几种：(1) 结算职能。内部往来结算是结算中心的基本职能。每个子公司都须在内部银行开设账户，公司内部生产经营范围内的一切实物转让、劳务协作都视为商品交易，通过内部银行办理往来结算。(2) 信贷职能。结算中心实行银行化管理，建立贷款责任制，实行相对独立的核算。同时它根据总公司为各子公司核定的资金和费用定额，结合子公司的实际需要，对其发放贷款。(3) 监管职能。结算中心在结算职能和信贷职能的基础上实施监管职能，实现此职能的方式一般有结算制度、内部结算价格体系、经济责任分解指标、内部合同和经济纠纷制裁制度。(4) 信息反馈职能。结算中心每天都将各子公司资金的收、支、存情况统计上报，使得总公司可以及时掌握各子公司的经营状况、资金动态以及销售情况。(5) 对筹资、投资实施管理。各子公司在结算中心的授权范围内统一对外筹资，筹集到的资金存入结算中心，确保整个公司的资金需要。

3. 其他模式

国际企业资金集中管理的其他模式还有：(1) 统收统支模式。在统收统支模式下，公司的一切资金收入和支出都集中在总公司的财务部门，各子公司均不单独在银行设立账号，资金的使用权、决策权和融资权高度集中在经营者手中。(2) 拨付备用金模式。拨付备用金模式是指总公司按照一定期限拨给子公司和其他分支机构一定数额的现金，以备其日常使用。在该模式下，各子公司和其他分支机构有一定的现金经营权，并且，在总公司规定的现金支出范围和标准之内，可以对拨付的备用金行使决策权。(3) 内部银行模式。内部银行模式是指在适应公司管理机制的前提下，将商业银行的货币发行中心、结算中心、监管中心和贷款中心等职能与管理力量引入公司建立起来的一种内部资金集中管理模式。其主要职责是进行公司内部的日常往来结算和资金调拨。(4) 预算驱动拨款模式。资金集中管理中的资金结算业务与现金收支预算业务的有机结合，产生了预算驱动拨款模式，它不仅使得预算能够对结算加以控制，并且解决了按照不同资金的性质将资金按时、自动拨回的问题，提出了从根本上解决因资金集中结算而造成的大量集中工作问题的有效方法。

二、国际企业国际资金转移管理

国际企业频繁的内部交易导致了大量的投资关系、借贷关系、服务关系和买卖关系，由此形成了种类繁多、数额庞大的内部资金流动。因此，分析国际企业的内部交易，是研究国际企业如何进行内部资金转移的前提。例如，商标、许可证和服务等的内部交易对应的是管理费用、特许权使用费等经常性资金流动，而资本的内部交易对应的则是偿还贷款本息的资金流动。

国际企业内部交易所采用的内部资金转移方式有很多，分别适用于不同的金融和商业环境，主要有以下几种：转让定价、管理费、专业服务费用、特许权使用费、内部贷款、再开票中心等。

1. 管理费、专业服务费用和特许权使用费

对于国际企业而言，其某一子公司的生产经营活动会得到母公司或其他子公司的管理服务、技术服务以及经营许可证等，由此产生的费用应由受益的子公司承担。管理费、专业服务费用和特许权使用费的支付是国际企业在集团内部转移资金的基本方式。

管理费是母公司对跨国经营业务进行全面管理而发生的一般性费用当中应由子公司摊付的部分。管理费包括母公司的管理成本和必须由经营单位支付的其他子公司的管理费用，如现金集中管理成本、研发费用、公关费用、宣传费用、法律和会计方面的费用、管理当局的工资薪酬等费用。

专业服务费用是母公司或其他子公司向子公司提供安装、修理、人员培训、技术指导和咨询等专门服务而向该子公司收取的费用，用以补偿服务提供方所作的支付。由于专业服务费用是针对为子公司提供的专门服务而收取的，故一般是按该服务的类型、时间以及服务的等级来确定支付标准。

特许权使用费是子公司为获取技术、专利或商标的使用权而付给拥有技术、专利或商标的母公司或其他子公司的报酬。

2. 内部贷款

母子公司间和子公司之间的借贷款项，除了为实现资金融通外，最主要的目的是特意利用各子公司东道国税收制度及外汇制度之间的差别来转移资金，达到在税负上避重就轻或逃避外汇管制的目的。近年来，由于子公司的股本、股利容易受到管制，内部贷款已经成为国际企业主要甚至是唯一合法的内部资金转移手段。这里我们对几种典型的公司内部贷款形式进行分析。

(1) 直接贷款。直接贷款就是母公司直接向子公司进行借贷，或是国际企业内部的一家子公司向另一家子公司进行借贷，以这种方式向该子公司供应资金。

相对于股权投资而言，直接贷款有以下的优点：母公司能够很容易地将贷款投资转化为股权投资；简便易行，资金成本较低，便于管理；母公司以收取贷款本息的名义将子公司适当数额的闲散资金调回总公司，一般不会引起东道国的公开反对；此外，在节税、避税方面，直接贷款比股权投资更加有利。

(2) 平行贷款。平行贷款是指在两个不同的国际企业之间互相采取以贷款换贷款的方式，以实现跨国公司内部贷款的目的。这种方式一般涉及分别处于两个不同国家或地区的四个企业。

平行贷款通常应用于抽回被东道国封锁的资金，或是为了避免外汇风险，避开外汇管制，或者为了获得优惠的外币筹资利率。但应用该方法的前提，是要找到另一家跨国公司配合进行，这就限制了这种方法的广泛使用。

(3) 背对背贷款。平行贷款是在银行体系之外的，而背对背贷款需要有跨国银行作为中介。它是指母子公司或者两个子公司之间通过某一金融中介（通常是一家大型跨国银行）进行的间接贷款。一般按照以下程序进行：母公司（或某子公司）将一笔资金存入甲国的某家跨国银行，该银行通过其在乙国的分行将等值资金带给当地借款的子公司。

三、国际企业国际结算

国际结算是指各国之间由于各方面的交往和联系而发生的以货币表示债权债务的清偿行为或者资金转移行为，它是货币的跨国收付业务，是国际综合经济活动。

国际结算分为国际贸易结算和国际非贸易结算。国际贸易结算是指因有形贸易而引起的结算活动，国际非贸易结算是指因无形贸易而引起的结算活动。

1. 国际结算工具——票据

票据是要求债务人在约定时间无条件支付一定金额，并可以流通的有价证券。票据具有汇兑、支付和信用功能。

票据通常被划分为汇票、本票、支票三种。汇票是由出票人签发的，委托付款人在见票时，或者在指定的日期无条件支付确定的金额给收款人或持票人的票据；本票是由出票人签发的，承诺自己在见票时无条件支付确定的金额给收款人或持票人的票据；支票是由出票人签发的，委托办理支票存款业务的银行在见票时无条件支付确定金额给收款人或持票人的票据。

2. 国际结算方式

国际结算方式又称为国际支付方式，是指在一定的条件下，不同国家的当事人通过一定的货币来结清他们之间的债权债务关系的一种方式。一般情况下，国际结算方式分为汇款、托收、信用证三大类。

汇款是指付款人通过所在国的银行等金融机构，将款项以某种方式汇付给收款人的国际结算方式。国际贸易中所采用的汇付，通常是由买方按照合同规定的条件和时间，通过银行将贷款交予卖方。按照使用工具的不同，汇款可以分为电汇、信汇、票汇三种。汇款方式具有手续简单、费用低廉的优点，但是存在资金负担和风险负担不平衡的缺陷。

托收是指在货物发出之后，出口人将自己开具的以进口人为收款人的汇票连同相关的单据交付给当地的委托银行，并由委托银行的国外分支机构或代理行向进口人收款。采用托收这种结算方式，卖方承担了较大的风险和资金负担，而且手续复杂，费用较高。但是，买卖双方都有了一些基于交易的金融手段。

信用证是指银行或其他机构应客户请求，做出书面保证，承诺在符合信用证所规定的条件下，兑现汇票或者是偿付其他付款的要求。信用证是银行信用的一种，实质上是一份自足文件（指已经开出，已成为独立于贸易合同之外的一份自足契约），是一份纯粹的单据交易（指银行处理的是单据，而不是单据所涉及的货物、劳动及其他履约行为）。

本章小结

国际财务管理是财务管理的一个新领域，它是基于国际环境，按照国际惯例和国际经济法的有关条款，根据国际企业财务收支的特点，组织国际企业的财务活动、处理国际企业财务关系的一项经济管理工作。

国际财务管理具有理财环境的高复杂性、资金筹集的多选择性和资金投放的高风险性的特点。

国际财务管理的内容主要包括外汇风险管理、国际筹资管理、国际投资管理和国际营运资金管理。

外汇风险是指国际经济交易主体在从事外汇相关业务时，由于汇率及其他因素的变动而蒙受损失或将丧失预期收益的可能性。外汇风险包括折算风险、交易风险和经济风险。

国际筹资方式分为境内融资和境外融资，在境外融资要按照国家外汇局的有关规定，不论融通资金是人民币还是外币，都不能未经批准入境内使用，所以要慎重选择中介机构及发行国家。

国际投资方式包括国际合资投资、国际合作投资、国际独资投资和国际证券投资。

资金集中管理对于解决资金流动和效率等问题能够发挥积极的作用。国际企业资金集中管理的模式主要包括财务公司模式、结算中心模式及其他模式。

国际企业国际结算分为汇款、托收、信用证三大类。

本章重要术语

国际财务管理　　外汇风险　　国际投资　　国际筹资　　资金集中管理

延伸阅读

切奥尔·S. 尤恩等著，赵银德等译：《国际财务管理》（第 8 版），机械工业出版社 2018 年版。

复习与思考

一、简答题

1. 简述国际财务管理的内涵。
2. 简述外汇风险的含义及种类。
3. 简述国际筹资的方式及途径。
4. 国际投资的方式有哪些？
5. 资金集中管理为什么对国际企业有利？

二、网络练习

Ranger 供应公司是一家办公用品的生产商和供应商。它位于纽约，但向全美的公司提供办公用品。在美国提供办公用品的市场中，Ranger 公司早已占有很大的份额。Ranger 公司的生产效率很高，这样它提供给零售商的价格更低，使它能够占领美国的大部分市场。Ranger 公司预计未来美国市场的办公用品总体需求会下降，而今后几年中加拿大和东欧对办公用品会有大的需求，因此 Ranger 公司的经理们经过讨论决定选择设立独资企业的方式向加拿大和东欧国家进行投资。请分析：（1）Ranger 公司计划通过设立独资企业的方式对加拿大和东欧国家投资属于哪种国际投资方式，选择这种投资方式要考虑哪些问题？（2）这种国际投资方式的优缺点是什么？公司会面临哪些问题？

复习与思考参考答案

一、简答题

（略）

二、网络练习

（略）

参考文献

［1］常叶青、吴丽梅主编：《国际财务管理学》，清华大学出版社 2014 年版。

［2］杰夫·马杜拉著，张俊瑞译：《国际财务管理》（第 11 版），北京大学出版社 2013 年版。

［3］王建英、支晓强、许艳芳、袁淳著主编：《国际财务管理》（第四版），中国人民大学出版社 2015 年版。